成年人的体面告别：
解析 188 个离婚常见问题

钱元春 著

中国广播影视出版社

图书在版编目（CIP）数据

成年人的体面告别：解析188个离婚常见问题/钱元春著. -- 北京：中国广播影视出版社, 2023.4
　ISBN 978-7-5043-8983-1

Ⅰ. ①成… Ⅱ. ①钱… Ⅲ. ①离婚法—案例—中国 Ⅳ. ① D923.905

中国国家版本馆 CIP 数据核字 (2023) 第 017519 号

成年人的体面告别：解析188个离婚常见问题
钱元春　著

责任编辑：任逸超
封面设计：马　佳
责任校对：张　哲

出版发行	中国广播影视出版社
电　　话	010-86093580　010-86093583
社　　址	北京市西城区真武庙二条9号
邮政编码	100045
网　　址	www.crtp.com.cn
电子信箱	crtp8@sina.com
经　　销	全国各地新华书店
印　　刷	三河市龙大印装有限公司
开　　本	710毫米×1000毫米　1/16
字　　数	500（千）字
印　　张	28
印　　次	2023年4月第1版　2023年4月第1次印刷
书　　号	ISBN 978-7-5043-8983-1
定　　价	99.80元

（版权所有　翻印必究·印装有误　负责调换）

序　走近《民法典》与婚姻家庭编

——写在《中华人民共和国民法典》颁布实施一周年之际

2021年1月1日，《中华人民共和国民法典》正式实施。

《民法典》是在以习近平同志为核心的党中央领导下，经十三届全国人民代表大会三次会议审议通过。该法典是中华人民共和国成立后颁布的第一部以"法典"命名的立法，标志着我国依法保护民事权利进入了全新的"民法典时代"。《民法典》是"人民群众生活的百科全书"，公民个体从出生到死亡，可以做什么，不可以做什么，什么样的法律行为产生什么样的法律后果等，在《民法典》中几乎都能找到依据。

《民法典》共7编、1260条，总字数10万余字。各编依次为总则编、物权编、合同编、人格权编、婚姻家庭编、继承编、侵权责任编，以及附则。这些编章涵盖了人民群众生命健康、财产安全、交易便利、生活幸福、人格尊严等各个方面，尤其注重对妇女儿童、老年人、残疾人和消费者权益的保护。

《民法典》颁布实施的同时，为了确保各级人民法院统一正确实施民法典，提高办案质量和司法公信力，最高人民法院颁布了与《民法典》配套的第一批共7篇新的司法解释，与《民法典》同步施行。新的司法解释主要涉及适用《民法典》的时间效力、担保制度、物权、婚姻家庭、继承、建筑工程合同、劳动争议等方面。

未来，随着社会的发展，相信会有更多与《民法典》配套的司法解释出台，我国民事法律体系将会得到进一步的健全与完善。

《民法典》婚姻家庭编的修改与创新

婚姻家庭关系作为民事法律关系中的重要组成部分，是一种广泛、普遍的民事关系，自然人从出生到死亡，都与婚姻家庭产生密不可分的关系。与其他民事关系突出等价有偿、公平自愿的原则不同，婚姻家庭关系具有较强的伦理性，不以公平对价为主。因此，婚姻家庭制度的设定将对能否促进家庭和睦、幸福和文明产生深远的影响。基于此，《民法典》婚姻家庭编在《婚姻法》《收养法》的基础上，结合社会发展和家庭生活变化的需要，在废除了《婚姻法》及涉婚姻家庭方面的11个司法解释的基础上，不但修改完善了部分规定，同时也增加了部分新的规定。主要表现为四个方面：

一是在重申婚姻自由、一夫一妻、男女平等原则的基础上，着重突出强调未成年人和妇女的权益保护。

二是更尊重男女结婚的自愿与自由。比如，不再将"不应结婚的重大疾病"作为禁止男女结婚的情形；不再将"不应结婚的重大疾病"作为婚姻无效的法定事由。而是赋予若一方隐瞒"重大疾病"结婚，另一方有权决定是否撤销婚姻。

三是夫妻离婚时，考虑到离婚率居高不下的现实，为防止轻率离婚，努力维护婚姻家庭稳定，增设30日的离婚冷静期制度；同时，还考虑到结婚不易、离婚更难的现状，增设第一次起诉离婚后又分居1年，再次起诉就应准予离婚的规定；另外，考虑到婚姻家庭关系中，夫妻分工越来越明确，一方主内一方主外已成常态，离婚后主内一方往往难以快速适应社会，增设离婚经济补偿制度，以切实保护为家庭负担较多照顾义务一方的权益，等等。

四是婚姻家庭编还修改完善或增设了夫妻共债共签、无效婚姻范围、亲子关系、隔代探望、家事代理权、被收养人范围确定等制度。

《民法典》婚姻家庭编共5章79条（《民法典》第1040条至第1118条），与婚姻家庭编配套的《民法典婚姻家庭编解释（一）》共6节91条。这些条文共同形成了调整夫妻之间、家庭成员之间，以及其他近亲属之间人身、财产关系的法律体系，对树立优良家风，弘扬家庭美德，提升家庭文明建设起到良好的指引作用。

当然，没有任何一部法律是完美的，尤其是在婚姻家庭领域。婚姻家庭关系错综复杂，又涉及伦理亲情，各地风俗习惯不一，《民法典》婚姻家庭编不可能面面俱到，解决婚姻家庭中所有的问题。

《民法典》对女性合法权益的保护

人类社会由两性共同组成，男女实现平等是社会文明和进步的标准。我国政府历来重视对女性权益的保护，并多次通过立法进行明确和规范，本次颁布的《民法典》婚姻家庭编也不例外。结婚男方可成为女方家庭成员、女方工作与社交不被干涉、离婚财产分割照顾女方、家庭主妇可以获得补偿等规定都体现了《民法典》对女性的特殊保护。例如：

为消除恶习，提升女性地位，赋予婚姻双方有权自由选择"女入男家"还是"男入女家"。第1050条规定"登记结婚后，按照男女双方约定，女方可以成为男方家庭的成员，男方可以成为女方家庭的成员"。

为真正贯彻男女平等的原则，保护女性的工作权、受教育权、社交权等，从根本上增强女性自立、自强的本领，第1057条规定"夫妻双方都有参加生产、工作、学习和社会活动的自由，一方不得对另一方加以限制或者干涉"。该规定虽然表述为"夫妻双方"，但更多是对女性生产、工作、社交自由的保护。

为保障女性在怀孕、分娩、终止妊娠期生理机能平稳和心理健康，保障胎儿、幼儿的发育不受母亲身体和精神状况的影响，第1082规定"女方在怀孕期间、分娩后1年内或者终止妊娠后6个月内，男方不得提出离婚；但是，女方提出离婚或者人民法院认为确有必要受理男方离婚请求的除外。"

为保障女方的抚养权，第1084条规定"离婚后，不满2周岁的子女，以由母亲直接抚养为原则。"该规定一方面是坚持"最有利于未成年子女"的抚养原则，另一方面也是对刚分娩不久的女性的特殊保护。

另外，考虑到生理机能差异，以及在大部分家庭中，女性对家庭投入了更多的时间精力，导致获得经济收入的能力降低，为保护女性财产权益，体现夫妻实质平等，《民法典》给予女性在离婚分割财产时一定的倾斜和照顾。第1087条规定"离婚时，夫妻的共同财产由双方协议处理；协议不成的，由人民法院根据财产的具体情况，按照照顾子女、女方和无过错方权益的原则判决。"该规定是在离婚分割时，给予女性一定的倾斜和照顾，符合实质公平原则。

再有，为保护"家庭主妇"不因脱离社会牺牲自我发展机会，承担家庭照顾责任后权益受损，第1088条规定"夫妻一方因抚育子女、照料老年人、协助另一方工作等负担较多义务的，离婚时有权向另一方请求补偿，另一方应当给予补偿。具体办法由双方协议；协议不成的，由人民法院判决。"为确保"离婚经济补偿制度"的切实实施，该规定删除了《婚姻法》中以"约定夫妻财产制"为经济补偿的前提要求，不再区分夫妻是共同财产制还是约定财产制，一律适用"经济补偿制度"（《民法典》三大离婚经济救济制度之一）。

除了上述规定外，《民法典》中对女性权益的保护条文还有很多。需要注意的是，在婚姻家庭关系中，《民法典》对妻子的特殊保护并非是对"夫妻平等"的例外。夫妻平等，不仅是在形式上平等，更要实现在实质上平等。实质平等就是要按照一定的标准对不同的主体进行分类，并根据主体间的差异给予差别对待，通过差别对待，矫正个体间差异产生的实质不平等。《民法典》婚姻家庭编对女性的特殊保护，是基于女性在生理机能、家庭角色、工作、社交等方面与男性存在的实质差异而进行的矫正。这符合《民法典》追求实质平等，强化特殊保护的立法精神和立法目的。

《民法典》对未成年合法权益的保护

儿童是祖国的花朵，是未来的希望，也是千万家庭的寄托。加强对未成年人权益的保护，是我国婚姻家庭制度的一项基本原则。《民法典》将未成年人利益最大化和最有利于未成年人成长的理念贯穿始终，在"胎儿利益""抚养探视""共同亲权""不能独立生活的成年人"等方面均制定了一系列规定，体现了对未成年人从孕育到成年各个阶段的特殊保护，比如：

一、保障胎儿的权益，将个体受保护的起始点前移到胎儿时期。《民法典》第16条规定"涉及遗产继承、接受赠与等胎儿利益保护的，胎儿视为具有民事权利能力。"第1155条规定"遗产分割时，应当保留胎儿的继承份额。"

二、保障不能独立生活的成年人的利益，将个体受抚养的期限延伸到成年期，进一步保障了因读书、脑瘫、残疾、患病或意外而无法独立生活的成年子女权益。《民法典》第1067条规定"父母不履行抚养义务的，未成年子女或者不能独立生活的成年子女，有要求父母支付抚养费的权利。"

三、从更有利于子女在其舒适的环境中健康成长的角度考虑，充分尊重子女在父母离婚时选择"跟父"或"跟母"共同生活的决定，《民法典》将之前子女意愿跟谁的年龄从"10周岁"前推至"8周岁"，并将"考虑"修改为"尊重"。第1084条规定"离婚后，不满2周岁的子女，以由母亲直接抚养为原则。已满2周岁的子女，父母双方对抚养问题协议不成的，由人民法院根据双方的具体情况，按照最有利于未成年子女的原则判决。子女已满8周岁的，应当尊重其真实意愿。"离婚后，子女已满8周岁的，还有权选择变更抚养权。

四、增设未成年人在突发事件中的特殊保护。在《民法通则》的基础上，《民法典》在第34条规定"因发生突发事件等紧急情况，监护人暂时无法履行监护职责，被监护人的生活处于无人照料状态的，被监护人住所地的居民委员会、村民委员会或者民政部门应当为被监护人安排必要的临时生活照料措施。"

五、在未成年人权益受到严重侵害，需要撤销监护人监护资格时，明确哪些组织和个人有权申请。《民法典》第36条规定"本条规定的有关个人、组织包括：其他依法具有监护资格的人，居民委员会、村民委员会、学校、医疗机构、未成年人保护组织、民政部门等。前款规定的个人和民政部门以外的组织未及时向人民法院申请撤销监护人资格的，民政部门应当向人民法院申请。"

六、明确监护人监护资格被撤销后，依然要承担对未成年子女的抚养义务。《民法典》第37条规定"依法负担被监护人抚养费、赡养费、扶养费的父母、子女、配偶等，被人民法院撤销监护人资格后，应当继续履行负担的义务。"

七、加大对非婚生子女权益的尊重和保护，将不得危害或歧视非婚生子女的范围，从原《婚姻法》规定的"任何人"扩大到"任何组织"。第1071条规定"非婚生子女享有与婚生子女同等的权利，任何组织或者个人不得加以危害和歧视。"

同时，《民法典》还明确了共同亲权、抚养费范围、收养评估、校园欺凌责任、成年后起算"性侵"诉讼时效、未成年人"打赏"返还、收养人和被收养人范围、被收养人的年龄上限等规定。

此外，2021年6月1日新修订的《未成年人保护法》也对未成年的保护进行了明确规定，并着力解决社会关注的未成年人被侵害等问题。2022年1月1日实施的《家庭教育促进法》更是将家庭教育由传统"家事"上升为"国事"，旨在充分调动家庭、学校、社会、政府力量共同做好家庭教育工作，以促进未成年人全面健康成长

对未成年进行全方位、多角度的保护，充分考虑各个年龄段未成年人在多种情形下权利可能受损，通过多部立法予以规定，就是要给未成年人一个更为安全和温馨的成长环境，这是全社会的共同心愿。

钱元春

2022年1月1日

简　表

为便于表述，本书中涉及的下列法律法规、司法解释、司法指导意见及政策性文件等使用如下简称：

文件名称	发文日期	发文字号	本书简称
《中华人民共和国民法典》	2020年5月28日	主席令（第四十五号）	《民法典》
《最高人民法院关于适用〈中华人民共和国民法典〉婚姻家庭编的解释（一）》	2020年12月29日	法释〔2020〕22号	《民法典婚姻家庭编解释（一）》
《最高人民法院关于适用〈中华人民共和国民法典〉继承编的解释（一）》	2020年12月29日	法释〔2020〕23号	《民法典继承编解释（一）》
《最高人民法院关于适用〈中华人民共和国民法典〉时间效力的若干规定》	2020年12月29日	法释〔2020〕15号	《民法典时间效力规定》
《最高人民法院关于废止部分司法解释及相关规范性文件的决定》	2020年12月29日	法释〔2020〕16号	《废止司法解释及相关规范性文件决定》
《最高人民法院关于人身安全保护令案件相关程序问题的批复》	2016年7月11日	法释〔2016〕15号	《人身保护令案件程序批复》
《中华人民共和国家庭教育促进法》	2021年10月23日	主席令（第九十八号）	《家庭教育法》
《公安部关于父母离婚后子女姓名变更有关问题的批复》	2002年5月21日	公治〔2002〕74号	《离婚后子女姓名变更批复》
《最高人民法院关于适用〈中华人民共和国民事诉讼法〉的解释》	2020年12月29日	法释〔2020〕20号	《民诉法解释》
《最高人民法院关于适用〈中华人民共和国刑事诉讼法〉的解释》	2021年1月26日	法释〔2021〕1号	《刑诉法解释》
《中华人民共和国家庭教育促进法》	2021年10月23日	主席令（第九十八号）	《家庭教育法》
《公安部关于父母离婚后子女姓名变更有关问题的批复》	2002年5月21日	公治〔2002〕74号	《离婚后子女姓名变更批复》

续表

文件名称	发文日期	发文字号	本书简称
《最高人民法院关于适用〈中华人民共和国民事诉讼法〉的解释》	2020年12月29日	法释〔2020〕20号	《民诉法解释》
《最高人民法院关于适用〈中华人民共和国刑事诉讼法〉的解释》	2021年1月26日	法释〔2021〕1号	《刑诉法解释》
《最高人民法院关于审理民间借贷案件适用法律若干问题的规定》	2020年8月19日	法释〔2020〕6号	《民间借贷案件适用法律规定》
《最高人民法院关于审理人身损害赔偿案件适用法律若干问题的解释》（2020年修正）	2020年12月23日	法释〔2020〕17号	《审理人身损害赔偿案件适用法律解释》
《最高人民法院关于确定民事侵权精神损害赔偿责任若干问题的解释》（2020年修正）	2020年12月23日	法释〔2020〕17号	《民事侵权精神损害赔偿责任解释》
《最高人民法院关于审理民事案件适用诉讼时效制度若干问题的规定》	2020年12月29日	法释〔2020〕17号	《民事案件诉讼时效规定》
《最高人民法院关于适用〈中华人民共和国公司法〉若干问题的规定（三）》（2020年修正）	2020年12月23日	法释〔2011〕3号	《公司法若干问题规定（三）》
《最高人民法院关于深入开展虚假诉讼整治工作的意见》	2021年11月4日	法〔2021〕281号	《开展虚假诉讼整治意见》
《最高人民法院关于审理离婚案件中公房使用、承租若干问题的解答》	1996年2月5日	法发〔1996〕4号	《离婚案件公房使用、承租解答》
《最高人民法院民一庭关于夫妻一方对外担保之债能否认定为夫妻共同债务的复函》	2015年	〔2015〕民一他字第9号	《夫妻一方对外担保之债复函》
《最高人民法院关于人民法院审理离婚案件处理子女抚养问题的若干具体意见》	1993年11月3日	法发〔1993〕30号	《子女抚养若干意见》

续表

文件名称	发文日期	发文字号	本书简称
《最高人民法院关于中国公民申请承认外国法院离婚判决程序问题的规定》	1991年8月13日	法（民）〔1991〕21号	《申请承认外国法院离婚判决程序规定》
《最高人民法院关于调整高级人民法院和中级人民法院管辖第一审民商事案件标准的通知》	2015年4月30日	法发〔2015〕7号	《调整法院管辖一审案件通知》
《最高人民法院关于变更子女姓氏问题的复函》	1981年8月14日	（81）法民字第11号	《变更子女姓氏复函》
《最高人民法院关于适用〈中华人民共和国婚姻法〉若干问题的解释（一）》	2001年12月24日	法释〔2001〕30号	《婚姻法司法解释（一）》
《最高人民法院关于适用〈中华人民共和国婚姻法〉若干问题的解释（二）》	2017年12月26日	法释〔2017〕6号	《婚姻法司法解释（二）》
《最高人民法院关于适用〈中华人民共和国婚姻法〉若干问题的解释（三）》	2011年8月9日	法释〔2011〕18号	《婚姻法司法解释（三）》
《最高人民法院关于审理拒不执行判决、裁定刑事案件适用法律若干问题的解释》（2020年修正）	2015年7月20日	法释〔2015〕16号	《拒不执行判决、裁定刑事案件解释》
《最高人民法院关于人民法院执行设定抵押的房屋的规定》	2005年12月24日	法释〔2005〕14号	《执行设定抵押房屋的规定》
《最高人民法院关于人民法院民事执行中查封、扣押、冻结财产的规定》（2020年修正）	2020年12月23日	法释〔2020〕21号	《查封、扣押、冻结财产的规定》
《最高人民法院关于人民法院办理执行异议和复议案件若干问题的规定》	2015年5月5日	法释〔2015〕10号	《执行异议和复议案件规定》
《最高人民法院关于人民法院办理财产保全案件若干问题的规定》	2016年11月7日	法释〔2016〕22号	《办理财产保全案件问题规定》
《最高人民法院关于贯彻执行〈中华人民共和国民法通则〉若干问题的意见（试行）》	1988年4月2日	法〔办〕发〔1988〕6号	《民通意见（试行）》

续表

文件名称	发文日期	发文字号	本书简称
《最高人民法院关于废止2007年底以前发布的有关司法解释(第七批)的决定》	2008年12月18日	法释〔2008〕15号	《废止2007年底以前司法解释决定》
《最高人民法院、最高人民检察院关于办理受贿刑事案件适用法律若干问题的意见》	2007年7月8日	法发〔2007〕22号	《办理受贿刑事案件适用法律意见》
《住房公积金管理条例》	2002年3月24日	国务院令（第350号）	《公积金管理条例》
《中华人民共和国民事诉讼法》	2021年12月24日	主席令（第一〇六号）	《民事诉讼法》
《中华人民共和国资产评估法》	2016年7月2日	主席令（第四十六号）	《资产评估法》
《中华人民共和国治安管理处罚法》	2012年10月26日	主席令（第三十八号）	《治安管理处罚法》
《中华人民共和国证券法》（2019年修正）	2019年12月28日	主席令（第十二号）	《证券法》
《中华人民共和国刑法》	1997年3月14日	主席令（第八十三号）	《刑法》
《中华人民共和国刑事诉讼法》（2018年修正）	2018年10月26日	主席令（第十号）	《刑事诉讼法》
《中华人民共和国刑法修正案（十一）》	2020年12月26日	主席令（第六十六号）	《刑法修正案（十一）》
《中华人民共和国物权法》	2007年10月1日	主席令（第六十二号）	《物权法》
《中华人民共和国涉外民事关系法律适用法》	2010年10月28日	主席令（第三十六号）	《涉外民事关系法律适用法》
《中华人民共和国社会保险法》	2018年12月29日	主席令（第二十五号）	《社会保险费》
《中华人民共和国契税法》	2020年8月11日	主席令（第五十二号）	《契税法》
《中华人民共和国拍卖法》（2015年修正）	2015年4月24日	主席令（第二十四号）	《拍卖法》
《中华人民共和国劳动法》（2018年修正）	2018年12月29日	主席令（第二十八号）	《劳动法》
《中华人民共和国婚姻法》	2001年4月28日	主席令（第五十八号）	《婚姻法》
《中华人民共和国公司法》	2018年10月26日	主席令（第十五号）	《公司法》
《中华人民共和国个人独资企业法》	1999年8月30日	主席令（第二十号）	《个人独资企业法》
《中华人民共和国合伙企业法》	2006年8月27日	主席令（第五十五号）	《合伙企业法》
《中华人民共和国公证法》	2019年9月1日	主席令（第七十六号）	《公证法》

续表

文件名称	发文日期	发文字号	本书简称
《中华人民共和国妇女权益保障法》	1992年4月3日	主席令（第五十一号）	《妇女权益保障法》
《中华人民共和国反家庭暴力法》	2015年12月27日	主席令（第三十七号）	《反家庭暴力法》
《中华人民共和国保险法》（2015年修正）	2015年4月24日	主席令（第十一号）	《保险法》
《诉讼费用交纳办法》	2006年12月19日	国务院令（第481号）	《诉讼费交纳办法》
《婚姻登记条例》	2003年8月8日	国务院令（第387号）	《婚姻登记条例》
《婚姻登记工作规范》	2015年12月8日	民发〔2015〕230号	《婚姻登记工作规范》
《国有土地上房屋征收与补偿条例》	2011年1月21日	国务院令（第590号）	《房屋征收与补偿条例》
《财政部、税务总局关于契税法实施后有关优惠政策衔接问题的公告》	2021年8月27日	财政部、税务总局公告2021年第29号	《契税法实施后优惠政策衔接公告》
《财政部、税务总局关于贯彻实施契税法若干事项执行口径的公告》	2021年6月30日	财政部、税务总局公告2021年第23号	《契税法执行口径公告》
《国家税务总局关于加强房地产交易个人无偿赠与不动产税收管理有关问题的通知》	2006年9月14日	国税发〔2006〕144号	《个人无偿赠与不动产税收通知》
《财政部、国家税务总局关于个人无偿受赠房屋有关个人所得税问题的通知》	2009年5月25日	财税〔2009〕78号	《无偿受赠房屋个税通知》
《公司登记管理若干问题的规定》	1998年2月1日	国家工商行政管理局令〔1998〕第83号	《公司登记管理规定》
《公安机关强制隔离戒毒所管理办法》	2011年9月28日	公安部令第117号	《强制隔离戒毒办法》
《公安部治安管理局关于公民实施变性手术后变更户口登记性别项目有关问题的批复》	2008年10月23日	公治2008478号	《变性后户口登记性别批复》
《个体工商户条例》	2016年2月6日	国务院令第666号	《工商户条例》

目录 CONTENTS

张男与李女的婚姻故事 ··· 001

第一篇　离婚总论 ··· 003

第1问　领证结婚后才叫"婚姻关系存续期间"？ ································· 005
第2问　离婚有哪几种方式？ ·· 008
第3问　诉讼和协议哪种离婚方式更好？ ·· 010
第4问　除离婚外，哪些情形还会导致婚姻关系消灭？ ··························· 013
第5问　隐瞒疾病结婚，是撤销好还是离婚好？ ···································· 016
第6问　一方患病期间，另一方能要求离婚吗？ ···································· 019
第7问　一方是精神病人，能不能离婚？ ·· 020
第8问　过错方有没有资格提出离婚？ ··· 023
第9问　能否只离婚，不处理子女、财产和债务问题？ ··························· 024
第10问　同居关系能否通过法院解除？ ··· 026
第11问　一方能否通过法院要求"被关爱"？ ······································ 028

第二篇　协议离婚 ··· 029

第12问　离婚协议应该怎样约定比较妥当？ ······································· 031
第13问　签订了多份离婚协议，以哪一份为准？ ································· 033
第14问　没能领离婚证，离婚协议是否还有效？ ································· 034
第15问　夫妻"假离婚"会不会被法院撤销？ ····································· 035
第16问　协议离婚领证后，一方可以反悔吗？ ···································· 036

目录

第 17 问　一方不履行，能否申请法院执行离婚协议约定？……………… 039
第 18 问　约定房子归小孩，协议离婚后可以不给吗？……………… 040
第 19 问　协议离婚分割房屋归一方，未过户变更前属于谁？……………… 043
第 20 问　可以异地办理协议离婚手续，申领离婚证吗？……………… 045
第 21 问　符合哪些条件才可办理协议离婚手续？……………… 046
第 22 问　离婚冷静期是 30 天还是 60 天？……………… 047

第三篇　诉讼离婚 …………………………………………… 049

第一章　基本常识 ……………………………………… 051

第 23 问　打离婚官司，签过的"离婚协议"还有效吗？……………… 051
第 24 问　起诉离婚，应该到哪个法院？……………… 053
第 25 问　打离婚官司，被告可以不出庭吗？……………… 055
第 26 问　女方怀孕期间，男方能起诉离婚吗？……………… 058
第 27 问　6 个月再起诉限制，也针对被起诉方吗？……………… 060
第 28 问　法院处理离婚案，要先调解吗？……………… 061
第 29 问　通过法院离婚后，还要领"离婚证"吗？……………… 062

第二章　感情破裂 ……………………………………… 064

第 30 问　什么叫感情破裂？……………… 064
第 31 问　第一次起诉离婚，法院就会判离吗？……………… 066
第 32 问　第二次起诉离婚，法院就一定判离吗？……………… 069
第 33 问　分居满 2 年，夫妻双方就自动离婚吗？……………… 071
第 34 问　隐瞒婚史，是否属"导致感情破裂"的情形？……………… 073
第 35 问　女方擅自堕胎，是否属于"导致感情破裂"的情形？……………… 075
第 36 问　限制工作，是否属"导致感情破裂"的情形？……………… 076

第三章　婚姻过错 ……………………………………… 078

第 37 问　哪些行为是婚姻过错行为？……………… 078
第 38 问　重婚和与他人同居是不是一回事？……………… 080
第 39 问　告重婚罪难不难？……………… 084
第 40 问　出轨是否就一定会被法院判决离婚？……………… 086
第 41 问　家庭暴力需要什么样的证据证明？……………… 089
第 42 问　申请人身安全保护令复杂吗？……………… 091
第 43 问　不给小孩抚养费算不算遗弃？……………… 093
第 44 问　什么叫赌博、吸毒恶习屡教不改？……………… 095

第 45 问	"忠诚协议""净身出户协议"是否有效？	097
第 46 问	一方给"情人"的财产能要回吗？	100

第四篇　子女抚养　　103

第一章　抚养权归属　　105

第 47 问	谁收入高，离婚时小孩就归谁抚养？	105
第 48 问	2 周岁以内的小孩，抚养权是归母亲吗？	108
第 49 问	2—8 周岁的小孩，抚养权归谁主要考虑什么因素？	111
第 50 问	8 周岁以上的小孩，有权选择跟谁生活吗？	114
第 51 问	爷爷奶奶帮带小孩，对争取抚养权有优势吗？	116
第 52 问	两个小孩，抚养权能否都归父或母一方？	117
第 53 问	离婚时，父母二人都不要小孩抚养权怎么办？	120
第 54 问	父母轮流抚养小孩可以吗？	121
第 55 问	离婚后，能变更小孩的抚养权吗？	123
第 56 问	离婚后，没有抚养权的一方还是监护人吗？	126
第 57 问	"熊孩子"惹事，不直接抚养的一方要担责吗？	128

第二章　抚养费支付　　130

第 58 问	抚养费包含哪些项目？	130
第 59 问	抚养费的数额有标准吗？	132
第 60 问	有固定收入，必须按收入 20%—30% 给付抚养费？	134
第 61 问	抚养费金额确定后，能不能变更？	135
第 62 问	抚养费可以要求一次性支付吗？	137
第 63 问	分居期间，要不要支付小孩抚养费？	138
第 64 问	抚养费只需支付到 18 周岁吗？	140
第 65 问	小孩成年后，能否索要 18 岁前的抚养费？	142
第 66 问	不给看小孩，是否可以拒付抚养费？	143
第 67 问	主张抚养费的原告是谁？	144
第 68 问	拖欠抚养费的违约责任是否有效？	145
第 69 问	为争取抚养权，不要对方付抚养费可以吗？	146
第 70 问	帮别人养了小孩，能否要求赔偿？	147

第三章　探望权行使　　150

第 71 问	谁享有探望小孩的权利？	150
第 72 问	不抚养小孩的一方，应在何时主张探望权？	151

003

目 录

第 73 问　离婚时，是否要明确探望的具体方式？………………………… 152
第 74 问　探望的方式如何约定比较妥当？………………………………… 153
第 75 问　离婚时，确定探望方式要征询小孩意见吗？…………………… 155
第 76 问　探望时，能不能要求陪小孩过夜？……………………………… 156
第 77 问　离婚后，对方不给探望小孩该怎么办？………………………… 157
第 78 问　对方不探望小孩，能否要求其探望？…………………………… 159
第 79 问　对方不支付抚养费，能否不让其探望小孩？…………………… 160
第 80 问　如何要求中止对方探望小孩？…………………………………… 162

第四章　抚养相关问题…………………………………………………… 165

第 81 问　非婚生育的小孩，要不要抚养？………………………………… 165
第 82 问　人工授精生育的小孩，丈夫要不要抚养？……………………… 167
第 83 问　怀疑小孩不是亲生的，该如何确认？…………………………… 169
第 84 问　能要求确认与他人有血缘关系吗？……………………………… 171
第 85 问　对方拒绝做亲子（DNA）鉴定该怎么办？……………………… 173
第 86 问　父母不履行抚养义务，小孩也可不赡养父母？………………… 174
第 87 问　出售小孩名下的房产是否可以？………………………………… 175
第 88 问　一方藏匿小孩，能否请求交还？………………………………… 176
第 89 问　离婚后，能单方给孩子改姓吗？………………………………… 177

第五篇　财产分割………………………………………………………… 179

第一章　共同财产认定原则……………………………………………… 181

第 90 问　哪些财产属于夫妻共同财产？…………………………………… 181
第 91 问　夫妻共同财产的类型和分布有哪些？…………………………… 185
第 92 问　分居期间，各自的收入就是各自所有吗？……………………… 187
第 93 问　婚前财产婚后产生的收益，是夫妻共同财产吗？……………… 190
第 94 问　一方继承的遗产，算夫妻共同财产吗？………………………… 192
第 95 问　离婚后才取得的财产，一定是个人的吗？……………………… 196
第 96 问　离婚不离家，所得财产是夫妻共同财产吗？…………………… 197

第二章　共同财产分割原则……………………………………………… 200

第 97 问　不离婚，婚内可以分割夫妻财产吗？…………………………… 200
第 98 问　离婚时，财产都是均等分割的吗？……………………………… 203
第 99 问　离婚分割财产，会考虑个人贡献吗？…………………………… 207
第 100 问　离婚未分的财产，离婚后还能再分吗？……………………… 209

第 101 问	离婚时不分财产，离婚后再分有没有风险？		212
第 102 问	夫妻一方死亡后，遗留的财产该怎么分？		214
第 103 问	同居期间所得财产，分手时该如何处理？		216

第三章　一般财产分割 …… 218

第 104 问	银行账户内的钱款该怎么分割？		218
第 105 问	公积金在离婚时可以分吗？		220
第 106 问	养老金在离婚时能分吗？		222
第 107 问	商业保险在离婚时该怎么分？		224
第 108 问	买断工龄款能作为夫妻财产分割吗？		226
第 109 问	死亡赔偿金算夫妻共同财产吗？		229

第四章　房产分割 …… 231

第 110 问	恋爱期买房，房屋属于谁？		231
第 111 问	婚前个人房屋婚后共同还贷，离婚时该怎么分？		236
第 112 问	婚内用个人财产买房，房屋是夫妻共同的吗？		238
第 113 问	父母资助买房，资助款是赠与子女吗？		240
第 114 问	有第三人名字的房屋，离婚时可以分吗？		244
第 115 问	没拿产权证的房屋，离婚时能不能分？		247
第 116 问	房屋登记在小孩一人名下，离婚时能分吗？		249
第 117 问	拆迁安置房是夫妻共同财产吗？		251
第 118 问	公房在婚后购买，是夫妻共同的吗？		255
第 119 问	未购买的公房，离婚时能分割吗？		257
第 120 问	农村老家盖的房屋，离婚时该怎么分？		258
第 121 问	按揭贷款的房屋，离婚时该怎么分？		260
第 122 问	按份共有的房屋，离婚时该怎么分？		262
第 123 问	房屋的价值该怎么确定？		264
第 124 问	怎样才能在离婚时争取拿到房？		266
第 125 问	离婚时，双方都不要"拿房"该怎么办？		269
第 126 问	离婚不拿房，风险有多大？		271
第 127 问	离婚时，拿房一方要缴纳契税吗？		275

第五章　公司股权分割 …… 277

第 128 问	离婚时，可以直接分公司的资产吗？		277
第 129 问	有限责任公司的"股权"该怎么分？		279
第 130 问	离婚时可以成为有限公司的股东吗？		281
第 131 问	工商登记的夫妻股权份额归各自所有吗？		284

目录

第 132 问	婚前认缴婚后实缴的股权,算夫妻共同财产吗?	286
第 133 问	公司的净资产无法评估该怎么办?	289
第 134 问	上市公司的股票,可直接分割数量吗?	290
第 135 问	合伙企业的合伙人好加入吗?	291
第 136 问	个人独资企业在离婚时该怎么分?	294
第 137 问	代持股权在离婚时能分吗?	296
第 138 问	干股在离婚时能分吗?	297
第 139 问	限制性股份、"期权"在离婚时能分吗?	298

第六章 知识产权分割 … 301

第 140 问	什么是知识产权?	301
第 141 问	知识产权是夫妻共同财产吗?	302
第 142 问	离婚后取得的知产收益,可要求分割吗?	304

第七章 彩礼、嫁妆处理 … 306

第 143 问	彩礼要不要退还?	306
第 144 问	嫁妆是属于女方个人财产吗?	310

第六篇 婚内财产约定、赠与及借款 … 313

第 145 问	什么叫夫妻约定财产制?	315
第 146 问	夫妻间财产约定对外有效力吗?	318
第 147 问	如何区分是"财产约定"还是"财产赠与"?	319
第 148 问	夫妻间有赠与共同财产的说法吗?	322
第 149 问	把夫妻共同房屋给一方,可以反悔吗?	323
第 150 问	一方把个人的房屋给对方,能反悔吗?	324
第 151 问	个人房产上"加老婆名",是赠与吗?	327
第 152 问	夫妻之间可以相互借款吗?	328

第七篇 夫妻共同债务 … 331

第 153 问	离婚时,法院会处理夫妻共同债务吗?	333
第 154 问	没在借条上签字,就不算夫妻共同债务?	334
第 155 问	借债用于"日常生活"是指哪些?	338
第 156 问	借债用于"共同生产经营"是指哪些?	339
第 157 问	财产 AA 制,会形成夫妻共同债务吗?	340

第 158 问	个人独资企业的债务，算夫妻共同债务吗？	342
第 159 问	个人财产会被用来还夫妻共同债务吗？	344
第 160 问	一方倒签借条、虚构夫妻共同债务该怎么办？	346
第 161 问	婚前一方举的债，另一方要承担吗？	348
第 162 问	分居期间一方形成的债务，另一方要承担吗？	349
第 163 问	一方擅自对外担保，另一方也要承担吗？	350
第 164 问	债权人只起诉一方，是免除另一方责任吗？	351
第 165 问	可以约定离婚后由一方承担夫妻共同债务吗？	352
第 166 问	离婚后一方归还了夫妻共同债务，能向另一方主张吗？	353
第 167 问	父母资助的购房款，能作为夫妻共同债务要回吗？	355

第八篇　恶意转移、损毁夫妻财产　　359

第 168 问	侵害夫妻财产的行为有哪些？	361
第 169 问	侵害财产行为只限定在"离婚期间"吗？	363
第 170 问	侵害夫妻财产要少分或不分财产？	365
第 171 问	侵害财产，少分或不分的是夫妻全部财产吗？	367
第 172 问	单方卖房是否适用家事代理制度？	368
第 173 问	一方擅自卖房，另一方是否可以追回？	369
第 174 问	银行卡、支付宝、微信上的大额支出是转移财产吗？	373
第 175 问	打离婚官司，可以查封对方名下财产吗？	374

第九篇　离婚赔偿、补偿与帮助　　377

第 176 问	离婚损害赔偿，赔偿的是什么？	379
第 177 问	主张过错损害赔偿，有没有诉讼时效？	382
第 178 问	过错方少分了财产，还需赔偿损失吗？	384
第 179 问	"青春损失赔偿费"可以有吗？	386
第 180 问	"全职太太"能要求经济补偿吗？	387
第 181 问	离婚时生活困难，能否要求经济帮助？	389
第 182 问	离婚后，还有扶养对方的义务吗？	391
第 183 问	三大离婚救济能否在离婚时一并提出？	392

第十篇　涉外离婚　　395

第 184 问	在国外结婚，能在国内离婚吗？	397

目录

第185问　结婚后出国定居，可以回国离婚吗? ……………………… 398
第186问　一方结婚后加入外籍，能在中国离婚吗? ……………………… 399
第187问　在国外办理的离婚手续，到国内认不认? ……………………… 400
第188问　人在外国，能否委托他人代办离婚? ……………………… 401

附　录 …………………………………………………………… 403

中华人民共和国民法典第五编　婚姻家庭 ………………………… 405
最高人民法院关于适用《民法典》婚姻家庭编的解释（一） ………… 412

后　记 …………………………………………………………… 424

张男与李女的婚姻故事

2010年,张男和前妻离婚后,通过网络社交平台认识了刚刚大学毕业的李女。

张男对李女一见倾心,疯狂追求后,李女与张男建立恋爱关系,并在不久后同居,过起了甜蜜的二人世界。因一次措施不当,李女意外怀孕,并在10月怀胎后顺利产子。孩子出生后,李女父母催着李女和张男结婚。二人遂在城里购买婚房准备结婚,因资金不够,李女的父亲老李拿出100万元积蓄给李女,以帮助二人买房。房屋购买后,登记在张男和李女二人名下。

根据李女家的风俗习惯,张男给了18万元的彩礼,李女父母也为李女准备了嫁妆。二人于2013年在民政局办理了结婚登记手续,后又在当地五星级酒店举办了隆重的结婚典礼。

结婚后,小日子过得还算可以。张男也创办了自己的企业,经营得有声有色。手头宽裕后,张男和李女准备再购置一套较大的房屋。但因政策原因,二人属于限购对象,故在房产中介的建议下,双方签署离婚协议,通过"假离婚"的方式,贷款购买了第二套房屋。购买后,双方到民政部门办理了复婚登记手续。

2018年,李女再次怀孕。李女在家待产期间,张男在工作中认识了年轻貌美的小丽,二人相见恨晚,很快坠入了"爱河"。纸终究是包不住火的。李女作为女性,发现张男手机不离身,也常常很晚回家,感觉到张男"有问题"，便通过各种渠道了解张男的状况，最终确认了张男出轨小丽的事实。

  李女取得证据后，向张男"摊牌"，张男承认了自己的过错。经过"友好协商"，张男书面保证"断绝与情人小丽的来往，不再发展任何婚外情。如果违反约定出现背叛李女的不道德行为，李女可以提出离婚，并分得全部财产，且张男另外赔偿李女名誉损失和精神损失200万元。"

  李女本以为张男能够痛改前非，但未能"消停"多久，张男觉得还是从小丽处更能获得温暖和甜蜜，遂偷偷与小丽恢复了情人关系，并经常在特殊节日给小丽发送"1314""520""999"等爱的红包，还给小丽购买了一套房屋。

  李女得知后，愤怒不已，上门捉奸。但这次张男非但没有认识到自己的错误，反而对李女拳打脚踢，造成李女多处软组织受伤。在之后的日子里，张男不再回家，正式与李女分居，对孩子也不闻不问，甚至不支付抚养费。李女没有工作收入，和小孩的日常生活开支全由自己的父母接济。

  分居多年后，李女无法继续忍受这种死亡婚姻，便下定决心与张男离婚。离婚序幕正式拉开……

第一篇　离婚总论

结婚不易，离婚也难。

夫妻因各种原因导致感情破裂，无法继续共同生活，面临的就是离婚问题。离婚是夫妻解除婚姻关系的法律行为。在人的一生中，离婚属于低频事件，有些夫妻终老未曾离婚，有些夫妻即使离婚也只此一次。而离婚所涉法律问题恰恰又是纷繁复杂的。本篇作为总论开篇，围绕什么叫婚姻关系存续期间、如何离婚、婚姻效力、同居问题等原则性内容事项展开。与离婚有关的子女抚养、财产分割、债务承担等在后续篇章作出解答。

张男和李女在结婚前，就已经同居一处，共同生活，形同夫妻，期间生育了子女。后有情人终成眷属，二人领证结婚。

第1问　领证结婚后才叫"婚姻关系存续期间"？

概要解答： 一般如此，补办结婚特殊

张男和李女二人不管是第一次结婚，还是第N次结婚，正常情况下，每次领证后才是法律上的夫妻，"婚姻关系存续期间"从领取结婚证后开始起算。当然，有一个情况比较特殊，就是如果二人选择的不是正常结婚登记程序，而是补办结婚登记程序，那婚姻期间就不是从二人领证后开始起算，而要从双方领证前符合结婚实质要件时起算。

婚姻关系存续期间表

结婚方式	起算时间	终结时间	说明
正常结婚登记	领证后	离婚或一方死亡	/
补办结婚登记	符合结婚实质要件后	离婚或一方死亡	结婚实质要件：适婚年龄、非近亲结婚、无重婚

专业解释：

涉及婚姻家庭纠纷时，不管是法律条文，还是本书相关问题，都会大量提及"婚姻关系存续期间""夫妻关系存续期间""婚内""婚姻期间"等用词。因此，有必要了解"婚姻关系存续期间"到底是指什么期间？

一、正常情形下的婚姻期间

"婚姻关系存续期间"是法律用语，有特定的含义和范围。一般而言，该期间是从婚姻关系建立至婚姻关系终止的时间，其与双方领证后是否共同生活、是否分居，

以及是否处于诉讼离婚期间都没有关系。

婚姻关系建立的唯一法律事实是登记结婚，并取得结婚证。婚姻关系终止的法律事实包括：登记离婚并取得了离婚证、离婚的判决（调解）文书生效或配偶一方死亡。只要没有发生婚姻关系终止的法律事实，均属于有效的婚姻关系存续期间。另外，若存在《民法典》第 1051 条、第 1052 条、第 1053 条规定之情形，**婚姻还有可能因被法院确认无效或撤销而自始没有效力**[①]，此种情形下，婚姻关系的存续期间可视为零。

以上是我们普遍认知的婚姻期间，以领取结婚证为始，以离婚或者死亡为终。事实上，在我国，男女结婚有两种登记方式：一种是正常结婚登记，一种是补办结婚登记。这两种登记方式虽然领取的都是结婚证，确立的都是夫妻关系，但两种结婚登记方式是不同的法律概念，也会产生不同的法律后果。

正常结婚登记自不必多说，男女领取结婚证后即成为夫妻，不管双方结婚前是否共同生活，婚姻关系存续期间都不往前推，只能从领取结婚证时往后推，法律上称为"没有溯及力"。而补办结婚登记对很多人而言并不了解，日常也不多见。我们经常会听到"事实婚姻"的说法，按照《民法典婚姻家庭编解释（一）》（下称《解释一》）第 7 条，我国法律已不承认 1994 年 2 月 1 日后的"事实婚姻"，即该日以后，即使男女共同生活、共同生产多年，对内对外都是夫妻相称，甚至共同养育子女，财产也不分彼此，但只要没有领结婚证的，就不是夫妻关系，而是同居关系，不受法律保护，分手时只能依照《解释一》第 3 条**处理同居期间的子女和财产问题**[②]；若一方死亡的，另一方也不能要求按照《解释一》第 8 条主张享有对死亡一方遗产的继承权。

那确实"事实婚姻"很久的男女要怎样才能受到保护呢？唯一的方式就是登记结婚。登记结婚时，既可以选择正常结婚登记，也可以选择补办结婚登记。

二、特殊情形下的婚姻期间

补办结婚登记在《民法典》第 1049 条有明确规定，它是一种对"事实婚姻"的补救措施，是对之前"事实婚姻"的追溯。一旦成功补办结婚登记，按照《解释一》第 6 条规定，婚姻关系存续期可以往前推至符合结婚的实质条件时，而不是从领取结婚证时起算。"符合结婚的实质条件"，是指双方婚前某个时间已达到可结婚年龄，且没有近亲关系，没有重婚情形。那如何补办结婚登记手续呢？

选择补办结婚登记，需要按照《婚姻登记工作规范》第 42 条规定，填写《申请补办结婚登记声明书》。该声明书由双方自愿签署，主文内容为"本人与对方自年__月__日起以夫妻名义同居生活，现均未再与第三人结婚或以夫妻名义同居生活。双方没有直系血亲和三代以内旁系血亲关系，了解对方的身体健康状况。现依照《中华人民共和国民法典》的规定，自愿结为夫妻"。张男和李女分别填写后，婚姻登记机关按照正常结婚登记程序办理。

选择补办结婚登记的方式结婚的，将对婚姻家庭中的财产分割、遗产继承、子女抚养、债务承担等产生重大影响。比如，领证前的财产将按照《民法典》第1062条视为夫妻共同财产，共同生育的子女将被视为婚生子，**为共同生活所负债务将被视为夫妻共同债务**[3]，等等。故而，在处理离婚诉讼纠纷时，若李女或张男主张是按照补办结婚登记程序结的婚，法院会要求该方提供《申请补办结婚登记声明书》，同时审查确认双方何时具备结婚的实质要件。

注意要点：

1. 一旦签订《申请补办结婚登记声明书》并领取结婚证的，张男和李女在声明书上确认的以夫妻名义同居生活的事实即具有法律效力，不能被轻易推翻。诉讼中，任何一方不需要再证明该期间是否确实共同生活，或者确实以夫妻名义共同生活。

2. 《申请补办结婚登记声明书》所载以夫妻名义同居生活的时间并不能作为婚姻期间的起算时间点，而要从张男和李女二人均符合结婚的实质要件时起算。即，如果二人以夫妻名义同居生活时，一方还不具备结婚的实质要件，如李女年龄不够，或者张男还有原配妻子，则从李女达到适婚年龄，或者张男已与原配妻子离婚后起算夫妻关系存续期间。

3. 上文提及的是补办结婚登记，而不是结婚证遗失后补办结婚登记证明。

实务细节：

1. 男女双方在确实存有事实婚姻的情形下，才可以补办结婚登记，当然也可选择正常结婚登记。

2. 《申请补办结婚登记声明书》是证明按补办结婚登记手续结婚的唯一证据。

3. **夫妻离婚后复婚**[4]的，应当重新进行结婚登记（《民法典》第1083条）。若在复婚前确实以夫妻名义共同生活的，则在复婚时，可以根据需要选择是补办结婚登记，还是正常办理结婚登记。

关联问答：

① 除离婚外，哪些情形还会导致婚姻关系消灭？
② 同居期间所得财产，分手时该如何处理？
③ 婚前一方举的债，另一方要承担吗？
④ 离婚不离家，所得财产是夫妻共同财产吗？

> 张男、李女结婚后争吵不断，无法继续共同生活，感情已经完全破裂，没有任何和好的可能，李女遂准备与张男离婚。

第2问　离婚有哪几种方式？

概要解答： 协议离婚或诉讼离婚

男女结婚只有一种方式，就是到民政部门登记结婚，而离婚则有两种方式：双方对离婚各类事宜能够协商的，可以协议离婚，到民政部门办理离婚登记手续；不能协商的，如张男不同意，或者双方对子女抚养、财产分割等无法达成共识，或者一方欠缺行为能力，则李女只能到人民法院诉讼离婚。人民法院不能判决男女结婚，但能判决男女离婚。

离婚方式及适用条件表

离婚方式	基本要求	适用情形	办理部门	离婚条件	子女、财产处理	离婚文件
协议离婚	自愿/无欺诈/无胁迫/不违法	双方同意离婚并对子女/财产/债务等达成共识	一方户口地民政部门	协商一致	依离婚协议处理	离婚证
诉讼离婚	能协商的先协商，不能协商的依法处理，遵章办事	一方不同意离婚或者对子女/财产/债务等不能达成共识/欠缺行为能力	被告户口地或经常居住地基层人民法院	被告同意离婚或者感情确已破裂	依法律规定处理	离婚判决书/离婚调解书/离婚证明书

专业解释：

首先需要明确的是，我国法律上没有"自动离婚"规定。在世夫妻双方不管关系恶化到什么程度或者分居多少年，要离婚都必须按照一定的方式履行相应的程序，才能解除婚姻关系。

按照《民法典》第1076条、第1078条协议离婚规定，如果张男和李女都愿意离婚，同时能够对子女、财产、债务等达成一致意见，则双方可签署书面的离婚协议，并共同前往任意一方户口所在地的婚姻登记机关（一般指民政部门）办理离婚手续，领取离婚证。这种方式称为协议离婚，也称登记离婚，是一种非诉讼的离婚方式。

如果李女要求离婚，但张男不同意离婚（包括二人向民政部门提交离婚申请后，张男按照《民法典》第1077条，在30天冷静期内撤回申请，或者离婚冷静期后的30天内反悔不去办理手续，都视为其不同意离婚），或者张男虽也同意离婚，但在子女、财产、债务等问题寸步不让，李女与其无法达成共识，**或者按照《婚姻登记条例》第12条第2款，一方（部分或全部）丧失民事行为能力**[①]，等等，这些都属于无法以协议离婚方式完成离婚的情形。如果李女坚持要求离婚，只能依据《民法典》第1079条，向人民法院提起离婚诉讼，由人民法院依法判决或者调解离婚。离婚判决（或调解）书效力等同于离婚证（《民法典》第1080条）。这种方式称为诉讼离婚。

诉讼离婚和协议离婚最主要的区别是：诉讼离婚，**审理法院必须要按照《民法典》婚姻家庭编条条框框的规定来处理是否准予离婚**[②]、如何分割财产、如何抚养小孩、**如何承担婚姻过错**[③]责任等问题，以确保公平、公正与合理。而协议离婚，则以双方协商为主，在自愿、不违法的前提下，双方怎么约定都行，达成的离婚方案不以公平为准，也不一定非要按照《民法典》条条框框的规定来。

注意要点：

1. 协议离婚不是提起诉讼离婚的前提，李女可以在未协商的情况下，直接向法院起诉离婚。

2. 若张男、李女均已注销了中国户籍，或者**不是在中国结婚的**[④]，若要离婚，只有向法院起诉一条途径。

3. 2021年4月30日，国务院发函同意民政部提出的在部分地区开展内地居民婚姻登记"跨省通办"试点的请示，根据该文件批复，自2021年6月1日至2023年5月31日两年期间内，辽宁、山东、广东、重庆、四川五个省和直辖市的非户籍

成年人的体面告别：解析 188 个离婚常见问题

当事人，可以凭借一方的居住证，在居住证发放地办理离婚登记。

实务细节：

1. 法院受理诉讼离婚案件后，会先行组织夫妻双方进行调解。调解是诉讼离婚的必经程序。调解离婚成功的，制作离婚调解书，调解离婚不成的，转入正式审理程序，由法院作出是否准予离婚的判决。

2. 部分地区法院考虑判决/调解书携带不便，会主动或者根据申请另行制作《离婚证明书》。

3. 按照《民事诉讼法》第 127 条第 1 款第（7）项之规定，若第一次诉讼离婚未成，起诉方李女可在 6 个月后再次提起离婚诉讼，**被起诉方张男不受 6 个月限制**[5]，可随时提起离婚诉讼。

关联问答：

① 一方是精神病人，能不能离婚？
② 第一次起诉离婚，法院就会判离吗？
③ 哪些行为是婚姻过错行为？
④ 在国外结婚，能在国内离婚吗？
⑤ 6 个月再起诉限制，也针对被起诉方吗？

> 李女因和张男感情破裂而提出离婚，张男虽同意离婚，但在财产分割问题上提出了苛刻的条件，这令李女左右为难，到底是同意张男的条件协议离婚，还是直接诉讼离婚呢？

第 3 问　诉讼和协议哪种离婚方式更好？

概要解答：各有千秋

应该来讲，在双方都愿意离婚的情况下，两种离婚方式没有好坏之分，只有适合不适合的说法，或者说各有各的好处，各有各的不足。协议离婚，快刀斩乱麻，时间短，效率高，费用低，精神压力小，但财产问题容易埋下隐患。诉讼离婚，慢工出细活，财产问题处理得干净，后顾之忧不多，但时间长，效率低，费用高，精神压力大。

专业解释：

离婚是婚姻关系终止的原因之一。自离婚之日起，夫妻身份关系解除，双方权利义务关系即告终止。在我国，有且只有两种离婚方式：一种是协议离婚，一种是诉讼离婚。事情都有两面性，这两种离婚方式也不例外。

一、协议离婚

一日夫妻百日恩，张男和李女好聚好散，以协议的方式离婚，不但可有效化解夫妻恩怨，避免诉讼离婚中相互指责谩骂、互揭伤疤，而且对子女带来的冲击与影响也较低。另外，离婚还涉及迁户口、物品交接、房产过户等一系列问题，良好的关系也会使这些问题日后能够得以顺利解决。同时，协议离婚比诉讼离婚的手续更简单，费用更低，时间更短，受到的精神煎熬更少。协议离婚是绝大多数夫妻采用的离婚方式。但在有些情况下，协议离婚也会给男女一方或双方埋下隐患。这种隐患突出体现在协议条文的拟定和财产的分割上。

1. **协议的条文**

由于张男、李女双方缺乏法律知识，民政机关对离婚协议不作实质审查，只作形式审查，故如果离婚协议条文约定模糊，实际履行时缺乏可操作性，很容易在离婚后相互扯皮。另外，如果**离婚协议约定**[①]的条文内容违法或者违背双方真实意愿，则易被法院判定无效或者撤销，最终不得不对子女抚养、财产分割等问题重新协商或者通过法院处理。

2. **财产的分割**

张男和李女结婚多年，积累的财产较多，财产结构也比较复杂，并且主要部分由张男实际掌控。若张男利用自己的优势，在离婚协议中约定对自己有利的条款，则会使李女在不知不觉中放弃很多财产权益。比如，张男故意不披露一些名下的隐性财产，那李女就不能得到合理分割，且受制于离婚条款约定，**李女在离婚后也无法通过法院维护自己的权益**[②]。

二、诉讼离婚

相较而言，诉讼离婚在财产分割上，会体现出较大的优势。人民法院审理离婚案件要按照法律规定公平处理，且可以调查一方名下的财产。经过法院的调查、审理，各方名下财产会被最大程度查清，并被依法分割。按照《民法典》第 1091 条，**如果张男或者李女一方有重大婚姻过错行为，另一方可要求法院判决过错方承担赔偿责任**[3]；《民法典》第 1092 条，**如果张男或者李女一方有恶意转移财产的行为，另一方还可要求法院判决多分财产**[4]。同时，人民法院作出的离婚判决具有执行力，若一方不履行，另一方可直接申请法院强制执行，能够避免履行离婚协议时相互扯皮的现象……据统计，有两成左右的离婚夫妻采用的是诉讼离婚方式。

最后，基于自愿性和强制性的本质区别，若张男坚持不同意离婚，采用自愿属性的协议离婚方式一定不能实现离婚，采用强制属性的诉讼离婚方式一定能完成离婚，仅是时间问题。

实务细节：

1. 李女选择协议离婚，可以委托专业人士审核离婚协议，以免婚是离了，但离出了一堆纠纷。

2. 若李女坚持要离婚又无法达成离婚协议，应尽快提起离婚诉讼，以免久拖不决，给对方侵害夫妻财产创造时间。

3. 若张男同意离婚，只是对某些财产分割的问题不能达成一致意见，李女可与张男先行协议离婚，在离婚后再向法院起诉分割这部分财产〔《民法典婚姻家庭编解释（一）》第 83 条〕，由法院作出公平裁决。

关联问答：

① 离婚协议应该怎样约定比较妥当？
② 协议离婚领证后，一方可以反悔吗？
③ 离婚损害赔偿，赔偿的是什么？
④ 侵害夫妻财产要少分或不分财产？

男女结婚以后，即建立了夫妻身份关系，如果感情破裂，双方可以通过离婚方式解除婚姻，以消灭双方婚姻关系。

第 4 问　除离婚外，哪些情形还会导致婚姻关系消灭？

概要解答： 死亡、婚姻无效、被撤销

男女领证结婚以后，即形成了夫妻身份关系。这种身份关系是法律上的关系，与自然血缘关系不同，它会因特定客观因素而消灭，离婚、一方婚内死亡、婚姻被确认无效或者被撤销，都会直接导致婚姻关系消灭。一旦婚姻关系消灭，双方即不具有夫妻身份关系。

专业解释：

除了离婚以外，会引发婚姻关系消灭的情形有：

一、配偶死亡

死亡分为生老病死的自然死亡和被人民法院宣告死亡两种。夫妻是一种特殊的人身关系，婚姻也是夫妻双方共同生活的综合体，它以夫妻双方的生命存在为前提，夫妻一方死亡，必然导致婚姻关系消灭。这种消灭是自动消灭，无需经过司法机关确认，也无需经过行政机关登记。**因死亡而导致婚姻关系消灭，另一方享有对死亡配偶遗留财产的继承权。**①

二、婚姻被法院确认无效

按照《民法典》第 1051 条，**无效婚姻是指不被法律认可的婚姻，如重婚**②、近亲属（《民法典》第 1045 条规定了亲属、近亲属、家庭成员范围）结婚，未达婚龄（男 22 周岁，女 20 周岁）结婚，这三种都属于无效婚姻。婚姻无效只能由人民法院确认，一经确认即生效，不能上诉。按照《民法典》第 1054 条规定，婚姻被确认无效后，男女双方自始就不具有婚姻关系，共同生活期间为同居期间，**财产按照同居（非婚姻）所得财产分割原则分割**③，但所生子女权利依然受法律保护，与婚生子女同等对待。

需要注意的是，无效婚姻实质并非是婚姻的一个种类，通俗地讲，就等于没有结婚，因此，如果婚姻被法院确认无效前一方死亡，另一方不能按照《民法典》第1061条要求享有对死亡方遗留财产的继承权。

三、婚姻被法院撤销

这是婚姻被法院撤销后导致婚姻关系消灭的情形。《民法典》第1052条，第1053条明确规定了胁迫他人结婚和隐瞒重大疾病结婚两种（仅限这两种）都属于可撤销的婚姻。

无效婚姻和可撤销婚姻的主要区别是，无效婚姻本身就是违法的婚姻，有法律禁止结婚的情形（偏客观限制）；而可撤销婚姻本身是合法的婚姻，是婚姻的一个种类，没有法律禁止结婚的情形，但结婚后一方可以申请撤销（偏主观选择）。

婚姻是复杂的，情感是难懂的。可撤销婚姻重点在于"可"上，受胁迫一方或者被隐瞒病情一方既有权选择撤销婚姻结束夫妻关系，也有权选择不撤销而继续维系夫妻关系，法律不加干涉。有权提出申请方提出撤销申请后，人民法院应予受理。《民法典》第1054条及《民法典婚姻家庭编解释（一）》（称《解释一》）22条规定，法院依法撤销婚姻关系的，夫妻双方婚姻关系自始消灭，共同生活期间为同居期间，财产原则上按共同财产处理，并按照顾无过错方的原则分割，所生子女权利依然受法律保护，与婚生子女同等对待（婚生子女的地位和生父母的义务见《民法典》第1071条）。

婚姻被撤销后一方死亡的，另一方不享有对死亡方遗留财产的继承权，这点要注意与无效婚姻的区别。

至于何为重大疾病，可以参照《母婴保健法》关于婚检疾病的规定，以及中国保险行业协会、中国医师协会发布的重大疾病定义的有关规定，包括2007年发布的《重大疾病保险的疾病定义使用规范》和2020年发布的《重大疾病保险的疾病定义使用规范修订版》。

注意要点：

1. "隐瞒疾病"而结婚的，原《婚姻法》将之列为无效婚姻情形之一，《民法典》对此做了调整，列为可撤销婚姻情形之一。

2. 按照《解释一》第10条规定，因结婚年龄问题而申请法院确认婚姻无效的，在确认无效前已达适婚年龄，此时法院不再确认婚姻无效。

3. 因欺诈，如一方谎称家境殷实、隐瞒巨额债务、隐瞒婚史，以及因重大误解，如误以为对方财力雄厚，或者对方是潜力股等缔结的婚姻不属于无效或可撤销婚姻的法定事由，只能通过协议离婚或者诉讼离婚的方式解决。

4. 《解释一》第 18 条规定，胁迫结婚中的"胁迫"应做广义理解，包括对被胁迫人和其家人的要挟、限制人身自由等。

实务细节：

1. 按照《民法典婚姻家庭编解释（一）》第 9 条规定，请求撤销婚姻的主体只能是婚姻当事人本人，且是被胁迫或者被隐瞒病情的一方，胁迫方或隐瞒病情方无权提出。

2. 夫妻一方被宣告死亡后"亡者归来"，与另一方的婚姻关系可自行恢复，但若另一方已再婚或不愿意，则不再恢复。

3. 《民法典》第 1052 条，第 1053 条规定，以被胁迫为由要求撤销婚姻的，应当自胁迫行为终止之日（被限制人身自由的，自恢复人身自由之日）起 1 年内提出。以被隐瞒重大疾病事由请求撤销婚姻，应当自知道或者应当知道被隐瞒之日起 1 年内提出。这里的"1 年"是固定期限，没有任何延长、中断的情况。超过 1 年期限的，只能按照离婚方式解决。

4. 《解释一》第 19 条规定，因被胁迫或者非法限制人身自由可能一直存在，有撤销权的一方不受《民法典》第 152 条第 2 款规定的 5 年最长撤销权期限限制，即撤销权不会从被胁迫或者非法限制人身自由之日起 5 年内丧失。

关联问答：

① 夫妻一方死亡后，遗留的财产该怎么分？
② 重婚和与他人同居是不是一回事？
③ 同居期间所得财产，分手时该如何处理？

成年人的体面告别： 解析 188 个离婚常见问题

> 张男结婚后发现李女经常难以控制情绪，原来李女在婚前就患有重度精神疾病，并曾住院治疗。在此情形下，张男若不想继续跟李女过下去，既可以选择离婚，也有权选择撤销婚姻。

第 5 问 隐瞒疾病结婚，是撤销好还是离婚好？

概要解答： 视情况，各有利弊

李女未告知张男患有重大疾病而与张男结婚，并不必然导致二人婚姻关系消灭。张男有多重选择，并无好坏之分。张男选择继续过下去，自然是好；张男选择离婚，不悖常理；张男选择撤销婚姻，也未尝不可。不管是离婚还是撤销婚姻，子女都是按照婚生子女抚养，财产都是按照共同共有原则分割，这些没有太多区别。最主要的区别是：离婚后再婚属于二婚，撤销婚姻后再婚则属于初婚；离婚可以适用婚姻过错赔偿、家务补偿、多分少分财产等制度，撤销婚姻不能适用这些制度。

婚前隐瞒重大疾病法律后果表

张男选择	举证要求	婚姻状态	之前关系	财产处理	子女地位	再结婚
继续生活	/	合法婚姻	婚姻期间	夫妻继续共有	婚生子	/
离婚	感情确已破裂	婚姻解除	婚姻期间	分割共同财产	婚生子	再婚
撤销婚姻	婚前重大疾病	等同未婚	同居关系	按共同共有分割	视为婚生子	初婚

专业解释：

《民法典》不再将不宜结婚的重大疾病列为禁止结婚的事由。一方隐瞒重大疾病结婚不再是无效的不合法婚姻（见《民法典》第 1051 条），而是可撤销的合法婚姻。也就是说，案例中被隐瞒的张男不能直接要求法院确认与李女的婚姻无效，但其有三条路可以选择：一是选择继续与李女保持婚姻关系，二是选择申请法院撤销婚姻，三是直接选择与李女离婚。

张男选择第一条路，继续保持婚姻关系，自愿照顾李女，自愿帮李女治疗自不必多说，这符合《民法典》第1043条弘扬的家庭美德和夫妻关爱之规范。当然，张男也可以选择后两条路。然而，后两条路中的撤销婚姻和离婚是两种不同的法律行为，适用的法律条件不相同，所产生的法律后果也不相同。

一、张男选择撤销婚姻

法律条件：张男要举证证明李女所患疾病是严重影响夫妻生活的重大疾病，且在结婚前已经形成，李女在结婚时未告知自己。

法律后果：按照《民法典婚姻家庭编解释（一）》第21条规定，张男和李女二人的婚姻被法院撤销，法院要收缴结婚证书并将判决书寄送婚姻登记机关。因此，对张男而言，选择撤销婚姻在某种意义上来说是一种全身而退，张男（或李女）等于没有结过婚，再结婚属于初婚。

按照《民法典婚姻家庭编解释（一）》第22条规定，张男和李女"结婚"期间为同居期间，**在该期间所得财产按照共同共有关系分割，即除有证据证明财产为个人所有之外，其他所得财产均是二人共同的财产**[①]。

当然，张男**选择撤销婚姻，不能适用夫妻关系中婚姻过错赔偿**[②]、家务补偿、多分少分财产等规定。

二、张男选择离婚

法律条件：如果李女同意离婚，双方婚姻关系解除，**如果李女不同意离婚，张男只能向法院诉讼离婚，要举证证明双方感情确已破裂，无和好可能**[③]，这是法院准予夫妻离婚的唯一依据。

法律后果：按照法律规定，张男和李女离婚，婚姻关系自离婚之日解除，离婚前的期间还算婚姻期间，张男或李女再结婚就属于二婚。**婚姻期间所得财产按照夫妻财产的认定和分割原则处理**[④]，这对于创造财产少的一方较为有利。

另外，张男选择离婚，可以适用夫妻关系中婚姻过错赔偿、家务补偿、多分少分财产等规定。

> **注意要点：**

1. 李女病情须是结婚前李女就已知道，如果结婚前形成但李女不知道，婚后才被检查出，不属于可撤销婚姻的范畴。

2. 并非所有的疾病都可以申请法院撤销婚姻，只有像严重的遗传性疾病、艾滋病、梅毒、淋病、重型精神病、重型先天性心脏病等才属于重大疾病。这类疾病要足以影响张男决定结婚的意愿，或者足以对婚后生活、生育等产生重大影响。具体可以参照《母婴保健法》关于婚检疾病的规定，以及中国保险行业协会、中国医师协会发布的重大疾病定义的有关规定，包括2007年发布的《重大疾病保险的疾病定义使用规范》和2020年发布的《重大疾病保险的疾病定义使用规范修订版》。

实务细节：

1. 依据被隐瞒重大疾病事由请求法院撤销婚姻，张男应当按照《民法典》第1053条规定，自知道或者应当知道被隐瞒之日起1年内提出。按照《民法典婚姻家庭编解释（一）》第19条规定，该1年期限不适用诉讼时效中止、中断或者延长的规定，因此，如果超过了1年，张男只能通过离婚的方式解决。张男通过诉讼方式离婚，李女所患重大疾病及隐瞒的事实可以成为法院认定感情破裂，准予离婚的重要事由（《民法典》第1079条"其他导致夫妻感情破裂的情形"之规定）。

2. 申请撤销婚姻需要较强的证据，申请撤销方应着重搜集对方婚前患病和就医的证据材料。而患病方则应保留婚前已告知的证据材料。

关联问答：

① 同居期间所得财产，分手时该如何处理？
② 离婚损害赔偿，赔偿的是什么？
③ 什么叫感情破裂？
④ 离婚时，财产都是均等分割的吗？

> 张男和李女结婚后，李女因意外事故受伤，生活无法自理，需要被长期照顾和大笔费用治疗，张男坚持一段时间后，感觉包袱太重，遂萌生与李女离婚的想法。

第6问 一方患病期间，另一方能要求离婚吗？

概要解答： 患病不影响对方要求离婚的权利

天有不测风云，人有旦夕祸福。婚姻关系存续期间，一方难免会因意外事故、重大疾病等情况丧失（部分）劳动能力、或者丧失（部分）行为能力，甚至成为植物人。现实生活中，面对家庭变故，另一方既有秉持"一日夫妻百日恩"的理念，不离不弃，悉心照料，积极救治；也有抱着"夫妻本为同林鸟，大难临头各自飞"的认知，极力"甩包袱"，要求离婚。

《民法典》第1041条规定，实行婚姻自由，即男女既有结婚的自由，也有离婚的自由。**除女方在怀孕、流产、分娩等特殊时期，男方提出诉讼离婚受限外**[①]，女方患病不影响男方要求离婚的权利。如果张男能够悉心照料李女最好，如果其不愿跟李女继续共同生活，既可以与李女协议离婚，也可以起诉离婚，这不为法律所禁止，即不能对张男进行"道德绑架"，限制其权利。

注意要点：

1. 按照《民法典》第1059条规定，夫妻之间具有互相扶养、扶助的义务。在未正式离婚前，张男和李女还是夫妻关系，李女享有要求张男及时支付医疗费、生活费的请求权。换句话说，在离婚前，哪怕是离婚期间，张男都应尽己所能对李女进行照顾和治疗，不得侵害李女的人身权利和财产权益。

2. 若张男**起诉离婚，法院判决离婚的唯一标准是夫妻感情确已破裂**[②]。若没有证据证明双方感情完全破裂，符合《民法典》第1079条法院准予离婚的情形，法院不会基于张男坚持要求离婚而准予离婚。相反，若有证据证明双方感情已完全破裂，即使李女患病，或者李女父母要求待治疗完再离婚，法院也会准予离婚。当然，法院在决定准予双方离婚时，相对比较慎重，需要考虑李女日后的照料、监护、居住、生活来源等多方面的因素。基于此，本书建议以积极协议离婚为主。

3. 离婚后，《民法典》第1059条所规定的夫妻互相扶养的义务随之消灭，但按照《民法典》第1090条规定，**如果李女在离婚后生活困难**[3]，法院会根据李女的主张和实际情况，判决张男给予李女一次性的经济补偿或者一定的财产，以保障李女离婚后的正常生活和治疗需要。

关联问答：

① 女方怀孕期间，男方能起诉离婚吗？
② 什么叫感情破裂？
③ 离婚时生活困难，能否要求经济帮助？

> 张男因生活和工作压力，患上严重的抑郁症，并被认定为限制民事行为能力人。李女父母见状，不忍女儿受苦，便让李女跟张男离婚。

第7问 一方是精神病人，能不能离婚？

概要解答： 可以，但程序特殊

不管什么情况，夫妻任何一方都有权要求离婚，这是婚姻自由的体现。张男患有抑郁类精神疾病，是限制行为能力人。不管是张男还是李女，都可以要求离婚，只不过不能协议离婚，只能诉讼离婚。离婚诉讼中，要为张男指定新监护人，一般以其父母为主。当然，若李女没有实施严重侵害张男权益的行为，其他人不能成为新监护人，也无法替张男起诉离婚。

欠缺民事行为能力人诉讼离婚情形表

离婚方式	原告	被告	提起离婚前提	监护人指定方式	出庭	说明
诉讼离婚	张男	李女	李女严重侵害张男合法权益	先撤销李女监护权，再为张男指定新监护人	张男无需出庭	李女未严重侵害张男的合法权益，张男的父母等人不能替张男起诉离婚
	李女	张男	无	直接终止李女监护人身份，为张男指定新监护人		
协议离婚	不适用					

专业解释：

首先要明确的是，即使是欠缺民事行为能力的精神病人，依然享有《民法典》第1041条所规定的婚姻自由的权利，任何人不得剥夺。只是精神病人离婚的话，程序上相对复杂一些。

精神病人为无民事行为能力或限制民事行为能力人，缺乏自主表达自己真实意愿的能力，因此，按照《婚姻登记条例》第12条规定，夫妻一方是精神病人，不能通过协议的方式离婚，只能通过诉讼的方式离婚。当然，法院准予离婚的唯一依据是夫妻感情确已破裂，而与双方的身体状况、行为能力等没有直接关系。

在诉讼离婚中，精神病人有可能是要求离婚的原告，也有可能是被要求离婚的被告。基于身份的不同，涉及的程序要求也不同。

第一种情况：张男作为原告，起诉李女要求离婚

李女作为配偶，又作为张男的第一法定监护人，应当按照《民法典》第35条及第1059条规定，履行监护责任和夫妻间的扶助义务，切实有效地保护张男的合法权益。若李女有《民法典》第36条第1款规定的情形，实施严重侵害张男人身权利和财产权益的行为，如殴打、虐待张男，或者变卖夫妻财产等，则张男的其他有监护资格的人，如张男的父母，有权以李女违反夫妻间的扶养义务，破坏夫妻间的感情为由，依法代张男提起离婚诉讼。

不过按照《民法典》第28条规定，李女是张男法定的第一顺位监护人，在其监护人身份未被撤销前，其他有监护资格的人不能直接代表张男提起离婚诉讼，故只能先依据《民法典》第36条及《民法典婚姻家庭编解释（一）》第62条之规定，申请法院撤销李女的监护权，再由法院为张男指定新的监护人（即先撤销，再指定）。他人获得新监护人身份后，才可以作为张男的法定代理人，以张男为原告、李女为被告，帮助张男向法院提起离婚诉讼。

需要提醒的是，若李女不存在《民法典》第36条第1款规定的情形，原则上应保持婚姻的稳定，其他有监护资格的人不得代张男提出离婚诉讼。

第二种情况：李女作为原告，起诉张男要求离婚

婚姻是自由的。张男患精神疾病，欠缺民事行为能力，李女不愿继续与张男生活下去，有权以张男为被告，直接向人民法院提起离婚诉讼，要求解除与张男的婚姻关系。同时，即使李女有《民法典》第36条第1款规定的情形，也不影响其提出离婚诉讼的权利。

而作为被告的张男，因其是精神病人，不能辨认自己的行为，不能在庭审中自行表达自己的意愿，故应当先行确定其法定代理人，并由法定代理人参加离婚诉讼。按照《民法典》第23条及《民诉法解释》第83条之规定，监护人是法定代理人。如果张男在未患病前已经以书面的方式排除了妻子李女的监护资格，确定了其他人（如张男的父母）为自己的监护人，则该监护人即是张男的法定代理人；如果张男没有事先确定，则由人民法院根据《民法典》第39条之规定，终止李女第一法定监护人身份，另行确定监护人，由新监护人担任法定代理人代表张男参加离婚诉讼，帮助张男表达离婚意愿，并对财产分割、经济帮助（《民法典》第1090条）提出意见。

当然，**如果张男结婚时，隐瞒其患有精神疾病，李女也可以依据相关规定，撤销与张男的婚姻关系**①。

实务细节：

1. 按照《民诉法解释》第148条规定，诉讼中，不管夫妻哪一方起诉，原、被告依然是夫妻，各方监护人列为原告或者被告的法定代理人。同时按照该解释第234条规定，夫妻一方因不具备辨认能力和控制能力，故无需参与案件审理。

2. 除精神病人外，其他类似植物人、脑萎缩、痴呆症等不能完全辨认，甚至完全不能辨认自己行为的人离婚也适用本解答。

3. 若对民事行为能力有争议，利害关系人可根据《民事诉讼法》第194条及相关规定，先行申请法院认定张男为无民事行为能力或者限制民事行为能力人。

关联问答：

① 隐瞒疾病结婚，是撤销好还是离婚好？

> 张男婚后经常夜不归宿，与婚外情人私会，后婚外情人怀孕，向张男要求抓紧与李女离婚。李女认为张男是过错方，没有资格提出离婚。

第 8 问　过错方有没有资格提出离婚？

概要解答： 有

现实中，**婚姻过错方**[①] 提出诉讼离婚的大有人在，在道德层面似乎令人难以接受。然而，在我国婚姻家庭领域，《民法典》第 1041 条施行的是婚姻自由，男女双方既有结婚的自由，也有离婚的自由，《民法典》第 1042 条同时明确禁止任何人干预他人的婚姻自由。因此，夫妻一方不论是否为过错方，均有权向人民法院提起离婚诉讼。

按照《民法典婚姻家庭编解释（一）》第 63 条规定，张男作为过错方提起离婚诉讼时，人民法院既不会不予受理，也不会因为张男有过错而判决不准予离婚。婚姻的维系以夫妻双方的感情为基础，法院是否判决准予离婚，唯一的标准是双方感情是否确已破裂。即便李女不同意离婚，但如果查明存在法定的婚姻过错情形，如重婚、与他人同居、实施家暴及虐待、遗弃家庭成员，有赌博、吸毒等恶习且屡教不改等，法院即可按照《民法典》第 1079 条规定，认定夫妻双方感情破裂，并准予离婚。如果法院不准予离婚，甚至以不准予离婚来惩罚过错方，本质是通过法律强制手段来强行维持名存实亡的婚姻，这对夫妻双方来说都是一种伤害，必将使双方都长期受困于"死亡婚姻"，同时也违背了婚姻自由的基本原则，不利于维护家庭及社会秩序的正常运行。

当然，允许过错方张男提起离婚诉讼，并不是容忍其过错行为。在离婚后果上，《民法典》对婚姻过错方规定了惩罚措施，以体现法律的实体正义。**对张男的过错，李女有权按照《民法典》第 1091 条及《民法典婚姻家庭编解释（一）》第 87 条之规定要求张男进行损害赔偿，并可按照《民法典》第 1087 条规定要求在分割财产时被予以照顾**[②]。

实务细节：

1. 顾头也顾尾。**非过错方的李女作为被告[3]**，若有证据证明张男的过错，即使不同意离婚，也应同时向法院提出损害赔偿和多分财产的主张，不可消极应对。若离婚时不提出损害赔偿诉求，按照《民法典婚姻家庭编解释（一）》第88条规定，李女离婚后需要另行单独起诉主张；而若离婚时李女不提出多分财产，离婚后则不可再单独起诉主张多分财产。

2. 张男在婚姻期间承担了较多的家务劳动，即使有婚姻过错行为，也有权按照《民法典》第1088条规定提出经济补偿的诉求。

关联问答：

① 哪些行为是婚姻过错行为？
② 离婚时，财产都是均等分割的吗？
③ 主张过错损害赔偿，有没有诉讼时效？

> 张男和李女因感情不和，都急于离婚，但一直未能对子女抚养、财产分割等问题达成共识。张男提出先把婚离了，其他的事情等离婚以后再说。

第9问　能否只离婚，不处理子女、财产和债务问题？

概要解答： 子女须处理，其他可协商

张男和李女不管是协议离婚，还是诉讼离婚，都必须先妥善处理好子女抚养问题。在未处理好之前，如协议离婚时不对子女抚养问题达成约定，或者诉讼离婚时都不要子女的抚养权，那很难离婚。而对财产和债务等问题，原则上也要进行妥善处理，但哪些在离婚时处理，哪些在离婚后处理，可由双方在协议离婚时自行决定，或者在诉讼离婚中提出相应的主张。

专业解释：

现实中，很多夫妻急于离婚，或者出于其他考虑，希望只离婚而不处理子女、财产、债务等问题。一般而言，这样的做法不可行，本处根据离婚方式的不同分析如下：

一、张男和李女是协议离婚

婚姻登记部门虽不对离婚协议内容做实质性审查，但需要按照《民法典》第1076条、第1078条查明欲离婚夫妻"对子女、财产、债务等事项是否协商一致"。这是民政部门准予夫妻离婚，颁发离婚证的条件之一。如果张男、李女在离婚协议中没有对这些内容逐项进行约定，婚姻登记部门一律不会为二人办理离婚登记手续。因此，夫妻协议离婚时，应对子女抚养、财产分割、债务承担进行明确约定，即使双方没有子女、财产或债务，也要在《离婚协议》中写明。

二、张男和李女是诉讼离婚

人民法院审理一般民事案件遵循的是"不诉不理"原则，即法院对案件当事人没有主张的内容不予审查和处理。而离婚诉讼案件具有特殊性，其是典型的"复合诉讼"，解决离婚问题的同时，也需要解决子女、财产、债务等问题。因此，即使张男只诉求与李女离婚，法院也会对子女、财产等问题进行调查、处理，而不会单独解除张男、李女的婚姻关系。否则，将可能引发新的矛盾，并可能会影响未成年子女的基本生活保障和家庭生活的稳定。一般而言，在离婚案件的审理过程中，法院对子女、财产、债务等问题按如下方式处理：

1. 未成年子女抚养

由双方协商处理，不能协商的，若张男、李女二人都要求直接抚养子女，依法确定子女归哪一方抚养；或者只有一人要求直接抚养子女，原则上可以确定子女归其直接抚养；**若二人都不愿直接抚养子女，则法院一般不会准予双方离婚**[①]。

2. 未成年子女探视

探望是父或母一方的个人权利。若张男或李女在离婚案件中未主张探视权，法院可不予处理。离婚后，不直接抚养子女的一方可依据《民法典婚姻家庭编解释（一）》第65条，另行独立**提起主张探视权**[②]诉讼。

3. 夫妻共同财产分割

原则上都需要在离婚时一并予以分割夫妻共同财产，但如果张男和李女双方均不主张，或者明确同意暂不处理，或者财产涉及第三人利益，则可在离婚案件中暂不进行分割，由法院在判决文书中作出相应说明。

4. 共同债务承担

按照《民法典》第 1089 条离婚时共同债务偿还规则，类似房屋贷款等比较明确的债务，一般在离婚分割房屋时要一并处理。对于其他债务，如果一方不认为是夫妻共同债务，或者虽然属于夫妻共同债务，但对债务的相关信息无法查明，则在离婚案件中可不予处理，由债权人另行向夫妻一方或者双方主张。

关联问答：

① 离婚时，父母二人都不要小孩抚养权该怎么办？

② 不抚养小孩的一方，应在何时主张探望权？

> 张男和李女离婚后感情复燃，又同居一起。后李女有了新男友，便要与张男分手。张男不同意，并通过言语威胁、跟踪骚扰等方式纠缠李女，要保持关系。李女到法院起诉要求解除同居关系。

第10问　同居关系能否通过法院解除？

概要解答： 不能

同居关系，不管是同性伴侣同居，还是异性男女同居，我国法律持中立态度，既不反对也不鼓励。当然，有配偶者与异性同居，如果包含"交易"性质，虽也属同居类型之一，但为《民法典》所禁止。

在我国，同性婚姻尚未合法化，同性伴侣不能登记结婚，故在此不做过多探讨，如果同性伴侣涉及财产纠纷，按一般民事主体纠纷处理即可。这里主要探讨异性同居问题。

异性同居者只有依法完成结婚登记才能受到法律的保护，若双方选择同居而不（或不能）登记结婚，就意味着选择了一种不具配偶身份、不受法律保护的恋人朋友关系，这属于情感范畴。因同居行为是一种纯自主行为，不需要履行特定的法律程序，故按照《民法典婚姻家庭编解释（一）》第 3 条规定，法院不会受理要求解除同居关系的请求；受理的也会裁定驳回起诉。这如同法院不会受理断绝朋友关系的请求一样，同居男女要解除同居关系只能双方协商，好聚好散。

尽管如此，同居期间生育（或依法收养）的子女、积累的财产等受法律保护。上述解释第3条规定，若因子女抚养、财产分割发生纠纷，双方能协商的自行协商，无法协商的可以向人民法院提起诉讼，法院会予以受理。按照《民法典》第1071条规定，同居所生子女等同婚生子女，故法院将适用《民法典》父母子女的规定处理子女抚养问题。而**法院如何处理同居期间积累的财产**①，可查阅本书相关问题的解答，这里不赘述。

注意要点：

按照《民法典》第1054条规定，如果**男女双方的婚姻被法院依据《民法典》第1051条、第1052条、第1053条确认无效或者撤销**②的，双方共同生活期间的关系也会被定性为同居关系，子女抚养、财产分割等按照同居关系处理。不过，这种**同居关系下形成的财产，与一般同居关系下形成的财产认定和处理方式有所不同**①，要注意区别。

实务细节：

1. 虽然同性婚姻尚未合法化，但如果实施了变性手术，生理发生变化后再与异性结婚，按照《民法典》第1046条结婚规定，可以完成结婚登记，法律并不禁止。当然，需要先对户口簿和身份证上的性别信息依法进行变更（见《变性后户口登记性别批复》）。

2. 按照《民法典》第1082条，夫妻关系中，女方怀孕期间、分娩后1年或者终止妊娠后6个月内，男方不得提出离婚并分割财产。但在同居关系中，即使女方存在上述情形，男方依然可以就同居期间所得财产提出诉讼。这就是受法律保护和不受法律保护的区别之一。

关联问答：

① 同居期间所得财产，分手时该如何处理？
② 除离婚外，哪些情形还会导致婚姻关系消灭？

> 李女和张男结婚后，起初感情尚可，但自从李女怀孕，就明显感觉到张男对自己不再关心和关爱。生育后，张男更是经常对李女动怒，指责李女这也不是那也不对。

第 11 问　一方能否通过法院要求"被关爱"？

概要解答： 不能

百年修来同船渡，千年修来共枕眠。男女双方经过恋爱并登记结婚，成为合法的夫妻，本应遵循基本的道德规范和夫妻的相处之道。《民法典》第1043条明确提出家庭"应当树立优良家风，弘扬家庭美德，重视家庭文明建设"，夫妻要"相互忠实，相互尊重，相互关爱"。此条规定体现了法治与德治的相辅相成，弘扬了社会主义核心价值观。

然而，该条规定并非强制性规定，而是倡导性规定，更多的是道德层面的约束。夫妻一方如果违背忠实义务，或者不尊重另一方，或者不关爱另一方，另一方都不可以仅依据此条规定向法院提起诉讼，要求对方履行忠实义务、尊重自己，或者关爱自己。婚姻需要双方自己经营，法院不参与其中，清官难断家务事，何况是夫妻之间的感情。

因此，若李女仅以该条为依据提起诉讼，要求张男履行义务，人民法院将依据《民法典婚姻家庭编解释（一）》第4条规定，不予受理，受理的也会驳回起诉。

第二篇　协议离婚

作为离婚的一种方式，也是日常生活中 80% 夫妻采用的一种方式，协议离婚起着举足轻重的作用。协议离婚绝不是双方签订一份协议，到民政局办理登记那么简单。本篇将主要围绕协议离婚的管辖机关、协议离婚的条件、协议离婚内容注意事项、离婚冷静期、假离婚、离婚反悔、离婚房屋约定等问题展开讨论。

张男和李女离婚,因没有起草离婚协议的经验,就从网上找了一些"范本"当作参考,稍微修修补补,就"凑"出了一份离婚协议,结果是漏洞百出。离婚后,双方就协议约定相互"扯皮",最终闹上法庭。

第12问 离婚协议应该怎样约定比较妥当?

概要解答: 可操作、不兜底、能追责

即使是协议离婚,也与法律有莫大关系。可以这么说,采取协议离婚方式,一张"离婚协议书"就把夫妻多年的婚姻关系给"消灭"了。因此,离婚协议对双方都非常重要。协议约定妥当,双方相安无事;约定不妥当,纷争不断。一般而言,一份优质的离婚协议要有三个重点:第一,具有可操作性,什么时候该做什么事情,应该怎么做;第二,不能图省事,用简单的一两句话就把权利、义务、财产分割完,不能有兜底条款存在;第三,有违约责任,以在一方不履行时可以追责。

专业解释:

如果说结婚的基础是感情,那离婚的依据就是法律。离婚是婚姻关系的终结,离婚协议则是婚姻关系终结时对各类问题的"清算"。若想在"清算"过程中利益不受损,以及"清算"后不相互扯皮,应审慎对待协议约定,尤其对婚龄较长、**财产**[①]较多的离婚夫妻而言,更是如此。一般而言,做到"可操作、无兜底、能追责"的离婚协议,产生争议的地方就会很少。

一、可操作

"可操作",具体是指每项约定要清晰明确,并且财产分割不存在法律障碍。

首先,"约定要清晰明确"指的是协议各项主要条款要明确具体,什么时间,什么地点,由哪一方履行。

比如,"夫妻双方名下两套房屋,每人一套"的约定不明确,应表述为"夫妻名下房屋,某某某房屋归张男所有,某某某房屋归李女所有"。

比如，"张男向李女支付房屋折价款 100 万元，分三次支付"的约定不明确，应表述为"张男向李女支付房屋折价款 100 万元，分三次支付。某年某月某日前支付 ×× 元，某年某月某日前支付 ×× 元，某年某月某日前支付 ×× 元。共计 100 万元。若逾期或者不足额支付当期款项，李女有权要求男方一次性支付剩余的折价款"。此外，如果涉及房屋归一方所有，还需要明确是否包含该房屋内的装饰装潢、家具家电，以免产生争议。

比如，"红木家具归张男所有"的约定不明确，应表述为"存放于某某处的 ×× 红木家具几件（套）归张男所有"。

比如，"张男可探视子女"的约定不明确，应表述为"张男可于每周周几的上午几点到下午几点在 ×× 处探视子女"。

……

其次，财产上存在的法律障碍，一般是指**房屋尚未取得房产证**[2]、车辆被抵押、股票被司法查封等，若在法律障碍没有消除前进行分割，势必给获取方的权益实现带来风险。建议夫妻双方在积极消除法律障碍后再行分割。

二、不兜底

"不兜底"指的是对于家庭财产结构比较复杂、家庭资产较多的夫妻而言，如果对资产情况不够充分了解，也不完全掌握，不应在离婚协议中提及"夫妻没有共同财产""夫妻双方财产已经分割完毕""其他各自名下财产归各自所有""其他财产归男方（或女方）所有""双方无其他财产争议"等兜底性条款。一旦兜底，离婚协议可能变成"卖身契"，**未来难以反悔且无法要求重新分割**[3]。

三、可追责

这是指一方不履行离婚协议约定时，需要承担一定的责任。这点对分割折价款的一方尤为重要。从本质意义上讲，离婚协议也是一份民事合同，是对双方权利义务的约定。因很多事项都需要在离婚后执行，如配合房产过户、支付抚养费、交付财物等，如果没有违约责任条款，容易导致履行方怠于履行协议义务。所以离婚协议中须明确，如果不履行条款约定要承担什么样的法律责任，以此减少履行方后悔的可能。

另外，如果一方在离婚后没有住处而陷入生活困难，也可以与另一方协商，由其给予住房帮助。如果另一方愿意提供住房帮助，可根据《民法典》第366条和第1090条的规定，在离婚协议中明确在另一方名下某某房屋上设立一定期限的居住权，并根据《民法典》第368条规定，及时到不动产登记部门办理居住权登记手续，登记完成后，居住权设立。

关联问答：

① 夫妻共同财产的类型和分布有哪些？
② 没拿产证的房屋，离婚时能不能分？
③ 协议离婚领证后，一方可以反悔吗？

> 张男和李女办理离婚登记手续前，反复签订了多份离婚协议书。之所以如此，是因为双方都没有思考周全，总是觉得约定对自己不利，故对协议改来改去。离婚后，双方未能相安无事，反而对离婚协议产生争议。

第13问　签订了多份离婚协议，以哪一份为准？

概要解答： 原则上，以最后一份为准

众所周知，离婚协议在办理完离婚登记手续后即刻生效。但《民法典》有关规定及《民法典婚姻家庭编解释（一）》第69条所涉"离婚协议"，并未将生效的离婚协议明确限定于民政局备案的协议。故理论上在完成登记离婚后，张男和李女双方签署多份离婚协议均能生效。当存在多份生效离婚协议的情况下，应以哪一份为准，《民法典》也尚无明确规定。根据司法实践，一般认为以最后一份协议为准。

那何谓"最后一份协议"？

通常情况下，民政部门备案的离婚协议是最后一份协议，故以备案协议为准并无太多争议。

但如果某笔财产分割或者某笔债务承担，在备案的协议中没有约定，但之前的协议有约定，则以有涉及相关内容的最后一份协议的约定为准。若多份协议对某事

项约定矛盾，也以最后一份协议为准。

若张男和李女离婚后，对未处理的财产、债务进行约定，或者对已在离婚时约定的财产、债务进行补充约定，或者对子女抚养事项进行重新约定，在不违反法律规定的情况下，该约定为最后一份协议。离婚后的补充协议尽管不能再次向民政部门登记备案，但在双方之间具有约束力，应以之为准。

实务细节：

1. 切勿因之前离婚协议中已作约定，而在备案协议中约定"财产已分割完毕""无其他财产分割"等兜底性条款。
2. 为避免发生扯皮现象，可在民政部门备案离婚协议中约定："废除之前所有协议，以备案协议为准。"也可在备案离婚协议中明确："使用之前 × 年 × 月 × 日离婚协议中第 × 项条款。"

> 张男和李女离婚，对子女、财产、债务等问题进行了约定，并签署了离婚协议。但张男迟迟不愿前往民政部门办理离婚登记手续，李女无奈，只能通过法院诉讼离婚。

第14问　没能领离婚证，离婚协议是否还有效？

概要解答： 未生效

张男和李女签署离婚协议虽然也属于民事合同，但更重要的是，它还具有强烈的身份关系属性，所以不是由当事人达成协议就能够生效，还必须履行一定的法律程序，即张男和李女必须依照《民法典》第1076条规定，亲自向民政部门提出离婚申请，由民政部门依照法定程序和要求审核，确认后发放离婚证。发放离婚证后，才标志着二人的夫妻关系正式解除，夫妻间的权利义务终止，直到此时，双方在离婚协议中约定的子女如何抚养、财产如何分割、债务如何承担等条款才有了落实的基础。

另外，既然张男和李女自愿选择以协议的方式离婚，本应在签署离婚协议后共同向民政部门申请离婚登记，但张男不愿意申请登记离婚，基于协议离婚的特性，则视其对协议内容的反悔。这种反悔是法律所允许的。

因此，对于以登记离婚为前提条件达成的离婚协议，按照《民法典婚姻家庭编解释（一）》第69条规定，如果没有完成离婚登记并领取离婚证，即属于未生效协议，对夫妻双方没有约束力。**即使在离婚诉讼中，李女也不能要求法院按照离婚协议的约定处理相关事项**[①]。

关联问答：

① 打离婚官司，签过的"离婚协议"还有效吗？

> 张男准备购房但资格受限，便与李女商量"假离婚"。李女认为双方感情很好，不会出问题，就与张男领取了离婚证。事后，李女提出复婚，张男却说什么都不同意，也不承认"假离婚"。李女慌了，便向法院起诉要求撤销离婚。

第15问　夫妻"假离婚"会不会被法院撤销？

概要解答： 离婚关系不会，财产视情况

有时候，假的也会变成真的！

现实中，很多夫妻如同张男和李女一样，基于"逃避债务""获得买房资格""多拿拆迁款""骗取低保"等原因而恶意离婚，或者通谋离婚（俗称"假离婚"），待实现目的后再复婚。如果双方能够复婚，自然不会有太多纠纷，纠纷往往多发生于无法复婚的情形中。

然而，婚姻并非"儿戏"，法律上，离婚就是离婚，没有"真离婚""假离婚"的说法。不论双方是出于什么动机，不论离婚背后的真实意图是什么，哪怕有十足的证据证明是为了某个目的登记离婚，李女都不能要求民政部门、人民法院确认离婚登记无效，或者撤销离婚登记。也就是说，在是否离婚的问题上，张男和李女是有合意的，也是自愿的，且经过民政部门的审查（见《民法典》第1078条），不存

在"假离婚"。因此，按照《民法典》第1080条规定，只要二人领取了离婚证，那就是离婚，二人的婚姻关系解除。

那么，李女能否以"受到张男的'欺诈'，自己并非自愿"为由要求撤销离婚登记呢？答案也是否定的。法律上的"欺诈"是只有一方有离婚的意愿，而另一方没有。虽然张男承诺"复婚"，但离婚是双方共同的行为和意思，李女在是否离婚的问题上并不存在任何误解，对离婚所产生的法律后果也充分知晓，因此，张男承诺可以"复婚"不构成法律意义上的欺诈。

除了离婚登记不能被撤销之外，因李女对财产分割的后果，以及存在不会复婚的可能性都应该是知晓的，故按照《民法典婚姻家庭编解释（一）》第69条第2款的规定，离婚协议中的财产分割约定一般也不能被撤销。当然，如果李女有充分证据证明是"假离婚"，财产分割只是形式，不是真实的意愿，可以根据《民法典》第146条虚假意思表示相关规定，以及基于财产分割明显不公平而要求法院确认财产分割约定无效，并要求重新分割。

实务细节：

1. 切勿"假离婚"。任何情况下，切记"假的"也要当成"真的"做。

2. 对"假离婚"涉及财产分割不是真实意思表示的证据有微信、短信、录音、对方自认等，这些证据要能够反映双方分割财产相当随性，彼此的真正目的不是为了离婚而离婚，离婚仅是形式。

> 张男和李女协议离婚，领取离婚证后，李女觉得在财产分割上对自己不公平，同时也认为子女归张男直接抚养，张男不能照顾好，故要求张男重新修改离婚协议。张男不同意，认为李女不能反悔。

第16问 协议离婚领证后，一方可以反悔吗？

概要解答： 有权利反悔，但不一定成功

一般而言，张男和李女领取离婚证后，李女原则上有权对离婚协议反悔，但成

功概率不大。这是因为双方已经登记离婚，签署的离婚协议即发生效力，双方均应遵照执行。当然，概率不大不代表没有。在特定的条件下，如李女是被张男胁迫申领取离婚证，李女可以要求撤销离婚证；如李女是被张男胁迫或者欺诈签署的财产分割约定，李女可以要求撤销该财产约定；如张男直接抚养子女时严重侵害子女的利益，李女可以要求变更抚养权，等等。

协议离婚反悔适用情形表

反悔时间	对离婚反悔	对子女抚养反悔	对财产分割反悔	对债务承担反悔	反悔时效
领证前	可	可	可	可	离婚前
领证后	除非骗领离婚证，或者被胁迫离婚	除非协商或对子女成长严重不利	除约定财产分割和债务承担时被胁迫/欺诈，或"假离婚"时虚假约定		1年，最长5年

专业解释：

夫妻双方自愿离婚，并对子女和财产问题做了适当安排，在婚姻登记机关办理完离婚登记，领取了离婚证后，婚姻关系即正式解除，离婚协议发生效力。现实中，有部分夫妻在离婚后会发生对离婚协议内容反悔的现象。反悔一般存在如下三种情形：一是对解除婚姻关系的反悔；二是对财产分割方案的反悔；三是对子女抚养权的反悔。

一、对解除婚姻关系的反悔

结婚可以被无效，但离婚不能被无效。若领取离婚证后，李女认为是轻率离婚，反悔不想离了，不能向法院起诉，法院也不会受理，只能按照《民法典》第1083条规定，在张男自愿的情况下复婚，重新申领结婚证。在特定条件下，李女可以向婚姻登记机关申请撤销离婚证，或者以婚姻登记机关为被告提起行政诉讼，要求撤销离婚证，使已解除的夫妻关系恢复到未解除的状态。

根据相关实践（暂无明文规定），申请撤销离婚证的特定条件主要包含：一是办理离婚登记的当事人非夫妻，如张男让他人冒充李女骗领离婚证；二是夫妻一方办理离婚登记时不具民事行为能力，如向登记机关隐瞒张男或李女是精神病人骗领离婚证（这种情况较为常见）；三是违反《民法典》第1076条自愿原则，如张男胁迫李女"自愿"离婚。

二、对财产分割、债务承担方案的反悔

按照《民法典婚姻家庭编解释（一）》第 69 条、第 70 条规定，张男和李女签署的离婚协议中关于财产及债务处理的条款，对双方具有约束力。李女对财产分割、债务承担方案反悔，有权请求法院撤销。不过，法院是否撤销的依据是：张男是否存在"欺诈""胁迫"等情形。经过法院审查，若能确认在签订财产分割协议条款时张男存在欺诈、胁迫等情形，则会基于李女意思表示不真实，撤销（注：非变更）离婚协议有关财产约定条款。如果未发现张男存在欺诈、胁迫等情形，则会驳回李女的诉讼请求。

所谓胁迫，相对比较好理解。现实中，因为离婚登记审查环节的存在，发生在胁迫下离婚的情况较少。所谓欺诈，现实中时有发生。比如，张男名下有钱却谎称没钱、没有债务却谎称欠了很多外债，李女基于对方的虚假陈述作出放弃分割的决定，这就是典型的欺诈。

需要注意的是，离婚分割财产不同于买卖，一般只要意思表示真实，就不存在公不公平一说。李女以财产分割不公平为由反悔一般不会得到法院的支持。

三、对子女抚养的反悔

对子女抚养权的反悔主要体现在对子女抚养权归属的反悔。比如，直接抚养方的张男不希望子女再与其共同生活，或者不直接抚养方的李女希望子女与其共同生活，这在法律上统称为抚养关系变更。按照相关规定，离婚时一旦确定了抚养关系，如果没有《民法典婚姻家庭编解释（一）》第 56 条规定的正当理由，**李女要求变更抚养关系的诉求不会得到法院的支持**[①]。

所谓正当理由，一般是指：一是张男和李女经过协商变更；二是直接抚养方张男有对子女成长不利、严重侵犯子女合法权益的行为，如虐待、遗弃等；三是直接抚养方的张男因客观原因，继续抚养子女会对子女成长不利，如患有严重疾病、伤残无力抚养；四是子女已满八周岁，愿随不直接抚养方李女生活，同时李女又有抚养能力，等等。

> **注意要点：**

对于离婚财产分割约定反悔、要求撤销的问题，《民法典婚姻家庭编解释（一）》第 70 条虽删除了原《婚姻法司法解释（二）》第 9 条 "1 年期限" 的规定，但不代表没有期限限制。李女如果要求撤销离婚协议财产分割的约定条款，仍属于《民法典》

第 150 条撤销权的行使。即若李女是因受张男欺诈要求撤销，应当自知道或者应当知道受欺诈之日起 1 年内向法院提出。如果李女是因张男受胁迫〔何谓胁迫，可参照《民法典婚姻家庭编解释（一）》第 18 条相关规定〕要求撤销，应当自胁迫行为终止之日起 1 年内向法院提出。另外，按照《民法典》第 152 条第 2 款规定，不管什么撤销事由，不管什么时候发现，正式离婚 5 年后，均不能再要求法院撤销离婚协议财产约定条款。

实务细节：

1. 反悔需要说明理由并提供相关证据，否则难以得到支持。
2. **如果张男和李女是"假离婚"**[②]，李女有证据证明离婚协议的财产分割部分不是自己的意思，是虚假分割，则法院可以认定为无效约定，并对财产重新分割。

关联问答：

① 离婚后，能变更小孩的抚养权吗？
② 夫妻"假离婚"会不会被法院撤销？

> 张男和李女协议离婚后，张男一直不履行离婚协议，不将房屋的所有权变更登记到李女的名下，不支付子女的抚养费。李女索要多次无果，便向法院申请强制执行离婚协议，被告知要先另行诉讼。

第 17 问　一方不履行，能否申请法院执行离婚协议约定？

概要解答： 不能，协议不具有执行力

大多数情况下，夫妻双方自愿签署离婚协议并在民政部门登记离婚，一般不会发生一方不履行协议而另一方要求法院执行的问题。但也存在部分夫妻离婚后，基于各种原因，一方不履行离婚协议的情形。

由于离婚协议在本质上属于民事合同，是民事主体双方意思自治的结果，因此，

离婚协议未经人民法院裁决，不具有强制执行力，不能凭借离婚协议直接申请法院强制执行。按照《民事诉讼法》第 231 条、第 241 条规定，人民法院可以执行的只有生效的民事判决、裁定，以及人民法院制作的民事调解书。如果张男不能完整履行离婚协议确立的义务，李女可向法院提起诉讼，要求张男履行，通过法院确认协议的效力，将不具有强制执行力的协议以判决的方式使其具有强制执行力。法院判决或调解后，张男再不履行生效法律文书时，李女就可申请法院强制执行了。

实务细节：

对于复杂的离婚事务，通过诉讼离婚往往比协议离婚更彻底，尽管离婚诉讼周期较长。当然，离婚协议中约定明确的违约责任，也有利于降低不履行协议的概率。

> 张男和李女协议离婚时，都表示将夫妻共有的房屋给子女，并在离婚协议中进行了明确。然而离婚后，张男感觉子女归李女直接扶养，房子等同于给了李女，故死活不同意过户给子女。

第 18 问　约定房子归小孩，协议离婚后可以不给吗？

概要解答：不可以

在离婚时，夫妻双方将房屋给子女的情况比较常见。如果房屋的产权已变更登记到子女名下，那倒也相安无事。有些夫妻在离婚后反悔，不同意将房屋过户给子女，张男即是如此。张男和李女在离婚时将房屋给子女，是双方以离婚为目的的赠与，是双方在离婚时经过深思熟虑后对夫妻共同财产作出的统筹安排。离婚后，赠与目的实现，张男理应遵守诚信原则，理应遵守与李女的约定，将房屋过户给子女。

专业解释：

张男和李女约定将房屋给子女，本质上属于《民法典》第 657 条所规定的赠与行为。根据《民法典》第658条、第659条、第660条赠与制度的有关规定，一般而言，未经公证的赠与，赠与人在未完成赠与，交付动产或者变更不动产登记前，有权撤销赠与。换句话说，也就是赠与人在没实际给财产前可以撤销，受赠人不能要求赠与人交付财产。那么，张男和李女协议离婚时约定将房屋给子女，张男是否也可以行使撤销权，不同意将房屋过户给子女呢？答案是否定的。理由如下：

第一，社会主义核心价值观倡导诚信原则，张男在离婚时同意将房屋给子女，在离婚后无故反悔不给，这是典型的不诚信表现。如果允许此类现象发生，势必会产生不诚信反而受益的不良示范效应，即一方以许诺将房屋给子女为诱饵，恶意引诱对方同意离婚后，立马行使撤销权，秋后算账，达到既离婚又占有财产的目的。这不仅给子女和对方造成经济损失和精神伤害，还会引发各种子女与父母对簿公堂的闹剧。

第二，张男和李女作为完全民事行为能力人，在离婚时有权对夫妻共有财产进行处理，且也应知道处理所产生的法律后果。二人将共有房屋约定给子女的处理方式不是夫妻间分割财产，而是共同放弃分割该房屋，并将之给子女。这种协议离婚时达成的财产处理约定，按照《民法典婚姻家庭编解释（一）》第69条、第70条之规定，对张男和李女二人都具有约束力，即任何一方不能轻易反悔。

第三，张男和李女离婚时约定将房屋给子女，并非是为了给子女房屋而离婚，而是为了要离婚才给，是双方在离婚目的下对共同财产协商处理的一种方式。这种处理方式具有明显解除婚姻身份关系的目的和动机，不违反法律规定，且赠与的对象是子女，具有一定的道德义务性质。双方解除婚姻关系后，将房屋给子女的离婚目的（或者条件）已经实现，故张男不能随意撤销不给子女房屋。

第四，虽然子女不是离婚协议的主体，但赠与具有单务性质，无需征得子女的同意，故子女有权按照张男和李女的离婚协议主张受赠的权益。同时，根据《民法典》第1076条协议离婚的基本要求，以及协议离婚的本质，赠与条款实质是整个离婚协议的一部分，与离婚协议是一个整体，是张男和李女夫妻双方综合考虑各种因素后，对夫妻财产的处置作出的决定。离婚后，如果张男要撤销不给子女房屋，势必也应与李女共同决定才行，张男单方无权作出撤销不给的决定。当然，如果双方共同决定撤销赠与，不给子女房屋，则另当别论。

因此，夫妻离婚时约定将房屋给子女，离婚后一方不同意过户，子女可以向法院起诉，要求其协助完成房屋登记到自己名下的手续。

注意要点：

1. 如果夫妻共有房屋尚有剩余贷款，且在离婚时无法一次性还清，涤除银行抵押的，则无法办理过户给子女的手续。故不建议离婚时将该类房屋约定归子女所有，而应在夫妻间直接分割。同样，尚未拿到房产证的房屋，或者有第三方（子女除外）名字的房屋，一般也不能直接约定给子女，否则难以过户或者有侵害第三人利益之嫌。

2. 将夫妻共有房屋给子女所有，只能由夫妻双方在协议离婚或者调解离婚时协商确定，法院不会按照双方的意思将房屋判决给子女所有。

3. 婚姻关系存续期间，如果夫妻约定将房屋给子女，在未变更登记前，夫妻一方一般可以撤销赠与，不给子女。

4. 将房屋无偿赠与给子女，虽然《无偿受赠房屋个税通知》第 1 条规定，子女受赠时可以免征 20% 的个人所得税，但按照《契税法》第 1 条、第 2 条、第 3 条、第 6 条规定，依然需要全额交纳契税，同时根据《个人无偿赠与不动产税收通知》第 2 条规定，在子女出售该房屋时，需要交纳 20% 的个人所得税。因此，若双方都同意将房屋赠与子女，可采用买卖而非赠与的方式进行。

实务细节：

1. 张男和李女二人将房屋赠与给子女，可以按照《公证法》第 25 条申请办理赠与公证手续，办理公证手续后，一般不能随意撤销赠与。不过有抵押的房屋一般不能做赠与公证。另外，也可以约定赠与不可撤销，以及在可以办理过户时不协助过户的违约责任，同时签署一份不可撤销的委托合同，由张男委托直接抚养子女的李女在可以过户时代为办理房屋过户手续，通过这些可降低张男反悔、发生诉讼的可能性。

2. 起诉要求履行赠与义务的主体，即原告是子女，如果子女未成年，则同时列父母一方为法定代理人。

● 张男和李女离婚时，将名下共有的房屋分割给李女。离婚后，张男反悔，始终不配合将房屋过户到李女名下。后张男因欠外债不还，该房屋被法院查封。李女认为房屋产权虽没有变更，但实际上已经是自己的了。

第19问　协议离婚分割房屋归一方，未过户变更前属于谁？

概要解答： 产权不变化，原属于谁就是谁的

张男和李女达成的将共有房屋分割给李女、由李女向张男支付折价补偿费的离婚协议，在双方离婚后即刻生效。离婚后，如果张男没有履行过户变更登记义务，即没有履行离婚协议约定的实际分割房屋，那该房屋产权依然处于原始状态，不发生产权变动的效力。换句话说，该房屋依然属于张男和李女的夫妻共有房产。

专业解释：

一般而言，如果张男和李女是按照《民法典》第1079条，通过法院诉讼的方式离婚，一旦离婚判决生效，生效判决中确定分割给李女所有的房屋，即使没有执行变更登记到李女名下，或者李女尚未支付折价款给张男，也发生"房屋归属李女个人所有"的法律效力，《民法典》第229条对此有相应规定。通过法院调解的方式亦是如此。

如果张男和李女二人是按照《民法典》第1076条，通过协议的方式离婚，双方约定房屋归属李女所有，张男取得折价款。按照《民法典》物权编第209条规定，不动产物权的设立、变更、转让和消灭，经依法登记发生效力；未经登记，不发生效力。故在房屋产权登记未变更过户到李女名下之前，不产生房屋产权变动的效果，不发生房屋已归李女一方个人所有的效力，即房屋还保持原有的产权状态，还是夫妻共同所有，或是夫妻按份共有，或是张男个人所有。

李女享有的只能是依据离婚协议，请求将房屋变更登记至己方名下的请求权，而不是确认己方对房屋已享有个人所有权。李女变更登记的请求权一旦实现，房屋的登记簿名字变更为其个人后，按照《民法典》物权编第214条规定，其才能享有

房屋的完整所有权。反言之，在请求权未实现前，李女不能享有房屋的完整所有权。这比较绕，通俗一点举例，如买卖房屋，双方签了合同，买方交了房款，但在没有过户前，房屋产权还是卖方的，买方只能要求履行买卖房屋合同，而不能说房屋已经是自己的了。

因此，张男和李女之间的约定不直接产生房屋归李女个人所有的物权变动效力。这种效力既包括对内效力，也包括对外效力。对内，房屋未经变更登记，张男和李女依然要按照房屋原性质享有权利及承担义务；对外，房屋未经变更登记到李女名下，第三方依然可以按照原登记状态主张权利，如为实现债权而查封、冻结、执行该房屋，换句话说，第三方只认登记不认离婚协议。

注意要点：

如果双方是通过法院诉讼离婚的方式分割房屋，一旦法院作出生效判决后，拿房一方即取得房屋完整所有权，**另一方只能基于债权向对方主张折价款**①。

实务细节：

离婚时，如果将房屋约定归李女个人所有，李女应尽快办理产权变更登记，如果张男不配合，李女应尽快通过诉讼的方式要求对方协助变更，否则夜长梦多。其他人完全可以基于产权登记的信息冻结、查封，并申请拍卖该房屋。李女不能依据《民事诉讼法》第234条，基于离婚协议提出执行异议，以对抗其他人的查封和执行。当然，原则上，如果该房屋本就登记在李女一人名下，无需进行变更，李女可以基于离婚协议、离婚证和产权登记簿等对抗其他人的查封和执行。

关联问答：

① 离婚不拿房，风险有多大？

> 张男的户籍在山东，李女的户籍在安徽，二人结婚后一直在上海工作，并办理了上海的长期居住证。后因感情不和要离婚。二人达成离婚协议后，需要去民政部门申领离婚证。

第 20 问　可以异地办理协议离婚手续，申领离婚证吗？

概要解答： 不能，要在一方户口地申领

　　夫妻双方协议离婚，对离婚事宜达成一致意见后，应当向民政部门申领离婚证。《婚姻登记工作规范》第 5 条规定了婚姻登记机关行政区域划分及受理范围。如同"申领结婚证需要在一方户籍所在地"一样，申领离婚证也需要在一方户籍所在地。张男和李女的户籍都不在上海，即使办理了上海的长期居住证，也不能在上海的民政部门申领离婚证，只能在张男或李女户籍地的县级民政部门办理。申领离婚证只与户籍有关，与在哪里结婚没有关系，与实际居住地也没有关系。

　　另外，港澳台同胞、海外侨胞或外籍人士在中国大陆离婚，需是在中国大陆领取的结婚证，并且一方是中国大陆户籍，同时，需要到户籍地省级民政部门办理。若是在中国大陆领取的结婚证，但双方均已注销了常住户口，想要在中国大陆办理离婚，只能通过人民法院诉讼离婚程序解决（详见本书涉外离婚篇）。

　　现役军人还可选择在部队驻地婚姻登记机关办理离婚登记。

实务细节：

　　张男、李女因种种原因无法回户籍所在地办理协议离婚，可以凭借有效期内的居住证或者居住 1 年以上的有效证明（以居委会或村委会证明最为常见），**向居住地人民法院提起离婚诉讼**[①]，由法院按照《民法典》第 1079 条第 2 款进行调解并制作离婚调解书。按照《民法典》第 1080 条规定，法院制作的离婚调解书等同离婚证。

关联问答：

　　① 起诉离婚，应该到哪个法院？

> 张男和李女感情不和,准备离婚。双方签署了离婚协议书,到民政局办理离婚登记,但经民政部门审查后,认为不符合登记离婚条件,让二人回去修正。

第21问　符合哪些条件才可办理协议离婚手续?

概要解答: 领证夫妻 + 协议明确

到民政部门离婚还有条件?是的。《民法典》第1076条规定了夫妻依照行政程序,通过协议方式离婚的两个基本条件,即领证夫妻与协议明确。

一、"领证夫妻":未领证非结婚,无结婚不夫妻

夫妻双方到民政部门协议离婚,首要条件是必须持有结婚证。结婚证是民政部门办理协议离婚登记的必备材料。如果男女没有完成结婚登记,没有领取结婚证,即使结婚酒席办得再隆重,共同生活的时间再长,生育的小孩再多,也只能被视为同居关系,不能算夫妻。若遗失了结婚证,需要补领结婚登记证明。

二、"协议明确",指对子女抚养、财产及债务处理已经做出处理,并有明确的书面约定

离婚协议是夫妻双方申请离婚登记的第二必备材料。按照《民法典》第1078条规定,民政部门需对协议进行审查,如果没有签署协议,或者协议约定不清楚,或者单纯只申请离婚,不处理小孩、财产、债务等问题,民政部门都不办理离婚登记。

除了上述两个条件外,还须男女本人共同前往办理,不可由他人代理,这与办理结婚登记时须双方本人到场的要求一致。另外,离婚与年龄大小无关,但与精神状态有关。**患有严重精神疾病的人不是完全民事行为能力人,不能办理协议离婚登记**[①]。

实务细节:

按照规定,**1994年2月1日前已形成"事实婚姻"的夫妻,若想协议离婚,也得按照《民法典》第1049条补办结婚登记**[②]。如果补办不了或者无法协议,只能按

照《民法典婚姻家庭编解释（一）》第 7 条规定，通过司法程序向人民法院提起诉讼，要求离婚。

关联问答：

① 一方是精神病人，能不能离婚？
② 领证结婚后才叫婚姻关系存续期间？

> 张男和李女到民政部门办理离婚登记手续，提交材料后，被告知 30 天过后再办理。也就是一定要在 30 天后的 30 天内来民政局办理，如果不来办理，视为没有申请离婚。

第 22 问　离婚冷静期是 30 天还是 60 天？

概要解答： 30 天

离婚冷静期是《民法典》新设的制度，对减少轻率离婚、维护家庭稳定具有积极意义。需要明确的是，离婚冷静期制度只适用于夫妻协议离婚，不适用于诉讼离婚。虽然离婚冷静期也有可能是"矛盾加剧期"，但法律所规定的冷静期是办理协议离婚登记的必经阶段，不因夫妻一方存在出轨、家庭暴力等而改变（有家庭暴力的夫妻一般也很难达成离婚协议）。

《民法典》第 1077 条所规定的"离婚冷静期"条文中，涉及两个"30 天"，容易被误认为办理协议离婚登记共需 60 天，实则不然。按照制度设定，办理协议离婚一般需要经过申请、现场办理两个步骤。制度中的第一个"30 天"是提出申请后的离婚冷静期，属于不变期间，第二个"30 天"是现场办理期，属于可变期间。

具体而言，民政部门收到离婚登记申请后的第一个 30 天内不会办理登记手续，在此期间，任何一方都可以撤回离婚登记申请。如果双方在这 30 天内都未撤回离婚登记申请，则进入第二个 30 天的现场办理期。

在这 30 天现场办理期内任何一个工作日,夫妻双方应共同前往民政部门申领离婚证,民政部门审查通过后发放离婚证。如果在这 30 天内夫妻双方没有共同前往现场申领离婚证,则视为撤回离婚登记申请,民政部门不予审查并发放离婚证。

30 天的现场办理期的最后一天若是假期,应提前办理。

第三篇　诉讼离婚

诉讼离婚是协议离婚之外的第二种离婚方式，也是20%左右的夫妻采用的离婚方式。相较于协议离婚，诉讼离婚要复杂许多。法院在审理离婚案件时，需要综合各种因素作出裁决。本篇主要针对诉讼离婚中的基本常识、夫妻感情破裂如何认定、哪些是婚姻过错行为等展开分析。

第一章 基本常识

> 张男和李女准备协议离婚并签署了离婚协议,对子女抚养、财产分割等进行了约定。后双方因未能办理离婚登记,李女只能到法院打离婚官司。

第23问 打离婚官司,签过的"离婚协议"还有效吗?

概要解答: 若不追认,视为没有生效

张男和李女未能在民政登记离婚,可以视为其中一方或双方对离婚协议的反悔,双方签署的以到民政局登记离婚为条件的离婚协议也就没有生效。在审理离婚案件的过程中,除非双方都愿意按照离婚协议处理,否则法院不会将离婚协议作为判决的依据,而会按照法律规定进行处理。处理结果可能与离婚协议的约定大相径庭。

协议离婚和诉讼离婚区别表

离婚方式	处理原则	适用情形	基本文件	办理部门	取得离婚文件
协议离婚	双方自愿	双方同意离婚及对相关事宜达成共识	离婚协议	一方户口地民政部门	离婚证
诉讼离婚	能协商按照协商意见,不能协商依法依规	一方不同意离婚或对相关事宜无法达成共识	离婚起诉状	被告户口地或经常居住地基层人民法院	离婚判决书/离婚调解书/离婚证明书

专业解释:

在到法院起诉离婚之前,很多夫妻都曾尝试过协议离婚,甚至还签署了一份或多份离婚协议。但由于各种原因,双方最终未能到婚姻登记部门办理离婚登记并获取离婚证,只能选择打离婚官司。

在打离婚官司的过程中，若张男拿出离婚协议，希望法院按照协议约定的财产分割方案判决财产归属，法院是否必须按照协议内容来判决呢？答案是否定的。

张男和李女签署的离婚协议是以"离婚"且是以"登记离婚"为前提条件的协议，或者说，签署离婚协议的目的是向婚姻登记部门登记离婚，而不是向法院诉讼离婚。这就是《民法典》第158条所规定的附条件民事行为。**如果双方能够登记离婚，则双方正式解除婚姻关系，并按照离婚协议内容履行子女抚养、财产分割、债务承担等问题**[①]。如果双方未能登记离婚，则视为张男或李女对离婚协议内容的反悔，按照《民法典婚姻家庭编解释（一）》第69条规定，双方签署的离婚协议没有生效，有关子女、财产、债务等约定对夫妻双方没有约束力。再次强调的是，这里所述的前提条件——"离婚"，仅是指以协议方式的离婚，不包括以诉讼方式的离婚，也就是说，张男、李女签订的离婚协议在诉讼离婚案件中是"作废"状态。

之所以如此，是因为协议离婚和诉讼离婚是标准完全不同的两种离婚程序。按照《民法典》第1076条协议离婚的基本要求规定是平等自愿且不违反法律禁止性的规定，而按照《民法典》第1079条诉讼离婚的规定是强制且依据法律的明确规定。夫妻二人协议离婚不成，则离婚协议没有生效。张男提起离婚诉讼，如果李女不同意按照离婚协议的有关约定处理，也不同意再协商，甚至不同意离婚，则人民法院仍需按照相关法律规定，对**夫妻感情是否破裂**[②]、子女如何抚养、**财产如何分割**[③]等进行认定和处理。法院的判决结果可能与离婚协议的内容大相径庭，甚至不会准予张男和李女离婚，即离婚协议不能作为法院认定夫妻感情确已破裂的依据。

当然，在离婚诉讼中，如果李女同意离婚，并同意按照离婚协议条款约定处理子女、财产和债务问题，则人民法院在判决离婚时，会遵循双方意思自治的原则，可以将约定的内容作为判决的依据之一。不过，对于子女的抚养问题，法院在尊重双方约定的基础上，仍然要审查夫妻约定的抚养方式是否符合未成年子女利益最大化原则。

注意要点：

经过公证处公证的离婚协议本质还是附条件的协议，公证书只能证明双方意愿真实，签字是真的而已。

实务细节：

虽然离婚协议不能作为法院裁判依据，但是协议中双方确认的事实则可以成为法院认定案件事实的依据。故签署离婚协议时，各方对相关事实的确认应予慎重。

关联问答：

① 签订了多份离婚协议，以哪份为准？
② 什么叫感情破裂？
③ 离婚时，财产都是均等分割的吗？

> 张男和李女分居多年，一直没有联系。李女遂准备向法院起诉离婚。然而，我国法院受理离婚案件有管辖法院的规定，并非李女向任何一所法院起诉，法院都会受理。

第24问 起诉离婚，应该到哪个法院？

概要解答： 居住地或户籍地

李女要到人民法院起诉离婚，她作为原告，张男作为被告，原则上要按照"原告就被告"，到张男的住所地或经常居住地的基层法院起诉。只有在特殊情况下，李女才能在自己的住所地或经常居住地的基层法院起诉。住所地一般就是户籍所在地，经常居住地就是指公民离开户籍地，在另一地区最后连续居住满1年以上的地方。

法院受理离婚案件管辖表（以张男信息为例）

管辖法院	在户籍地生活	有经常居住地	没有经常居住地	居住信息不明	被羁押满1年	被羁押不满1年	下落不明	宣告失踪
户籍地法院	张男	/	张男	张男	/	李女	李女	李女
经常居住地法院	/	张男	/	/	张男			

专业解释：

首先要知道的是，不管夫妻财产是多是少，按照《调整法院管辖一审案件通知》

第 4 条规定，原则上都只有基层人民法院才可以受理一审的离婚案件，中级人民法院不直接受理一审的离婚案件。全国各地的县、县级市、区都设有基层人民法院。正常情况下，李女要么在户籍所在地的基层法院起诉离婚，要么在经常居住地的基层法院起诉离婚。具体如下：

一、如果张男在李女起诉离婚前，一直在户籍地生活、工作，则李女只能在张男户籍地的基层法院起诉离婚。这就是《民事诉讼法》第 22 条所规定的"原告就被告"的法院管辖基本原则。

二、如果张男在李女起诉离婚前就已经离开户籍地，并在另一个地区连续居住满 1 年以上，法律上称之为"经常居住地"（见《民事诉讼法》第 23 条），则李女应在张男最后的经常居住地的基层法院起诉离婚。这也是"原告就被告"的管辖原则。如果张男在最后居住地居住未满 1 年，则李女也只能在张男户籍地的基层法院起诉离婚。

三、如果张男在李女起诉离婚前已经离开户籍地居住他处 1 年以上，但李女不知其具体居住地址。此种情形下，一般建议李女先行向张男户籍地的基层法院起诉离婚，被告的居住地写张男的户籍地址。需要注意的是，虽然《民诉法解释》第 12 条规定被告张男离开户籍地超过 1 年，李女可以在自己的户籍地住所地的基层法院起诉离婚，但实务中需证明不知道张男居住何处，这有些难度，故先向张男户籍地法院起诉为妥。

四、如果张男在李女起诉离婚前已下落不明，法律意义上的"下落不明"并不是指李女找不到，而是所有人，尤其是张男的父母、兄弟姐妹等近亲属都找不到，处于杳无音信的状态。此时，李女可以在自己的户籍地或经常居住地的基层法院起诉离婚。不过，对张男下落不明的事实，需要有证据证明。一般而言，公安机关或者村（居）委会出具的下落不明证明就能够被法院认可。若李女不能提供，则先向张男户籍地法院起诉为妥。

当然，按照《民法典》第 40 条规定，张男下落不明达一定年限（一般是 2 年），李女在起诉离婚前，可以申请法院宣告张男失踪。一旦张男被依法宣告失踪，就属于离婚的法定事由，即在离婚案件中，法院可以缺席判决准予双方离婚。反言之，张男未被宣告失踪，法院一般难以判决离婚。需要注意的是，宣告失踪与诉讼离婚是各自独立的法律程序，不可混淆。

五、如果张男在李女起诉离婚前已被采取强制性教育措施（如被强制戒毒），或者因犯罪而被羁押（如关押在看守所或者监狱）。按照《民诉法解释》第 8 条规定，如果未满 1 年，李女可以凭借司法机关的通知文件，在自己的户籍地或经常居住地基层法院起诉离婚；如果满 1 年，则李女到向张男被羁押地基层法院起诉离婚。注意，因离婚涉及身份关系，需要双方在场，故一般需要到戒毒所、看守所、监狱等场所开庭。

注意要点：

1. 经常居住地一般是以县、县级市、行政区为单位。比如，张男在上海黄浦区居住 9 个月后，又在上海徐汇区居住 10 个月，那省级行政单位上海市及这两个上海市辖区都不构成张男的经常居住地。

2. 涉军人离婚案件的管辖法院比较特殊，因现实中比较少见，故本书不作阐述。

实务细节：

1. 证明"经常居住地"的证据多为 1 年以上有效期内的居住证，或者居住地村（居）委会出具的居住 1 年以上证明，证明中需体现类似"至开具证明时居住满 1 年以上"的字样。

2. 李女没有张男的户籍信息或张男的居住证信息，可以委托当地律师查询。

3. 如果一方羁押在其他城市或其他省份未满 1 年，另一方在自己所在地的法院起诉离婚，法院有可能会不予受理，应坚持要求。也可以待羁押满 1 年后，到羁押地的基层人民法院起诉离婚。

> 李女到法院起诉离婚，法院向张男发出了开庭传票，通知其开庭时间和地点。但开庭当日，张男并未出现，致使庭审无法正常进行。

第 25 问　打离婚官司，被告可以不出庭吗？

概要解答： 被告不出庭，案件将复杂化

离婚官司因涉及人身关系，在没有特殊情况下，李女和张男本人都需要出庭参与审理。如果李女作为原告不出庭，法院可以按照撤诉处理，如果张男作为被告不

出庭，则会导致案件审理复杂化，离婚的进程加长。

专业解释：

与财产关系不同，夫妻关系是特定的身份关系，具有很强的人身属性，而身份关系一般不能被他人代理。故按照《民事诉讼法》第 65 条规定，在离婚案件中，作为原、被告的夫妻双方，除本人不能表达意思（如患有精神疾病），或者因特殊原因（如在境外、突发疾病、行动极为不便），或者自然灾害等客观原因无法出庭外，原则上本人都需要出庭参与案件审理，并对是否同意离婚作出明确表态。

张男和李女二人精神状况正常，李女委托代理律师向法院起诉离婚。对于李女和张男是否要出庭的问题，可能会有以下几种情形：

一、李女作为离婚案件的原告必须出庭

即使李女有代理律师，本人也应该亲自出庭。如因在境外、突发疾病等原因致使长时间内无法出庭，也应提交不能出庭的客观证据，并自行向法院提交书面意见，明确不出庭的缘由，并对离婚、子女抚养、财产分割等问题作出说明。按照《民事诉讼法》第 146 条及《民诉法解释》第 199 条、第 213 条规定，若李女无正当理由不出庭（包括中途退庭或不缴纳诉讼法费），法院将视为撤诉，按照自动撤诉处理。撤诉后，李女若再次起诉离婚，按照《民诉法解释》第 214 条规定，**须待收到撤诉裁定 6 个月以后**[①]。

二、张男作为离婚案件的被告原则上应出庭

离婚诉讼案件中，被告不出庭即视为放弃相应的诉讼权利，故绝大部分离婚案件的被告都会出庭表达自己的意见。即使刚开始不出庭，经过法院庭前沟通协调后，也多会出庭。不过在个别案件中，被告因主观或者客观的原因而不出庭，具体如下：

1. 故意不出庭

现实中，这种情况较为常见。比如，张某为了不离婚采取拖延战术，故意拒绝签收法院传票，或签收传票后"玩失踪"。虽然《民事诉讼法》第 112 条规定，对于必须参与庭审的被告，法院一般经两次传票传唤，仍拒不到庭的话，可拘传其到庭参与诉讼，但在实际操作中，很少采用拘传措施。

张男故意不出庭，必然会影响案件的审理进程。如果张男拒收传票，法院为确保有效送达，需要通过如再次邮寄、留置等方式送达传票；如果张男在收到传票后"玩

失踪",法院一般要暂停案件审理,与张男沟通。这些过程势必需要一定的时间处理。

当然,即使张男最终都不出庭,法院也可以依据《民事诉讼法》第147条及《民诉法解释》第241条缺席审理、判决,只不过除非有充分证据证明符合法定的离婚事由,否则法院一般不会凭借李女单方证据和陈述判决离婚。对于确有依据判决离婚的诉讼案件,法院一般也只先处理离婚和子女抚养问题,财产和债务等问题因无法查实,故多为暂不处理。

2. 下落不明

李女不知道张男住在哪里,甚至多年来毫无音讯、生死不明。这不但会给离婚案件的审理带来障碍,就连最基本的传票送达都有麻烦。在张男下落不明的情况下,法院一般会按照《民事诉讼法》第95条及《民诉法解释》第217条规定,依法进行公告送达(期限为30天)。送达期满后,张男仍未出庭,法院会缺席审理与判决,判决结果与故意不出庭的情形类似。

当然,如果张男下落不明多年,与所有人都没有联系,李女在起诉离婚前,可以先行依据《民法典》第40条规定,向人民法院提起宣告张男失踪的程序,一旦张男被法院宣告失踪,即属于《民法典》第1079条规定的法定离婚事由,即使张男不出庭,法院也可以判决准予离婚,不过一般也只能先处理离婚和子女抚养问题。

3. 客观因素限制

如果张男在境外或突发疾病等原因,导致长时间内无法出庭,可以按照《民事诉讼法》第65条规定,自行向法院提交书面意见,明确不出庭的缘由,并对离婚、子女抚养、财产分割等问题作出表态,法院可根据张男的书面意见对案件作出相应处理。需要注意的是,如果张男因犯罪而处于羁押状态,不属于客观不能出庭的情形,法院会协调看守所、监狱等机构,在上述羁押场所召开庭审。

实务细节:

1. 按照《民法典》第23条、《民法典婚姻家庭编解释(一)》第62条及《民诉法解释》第83条、第148条、第234条等规定,**无行为能力或者限制行为能力人离婚**[2],本人因无法表达或者难以控制情绪,一般无需出庭,而由监护人或者法定代理人代为出庭,但原、被告依然是夫妻双方。

2. 离婚案件中,被告故意不出庭,对原告和法院来说都是"麻烦"的事情,这需要法院的耐心沟通和协调。

关联问答：

① 6 个月再起诉限制，也针对被起诉方吗？
② 一方是精神病人，能不能离婚？

> 李女在怀孕期间，因有轻度的抑郁而脾气暴躁，并且怀疑张男"出轨"了。张男无法忍受，便与李女商量离婚，李女不同意，张男遂准备向法院起诉离婚。

第 26 问　女方怀孕期间，男方能起诉离婚吗？

概要解答： 不能，除非法院认为有必要

在女性的特殊时期，如怀孕、流产或哺乳期，除非协议离婚，否则张男作为男方，一般不允许向法院提出离婚诉讼。这是对女性和所生育子女的保护。当然，如果法院审查后认为确有必要，才允许张男提起离婚诉讼。确有必要的理由主要是张男有证据证明李女存在重大的婚姻过错行为。

专业解释：

我国历来注重保护女性的权益，《妇女权益保障法》第 45 条及《民法典》第 1082 条都明确限制男方在女方特殊时期提起离婚诉讼。根据规定，李女不但在怀孕期间，甚至在分娩（指胎儿脱离母体，不论是否成活）1 年内，或者终止妊娠（俗称"流产"）后 6 个月内，张男都不得提起离婚诉讼。

在上述期间限制男方的诉权，是基于怀孕、分娩及终止妊娠是女性的特殊时期，该时期女性在生理上比较虚弱，需要帮助和照顾，在心理上比较脆弱，需要更多的关心和抚慰。另外，从胎儿、幼儿的发育角度，对男方诉权的限制，也有利于保障胎儿、幼儿的健康发育，成长不受母亲身体和精神状况的影响。

因此，张男提起诉讼离婚，即使李女也同意离婚，若一审法院在审理中发现女性处于特殊时期，一般也会中止审理或者裁定驳回起诉。若一审中未发现，判决离婚后李女发现怀孕而上诉，二审法院也会裁定驳回张男的起诉。

当然，法律同时还规定，在李女特殊时期内，如果经过法院审查，认为确有必要，法院也可受理张男的离婚请求。

这里的"确有必要"，一般是指李女存在严重过错，比如，在张男不知情的情况下，李女与其他男性发生性关系而导致怀孕、分娩，或者终止妊娠；或者李女对婴幼儿不尽抚养义务，甚至虐待、遗弃婴幼儿，等等。这些过错行为严重损害了夫妻感情，甚至导致夫妻感情破裂。在李女存在过错且有证据证明的情况下，张男提出离婚诉讼不受女李女处于特殊时期的限制，同时还可以《民法典》第1087条、第1091条相关规定，**要求相应的损害赔偿，并要求适当多分财产**①。

注意要点：

1. 特殊时期内诉权的限制只针对张男，不针对李女，李女可以在特殊时期内随时起诉离婚。

2. 特殊时期诉权的限制也只针对诉讼离婚，不适用于协议离婚，即李女是否在特殊时期都不影响双方按照《民法典》第1076条规定，自愿签署离婚协议，并以协议的方式离婚。相反，诉讼离婚中，即使李女同意离婚，法院也不会受理张男提起的离婚诉讼，受理的也会裁定驳回起诉。

3. 女性特殊期间的诉权限制只适用于婚姻关系，不适用同居关系。男女同居时，即使女性处于特殊时期，男性依然可以按照《民法典婚姻家庭编解释（一）》第3条规定，就同居所生子女的抚养或所得财产的分割提起诉讼（注：法院不处理同居关系的解除）。

关联问答：

① 离婚时，财产都是均等分割的吗？

> 李女到人民法院起诉张男离婚，被法院判决不准予离婚。按照法律规定，李女可以在案件生效 6 个月后再提起离婚诉讼，6 个月内不得再起诉。

第 27 问　6 个月再起诉限制，也针对被起诉方吗？

概要解答：不是

因离婚案件属于特殊的身份类案件，故《民事诉讼法》第 127 条第 1 款第（7）项及《民诉法解释》第 214 条设定了"6 个月再起诉"的规则，即夫妻一方到法院起诉离婚，若中途撤诉或法院判决不准予离婚，该方可以在撤诉或者判决生效 6 个月后再提起离婚诉讼，而在 6 个月内不能再提起离婚诉讼。这 6 个月在某种意义上是法院给予夫妻双方的婚姻修复期。但对张男而言，并不受"6 个月再起诉"的限制，在 6 个月内，张男随时有权以原告的身份提起离婚诉讼。

当然，李女也并非绝对不能在 6 个月内提起离婚诉讼。如果有新的事实和理由，李女依然可以在 6 个月内提起诉讼。常见的新事实和理由主要为：6 个月内达到分居满 2 年的法定离婚事由；判决不离后，张男多次对李女施暴，符合**家庭暴力认定**[①]的条件，等等。

注意要点：

6 个月的起算点是以前一次案件生效之日为准。即若一审中原告撤诉，则自撤诉裁定书送达之日起生效；若一审判决后，双方未在 15 天上诉期内上诉，则自一审判决作出之日起生效；若一审判决后一方或者双方上诉，则自二审判决或者撤回上诉裁定送达之日起生效。

关联问答：

① 家庭暴力需要什么样的证据证明？

> 李女向法院起诉与张男离婚，在立案时，被法院告知要先进行调解，调解时间是1—3个月，李女认为调解没有必要，不想浪费时间，坚持不同意调解。

第28问 法院处理离婚案，要先调解吗？

概要解答： 是

婚姻纠纷本质属于家庭内部纠纷。夫妻双方离婚，原则上是以双方协商为主，以法院判决为辅。按照《民诉法解释》第145条及《民法典》第1079条规定，法院调解是离婚案件的必经程序，也是法定程序，由法院依法启动，不论张男是否自愿申请，或者是否同意调解。

法院对离婚案件的调解从正式立案之前就有，且是贯穿案件始终的。李女作为原告到法院起诉离婚立案时，被法院告知暂不立案，先行调解，这就是"诉前调解"。这个过程有快有慢，如果作为被告的张男明确表示不同意调解，一般很快便能进入正式立案程序。

法院在离婚案件中组织双方调解，往往有两个调解方向：一个方向是调解和好，另一个方向是调解离婚。如果能够调解和好，则李女撤回起诉，回家继续过日子，法院不制作法律文书。如果能够调解离婚，则需要对子女抚养、财产分割等问题一并进行调解处理，由法院制作离婚调解书。《民法典》第1080条规定，离婚调解书的效力等同离婚证。

如果调解和好或调解离婚都无法成功，则人民法院正式审理案件，并根据具体情况作出是否准予离婚的判决。判决离婚的，一并对子女抚养和财产分割等问题作出处理。

注意要点：

1. 虽然调解是法院审理离婚案件的法定程序，但也有例外的情况，比如，**张男拒不到庭**[①]、下落不明或者已被法院宣告失踪，则不存在调解的必要。
2. 如果李女是因**家庭暴力**[②]提起离婚诉讼，法院一般不能调解和好。

3. 如果李女在起诉离婚时申请了财产保全③，法院一般会直接立案，不必且实际也无法进行诉前调解。

实务细节：

按照《民诉法解释》第 147 条规定，如果夫妻一方因特殊情况无法参与调解，可以委托代理律师参与，但本人需要出具书面意见，对财产分割、子女抚养等作出说明。调解法官会对代理律师的代理权限、当事人的意见进行审慎审查。

关联问答：

① 打离婚官司，被告可以不出庭吗？
② 家庭暴力需要什么样的证据证明？
③ 打离婚官司，可以查封对方名下财产吗？

> 张男和李女协议离婚不成，后李女向法院起诉离婚，并经法院判决离婚。法院判决后，李女提出要凭借法院离婚判决书到民政部门申领离婚证。

第 29 问　通过法院离婚后，还要领"离婚证"吗？

概要解答：不需要

夫妻双方离婚只有两种途径：一是双方达成离婚协议并到民政部门领取离婚证；二是通过人民法院以诉讼的方式离婚，获得离婚判决书或者离婚调解书。《民法典》第 1080 条规定，离婚判决书、离婚调解书在法律效力和作用上均等同于离婚证，均产生解除婚姻关系的法律效果。因此，通过法院离婚后，张男和李女不需要再去民政部门领取离婚证，实际上也无法领取离婚证。

近年来，考虑到离婚判决书、离婚调解书页数较多，内容又涉及较多的个人和家庭隐私信息，越来越多的法院会根据申请或者主动向离婚男女各方出具"离婚证明书"。《离婚证明书》仅记载男女双方的基本信息及案件的生效日期，并由法院加盖印章。"离婚证明书"等同离婚证，易于保存，便于携带。在办理户口、买卖房屋、申请贷款、出国签证、再次结婚等需要婚姻关系证明文件时，"离婚证明书"均能起到证明离婚事实的作用。

注意要点：

离婚判决书具有法律效力的前提是已生效。判决书生效有两种情形：

一种是一审离婚判决后，双方在15天上诉期内均没有上诉。如果法院未提供离婚证明书，往往还需要在上诉期15天过后，向法院申请开具判决生效证明，以证明一审判决已生效。

另一种是二审法院作出的终审离婚判决。终审判决一经作出，即生效。

实务细节：

1. 配偶一方死亡，婚姻关系自动终止，凭借结婚证和死亡证明即可证明婚姻关系终止的事实。

2. 基于离婚判决书和调解书的特殊效力，《民事诉讼法》第209条规定，离婚男女不得对解除婚姻关系的生效法律文书申请再审，但涉及子女抚养、财产分割的部分可以申请再审。

第二章 感情破裂

> 李女觉得张男不爱自己了，想与张男离婚，但张男坚决不同意。李女无奈，便向法院起诉离婚。法院经审理后，认为李女与张男的感情没有破裂，不准予双方离婚。

第 30 问　什么叫感情破裂？

概要解答： 无法和好

感情是维系夫妻关系的基础，也是法院判决是否准予离婚的基础。如果夫妻只是一般性矛盾，感情尚在，还有和好的可能，能够继续过日子，那法院不会准予双方离婚。相反，夫妻感情破裂，无和好可能，双方无法继续过下去了，则法院会准予双方离婚。

专业解释：

夫妻感情破裂是法律术语，也是人民法院准予夫妻离婚的唯一依据。

所谓"感情破裂"，通俗地讲就是破镜难圆，夫妻感情荡然无存，彼此积怨很深，甚至已是"阶级矛盾"，双方之间要么分居，要么"同屋不同房，同房不同被"，已没有任何和好的机会和可能。

现实中，除了"假离婚"或者双方都是同性恋者离婚外，绝大部分夫妻选择离婚都是源于感情破裂，无和好可能。当然，也并不是只要感情破裂，夫妻双方就会选择离婚，毕竟没了情还有义，没了义还有财，甚至没了财还有面子问题。

感情是夫妻间爱情、亲情、友情的统称，它是维系夫妻关系的基石，当夫妻感情破裂，继续维系婚姻关系并无太大意义，这不但会使双方受到更多伤害，甚至对子女、家庭都会产生负面影响。然而，感情是很个性也很主观的东西，往往是当局者清，旁观者迷。即使是当局者，明知感情已经破裂，但基于抚养子女、社会舆论等某些因素考虑，也会对外否认感情破裂的事实。正因如此，如何判断"夫妻感情破裂"是不得不面对的问题。一般而言，判断夫妻感情是否已经破裂，往往有以下两种方式：

一、夫妻双方自认

如果夫妻双方都认为感情已经破裂，都同意离婚，即表明双方已经没有继续共同生活的意愿。遵循《民法典》第1041条的婚姻自由（结婚自由，离婚也自由）原则，一旦夫妻双方达成一致的离婚意见，哪怕是"闪婚闪离""假离婚"，婚姻登记部门都会颁发离婚证，或者人民法院一般也会准予双方离婚。因此，在双方都同意离婚的情况下，相关部门只需审查离婚决定是否自愿，不需要审查感情是否确已破裂，即离婚双方不需要提供证据证明感情破裂的事实。

二、法院认定

当一方要求离婚，另一不同意离婚时，是无法在婚姻登记部门办理自愿离婚登记手续的，只能通过诉讼的方式要求离婚。

在离婚诉讼案件审理中，法官实际是"旁观者"，并不能见证夫妻数年，甚至数十年的婚姻历程，在一方坚持要求离婚、一方坚持不同意离婚的情况下，往往会使审理法官左右为难。这个很容易理解，就像结婚一样，强扭的瓜不甜，如果一方要结婚，一方不要结婚，不可能强行让彼此结合。同样，维持婚姻家庭关系稳定也是基本的社会要求，一方要离婚，一方不要离婚，也不能随意让彼此分开。

家家都有一本难念的经，除了感情破裂的因素外，性生活、物质生活、社会生活、家庭关系等诸多方面的因素，也常会触发夫妻一方要求离婚。这些因素并非不可逆，也并非不能调整和修复，故在一方坚持不同意离婚的情况下，法院就是否准予双方离婚会比较慎重。

那么，在一方不同意离婚的情况下，法院是否就不会准予双方离婚呢？答案是否定的。法院虽绝对不可能判决任何男女结婚，但只要认定夫妻感情破裂，无和好可能，即可以判决准予离婚。

那夫妻感情这种私人事情，法院如何认定夫妻感情是否破裂，有无和好可能呢？对此，《民法典》第1079条以列举的方式明确规定了一些可以认定夫妻感情破裂的情形，如**一方有重婚、家暴、与他人同居等严重婚姻过错情形**[①]；或者一方被宣告失踪；

或者夫妻双方分居达到一定年限，等等。这些都属于法定的离婚事由，当发生这些情形时，即表明双方感情确已破裂，即使一方不同意离婚，人民法院也会判决准予双方离婚。

除法律规定的应准予离婚的事由外，如果有其他明显导致夫妻感情破裂情形，如夫妻一方数次起诉要求离婚，近几年都在为离婚诉讼而奔波；如夫妻双方数年处于"无性婚姻"状态，等等，人民法院也可以酌情判决双方离婚。

因此，如果法院没有判决离婚，就当是离婚的火候还不到吧！

实务细节：

如果因一方出轨行为而起诉离婚，法院未准予离婚，在6个月修复期内其继续出轨，也属于《民法典》1079条所规定的其他导致夫妻感情破裂的情形。其他破坏婚姻感情的行为类推。

关联问答：

① 哪些行为是婚姻过错行为？

> 李女发现张男出轨过后，认为张男背叛了自己，便提出与张男离婚，但张男坚决不同意离婚。李女无奈，只得向法院起诉离婚。这是李女第一次起诉与张男离婚。

第31问　第一次起诉离婚，法院就会判离吗？

概要解答：不一定，看感情是否破裂

结婚是两个人的事情，离婚也是两个人的事情。为保持家庭关系的稳定，不是说李女到人民法院起诉离婚，法院就一定会支持李女的诉求，准予其与张男离婚。人民法院准予离婚的依据是夫妻感情已破裂，无和好可能。一般情况下，如果张男同意离婚，或者张男有重大的婚姻过错行为，才可以认定夫妻感情破裂，李女第一

次起诉离婚才可能成功。

专业解释：

结婚不易，离婚也难。夫妻双方不能按照《民法典》第1076条规定协商离婚，要不就是一方不同意离婚，要不就是虽同意离婚，但在子女和财产问题上不能达成一致意见，故另一方只能依据《民法典》第1079条向法院起诉，通过诉讼的方式来解除婚姻关系，这称之为"诉讼离婚"。不过，为了防止轻率离婚，保持婚姻家庭关系稳定，法院在审理离婚案件时，并非只要一方起诉就会判决准予双方离婚。李女第一次起诉张男要求离婚，法院就未判决双方离婚。

法院判决夫妻离婚的法律依据且是唯一的依据：夫妻感情确已破裂，无和好可能。因此，李女第一次到法院起诉离婚，是否能够顺利离婚，可分为以下几种情况和结果：

第一种情况：张男同意离婚

一般情况下，李女第一次起诉离婚，只要张男自愿同意离婚，即视为双方对解除婚姻关系本身无太多争议，法院可以据此推定夫妻感情已经破裂而准予双方离婚，同时就子女和财产等问题一并作出处理。

实际上，也有被告同意离婚，而法院基于特定原因未准予离婚的案例，这属于极端案例，不作深讨。

如果张男坚持不同意离婚，则要看二人之间是否具备法定离婚事由。

第二种情况：符合法定离婚事由

如果具备法定的离婚事由，李女在第一次起诉离婚时，即使张男坚持不同意离婚，法院也会认定夫妻感情破裂而准予双方离婚。

所谓的法定离婚事由，可以理解为法律明确规定的导致夫妻感情破裂，应该准予离婚的情形。一旦该法定离婚事由出现，不论男女任何一方是否愿意，法院即可按照法律规定作出离婚判决。该事由是客观的，与双方的真实感受无必然联系。

按照《民法典》规定，离婚的法定事由包括：一方出现重婚、与他人同居、家暴、虐待遗弃家庭成员等严重婚姻过错；一方有赌博、吸毒等恶习且屡教不改；双方因感情不和分居2年以上；一方被法院依据《民法典》第40条宣告失踪，等等。其他一般的婚姻过错行为或者一般的不良习惯都不是法定离婚事由，法院不会基于此准予双方离婚。

第三种情况：酌定离婚事由

离婚的事由是感情确已破裂，而导致感情破裂的原因有很多。《民法典》第1079条"其他导致夫妻感情破裂的情形"的规定，即属于法院可以酌定感情破裂的兜底性规定。

现实生活中，还有很多严重影响夫妻感情的情形：有严重生理缺陷不能发生性行为又久治不愈；患有严重精神疾病不能治愈；实施强奸、猥亵等犯罪行为被判处长期刑罚；在诉讼离婚过程中继续出轨、搞婚外情毫不收敛，等等。这些情形也都有可能被法院酌定导致了夫妻感情破裂，即使李女是第一次起诉离婚，法院也可能准予双方离婚。

因此，李女第一次到法院起诉离婚，除非张男明确表示同意离婚，或者有证据证明存在法定的离婚事由，或者法院能够根据证据酌定夫妻感情确已破裂，否则本着维护婚姻家庭稳定的原则，法院一般会判决不准予离婚。当然，法院第一次判决不准予离婚后，按照《民事诉讼法》第127条第1款第（7）项规定，李女可以在判决生效6个月"限诉期"后再次提起离婚诉讼。

注意要点：

1. 6个月限诉期针对的是李女，不是张男，**张男在6个月内可以随时起诉要求离婚**[①]。

2. 按照《民法典婚姻家庭编解释（一）》第63条规定，**即使张男是婚姻过错方，其也有权作为原告提起离婚诉讼**[②]，且如果有证据证明具有法定离婚事由，法院也应当准予离婚。

实务细节：

1. 实务中，有部分法院在一方起诉离婚，另一方不同意离婚时，考虑到缓和夫妻关系的需要，往往会动员原告撤回起诉。如果确定要离婚，或者对方并不是真正希望和好，不建议轻易撤诉。有两个理由如下：

（1）虽然起诉离婚次数与法院是否准予离婚没有直接关系，但一般而言，再起诉也表明了一方离婚的决心，离婚的概率也会增高。而起诉后撤诉，等于没有起诉，再次起诉也算是第一次起诉。

（2）按照规定，法院判决不准予离婚后，双方又分居满1年，一方再次提起离婚诉讼，应当准予离婚，这是法定的离婚事由之一。分居满1年的起始时间为法院判决不准予离婚后，即前一次不准予离婚是以判决的形式作出，而不是撤诉。如果是撤诉的话，则不能适用本规定。

2. 法院判决不准予离婚后，若仍坚持要离婚的话，在条件具备的情况下，可与对方分开居住，避免过多接触。毕竟法院认定感情是否破裂要看双方的实际生活状态。

3. 法律规定的"法院判决不准予离婚后，双方又分居满1年"是指持续分居的状态。

关联问答：

① 6个月再起诉限制，也针对被起诉方吗？
② 过错方有没有资格提出离婚？

> 李女第一次起诉离婚，因张男坚持不同意离婚，又没有法定的离婚事由，故法院不支持李女的离婚诉求。6个月后，李女再次提起离婚诉讼，并且信心满满。

第32问　第二次起诉离婚，法院就一定判离吗？

概要解答： 概率较高

李女第二次提起离婚诉讼，法院是否准予其与张男离婚，同样也是坚持"感情是否确已破裂"的标准进行认定，与李女起诉离婚的次数没有必然联系。不过，相较于第一次起诉离婚，第二次起诉法院准予离婚的概率较高。除了因为张男同意离婚的概率较高外，李女再次提出离婚诉讼表明双方在6个月内感情并未得到修复，同时，李女长久为了离婚事宜而奔波也表明其离婚态度坚决，这些都说明双方感情进一步破裂，法院判决解除双方婚姻关系的概率也较高。

专业解释：

不管是起诉几次的离婚案件，法院是否准予离婚，依据的都是夫妻感情是否确已破裂。如果感情确已破裂，法院在第一次起诉时就会准予离婚，如果感情未完全破裂，还有和好可能，法院在第二次起诉时也未必会准予离婚。只是相对而言，第二次起诉被判准予的概率较高。一般来说，第二次起诉离婚，往往会有以下几种情况：

第一种情况：张男同意离婚

虽然张男在李女第一次诉讼离婚时不同意离婚，但李女第二次起诉离婚后，张男有可能权衡利弊而表示同意离婚。司法实践中，第二次离婚诉讼时，有相当一部分原本不同意离婚的被告态度会发生变化。只要张男自愿同意离婚，即视为双方对于解除婚姻关系无太多争议，法院可以据此认定夫妻感情已经破裂并准予双方离婚，同时就子女抚养和财产分割等问题一并作出处理。

第二种情况：张男依然不同意离婚

此时，法院一般还是需要审查是否有法定的离婚事由：在6个月感情修复期内是否发生家暴行为；在6个月感情修复期内张男是否有与他人同居行为；李女再次起诉时是否因感情不和已和张男分居满2年；第一次法院判决不准予离婚后到李女再次起诉离婚时，双方是否持续分居满1年（《民法典》第1079条新规定），等等。当第二次起诉离婚时，李女有证据证明具有法定离婚事由，法院理应会准予离婚。

若无法定离婚事由，也不代表不能离婚。一般而言，经过6个月婚姻修复期〔《民事诉讼法》第127条第1款第（7）项规定〕，李女继续提起离婚诉讼，并坚持要求离婚，即表明其离婚意志坚决，也表明双方在6个月的婚姻修复期内，夫妻感情没有挽回，法院一般也可能会酌定双方感情确已破裂，并准予离婚。尤其是6个月内，张男口头上虽不同意离婚，但并没有任何实际行动，双方也没有任何往来和沟通，婚姻"名存实亡"，甚至双方矛盾更加激化，或者张男继续出轨、赌博、吸毒等。

当然，所谓"酌定"，就代表着不一定。实际上，也有大量第二次起诉离婚，法院判决不准予离婚的案例。法院判决不准予离婚的事由也各不相同：既有认为夫妻婚龄较长暂不准予离婚的情况；也有认为夫妻在6个月修复期内还有较多的共同生活往来，双方共同生活、共同经营公司、共同抚养小孩等，感情实际并未破裂；还有认为原告离婚的真正原因不是感情破裂而是其他原因。如此种种，不一而论。

所以，第二次提起离婚诉讼，法院并非绝对会准予双方离婚，甚至有起诉三次、四次都未能成功离婚的极端案例，这与夫妻双方结婚的时长、生育子女的情况、是否再婚等都有较大的关系。当然只有结不了的缘，没有离不成的婚。不管张男是否同意离婚，也不管李女是否有法定离婚事由，理论上，只要李女坚持离婚，最终都能成功，无非是时间问题。

注意要点：

1. "法院判决不准予离婚后，又持续分居满 1 年"的法定离婚事由，其前提条件是前一次不离婚的结果是以判决的形式，而不是以调解撤诉、自行撤诉的形式。

2. 分居 1 年的时间起点为前次法院不准予离婚案件判决生效后，至再次起诉离婚立案前的时间，而不是至再次判决前的时间。

实务细节：

如果坚决要求离婚，应在 6 个月修复期内尽量避免与对方过多接触和共同生活，毕竟，在此期间关系时好时坏、暧昧不清，很难让法官认为感情已经完全破裂。

> 李女和张男因感情不和分居。期间，张男结识了新女朋友小丽，小丽想与张男结婚。张男告知小丽等与李女分居满 2 年后，就自动与李女离婚了，到时再去民政局领结婚证。

第 33 问　分居满 2 年，夫妻双方就自动离婚吗？

概要解答： 离婚需经法定程序

《民法典》婚姻家庭编涉及"分居"的条款主要有"因感情不和分居 2 年"和"判决不准予离婚后，又分居满 1 年，再次起诉离婚"两项。这两项都是法定的离婚事由。

夫妻分居，有因感情不和的分居，也有因工作、学习等客观原因的分居，还有因一时怄气的分居。法律所规定的"分居"特指因感情不和的分居，期间双方不再共同生活，不再有性生活，不再有经济往来，不再相互关心和扶助，等等。"形同陌路"一词可以很好地表达这种分居状态。

那么，张男和李女二人是否因感情不和分居2年就自动离婚了呢？答案是否定的。离婚只有两种法定形式：一种是通过婚姻登记部门协议离婚，另一种是通过人民法院诉讼离婚。张男和李女没有经过法定程序办理离婚手续，不管何时都是夫妻，即使分居时间再长，也不存在自动离婚的说法。长期分居只是感情破裂的事实证明，不导致离婚的法律结果。

即使李女杳无音信、生死不明，导致夫妻生活难以维系，张男也要通过法定程序办理离婚。符合条件的情况下，张男可以先行按照《民法典》第40条、第46条规定，申请法院宣告李女失踪或宣告李女死亡。若李女被宣告失踪，张男提出离婚诉讼，法院应准予离婚；若李女被宣告死亡，**则婚姻关系自宣告死亡之日起自动终止**①。

注意要点：

当诉讼中涉及的分居问题，要区分"分居2年"和"分居1年"的不同适用情形，具体如下：

1. 双方因感情不和实际连续分居满2年，即属于法定离婚的事由，法院就可判决离婚。这个时间与是否曾经提出离婚诉讼无关。

2. "分居满1年"特指提出离婚诉讼，法院判决不准予离婚后的分居时间，当时间期满后再起诉离婚，法院就可判决离婚。该1年时间是法定离婚的实体事由，不是6个月再起诉离婚的程序性时间。

实务细节：

1. 虽然同一屋檐下分房也属于分居的一种，但如果一方不认可分居，一般很难拿出有效证据证明双方各自生活的状态。

2. 分居两地的夫妻，一般可以提供租赁合同、证人证言等材料以证明分居的事实。

关联问答：

① 除离婚外，哪些情形还会导致婚姻关系消灭？

> 李女和张男结婚后，感情尚可。偶然中，李女得知张男曾结过婚，并与前妻生育过小孩。李女深觉受到欺骗，认为婚姻是"二手的"，故向法院起诉与张男离婚。

第34问 隐瞒婚史，是否属"导致感情破裂"的情形？

概要解答： 不属于，感情破裂看婚后，不看婚前

张男刻意隐瞒自己的"婚史"与李女结婚，这是错误的做法，但这并不属于法律意义上认定"夫妻感情破裂"的情形。婚姻是自由的，再婚也是自由的，法律未规定结婚者须披露"婚史"，"婚史"并不必然导致男女二人不能结婚。张男的"隐瞒"行为虽令李女不悦，但不能据此认为夫妻感情破裂。

专业解释：

人人都渴望一份真挚的爱情。男女结婚理应坦诚相待，开诚布公，如果一方隐瞒婚史结婚，对另一方，尤其是对初婚者而言，在情感上是难以接受的，更别说再婚一方甚至还需使用夫妻共同财产支付上段婚姻婚生子女的抚养费。然而，我国法律并不禁止任何人再婚，也未设立"婚史知情权"制度。

虽然《民法典》第1043条规定夫妻应相互忠实，但该忠实规定仅是道德性、倡导性规范，实践中不能仅以此作为判决离婚的依据。若单独以不忠实行为作为认定夫妻感情破裂的依据，也不利于夫妻婚姻关系的稳定，不利于防止草率离婚。其实，除了隐瞒婚史结婚外，为了达到结婚目的，谎称家境殷实、高学历、名牌院校毕业，隐瞒婚外生子，隐瞒巨额债务，虚假承诺买车买房，虚假承诺移民等"欺骗结婚"，在现实生活中也不鲜见。除了《民法典》第1053条规定的隐瞒重大疾病可申请法院撤销婚姻的情形外，我国未将欺骗结婚作为导致夫妻感情破裂，可以准予离婚的考虑因素。

之所以如此，是因为按照《民法典》第1041条、第1042条及第1048条规定，除非有禁止结婚的事由，法律尊重适龄男女（男22周岁，女20周岁）的婚姻自由，

这种自由不设任何条件，也不受任何人强制和干预。一般而言，男女在结婚领证时是出于自愿的，只要符合法律条件，完成结婚登记，即视为法律上的合法夫妻，至于结婚双方是基于什么动机、目的、想法、是否欺骗等，法律均不过多考虑和干预。况且男女双方在结婚时本身都会掺杂着各种特殊复杂的道德、情感、伦理因素，法律无法也不能规定整齐划一的标准来规范结婚行为。

因此，李女以结婚时受欺诈、被隐瞒、重大误解等情形为由，认为**夫妻感情破裂**[①]要求与张男离婚，法院一般不予准许。同样，李女也不能基于此等理由，认为结婚不是自愿，**申请法院撤销婚姻或者确认婚姻无效**[②]。

实际上，法院准不准予离婚，不看感情如何建立，只看感情是否破裂，而感情是否破裂，只看婚后不看婚前。

如果感情确已破裂，婚姻已经"名存实亡"，法院才会依法予以解除。《民法典》第1079条所规定的"导致感情破裂"的法定情形也均是针对结婚以后，一方有重婚，与他人同居，实施家庭暴力，虐待、**遗弃**[③]家庭成员，有赌博、吸毒等恶习且屡教不改，因感情不合分居满2年，被宣告失踪，判决不离后分居满1年等。这些都是典型的可以直接认定夫妻感情完全破裂的婚后情形或行为。另外，《民法典》第1079条虽规定了"其他导致夫妻感情破裂"的兜底性条款，但这依然是针对婚后的行为。

不过，如果李女因张男婚前的欺骗、隐瞒行为而在婚后与张男争吵不断，甚至分居，最终导致夫妻共同生活困难，夫妻感情完全破裂，法院一般会判决准予双方离婚。

注意要点：

1. 认定夫妻感情破裂的法定事由，并非是离婚的必要条件，即使没有法定的离婚事由，只要人民法院认定双方感情确已破裂，即可判决准予离婚。

2. 除**婚前隐瞒重大疾病结婚**[④]外，其他各种婚前的欺骗、隐瞒等均不是婚姻家庭领域的婚姻过错，不可基于此要求损害赔偿。

关联问答：

① 什么叫感情破裂？
② 除离婚外，哪些情形还会导致婚姻关系消灭？
③ 不给小孩抚养费算不算遗弃？
④ 隐瞒疾病结婚，是撤销好还是离婚好？

> 李女忙于事业一直未要小孩，一次避孕失败，她意外怀孕了，张男很开心。但李女担心生育影响工作发展，独自做了流产手术。张男大发雷霆，起诉法院要求离婚。

第 35 问　女方擅自堕胎，是否属于"导致感情破裂"的情形？

概要解答： 导致夫妻矛盾、无法共同生活的情况，属于这种情形。

绝大多数夫妻的结婚目的之一就是期望生儿育女，享受天伦之乐。然而，女性不是生育工具，其选择结婚不代表选择生育。

虽然我国法律规定夫妻双方均享有平等的生育权，但当双方因生育问题发生纠纷时，法律以倾向保护女性权益为原则。在是否生育、是否终止妊娠（俗称"堕胎"）等具有人身属性的问题上，法律赋予女性有绝对的自由选择权（《妇女权益保护法》第51条第1款），当女方选择不生育或决定终止妊娠时，男方不得强加干预，也不得以侵害其生育权为由要求女方赔偿。

由此可知，李女坚持不生育或擅自终止妊娠是其自由选择，不构成对张男生育权的侵犯。

不过在婚姻当中，生育是夫妻二人的事，也是婚姻的一个重要职能。大到人类繁衍，小到家庭兴旺，都离不开生育。张男虽不能阻止李女的选择，但如果张男对生育子女有强烈的愿望和期待，而李女坚持不生育或未征询张男的意见而擅自堕胎，无疑会使张男生育子女的目的落空，会诱发夫妻矛盾，导致双方无法继续共同生活，甚至危及婚姻关系稳定。在此情形下，按照《民法典婚姻家庭编解释（一）》第23条规定，一般可认为属于《民法典》第1079条第3款第5项"其他导致夫妻感情破裂"的情形，应允许张男以此为由提出离婚，否则就是实质上强迫张男与不愿生育的李女结婚，张男的生育权也将形同虚设。

注意要点：

1. 自然流产或者生育子女后又意外怀孕，李女自行终止妊娠，不应成为"导致夫妻感情破裂"的情形。是否准予离婚，应结合其他情形判定。

2. 按照《民法典》第1082条规定，李女堕胎后6个月内，张男一般不得提出离婚诉讼。

3. 虽然张男可以要求离婚，但女方堕胎是行使生育权的表现，男方不但不能主张侵权赔偿，在离婚时也不能基于《民法典》第1091条规定主张离婚损害赔偿。

实务细节：

现代社会，女性为了工作、学习深造、保持身材等原因不愿生育的现象逐渐增多。夫妻双方在婚前应对是否生育做好充分沟通，以免婚后为此产生矛盾并导致最终离婚。

> 李女结婚不久后便找到一份工作。张男得知后，三番五次到李女的工作单位找李女，让其回家，不要抛头露面，致使李女数个工作不保。李女万般无奈，向法院起诉要求离婚。

第36问　限制工作，是否属"导致感情破裂"的情形？

概要解答： 情节严重的情况，属于这种情形。

自由是最重要的人权，无自由即无平等。按照《民法典》第1057条规定，女性有生产、工作、学习和社会活动的自由决定权，禁止丈夫及他人的限制和干涉，禁止丈夫将妻子"圈养"于家庭，成为其私有财产。

《民法典》第1041条规定了男女平等，第1055条规定了夫妻家庭地位平等。虽然在家庭分工中，大多数的女性会为了照顾家庭、养儿育女而牺牲自我，比男性付出更多的时间和精力，但并不代表这种分工是理所当然的。在家庭分工中，夫妻双方应相互支持、相互理解、相互协商，而不是违背一方的意愿强加干涉和限制。

在家庭并不存在养老育幼的刚需时，丈夫理应尊重妻子外出工作的决定，而不应强加干涉，迫使妻子顺从自己的意志。而张男在结婚后多次阻止李女"抛头露面"

参加工作，本质是希望李女在经济上依附于自己，使李女丧失独立的经济能力，从而使李女成为自己的附属品。这是一种严重侵害李女人格尊严和人身自由的行为，势必会导致夫妻感情恶化，婚姻难以维系。

因此，若张男执意限制干涉李女工作，情节严重的，可将之作为《民法典》第1079条第3款第5项"导致夫妻感情破裂"的情形，李女提出离婚诉求，法院应准予双方离婚。

注意要点：

1. 在婚姻家庭关系中，夫妻双方均享有的工作、社交等自由并非是绝对自由。为了家庭的利益，必须要有适当的分工，不顾家庭只顾自己的做法不是《民法典》的立法本意。"屋中有婴待哺，怎可独行不顾？"

2. 本情形强调的是限制和干涉，重点考察一方在找工作的过程或找到工作后另一方的表现和行为，而非协商过程中的言辞拒绝。

3. 限制学习和社会活动的自由是否属于"导致夫妻感情破裂"的情形，可参照本条并结合具体情况确定。

实务细节：

1. 以"被限制工作"为由提出离婚，一方面应从多方面举证，以证明外出工作的合理性，比如家庭已安顿好，小孩已成年或无需过多照顾，自己所找的工作不影响照顾家庭等；另一方面应举证对方实施的限制和干扰行为，比如跟踪、监视、阻挠外出、恐吓，甚至到工作单位吵闹等。

2. 被限制工作导致离婚，在离婚时可依据《民法典》第1087条、第1091条规定，同时主张离婚损害赔偿和在分割财产时要求适当多分。

3. 当然，被限制外出工作，如果不想离婚，也可以"侵害工作自由权"为由提起诉讼，要求对方停止侵权。

第三章 婚姻过错

> 李女发现张男打电话、发消息都刻意避开自己,她趁机翻看了张男的手机记录,发现张男与一个叫"小丽"的女子聊得火热,言语露骨。李女遂以婚姻过错起诉离婚。

第 37 问 哪些行为是婚姻过错行为?

概要解答: 严重伤害夫妻感情

婚姻过错行为是指导致夫妻感情破裂而离婚的行为。若虽有过错,但并未导致夫妻感情破裂,或导致夫妻感情破裂的原因并不是过错行为,那一般不属于法律意义上的婚姻过错行为。至于哪些是婚姻过错行为,法律有明确规定,如重婚、婚内与第三人同居、家暴、有赌博吸毒等恶习且屡教不改,等等。司法实务中,人民法院也可以根据具体案情酌情作出判定。

专业解释:

夫妻双方因缘而合,本应相互尊重,彼此扶助,摒弃一切有损夫妻关系的行为,如此才能加深夫妻感情,树立优良家风,弘扬家庭美德。然而,从 2003 年起,我国的离婚率不断攀升,已连续增长十余年。夫妻缘分终结而离婚的原因有很多,其中一个重要的因素就是一方或双方存在婚姻过错行为。

现实生活中,有部分夫妻一方在收入、地位提升后,与他人发生婚外情,或者"在家做皇帝",肆意家暴、虐待另一方,这些不当行为都会使配偶承受身体和精神的双重压力,最终导致夫妻感情破裂而离婚。对此种婚姻过错行为,法律必须给予否定性评价,并给予无过错方救济措施。

"婚姻过错行为"是法律在合法婚姻的基础上,对某些严重导致夫妻感情破裂行为的一种评价。如果没有婚姻关系，也就谈不上婚姻过错行为。《民法典》婚姻家庭编中，与婚姻过错有关的条文主要有三处：一是《民法典》第1079条规定的"法定离婚事由"，**即如果一方重婚、家暴、虐待、与他人同居、有赌博吸毒等恶习且屡教不改**[1]等行为，法院应当准予离婚；二是《民法典》第1087条规定的"离婚财产分割原则"，即离婚分割夫妻共同财产时，应当照顾无过错方；三是《民法典》第1091条所规定的"离婚损害赔偿制度"，即如果一方有重婚、家暴、虐待、与他人同居，有赌博吸毒等恶习且屡教不改，或者有其他重大过错的行为，无过错方可以要求损害赔偿。

可以这么认为，不管是包养、通奸、一夜情、嫖娼卖淫、习惯性外遇，还是家暴、虐待，或是有赌博、吸毒等恶习，一切为满足个人欲望而有损夫妻感情的行为都属于婚姻过错行为。但是，婚姻需要双方的共同维系，如果一有婚姻过错就可以离婚，并要求赔偿和分割财产时给予照顾，也不利于维护家庭和社会的稳定，对未成年子女的成长也会带来实质性的负面影响。所以法律规定，只有重大的婚姻过错，法院才能准予离婚，才能支持过错赔偿和分割财产时给予照顾的诉求。

何为"重大"？除《民法典》列举的重婚、与他人同居、家庭暴力、有赌博吸毒等恶习且屡教不改等7种情形属于"重大"婚姻过错外，本书认为，其他的婚姻过错，如在离婚诉讼期间继续出轨、搞婚外情毫不收敛、习惯性外遇、通奸生子、嫖娼成瘾且屡被处罚、强奸共同生活的女性成员，等等，这些情形也都应属于重大婚姻过错行为。只是现实世界太复杂，法律不可能面面俱到，穷尽所有情形，故只能由法官根据个案情况，依法进行自由裁量。当然。每个人对是否"重大"也有不同的认知，不同的法官对同一过错行为是否达到"重大"程度，往往会作出不同的判断，这与法官自身的道德价值观、办案理念、社会认知程度等有很大的关系。

注意要点：

1. 婚姻过错主要是影响夫妻感情，破坏夫妻忠实义务、影响他人身心健康的过错，并不能扩大到转移财产、变卖资产等侵害夫妻财产的行为。虽然转移、变卖夫妻财产等行为也会影响夫妻感情，但并不是法律意义上的婚姻过错行为。**一方侵害夫妻财产，仅承担少分或者不分财产的法律责任**[2]，而不会承担物质和精神损害赔偿的法律责任，同时也不是法院应准予离婚的事由。

2. 按照《民法典》第1051条、第1052条和第1053条有关无效婚姻、可撤销婚姻的规定，以及第1054条有关婚姻无效或被撤销后法律后果的规定，婚姻无效或者被撤销的情况中，无过错方有权请求损害赔偿。这里的损害赔偿是《民法典》婚姻家庭编新增内容，以弥补信赖婚姻有效的一方在物质和精神上的损害。但由于婚姻一旦无效或被撤销，自始即不存在婚姻关系，也就谈不上夫妻感情破坏与否，故这里的过错并非指婚姻过错，不能适用婚姻过错相关规定解决纠纷。

3. **各种婚前欺骗、隐瞒均不是法律意义上的婚姻过错行为**[3]，不能在离婚时基于此要求离婚损害赔偿或者多分财产。

4. 在分财产时应如何照顾非过错方，以及要赔偿多少损失，目前法律均没有明确规定，由**人民法院在审理案件时根据案件的具体情况进行合理确定**[4]。

实务细节：

婚姻过错方作为原告，主动起诉要求离婚，非过错方作为被告若有证据证明对方的过错，即使不同意离婚，也应提出损害赔偿和多分财产的主张，不可消极应对。因为不同意离婚不等于法院不会准予离婚。若不在离婚时提出，离婚后再要主张，就需要另行单独诉讼，比较繁琐。

关联问答：

①什么叫赌博、吸毒恶习且屡教不改？
②侵害夫妻财产要少分或不分财产？
③隐瞒婚史，是否属"导致感情破裂"的情形？
④离婚时，财产都是均等分割的吗？

> 张男和李女闹矛盾后，就搬出独自居住。后来，李女发现张男一直与一个叫"小丽"的女子共同居住。她气不打一处来，要告张男和小丽是重婚。

第38问 重婚和与他人同居是不是一回事？

概要解答：是完全不同的法律行为

张男在未与李女离婚的情况下，与异性小丽居住一起，属于"婚外同居"，是典型的婚姻过错行为。如果张男不但和小丽居住在一起，还对外以夫妻名义共同生活，外人认为他们是夫妻，那就不是同居行为，而是重婚行为。重婚的重点在于"婚"，二人具有事实夫妻身份，同居重点在"居"，二人只具有恋人身份，故两者不是一回事。

婚外同居和重婚的区别表

行为	二人身份	法律地位	对外称呼	行为表现	公开范围	损害对象	犯罪与否
婚外同居	恋人	婚外情	朋友/秘书等	纯粹居住在一起	不公开或者小范围公开	夫妻感情	违法但不犯罪
重婚	夫妻	婚外配偶	老公、老婆	领结婚证或事实上结婚	大范围公开、公示	夫妻感情和一夫一妻制	犯罪行为

专业解释：

在夫妻关系中，重婚和婚外同居都是严重伤害夫妻情感的婚姻过错行为，也是《民法典》婚姻家庭编第1042条明确禁止的行为。不过，重婚和婚外同居在法律上是两个不同的法律概念，所引发的法律后果也不尽相同，不可以混为一谈。

举个例子，这就如同恋爱和结婚。从恋爱到结婚是一个情感和身份关系发生变化的过程。恋爱双方，即使已同居，其身份也是一种没有权利义务的感情身份。而结婚后，恋爱双方的身份上升为夫妻配偶身份，这是一种有权利义务的法律身份。婚外同居和重婚也是如此，同居男女是"婚外恋"关系，而重婚男女是"婚外夫妻"关系。"婚外恋"本质是感情身份，而"婚外夫妻"本质是法律身份，只不过是一种无效身份。通俗地讲，重婚是婚外同居的"情感"升级，重婚99%以上会先有婚外同居，而婚外同居则不一定会上升到重婚。详述如下：

一、婚外同居

婚外同居，是指有配偶者与婚外异性不以夫妻名义，持续、稳定的共同生活〔见《民法典婚姻家庭编解释（一）》第2条规定〕。这听起来比较拗口，也不太容易理解，换言之，就是俗称的"包养"，或者叫"偷情"，只不过这种偷情不是一般意义上的婚外恋，而是发展到长期居住在一起的婚外恋，因此，《民法典》第1042条所规定的婚外同居不是卖淫、嫖娼、"一夜情"等通奸行为。虽然上述通奸行为也会破坏夫妻感情，有些甚至是违法行为，但并不是《民法典》婚姻家庭编明确禁止实施的具体行为。《民法典》婚姻家庭编明确禁止的是"不顾家中有偶，只与佳人共居"的行为。

另外,"偷情"讲究的是"偷"字,也就是说,这种"婚外同居"的行为不公开、不见光,是关起门来的地下情,希望越少人知道越好。即使小范围公开,也多是以秘书、妹妹、助理等身份出现,一般人根据他们的关系状态,最多也只会认为是"情人"关系,不会认为是夫妻关系。这是与重婚最主要的区分之处。

二、重婚

重婚,是指有配偶者在未与原配离婚的情形下,又与异性结婚的行为。如上所述,重婚已经不单单是情感问题,而是一种再结婚的法律行为。

按照《民法典》第1041条规定,我国施行的是一夫一妻制。任何人在婚姻关系存续期间,不得"纳妾招夫"。结婚既是男女双方的私事,也是公开、公示的公事。男女双方要成为夫妻,就必须要通过婚姻登记以公示天下,甚至大部分还会通过办酒席的方式向亲朋好友进行公开、公示。因此,法律上认定男女双方行为是否构成重婚,不是看二人有没有长期同居,是不是"偷情",而是看有没有像合法夫妻一样,公开、公示双方是夫妻关系。

重婚是一种将"偷情"关系上升到"夫妻"关系公开、见光的行为。这种使"夫妻"关系公开、见光的行为一般有:①办理结婚登记,领取结婚证,不过,因国内婚姻联网,这种行为比较少见,多表现为在其他国家或地区与异性登记结婚;②不登记结婚但宴请八方,公开举办结婚酒席;③不登记结婚也不办结婚酒席,但拍摄婚纱照并广撒"狗粮";④人前人后以"老婆""老公"相称;⑤心照不宣,但二人的生活方式给他人的感觉就是两口子。

上面第一种行为是法律重婚,其他几种行为是事实重婚,也就是常说的"事实婚姻"。如同"打地鼠"一般,出头就要被打,法律不打击"偷情",但打击"重婚"。如果肆意妄为,不忌"见光死",将"偷情"身份上升为"夫妻"身份,或者"光明正大"地对外公开、公示是夫妻,则已不仅仅是破坏夫妻感情的行为,更是对国家一夫一妻制的公然挑衅,是一种犯罪行为(见《刑法》第258条重婚罪规定)。同样,如果明知他人有配偶而与之以夫妻身份公开生活者,按照《刑法》第25条以共犯论处。

因此,婚外同居即使公开化,也不一定是重婚,而重婚虽也包含婚外同居,但同时还办理了结婚登记,或者对外公开、公示是夫妻。通俗地讲,婚外同居和重婚,一种是"恋爱同居"状态,一种是"夫妻同居"状态,不可混为一谈,不能以自我标准来衡量判断得出"认为他们是夫妻"。婚外同居男女有可能彼此私下以"老公""老婆"相称，有可能与同事、同学、亲友、邻居等小范围内常聚，有可能生儿育女，有可能同进同出，但只要没有办理结婚登记、或者没有公开以夫妻名义出现，或者旁人不认为二人是夫妻，则难以被判断为重婚。

不过，重婚和婚外同居都是《民法典》婚姻家庭编明确禁止的行为，是法律的底线，没有任何"商量余地"，一旦违背，法院可以基于无过错方的请求，判决夫妻二人离婚，判决赔偿，甚至依据《民法典》第1087条判决过错方少分财产。

注意要点：

1. 如果李女有证据证明张男与异性登记结婚了（法律重婚），法院在审理离婚案件时可以认定为重婚行为；如果李女没有张男法律上重婚的证据，则法院一般不会基于事实重婚的证据认定重婚行为，而只会认定张男为婚外同居。这是因为重婚是一种行为，只要有这个行为，那就是犯罪行为，不需要考虑情节和后果是否严重。犯罪行为不是离婚民事案件能够处理的，如果李女坚持要求认定"重婚"，法院一般会建议另行提起刑事自诉。若经刑事判决构成重婚罪，那么在离婚案件审理时才可能基于此认定重婚行为。

2. 婚外与同性同居（即同性恋人）是否构成法律意义上的婚外同居，目前尚无明确法律规定，一般是排除在外。不过，婚外与同性同居可能构成《民法典》第1079条所规定的"其他导致夫妻感情破裂的情形"，也有可能构成《民法典》第1091条离婚损害赔偿制度中的"其他重大过错"。

3. 按照《民法典婚姻家庭编解释（一）》第87条、第90条规定，如果张男和李女都有重婚或者婚外同居行为，则相互抵消责任，不存在彼此赔偿和少分财产的说法。

实务细节：

证明同居行为相对比较容易，一般只要能证明不经常回家，且与其他异性同进同出，关系举止亲密就好。条件允许的情况下，村（居）委会或其单位出具的与他人同居的证明也可以。

而证明重婚行为则相对困难，谁都知道重婚是犯罪，所以领证、办酒席的行为已基本不会发生，人前人后夫妻相称也较为谨慎，剩下的就只是他人的证明，而现如今不愿作证的人居多。

> 张男与异性"小丽"搞婚外情,双方同进同出,恩爱有加。李女得知后,痛恨不已,要告二人是重婚,希望他们被抓起来,并被追究刑事责任,如此方能"解恨"。

第 39 问　告重婚罪难不难?

概要解答: 很难

李女要告张男与小丽构成重婚并不是其想象得那么容易,也并不是他们私下互称"老公""老婆",或者他们生育了子女,或者他们出双入对就算是犯了重婚罪。即使张男与小丽实际构成了重婚,李女在搜集证据、启动自诉重婚程序、法院判决等环节都会面临很多现实困难,其中最主要的困难是不易找到"二人结婚"的证据。

专业解释:

在任何一个国家,对个人定罪量刑都是最严厉的处罚措施,不但会限制人身自由,甚至还会剥夺人的生命。因此,在法律上,不论是公诉案件,还是自诉案件,要定罪量刑的要求都很高,必须要做到"事实清楚,证据确实、充分"。之所以告重婚罪很难,主要有以下几个原因:

一、搜集证据难

需要注意的是,重婚和婚外同居并非同一概念,重婚是严重破坏我国《民法典》第1041条"一夫一妻制"的行为,故我国《刑法》第258条明确规定了重婚是犯罪行为,而婚外同居虽损害了夫妻感情,但没有破坏一夫一妻制度,故不是犯罪行为。因此,在证据要求上,单纯的出轨、婚外同居的证据并不是"罪证",不能达到证明重婚犯罪的目的。

掌握这个区别后,就可以分析出搜集重婚罪的证据该有多难了。重婚包括法律重婚和事实重婚两种形式。法律重婚,即指到民政部门领取结婚证,而事实重婚则是指未领取结婚证,但公开以夫妻名义共同生活,或者旁人认为二人是夫妻等。因此,搜集证据的重点就是要证明是以"夫妻关系"公开、公示二人的关系。

当下，信息系统的发达，越来越多的地区婚姻信息联网，故在已有结婚登记的状态下，在中国大陆一般不会有已婚人士明目张胆地再与他人进行结婚登记。故而，法律重婚在现实中已较为少见，除非伪造身份证明或者在其他国家或地区登记结婚。而要举证证明伪造身份证明或者举证证明已在他国结婚，难度可想而知。

除了举证证明"法律重婚"很难之外，举证证明"事实重婚"也不容易。现如今，人人都知道重婚是犯罪，都会谨慎行事，极力规避犯罪，很少会有恃无恐地操办结婚酒席，有恃无恐地公开并以夫妻名义生活。从这些角度搜集事实重婚的证据几乎没有可能。

一般而言，要证明事实婚姻，最常见的证据就是证人证言。即使重婚男女心照不宣，但如果他们居住地的左右邻居、同事、朋友，甚至物业、保安等人能够证明他们看起来是"夫妻关系"，也可以作为证据。然而，理想是丰满的，现实是骨感的：一是很难知道哪些人会认为他们是"一对恩爱的夫妻"；二是本着"事不关己高高挂起""多一事不如少一事"的社会现实观念，也很少有人会愿意作证；三是即使有人愿意作证，一般也只会书面证明，很少有人愿意出庭指证。而法律规定，证人须到庭接受质询。

二、启动诉讼程序难

一般情况下，刑事案件都是由公安机关或者检察机关等公权力机关直接介入调查、起诉，这就是所谓的"公诉案件"。公诉案件中，国家公权力机关有强大的调查取证能力和手段，且有羁押权。然而，重婚案件不属典型的公诉案件，而是属于《刑诉法解释》第1条所规定的公诉转自诉案件（注：有些重婚行为情节严重、主观恶性大、社会影响强烈，公权力机关也可能会主动调查并提起公诉，不过此类案件极少）。

所谓自诉案件，简单地讲，就是什么都得自己来，自己搜集证据（《刑事诉讼法》第51条明确规定自诉案件举证责任由自诉人承担），自己到人民法院起诉，同时还没有羁押权，也没有调查权，他人不配合调查只能"干瞪眼"。这还是其次，就是能搜集到一定的证据材料到法院起诉重婚罪，法院在立案时也会进行严格审查，以决定是否立案。一旦不能达到《刑事诉讼法》第211条所规定的"犯罪事实清楚，有足够的证据证明"的要求，则直接退回不予立案。即使通过法院立案庭立案，业务庭也不是就会开庭，依然会先行进行更严格的审查，如果审查认为证据不够，也会建议撤诉或直接驳回起诉。

三、判决难

重婚行为虽是违法犯罪行为，但同时也具有感情纠纷因素，本质上是一桩家务事。对于家务事，国家机关一般也不会过多介入。这是其一。其二，与公诉案件案发就要办理不同，重婚罪案件检察机关可以不处理，也是轻微刑事案件，法院不告不理。如果配偶一方无所谓，国家也不会过多干涉，由此可见，重婚罪在刑事上的地位。其三，婚姻当中不但涉及夫妻二人，还涉及需要抚养的未成年子女及需要赡养的老年人等家庭关系，一旦定罪量刑，势必会对家庭关系带来较大的冲击。因此，法院在审理重婚罪案件的过程中，不仅仅会在证据上进行严格审查，也会考虑判决后的影响，往往会在定罪量刑时较为慎重。

由此可见，告重婚罪的难度可想而知。现实中也是如此，婚外情、出轨、与他人同居的社会现象多如牛毛，而实际被定重婚罪的案例则是少之又少。所以，因结果难以预期，本书建议如果一方出轨，甚至与他人同居，非有十足把握，就要考虑耗费大量时间、精力、金钱"告重婚"是否值得。

> 张男自感生活平淡，希望给白水般的生活加点滋味，便通过交友软件多次与异性"一夜情"，发生性关系。李女发现后，对张男的出轨行为愤怒不已，遂向法院起诉离婚。

第 40 问　出轨是否就一定会被法院判决离婚？

概要解答： 不一定

张男婚姻出轨行为虽是过错行为，对李女造成了感情伤害，但不是法律意义上的重大婚姻过错行为。李女以此为由向法院起诉离婚，若张男坚持不同意，并表示改正，法院一般不会因张男出轨就准予双方离婚。如若法院判决不准予离婚后，张男依然我行我素，不予悔改，李女再次起诉离婚时，法院一般可以准予双方离婚。

专业解释：

"出轨"一词是火车脱轨衍生到夫妻关系上的一种俗称。出轨也称婚外情，是一种违背夫妻忠实义务的"偷情"行为。如同火车脱轨一般，婚外情也是一种不正常的夫妻生活状态，对夫妻感情的伤害毋庸置疑。面对婚姻，情人无疑是第三者，而面对感情，配偶则可能是第三者。

由于社会观念的开放，出轨已不再是男性的专利，女性也有可能出轨。男重"性"女重"情"，出轨既包括身体出轨，也包括感情出轨，它是一个相对宽泛的概念。可以这么认为，一切对夫妻感情不忠的行为都可归结为出轨，如卖淫、嫖娼、一夜情、重婚、婚外同居等"身体出轨"的行为，以及如网恋、异地恋、单相思、打情骂俏等"精神出轨"的行为。

那么，张男出轨或者搞婚外情，法院是否就会准予离婚？答案是否定的。是否准予离婚，法院坚持的标准是夫妻感情是否确已破裂，无和好可能。出轨是违背夫妻忠实义务的行为，伤害了夫妻感情，激化了夫妻矛盾，加剧了婚姻的不稳定性，但出轨有着复杂的心理、生理、社会及家庭因素，并不一定会直接导致夫妻感情完全破裂。另外，一旦有出轨行为即判决夫妻离婚，也不利于家庭的稳定和子女的抚养。

这就如同火车脱轨一样，并不是只要脱轨，火车就得报废，大部分情况下的轻微脱轨，通过技术修复和调整，火车依然可以回归到正常的轨道继续行驶。婚姻也是如此，一方轻微的对婚姻不忠的行为往往也可以通过教育、沟通等手段进行修正，使夫妻关系和好，并不必要通过解除婚姻关系来解决。

《民法典》第1042条也并没有将所有的出轨行为都一竿子打死，只明确将"重婚"和"婚外同居"这两种规定为最严重的出轨行为，并明确予以禁止。就如同火车发生严重脱轨事故，致使火车已经报废，无修复价值一样，夫妻生活中，一旦发生重婚或婚外同居的出轨行为，即表明一方与异性的婚外感情已深入骨髓，难以浇灭，合法夫妻关系再和好的可能性极小。在此情形下，另一方不愿给机会而提出离婚，法院就会据此认定夫妻感情完全破裂，并准予离婚（见《民法典》第1079条规定）。同时，因重婚、婚外同居是严重的婚姻过错行为，会对夫妻感情造成巨大和伤害，法律还规定法院可以根据无过错方的请求，判决过错方进行赔偿，并且给予无过错方财产分割照顾（见《民法典》第1087条、第1091条规定）。

可以这么认为，在责任层级上，出轨、婚外同居、重婚三者之间是递进关系，是一个从量变到质变的过程，一般出轨是道德谴责，婚外同居是民事违法，重婚是刑事犯罪（《刑法》第258条）。

注意要点：

1. 违背《民法典》第1043条所规定的夫妻忠实义务虽也是违法行为，但法律所规定的夫妻忠实义务只是一种倡导性义务，法院不会基于"违背忠实义务"而判决离婚。

2. 尽管不是任何对婚姻不忠的出轨、婚外情行为都是离婚的法定事由，但如果人民法院判决不准予离婚后，张男依然我行我素，毫不收敛，继续出轨，李女再次以此为由起诉离婚，人民法院一般就可判决双方离婚，并且基于婚姻过错责任判决张男进行赔偿和分割财产时照顾李女。

实务细节：

1. 一般的出轨行为虽不是法定的离婚事由，但有条件的情况下仍应搜集、保留相应证据。

2. 出轨的证据除了录音、录像、照片、自认等之外，多次给异性的带有特定"暧昧"意味的钱款也可以作为出轨证据，比如"1314""520""521""6666""8888"等。

3. 按照《民诉法解释》第106条非法证据排除情形之规定，一般而言，偷拍、偷录、跟踪等行为不是法律鼓励的行为，但从证据有效性的角度出发，配偶一方偷拍、偷录、跟踪另一方，只要没有严重侵害他人的合法权益（如没有在私人领域安装摄像、录音等设备），或违背公序良俗（如没有故意设置"圈套"让配偶与异性发生亲密关系并进行偷拍、偷录），一般都可以作为证据使用。

> 张男和李女因家庭琐事产生不和,张某殴打李女。李女报警后验伤,结果显示是轻微伤。李女越发感到不安全,遂准备以家庭暴力为由起诉离婚,这需要家庭暴力的证据。

第41问 家庭暴力需要什么样的证据证明?

概要解答: 报警记录+验伤报告等

家庭暴力是离婚的法定事由。不过,打官司就是打证据,李女要想坐实张男有家庭暴力行为,就需要提供类似报警记录、验伤记录、治疗记录、保证书、证人证言等,且证据越充分越能起到证明存在家暴的效果。当然,证据不能太"老",多年前的证据反而会让法院认为张男早已停止了家暴行为。

专业解释:

《反家庭暴力法》第2条对何为"家庭暴力"给出了明确的定义,概述之,家庭暴力泛指发生在家庭成员之间,以殴打、捆绑、禁闭、残害或其他手段对家庭成员的身体、精神等方面进行伤害和摧残的行为。

《民法典》第1042条明确禁止家庭暴力行为。一旦构成家庭暴力,即代表着相应法律责任的产生。家庭暴力是法院可以直接判决离婚的法定理由之一;同样,家庭暴力也是无过错一方可要求赔偿和分割财产时被照顾的依据之一;另外,因家庭暴力会给孩童心理方面产生诸多负面影响,且会代际传承,故而为了给孩童创造非暴力的生活环境,在处理抚养权归属时,法院一般更倾向不支持施暴方直接抚养未成年子女。

然而,家家有本难念的经,夫妻之间吵架拌嘴是常有之事,夫妻床头吵架床尾和也并非鲜见,故人民法院在认定是否构成"家庭暴力"时,相对会比较慎重。一般情况下,不会将夫妻偶尔发生的争吵、动手轻易认定为家庭暴力。否则,只要夫妻一方动手就判决准予离婚有悖社会认知,也不利于婚姻家庭关系的稳定。

当然,在涉"家庭暴力"的离婚案件中,核心不是能不能认定"家暴",而是有没有证据证明存在"家暴"的情形,这才是重点。"打官司就是打证据",审理案件的法官是第三方,没有全程目睹"家暴"的过程,之前也不认识诉讼的张男和李女双方,只能根据证据材料来还原案件事实。虽说家暴只有第一次和无数次,量变会引发质变,但若李女被"家暴"数次,却从来没有搜集、保留任何证据,在张男"死不认账"的情形下,结果就是李女有冤无处申了。

实际情况也是如此。由于家庭暴力一般都发生在家中,具有较高的隐蔽性,亲戚朋友、左右邻居一般很难知晓,加之很多受暴方由于恐惧或碍于情面,很少向外人提及,故在离婚案件中能够认定家庭暴力的情况很少。据统计,在我国各地人民法院受理的夫妻一方以存在家庭暴力为由要求离婚的案件中,在另一方矢口否认的情况下,只有不到三分之一的当事人能够提供较为充分的证据证明存在家庭暴力,三分之二的当事人要么就是没有证据,要么就是孤证,只有一张受伤的照片或者一份报警记录,无法达到让法官内心确认的程度。清官难断家务事,若无充分的证据,法官很难依据李女个人的陈述或者单一的证据来认定存在家庭暴力的事实。

那什么样的证据才能作为认定"家庭暴力"的证据呢?

一般而言,对家庭暴力,尤其是以殴打为主要形式的家庭暴力,近期内多次的报警记录和验伤报告是最直接有效的证据。这里重点强调的是"近期内多次"。

首先是"多次"

除非张男殴打造成了一定的伤害后果,否则李女个别的报警记录和(无伤)验伤报告难以达到让法官认定家庭暴力的程度。通俗地说,就是证据还不够,还未能引发质变。

其次是"近期内"

任何事情都有一个"新鲜度"。比如,在起诉离婚前一两年内,李女有数次的报警记录和验伤报告,即使没有构成伤害,法官也可以认定存在家庭暴力。如果证据都是五六年前,甚至更久之前的"暴力"证据,那可想而知,法官很难判决双方离婚。

除报警记录和验伤报告等常规证据以外,辱骂、殴打的视频、录音、照片,子女的证言,施暴人的保证书或者口头承认的录音,有关单位的调解记录,家暴造成伤害的刑事判决书等相关材料均可以作为证据使用。其中,如果有未成年子女作证的话,只要子女的证言与其年龄和智力及精神状况相当,其证言可以直接作为证明存在家庭暴力的证据。

注意要点：

1. "冷暴力"，如冷淡、轻视、放任、疏远和漠不关心等精神暴力，虽也属于家庭暴力的一种，但由于举证较难，也缺乏统一的认定标准，故在离婚案件中，法院较少会将此类精神暴力作为离婚事由。

2. 李女搜集证据固然重要，但切不可基于搜集证据的需要而故意激怒对方施暴，以免造成不必要的伤害，同时也应避免"以暴制暴"。当面临家暴时，李女可寻求妇联、居委会等组织的帮助和保护，也可以直接依据《反家庭暴力法》第 23 条及《人身保护令案件程序批复》相关规定，向人民法院申请人身保护令，对张男进行行为保全，（见《民事诉讼法》第 103 条规定），禁止其对李女实施特定非法行为。

3. 虽然调解是诉讼离婚的必经程序，调解可以是调解和好，也可以是调解离婚，但对于涉家庭暴力的离婚案件，李女坚持要求离婚，一般不能调解和好。

实务细节：

李女应勇于报案和验伤。报案和验伤应同步进行，不可只报案不验伤，也不可只治伤不报案。同时，应保留好诊断证明、病历本、医疗费的票据、X 光片等。另外，还应有搜集和保管其他相关证据的意识，如受伤的要及时拍照，条件允许的话，也可对暴力现场录音、录像。

> 李女被张男殴打后，搬回娘家居住休养。但张男强行要求李女回家，并不停骚扰。李女考虑小孩还小，不想离婚，于是向法院申请人身保护令。

第 42 问　申请人身安全保护令复杂吗？

概要解答： 不复杂，需初步证据

面对家庭暴力，要敢于说"不"。李女除了可以寻求妇联、政府的保护之外，还可以向人民法院申请人身安全保护令。只要写好申请书，并提供一些家暴的基本证据，就可以申请。李女不但可以申请法院禁止张男殴打，还可以申请要求张男不得骚扰，不得来李女娘家，等等。申请人身安全保护令不收费，且法院收到申请后会在短时间内进行处理。

专业解释：

　　反对家庭暴力，一直是社会关注的热点，各地政府、司法部门也针对家庭暴力建立了多重联防联控的措施，然而，只要家暴没有造成轻伤以上伤害构成刑事犯罪，本质上还是属于"家务事"。即使打110报警，公安部门也只能作为一般的家庭纠纷处理，以劝导为主，警告为辅，实际效果并不理想。而居委村委、妇联等组织因没有执法权，介入处理也只是治标不治本。针对预防家庭暴力的短板，我国专门制定了《反家暴法》，并在第23条首次以国家立法的形式建立了"人身安全保护令"制度。同时，最高人民法院为使人身安全保护令落到实处，针对性发布了《关于人身安全保护令案件相关程序问题的批复》。

　　所谓的人身安全保护令，就是法院针对家庭暴力或虐待等行为，依法发出的限制施暴一方不得从事某些行为的手令，具有强制性和不可违抗性，若有违反，轻者训诫、罚款，重者拘留。人身安全保护令是对受暴方人身自由和身心健康进行事前司法保护的措施，这种保护措施不只是纯粹地禁止殴打、辱骂，还可以根据具体情况，延伸到禁止骚扰、跟踪、接触被保护人和其亲属，甚至责令施暴一方迁出住所、远离受暴一方的学校、工作单位等。

　　一般而言，只要发生家庭暴力，或者多次被故意骚扰、跟踪，严重影响个人生活，有家暴的现实危险，受暴方都可以向居住地的基层人民法院申请人身安全保护令。

　　申请人身安全保护令的手续并不复杂，一张书面申请和一些初步证据就可以，也无需支付申请费。不方便到法院的话，还可以在网上申请或者邮寄立案。

　　申请人身保护令是一项独立的程序，独立立案。人民法院立案受理申请后，法官通常要在72小时内审查相关证据，并作出下达人身安全保护令的裁定，情况紧急的24小时内就会给出答复。当然，并不是所有申请都会被批准。如果申请被驳回，申请人可以申请复议，也可以根据驳回的理由补充相关证据后再次申请。

　　人身安全保护令一经送达即生效，有效期最长6个月，失效前，申请人可以根据需要申请延长。

> **实务细节：**
>
> 1. 申请书应写明申请人和被申请人的具体身份、居住地址、联系电话等信息，同时写明具体的请求，如请求禁止被申请人殴打、禁止被申请人跟踪等，最后简单写明家庭暴力的大致情况即可。
> 2. 初步证据主要是家暴发生时的录音、录像、照片，发生家暴后的报警记录、验伤证明、就诊病历，被跟踪骚扰的记录等，总之，越直观越好。
> 3. 李女如果没有向法院提起离婚诉讼，可以向到基层人民法院的立案庭申请保护令立案，如果已在法院提起诉讼离婚，则可以直接向承办法官提出保护令申请。

> 张男和李女吵架后，离家出走，留下李女一人照料小孩，其间张男不但不回来看小孩，也不给小孩抚养费，索要多次都不给。李女认为张男是遗弃行为，准备以此起诉离婚。

第43问 不给小孩抚养费算不算遗弃？

概要解答： 无法律依据，难认定

张男离家出走，不给子女抚养费，是典型的不履行法定义务的行为，实属不该。然而，张男的行为是否构成法律意义上的遗弃行为，目前法律暂无明确规定，司法实践中，也很少有离婚案件将这种行为认定为遗弃行为。认定遗弃行为的案件多是因为造成较为严重的后果，且多是在刑事案件认定并判处刑罚。

专业解释：

遗弃，是一种不作为的表现，即该为而不为。在夫妻关系中，遗弃通常是指负有抚养配偶、抚养子女义务的一方拒绝履行其应尽义务的违法行为，多表现为生活上的不照顾，经济上的不供养，如不向未成年子女支付抚养费，不照顾患病或者生活困难的配偶等。一方不履行其应尽义务，会使配偶或子女的正常生活不能维持，甚至生命和健康得不到保障。遗弃行为是《民法典》第1042条明确禁止的行为。同时，遗弃行为还是严重的婚姻过错行为，无过错方不但可以要求离婚，还可以在离婚时要求赔偿及多分财产。若遗弃行为情节恶劣，还会构成《刑法》第261条所规定的遗弃罪。

然而，定义归定义，规定归规定。在现实生活中，夫妻一方抛家弃子，离家出走，不履行家庭义务，不履行抚养子女义务，不支抚养费的情形普遍存在，但在司法判例中极少将之认定为"遗弃"行为。

《民法典》第26条及第1058条都规定了父母对未成年子女负有抚养、教育和保护义务。明明张男离家出走，不照顾教育子女不说，还不支付子女抚养费，甚至李女索要了多次也不给，这是典型的拒绝履行抚养义务的行为，为什么法院就不认定是"遗弃"呢？作者在实务中，也经常会有当事人提出这样的问题。其实不是不认定，而是很难认定，难就难在要以造成的结果论，简单地说，就是要看有没有造成严重的后果。

其他婚姻过错行为，如重婚、与他人同居、家暴、虐待等认定起来虽也不易，但认定的难点是有没有证据证明存在过这些行为，而不考虑这些行为有没有直接造成严重后果，这在理解和适用上没有太多障碍。换言之，能否认定存在这些过错行为，主要是举证问题，如重婚，只要能够证明以夫妻名义共同生活即可；如与他人同居，只要能够证明与异性长期共同生活即可；如家暴，只要能够证明确实存在一定的家暴行为即可；如虐待，只能要证明是经常性和持续性的家暴即可。而遗弃则相反，不履行义务的行为相对比较容易证明，然而，造成严重后果的却不常发生。

之所以要以结果论，是因为在我国的婚姻家庭制度中，不管是之前的《婚姻法》，还是现在的《民法典》，对"遗弃行为"都只是笼统地表述，并没有对如何认定"遗弃行为"作出明确的规定或解释。因缺乏法律依据，人民法院在民事案件中一般不会轻易认定"遗弃行为"。即使要认定，也是参照《刑法》第261条规定的"遗弃罪"标准来认定，而《刑法》认定构成遗弃罪的标准很高，比如：由于张男遗弃而致李女重伤、死亡；李女因被遗弃而流离失所，被迫沿街乞讨；因遗弃而使李女走投无路被迫自杀；张男屡经教育，拒绝改正而使李女的生活陷入危难境地，等等。在此情况下，才有可能构成遗弃罪。由此可知，认定是否构成遗弃罪要以结果论。

如果参照刑事标准认定民事案件，那夫妻生活中，只有不支付生活费、患病不给治疗，造成严重后果才能构成遗弃。然而，等到结果出来时，一切都晚了。现实生活中，夫妻一方严重患病，生活不能自理的有几何？一方沿街乞讨的又有几何？子女因为没有生活费而要挨饿受冻的还有几何？

除了法律空白之外，造成司法实践中较少认定"遗弃"的原因还有审判人员的认知因素。因为按照《民法典》的规定，夫妻一方负有法定扶养义务的人严重患病需要医疗，另一方不同意支付医疗费，**夫妻一方可以在不离婚的情况下要求分割夫妻共同财产**[1]；父母一方分居期间不支付抚养费，子女可以起诉要求支付抚养费（见《民法典》第1067条规定）；父母一方下落不明，还可以用该方财物抵充抚养费〔见《民法典婚姻家庭编解释（一）》第51条规定〕，等等。这些法律规定本身很合理，也有利于充分保护权利人的合法权益，然而，实务中却常被当作不认定"遗弃行为"的挡箭牌。

婚姻家庭中，抛弃家庭，抛弃子女，玩失踪是极端不负责任的行为表现，是极端自私自利的思想表现，是对婚姻家庭制度的恶意忽视，本书期待立法机关能够对如何在民事案件中认定"遗弃行为"作出具体而明确的规定，否则将使《民法典》中的"遗弃行为"成为摆设，也难以真正实现树立优良家风，弘扬家庭美德之目标。

关联问答：

① 如果不离婚，婚内可以分割夫妻财产吗？

> 不知何时，张男沾染上赌博，并且还有吸毒的恶习，被公安局处理多次，但就是不悔改。李女觉得日子过不下去了，遂以张男有赌博、吸毒等恶习且屡教不改为由起诉离婚。

第44问　什么叫赌博、吸毒恶习屡教不改？

概要解答：被多次处理后，不思悔改

张男染上赌博、吸毒的行为，这本就是不良嗜好，且还被公安机关处理多次，处理后，张男依然不思悔改，我行我素。这显然是法律所规定的有赌博、吸毒恶习且屡教不改的行为。该行为属于严重破坏夫妻感情的婚姻过错行为，李女以此起诉离婚，法院可以准予双方离婚。

专业解释：

在夫妻关系中，染上赌博、吸毒等恶习且屡教不改，不但不利于身心健康，还是一种严重毁损、挥霍夫妻共同财产的行为（俗称"败家"），同时也是一种严重导致夫妻感情破裂的行为。如果夫妻一方因赌博、吸毒屡教不改，另一方不但可以据此要求离婚，还可以依据《民法典》第1087条、第1091条及《民法典婚姻家庭编解释（一）》第87条要求适当多分财产和要求对方赔偿。

赌博和吸毒行为本身比较容易理解，但并非只要有赌博、吸毒行为，就属于法律意义上的婚姻过错行为。在法律上，只有赌博、吸毒行为已形成恶习且屡教不改，才构成重大婚姻过错行为，才是离婚的法定理由。

什么叫"屡教不改"？是否李女多次反对，多次阻止就是屡教不改吗？答案是否定的。

"屡教不改"作为《民法典》第1079条的法律条文表述，自然不应任意扩大或者缩小解释。"屡教不改"中的"屡"是指多次，一般三次以上即可称之为"屡"，这个容易理解。而"不改"就是没有改变，这也容易理解。核心点在于"教"，这也是法院处理离婚案件，认定赌博、吸毒等行为是否构成婚姻过错的重点审查内容之一。

"教"是教育和教导的意思。那么谁可以教育和教导？显然张男和李女之间不存在教育、教导彼此的权利，夫妻的地位是平等的，李女可以反对，可以阻止、可以抗议，但不存在李女教育、教导张男的说法。从举证角度而言，李女举证对方赌博、吸毒的难度也很大。既然是赌博、吸毒，一般都比较隐蔽，发现都比较困难，更不用说举证了，即使发现了，张男也常会辩解为"娱乐、玩玩而已"。

其实，针对赌博、吸毒行为，最有权教育、教导的是公安机关。因为赌博、吸毒行为本身就是违反治安的行为，一旦被查处，按照《治安管理处罚法》第70条、第72条等相关规定，轻者处以罚款，重者治安拘留，吸毒者还有可能要被强制戒毒（见《公安机关强制隔离戒毒所管理办法》）。治安处罚的过程本身就是教育、教导的过程，且处罚过程中所形成的文件材料是证明赌博、吸毒行为的最直接证据。

除了公安机关外，人民检察院、人民法院也有教育、教导的权利和职责。比如，在处理婚姻家事案件，或者涉赌涉毒的刑事案件中，法院针对张男赌博、吸毒的行为，也有可能会在案件庭审中或者法律文书中进行确认和批评教育。

另外，其他的政府、单位、组织在调解处理家事纠纷时，涉及张男赌博、吸毒的行为，一般也会对其进行批评教育，敦促改正。

当然，张男基于悔改之心向李女出具保证不再赌博、吸毒的保证书，也可认为这是自我教育和自我批评，具有知错改错的决心。

注意要点：

这里的赌博、吸毒是张男自身赌博或吸毒，并非与涉赌、涉毒有关的其他行为，如开设赌场、持有毒品、引诱他人吸毒、向他人提供毒品等。虽然这些行为也会受到治安处罚，甚至会受到刑事处罚（见《刑法》第207条、第7节相关规定），但不属于《民法典》所规定的"有赌博、吸毒屡教不改的恶习"。不过，如果情节恶劣或涉及犯罪的话，则可能构成《民法典》第1091条所规定的"其他重大过错行为"。

> 张男出轨被李女发现，经过"友好协商"，张男写下保证书：不再出轨，否则净身出户。但没过多久，张男又与情人偷偷恢复了关系。

第45问 "忠诚协议""净身出户协议"是否有效？

概要解答：法律空白，倾向不处理

张男签署的保证书实际就是"忠诚协议"。司法界对"忠诚协议"到底有效无效尚未形成统一认知，争议较大，《民法典》也没有明确规定，最高人民法院倾向于法院不应受理此类纠纷。不过，如果违反"忠诚协议"的张男已自觉履行了赔偿义务或财产交付义务，不可反悔。

专业解释：

我国婚姻家庭制度中，从未规定一方有婚姻过错就不能分财产（俗称"净身出户"）。一般而言，因婚姻过错导致离婚，**无过错方可以要求赔偿**[①]，并可以要求**多分财产**[②]，但不能剥夺过错方对共同财产的分割权利。

那么，如果夫妻双方签订了诸如《忠诚协议》《净身出户协议》《保证书》《承诺书》等协议（注：这些一般都是为防止婚姻过错而签署的保证类文书，且都与财产有密切联系，故为表述方便，本书统称为"忠诚协议"），约定"如果出轨/家暴，就不分财产，净身出户""出轨/家暴就要赔偿损失"等内容，那么，这些约定是否属于有效约定？人民法院是否应当支持夫妻之间的这些约定？对此，不管是之前的《婚姻法》（已失效），还是《民法典》婚姻家庭编都未给出明确规定，仅确立了"夫妻应当相互忠实"的道德性规范（见《民法典》第1043条规定）。

由于立法空白，"忠诚协议"中有关财产和赔偿的约定是否有效，司法界历来都未形成统一的认识和认定标准。

《民法典》颁布实施前，全国各地高级人民法院的审判指导意见，以及各地人民法院的判决，对"忠诚协议"的处理方式可谓是大相径庭，"同案异判"的情形也层出不穷。

比如，上海市高级人民法院曾规定"对于一方在离婚中提出对方违反忠实义务或者违反忠实协议约定，要求对方支付违约金或者损害赔偿，人民法院对此诉请不应处理"；江苏省高级人民法院也倾性规定"对于忠诚协议不予受理，已经受理的裁定驳回起诉"；广东省高级人民法院虽没有制定指导意见，但在个案审理中，以判决的形式确定了"忠诚协议"为有效协议，支持了当事人依据"忠诚协议"的主张；最高人民法院审理婚姻家事的个别法官也曾提出"忠诚协议"并非有效无效，而应属于可撤销协议的观点。总之一个字——"乱"。

《民法典》颁布后，理论上，之前各地法院的审判指导意见、法官的判决和观点等均已不具有指导价值。《民法典》虽未对"忠诚协议"的效力作出规定，但最高人民法院针对《民法典》发布的《民法典婚姻家庭编继承编理解与适用》（人民法院出版社2020年版，第36页）一书中给出的倾向性意见是"夫妻之间签订忠诚协议，应由当事人本着诚信原则自觉自愿履行。法律并不禁止夫妻之间签订此类协议，但也不赋予此类协议强制执行力，从整体社会效果考虑，法院对夫妻之间的忠诚协议纠纷以不受理为宜"。该书对此意见给出的理由是"忠诚协议实质上属于情感、道德范畴，当事人自觉自愿履行，心甘情愿为自己的出轨行为付出经济上的代价未尝不可，但是如果一方不愿履行，不应强迫其履行忠诚协议，否则就是鼓励当事人签订一个可以'拴住'对方的忠诚协议，这不仅会加大婚姻成本，也会使建立在双方情感和信任基础上的婚姻关系变质；同时，夫妻一方会为证明对方具有违反忠诚协议的行为而开展捉奸、窃听电话、私拆信件等行为，夫妻之间的感情纠葛可能演变为刑事犯罪案件，其负面效应不可低估。"

最高人民法院倾向性意见虽不是司法解释，更不是法律法规，对各地各级法院审理具体案件也没有强制适用性，但其毕竟出自最高人民法院，具有最高的权威性，相信未来一段时间内，人民法院不受理"忠诚协议"纠纷，或者在离婚案件中不支持"忠诚协议"将会成为主流。

注意要点：

"忠诚协议"涉及的以下三点内容，在司法实践中如何处理并无太多争议：

1. 若"忠诚协议"中约定"不得提出离婚""离婚后不得跟谁结婚""出轨就放弃小孩抚养权"等内容，因这些内容直接与人身关系相关，违反了"不得限制人身权利"及《民法典》第1041条"婚姻自由"的相关规定，故这些约定本身应属无效约定。

2. 若过错方按照"忠诚协议"已经履行了相关赔偿或者财产给付义务，事后反悔，人民法院一般不予支持返还。因此，过错方违反了"忠诚协议"，无过错方可在离婚诉讼前敦促其自觉履行协议约定。

3. 若"忠诚协议"中约定了过错赔偿金额标准，过错方反悔，人民法院不能直接按照双方事先约定的标准确定赔偿金额，而**需要根据"离婚损害赔偿制度"进行处理**[③]。

实务细节：

1. 如果确需签署"忠诚协议"，不应狮子大开口，要求"净身出户""巨额赔偿"。否则明显过高，显失公平或者导致另一方生活陷入困境，即使被认定有效，法院也可能会根据实际情况调低金额。

2. 如果一方确实存在婚姻过错，在条件允许的情况下，可以签署不与离婚挂钩的婚内财产协议，先行明确哪些财产归一方所有，哪些财产归另一方所有。**婚内财产协议是《民法典》第1065条明确规定的财产关系形式，受法律保护**[④]。所谓不与离婚挂钩，即不应在协议中涉及与离婚有关的内容或者条款，以免被认定为"离婚协议"。

3. 已经签署了"忠诚协议"，即使法院有可能不按照相关约定处理案件，无过错方也应在离婚诉讼中将"忠诚协议"作为证据提交人民法院，用于证明过错方的过错。

4. 在离婚诉讼中应向法院明确提出，若不能适用"忠诚协议"约定，也请求按照《民法典》第 1087 条、第 1091 条规定，依法判决过错方进行过错赔偿及少分财产。

关联问答：

①过错方少分了财产，还需赔偿损失吗？
②离婚时，财产都是均等分割的吗？
③离婚损害赔偿，赔偿的是什么？
④什么叫夫妻约定财产制？

> 张男与李女离婚时，发现张男婚内通过微信给异性小丽转了多笔钱款，且多为"888""520""1314"等具有"暧昧"意味的金额，经统计，支付钱款共计 10 万余元。

第 46 问　一方给"情人"的财产能要回吗？

概要解答： 返还财产或另一方补偿

张男赠与异性情人财物是侵害夫妻共同财产权利的行为，李女既可主张赠与无效，要求异性情人小丽返还受赠的财物，也可直接在离婚中要求张男对赠与出去的财物以个人所得财产进行补偿。

专业解释：

现实中，搞"婚外情"现象较为突出。有配偶者在与异性"恋爱"期间，往往会小到送钱送物，大到送房送车，以博取"情人"的欢心。然而，"出轨"行为不但违背了夫妻忠实义务，损害了夫妻感情，使用夫妻共同财产博取"情人"欢心实质上也侵害了夫妻另一方的财产权益。

按照《民法典》第 1062 条第 2 款规定，对于夫妻共同财产，张男和李女夫妻双方均有平等的处理权。这种平等的处理权并不代表张男与李女各自对共同财产享有一半的处置权。在没有解除婚姻关系前，共同财产是不可分的整体，张男和李女各方对全部共同财产不分份额地享有所有权。换言之，在没有离婚分割财产前，所有共同财产都处于你中有我、我中有你的状态，不存在张男享有一半财产权利的说法，也不存在张男对部分财产享有独立处分权的说法。

《民法典》第1060条规定了家事代理行为，夫妻处置共同财产应基于日常生活所需，若非因日常生活所需对共同财产作出重大处理决定，应由夫妻双方平等协商，取得一致意见。张男搞"婚外情"显然不是日常生活所需，且违背了《民法典》第8条"民事活动不得违反法律和违背公序良俗"的规定。

因此，张男赠送"婚外情人"财物属于任意处置共同财产的行为，显然侵害了李女的共同财产权益，赠送行为属于无效行为，且是全部无效，而不是一半无效。小丽在明知张男有配偶的情况下，索要和接受财物，在主观上不具有善意，也有悖公序良俗，不符合《民法典》第311条规定的善意取得规定，故也应当全部予以返还。因此，张男将夫妻共同财产赠与婚外情人，李女在离婚前后都可以主张赠与无效，并要求返还财物。当然，不管李女何时主张，追索回来的财物并不属于追索方个人所有，仍属于夫妻共同财产。

需要注意的是，有权主张赠与无效、要求返还财物的主体只限无过错方的李女，张男作为过错方，不能向婚外情人小丽主张赠与无效并要求返还财物。

实务细节：

1. 李女主张赠与无效，返还财产，列张男和小丽为被告，同时，要遵循"给的是什么就要求返还什么"的原则提出诉求，即：

（1）若张男直接赠与小丽钱款，李女只能向小丽诉求主张返还钱款及利息损失（俗称"追钱"）。至于小丽拿钱后购买了房产还是购买了车辆，均不是李女可主张返还的范畴。

（2）若张男先行购买房、车、金银首饰等实物，然后再转赠小丽，李女则应向"情人"诉求主张返还具体的实物（俗称"追物"）。

2. 李女主张赠与无效，要求返还财产时不但要举证证明张男有赠与的事实，还要举证证明小丽是婚外情人，以确定小丽不具善意。一般情况下，由于张男赠与小丽钱款的行为相对比较隐蔽，李女在婚内很难发现，这需要在法院诉讼离婚时，委托律师或申请法院调查相关银行、微信、支付宝等交易流水才有可能获得蛛丝马迹，并顺藤摸瓜确定张男婚内出轨的事实。

3. 在离婚时，如果剩余的夫妻共同财产充沛，李女也**可按照侵害夫妻共同财产**[①]的规定，直接要求张男不分或少分该部分财产，而无需向小丽索要。如果夫妻共同财产所剩无几，则应先向小丽索要，要回财产后，再作为共同财产予以分割。

关联问答：

① 侵害财产，少分或不分的是夫妻全部财产吗？

第四篇　子女抚养

不管是以协议还是以诉讼的方式离婚，夫妻双方都需要对子女的抚养进行妥当安排。处理子女抚养问题主要是对未成年子女及不具备独立生活能力的子女的所有问题进行适当安排，这种安排既可以由父母双方自愿协商，也可以由法院判决。抚养子女的问题主要涉及：一是子女跟随哪一方共同生活；二是未直接抚养子女一方支付抚养费的标准及如何支付；三是未直接抚养子女一方如何进行探望；四是抚养权、抚养费如何变更；五是非婚生子的抚养；六是其他与抚养子女有关的法律问题。

值得注意的是，若未特别指出，本篇中所提及的"父母"应作广义解释，既包括生父母，也包括养父母和形成抚养、教育关系的继父母，对应的，"子女"包括生子女，也包括养子女和形成抚养、教育关系的继子女。

第一章 抚养权归属

> 张男和李女离婚时，张男提出自己的收入高，对小孩的成长更有利，要求将小孩的抚养权给自己。李女坚决不同意，认为自己也能把小孩养活，不用张男担心。

第 47 问 谁收入高，离婚时小孩就归谁抚养？

概要解答： 收入非抚养权归属的依据

对未成年人来说，特别是婴幼儿，健康成长的所需条件，不是优越的物质条件，而是一个良好的成长环境。李女的经济收入虽不及张男，但若能满足小孩的基本饮食起居，且尽自己最大的努力去照料抚育小孩，与小孩形成了较强的依赖关系，那离婚时由其继续抚养小孩，也将比经济收入能力来得更为重要。离婚后，张男支付全部或部分抚养费即可。

小孩抚养权归属分类表

小孩年龄	父母自行协商确定	法院判决确定（父母都要争取抚养）	法院确定例外情形	父母都不要抚养
2周岁以内	依据协商	原则上归母亲	母亲不尽抚养义务	原则上无法离婚，法院一般不会直接判决确定抚养权归属
2—8周岁	依据协商	遵循小孩利益最大化原则	/	
8周岁以上	依据协商	尊重小孩决定	只有一方争取抚养权	

专业解释：

《民法典》第 26 条规定，父母对未成年子女负有抚养、教育和保护义务。《民法典》第1084条规定，父母与子女的关系不因离婚而消灭，离婚后，父母均应当继续承担未成年子女及不能独立生活的成年子女的抚养、教育和保护义务。因此，张男和李女离婚时，必须对子女的抚养问题作出处理。如何处理由双方协商，协商不成则由人民法院根据具体情况，结合子女的实际需要确定抚养权归属。

不可否认，法律规定所涉的"抚养能力"也包括经济能力。这是因为，在子女成长的过程中，父母不但要付出大量的心血，也需要支出高额的费用，如果父母经济能力较强，那么子女在生活、教育和医疗上将会得到更充足的物质保障，这有利于子女的成长。然而，夫妻离婚，各方的经济能力并不对争取子女抚养权起决定性作用，只是法院判决抚养权归属时考虑的一个因素。

之所以如此，是因为处理子女抚养问题时，基于的是"子女利益最大化"原则。子女利益最大化，不仅指物质利益的最大化，也指精神利益的最大化，包括情感呵护、生活照料、精神教育、耗时陪伴等。

抚养子女是一项系统工程，父母在抚养子女的过程中，除了要有基本的物质保障以外，更需要呵护陪伴、言传身教及较高的责任担当等，这些是金钱无法购买或实现的。在子女抚养问题上，金钱不是万能的。子女能否健康成长，能否建立正确的人生价值观，能否形成积极乐观的人生态度，与家庭经济条件并无必然联系。如果忽略子女的成长所需，仅以一方收入较高、另一方收入较低为由裁决子女抚养权归属收入较高一方，显然是对"最有利于子女成长"原则的片面理解。

现实中，夫妻一方，尤其是女性一方，在婚内往往选择牺牲自我，将大部分时间和精力用于养儿育女、相夫教子，导致自我发展的空间和机会减少。夫妻离婚时，主内一方的收入往往都不及主外一方，如果基于收入高低决定子女抚养权的归属，显然不符合大众的朴素认知，也将会对婚姻家庭的和谐稳定产生不良导向。对于抚养子女所需的经济支撑，在夫妻离婚后，完全可以通过支付抚养费的方式予以调节。按照《民法典》第1085条规定，夫妻离婚后，子女由一方直接抚养，另一方应当负担部分或全部的抚养费用。《民法典婚姻家庭编解释（一）》第58条同时规定，不论是父母协议，还是法院判决所确定的抚养费标准，均不妨碍子女在必要时向父母任何一方提出增加抚养费的合理请求。

因此，即使直接抚养一方确实与另一方存在经济收入悬殊的情况，在另一方有经济能力的条件下，法院可判决其承担子女大部分或全部的抚养费用，这符合《民法典》"实质平等"的价值取向。

其实，对子女抚养权的归属问题，我国法律历来从未将经济条件作为法定优先考虑因素。在父母不能对子女抚养权归属问题达成一致意见的情况下，《民法典》第1084条结合未成年子女的实际需要，分为三档来规定了抚养权归属，具体如下：

第一档：不满2周岁的子女

不满2岁的子女，原则上由母亲直接抚养，这与各方的经济收入能力没有关系。即使《民法典婚姻家庭编解释（一）》第44条所规定的不宜与母亲共同生活，排除母亲直接抚养的特殊情形中，也不包含经济收入能力。

第二档：2至8周岁的子女

对该年龄段的子女，父母均有争取其抚养权的平等机会。虽然机会平等，但仍需要综合考虑多重因素。在众多考虑因素中，《民法典婚姻家庭编解释（一）》第46条、第47条确立了几项优先考虑因素，也同样不包括经济收入能力，而主要考虑子女稳定生活所需及父母一方的情感依托所需。

第三档：8周岁以上子女

年满8周岁的未成年人，是限制行为能力人，其具有一定的认知和表达能力，有权决定自己跟父母哪一方共同生活。一旦其作出独立且明确的选择，法院将尊重该选择并作出相应判决。8周岁以上子女抚养权的确定与子女决定有关，同样与父母经济收入能力无关。同时，《民法典婚姻家庭编解释（一）》第56条也赋予了父或母在特定条件下可以要求变更子女的抚养关系，这些法定变更条件也不包括一方收入降低或增高。

当然，子女抚养权归属的确定，是一个复杂的评估过程。理论上，在双方其他各项因素均等的情况下，也不排除适用经济收入能力确定子女（2至8周岁）的抚养权归属。

实务细节：

涉及家庭暴力的案件，在判决子女抚养归属时，法院会考虑未成年子女的权益，一般不会判决由施暴方直接抚养未成年子女。

成年人的体面告别： 解析188个离婚常见问题

> 张男和李女离婚时，对2周岁以内的小孩，张男认为李女照顾小孩不尽心尽力，不适合直接抚养，李女不同意，认为2周岁以内的小孩都应该归母亲抚养。

第48问　2周岁以内的小孩，抚养权是归母亲吗？

概要解答： 原则上归母亲抚养，有例外

张男和李女离婚时，不管小孩多大，确定抚养权的归属应先由二人协商，协商不成再由法院进行判决处理。对2周岁以内的小孩，法院一般是判归母亲李女直接抚养。但如果李女不尽抚养义务，或者有客观不适宜直接抚养小孩的情形，法院一般也会将小孩判归张男；再比如，夫妻有两个小孩，且都在2周岁以内，法院一般也会考虑一人一个，等等。

专业解释：

法律上并没有"抚养权"一说，现实中常说的"抚养权"其实是指与子女一起共同生活的权利，即直接抚养子女。按照法律规定，不直接抚养子女的一方并没有失去"抚养的权利"，更不会被免除抚养义务。按照《民法典》第1084条规定，离婚后，不论子女年龄大小，只要属于法定的被抚养对象，包括未成年人子女或不能独立生活的成年子女，父母均享有抚养的权利并承担抚养的义务。

对不满2周岁的未成年子女，因其尚处于幼儿期，对母亲的依赖程度要远高于父亲，故《民法典》第1084条规定原则上归母亲直接抚养，与母亲共同生活。这既是对2周岁以下子女成长需要的满足，实际上也是对刚分娩不久母亲的特殊保护。

当然，没有任何事情是绝对的，司法实践案例表明，在确定不满2周岁子女抚养权归属问题上，人民法院一般是依据"母亲抚养"的原则进行裁决，但在特定情况下，法院也常会适用"最有利于未成年子女"的原则，依据"实质有利抚养"的认定方法，在个案中确定2周岁以下子女抚养权的归属。具体如下：

一、双方协商一致由张男抚养

按照《民法典婚姻家庭编解释（一）》第45条、第48条及相关规定，夫妻离婚时，可以对不满2周岁子女的抚养形式进行协商，如果能够达成一致意见，不管归一方抚养、双方轮流抚养，还是共同抚养，法院一般不加以干涉。若张男和李女二人达成协议，由张男直接抚养不满2周岁子女，只要张男没有明显对子女健康成长的不利因素，法院一般也予以认可。不利因素一般指张男有严重的传染性疾病及有家暴、虐待、遗弃等行为。

二、李女存在法定的不适宜直接抚养情形

按照《民法典婚姻家庭编解释（一）》第44条规定，当李女存在下列情形，张男可以请求直接抚养子女：

（一）李女患有久治不愈的传染性疾病或者其他严重疾病。比如，李女患有艾滋病、淋病、梅毒等传染病，或者患有严重的精神疾病，有自杀或他杀倾向等，这些顽固疾病久治不愈，显然对子女的健康成长不利。再比如，李女有赌博、吸毒等恶习，且被司法机关处理多次仍然屡不悔改，显然对子女的成长也不利。

（二）李女有抚养条件却不尽抚养义务，张男要求子女随自己生活。"不尽抚养义务"是一个相对宽泛的概念，具体由法院在个案中进行认定。一般而言，能够严重不利于子女成长的情况，如李女生育子女不久即离家出走，一直对幼儿不闻不问；如李女照料幼儿过程中严重不负责，导致子女实际受到严重伤害，等等。这些都可认为李女不尽抚养义务。

（三）其他不宜与母亲共同生活的原因。比如，李女因违法犯罪行为被羁押，客观上不能亲自抚养子女；李女因重大事故或重大疾病导致自身生活不能自理，且永远或者较长时间内无法恢复自理能力，等等。

个案处理中，如果有证据证明李女存在不宜直接抚养2周岁以内子女的情形，张男又请求直接抚养该子女，法院应支持张男的请求。

三、张男、李女生育两名子女

母亲直接抚养不满2周岁子女的原则，一般针对的是只有一个子女，如果张男和李女育有两名子女，不论子女是先后生育，还是双胞胎，即使都未满2周岁，若张男舐犊情深，坚持争取一名子女抚养权，法院也有较高的概率将其中一名子女判归张男直接抚养。子女越接近2周岁，越不需要母乳喂养，张男承担了更多的抚养

照顾责任，这种概率就越高。

四、收养关系中与子女生活时间不长的养母

在再婚家庭中，比如，李女系 2 岁以内子女的继母，依照《民法典》第 1103 条规定，其与子女的生父张男一致同意，收养该子女，并办理了收养登记，李母即由继母身份变成养母身份。离婚时，因李女与 2 周岁的养子女生活时间不长，原则上，该子女仍应当判归其父张男直接抚养。

注意要点：

1. 子女的抚养权归属本质意义上属于家庭内部矛盾（俗称"家务事"），法律不会过多插足。对不满 2 周岁的子女，除李女存在绝对不宜与子女共同生活的因素外，如果张男不请求直接抚养子女，一般仍然以李女抚养为主。

2. 理论上，对已满 2 周岁的子女，父母各方虽都有争取该子女抚养权的平等机会，但根据司法实践，3 至 4 周岁的子女，母亲争取到该子女抚养权的概率也较大，尤其是母亲一直陪伴子女左右，照顾其饮食起居。

3. 离婚协议中，确认一方放弃抚养权，仅代表该方不与子女共同生活，不代表不承担子女的抚养义务。

实务细节：

1. 患有一般精神疾病（如抑郁症）不能排除母亲对 2 周岁内子女的抚养。

2. 法院在适用母亲抚养法定例外情形时，往往会慎之又慎。父亲若争取不满 2 周岁子女的抚养权，需要提供充分的证据予以证明。

3. 因离婚诉讼程序较为漫长，同时对 2 周岁以上的子女，双方均有平等争取抚养权的机会。所以，如果对不满 2 周岁的子女抚养权归属无法达成一致意见，需要在法院诉讼离婚中争取子女抚养权，夫妻各方应在起诉或应诉时，根据具体的情况，依法采用相应措施，同时应多陪伴照顾该子女。

> 张男与李女离婚时，小孩6周岁。张男认为自己的经济收入高，且小孩是男孩，归自己直接抚养更适合，而李女认为自己照看小孩多，应归自己抚养。

第49问　2—8周岁的小孩，抚养权归谁主要考虑什么因素？

概要解答： 以共同生活为主，其他因素为辅

张男和李女离婚时，小孩已满6周岁，属于法律规定的2—8周岁期间的小孩。对该年龄段的小孩，主要由双方协商确定小孩抚养权归谁，如果不能协商，则由法院按照小孩利益最大化原则，分析各自抚养小孩的有利因素，进行综合判定。这些因素中，最主要的因素是小孩与哪一方的共同生活时间长。如果共同生活时间相差不大，再根据其他因素裁决。

专业解释：

夫妻离婚，应同时对子女的抚养问题作出妥善安排，父母对未成年子女抚养权利和抚养义务均不因离婚而消灭。需要明确的是，"抚养权"并不是法律概念，民间俗称的"争取抚养权"，并不是父母一方获得抚养权，另一方丧失抚养权，而是确定父母哪一方直接抚养子女，哪一方支付抚养费的抚养方式。

按照《民法典婚姻家庭编解释（一）》第44条规定，对不满2周岁的子女，以母亲直接抚养为原则，除非母亲存在不宜与子女共同生活的法定事由，或者母亲希望由父亲直接抚养且父亲也愿意抚养。因此，夫妻离婚时，不满2周岁子女的抚养权归属问题相对易于确定。

对8周岁以上的子女，若父母能够协商一致，则根据协商一致的方式进行抚养。当父母不能协商一致，比如，双方都争取子女抚养权，则由子女自行决定跟父还是跟母共同生活。一旦子女做出决定，法院会尊重该子女的选择，直接确定该子女由哪方直接抚养。因此，对8周岁以上的子女抚养权归属发生争议时，一般以子女的个人意见为准，而不考虑其他因素，这由法律直接规定，并无太多争议，相对也易解决。

而对于 2 周岁至 8 周岁期间的未成年子女，确定其抚养权归属相对不太容易，因为此时他们的身心尚未成熟，需要继续得到充分的保护。原则上，应先由夫妻双方自行协商解决，如果双方对抚养权归属无法达成一致意见，则由法院依据"由谁担任直接抚养人对子女最有利"原则裁决抚养权归属。

《民法典婚姻家庭编解释（一）》第 46 条明确规定了四种可以优先考虑的法定因素：①父或母一方与子女共同生活时间较长，改变生活环境明显不利；②父或母一方已做绝育或者丧失生育能力；③父或母一方无其他子女，而另一方有其他子女（其他子女包含非婚生子女、养子女、继子女等任何其他子女）；④父或母一方身心健康，而另一方患有久治不愈的传染性疾病或重大疾病，如肺结核、慢性肝炎、瘫痪、精神病等，或者有不利子女成长的情形，如吸毒、长期赌博、家暴等。同时，《民法典婚姻家庭编解释（一）》第 47 条规定，如果父母抚养子女的基本条件相同，双方均要求直接抚养子女，如果子女随同祖父母或者外祖父母共同生活多年，且祖父母或者外祖父母愿意继续帮忙抚养未成年子女，可作为父或母直接抚养子女的优先条件予以考虑。

在上述各优先考虑因素中，根据司法实践，法院裁决 2 至 8 周岁未成年子女由父还是由母直接抚养，绝对因素是第 1 项因素，即父或母与子女共同生活的情况，原因如下：

一、保持未成年子女，尤其是 8 周岁以下未成年子女的生活稳定，是"最有利于子女成长原则"的直接体现，这也符合大众的朴素认知。不满 8 周岁的未成年人，对社会的认知尚不充分，适应新生活、新环境的能力不强。如果子女跟随父母一方共同生活时间较长，一直由父母一方照料生活起居，甚至睡觉时都要由父或母陪伴才能入睡，足以表明该子女与父母一方之间建立了较为稳定的生活习惯，形成了较为成熟的情感依托，其对居住场所周边环境也已熟悉。此种情形下，当以继续维系这种稳定的亲子关系为原则，否则人为打破这种稳定关系，将明显不利于 8 周岁以下的子女。

二、8 周岁以下的子女，如果一直与父母一方共同生活较长时间，或者由（外）祖父母参与协助照料，也表明父母一方有能力、有时间、有精力安排好该子女的生活、教育、就医等问题，在其主张子女抚养权的情况下，法院理应优先考虑。

三、如果 8 周岁以下的子女与父母一方共同生活，已经在该方居住地附近幼儿园或小学入学，法院强行判决由父母另一方抚养，在与子女共同生活一方不予协助的情况下，将会对小孩子的交接、转学、户口的迁移，以及小孩子的配合度等带来执行障碍。因此，如果不首要考虑与哪方共同生活的因素，民法典所设定的"最有利于子女成长原则"也将成为空谈。

四、虽"生育能力"和"有无其他子女"等也是优先考虑因素，但这是从父或母的角度出发，基于父或母自身因特殊情况所产生的伦理情感需要，而"共同生活"因素则是基于未成年的角度考虑，符合了"最有利于未成年子女"价值取向。当父母各自都具有法定优先考虑因素时，仍要坚持"优先中的优先"原则处理。

总之，父母一方因自身各种原因，在离婚前较长一段时间内未与2至8周岁的子女共同生活，未履行必要的教育、保护义务，甚至未支付抚养费用，除非另一方放弃子女的抚养权或有不宜与子女共同生活的重大疾病，或有严重伤害子女的情形，否则其他条件再充分，在离婚时获得该子女抚养权的概率也不大。离婚前不陪伴，离婚时争取小孩抚养权，在情理上也难以立足。

不过，2至8周岁的未成年子女与父母一方共同生活多发生在夫妻分居的状态下。若双方未分居，在同一屋檐下与子女共同生活，共同抚养、照顾、教育子女，各方也没有其他法定优先考虑的因素，在此情况下，法院将会考虑其他普通因素以决定未成年子女的抚养权归属。当然，其他普通因素同样也并非处于同一考量等级。比如，子女越小（如3—4周岁）判决其归母亲抚养的概率就越大；比如，子女性别，法院一般会按照"同性抚养"的原则确定抚养权归属，尤其女孩判给母亲的概率较大；比如，日常家庭照料中，谁关注子女的生活与教育越多，谁在获得子女抚养权上更有优势；比如，夫妻离婚后，谁能获得夫妻共有房屋所有权，且子女也一直实际居住其中，法院判决子女归该方抚养也会比没有获得该房屋的一方概率更大；甚至子女是基于一方的户口进行择校，那么该方获得该子女抚养权的概率相对也较大。

注意要点：

1. 解答适用于夫妻双方只有一个2至8周岁子女，且双方均争取子女的抚养权的情形。如果双方有一方不争取子女的抚养权，另一方争取抚养权；或者双方达成了轮流抚养的协议，且获得法院的支持；或者有两个子女，均不适用本解答。

2. 法定优先考虑因素也仅是"考虑"，并非当一方具备某一优先条件而另一方不具备优先条件时，子女就一定归具备优先因素的一方抚养。在审判实践中，父或母的工作性质、父或母的生活状况、父或母是否有不利子女成长的犯罪记录、父或母离婚后的居住条件、父或母是否尽到抚养义务、父或母一方所在地的教育资源、父或母的知识层次、父或母日常的行为品性等，甚至父或母与子女同时加入他国国籍等，也都是在个案处理未成年子女抚养权归属需要酌情考虑的因素。

实务细节：

1. 在有条件的情况下，要与未成年子女共同生活，给子女多点陪伴。这既是诉讼离婚中争取子女抚养权的基础，更是子女成长的需要。

2. 共同生活的时长并无特别的规定，一般离婚诉讼前较长一段时间一直由一方独自抚养即可视为共同生活。离婚诉讼前后，若张男把子女"抢到手""藏起来"以形成与子女共同生活的事实不可取，一来对子女将产生更大的伤害，二来如果李女能够举证证明跟"藏匿方"生活明显不利，则**法院也可能会作出由李女直接抚养的判决**①。

3. 在父或母与子女均加入他国国籍，或者获得中国港澳台等地区的永久居留权，在判决抚养权归属时，也是重要的考虑因素。

关联问答：

① 一方藏匿小孩，能否请求交还？

张男和李女离婚时，小孩已满8周岁。双方都希望争取到小孩的抚养权，小孩却更希望跟李女共同生活。

第50问　8周岁以上的小孩，有权选择跟谁生活吗？

概要解答： 是，法院应尊重其选择

这是法律明确的规定。当小孩满8周岁时，其可以在父母离婚时，自主选择跟哪一方共同生活，一旦做出选择，法院即可作出相应的判决。不过，需要征询小孩的意见，一般针对的是父母都要争取小孩的抚养权，若只有一方争取，则一般不需要征询小孩的意见。

专业解释：

张男和李女离婚时，对 8 周岁以上的子女抚养权归属，如果双方不能达成一致意见，该子女有权选择跟随张男或跟随李女共同生活。《民法典》第 1084 条规定，子女已满 8 周岁，应当尊重其（跟谁共同生活）真实意愿。

我国《婚姻法》曾以 10 周岁为标准，年满 10 周岁的子女可以决定跟随父母一方生活，法院对于子女的选择应予以考虑。《子女抚养若干意见》（已作废）第 5 条也规定，要考虑 10 周岁以上子女抚养意见。随着社会经济的发展、生活教育水平的提高及未成年人接触新型媒体（网络）的范围较广，他们在生理心理成熟程度和认知能力上，相较多年之前有了较大幅度的提高，因此，《民法典》第 19 条规定，8 周岁以上的未成年人为限制民事行为能力人。该规定将限制民事行为能力从以往法律规定的 10 周岁降至了 8 周岁，符合了未成年人的心智发展水平，是对未成年人自主意识的尊重，更有利于保障未成年人的利益。

基于此，《民法典》婚姻家庭编在涉及子女抚养的问题上，同步将子女有权选择由谁抚养的最低年龄下调至 8 周岁。一般情况下，已满 8 周岁的子女已有一定的自主意识和表达能力，对父母离婚也有一定的认知，抚养权的确定与其权益密切相关，故应当尊重已满 8 周岁子女的真实意愿，以更有利于未成年人的健康成长。

8 周岁以上的子女有权决定跟谁生活是基于父母对抚养问题不能达成一致意见。如果父母双方能够达成一致意见，不管归哪一方抚养，或者由父母双方轮流抚养、共同抚养，该子女都无权行使该权利，应尊重父母的安排和决定。诉讼中，父母一方争取抚养权，另一方不争取，视为达成一致意见。只有在父母双方都争取抚养权，需要由法院来确定子女抚养权归属时，8 周岁以上的子女才有决定跟谁的话语权。

实务中，当父母不能妥善解决 8 周岁以上子女的抚养问题，法院会对该子女进行当面单独询问，并形成询问笔录（有时也可由子女录制视频并书写书面意见递交法院）。一旦该子女做出决定，法院即可直接确定该子女的抚养权归属，其他因素将不作考虑。确定抚养权归属后，如果父或母拒绝与子女共同生活，需承担相应责任〔见《民法典婚姻家庭编解释（一）》第 61 条规定〕。

计划生育政策放开后，越来越多的家庭是多子女家庭。夫妻生育多名子女已不鲜见，如果多名子女均已满 8 周岁，且均表示愿意跟父或者跟母共同生活，法院一般也尊重这些子女的选择和决定，判决这些子女归同一方直接抚养。

注意要点：

原则上，抚养权一旦确定，未成年子女已与父或母形成了稳定的生活关系，若没有特殊的不宜继续共同生活的情形，一般不予变更子女的抚养关系。但是，按照《民法典婚姻家庭编解释（一）》第56条规定，如果父母离婚时，子女尚未满8周岁，且由父母一方直接抚养，另一方在子女8周岁以后，可以提出变更子女抚养关系的诉求。法院在处理此类抚养权变更纠纷时，也会单独征询8周岁以上未成年子女的意见，如果其愿意跟随另一方共同生活，另一方又有抚养能力，法院一般也会尊重该子女的选择，并准许变更。

实务细节：

1. 对8周岁以上的未成年子女，如果想要争取抚养权，应在日常生活中加强对子女的照顾和监护，使他们能够感受到来自父或母一方特别的关爱。当然，为了子女的成长，不可过度溺爱。

2. 父母离婚本已对子女的生活产生较重的伤害，不可再因争取抚养权让子女无所适从。对8周岁以上的未成年子女，不应通过逼迫或者物资允诺等过多干扰其自主决定，将自己的情感强加在子女身上。

> 张男和李女生育小孩后，一直忙于工作，就将小孩委托给张男的父母照顾。后双方离婚，张男和李女都希望争取小孩抚养权。张男认为，小孩是自己父母带大的，应归自己抚养。

第51问 爷爷奶奶帮带小孩，对争取抚养权有优势吗？

概要解答：有

随着社会经济的发展，越来越多的夫妻在生育后，因工作需要，无法全天候照顾小孩，往往会请自己或双方的父母协助照顾小孩，这就形成了我们常说的"隔代抚养"。隔代抚养虽不如父母直接抚养，但也属无奈之举。

按照《民法典》第46条、第47条规定，夫妻离婚时，对2至8周岁未成年小孩的抚养问题，如果双方争取直接抚养小孩的条件相当，又都无法协商一致，若一方父母已参与协助照顾小孩多年，也愿意继续照顾，则可作为法院判决该方优先取得抚养权的考虑因素。如此规定，依然是坚持了"由谁担任直接抚养人对小孩最有利"的原则。毕竟，离婚前自己不但不能直接照顾小孩，甚至己方的家庭也不能参与协助照顾小孩，离婚时要求小孩归己方抚养，不符合一般的大众认知。

小孩与（外）祖父母生活多年，（外）祖父母有时间也有能力照顾小孩，甚至能够提供稳定的生活居住条件和优良的教育环境，小孩也对（外）祖父母形成了人身依赖。如果轻易改变这种生活环境和生活状态，势必会对小孩产生重大的不利影响。故当张男和李女抚养条件相当时，有必要优先考虑（外）祖父母协助照顾小孩的实际情况。

注意要点：

1. 隔代抚养状态下，（外）祖父母仅是帮衬作用，不是抚养义务人，也不享有探视权，同时，不能成为争取直接抚养子女的主体，无权就抚养权归属作出决断。

2. 只有张男和李女直接抚养子女的条件相当时，才会将（外）祖父母协助照料的情况作为补充优先考虑因素。不过，如果祖父母和外祖父母都实际参与了协助照顾子女，则均不能成为优势考虑因素，需要通过其他各种因素综合判定子女归哪一方直接抚养。

张男和李女生育了两个小孩，双方离婚时，张男希望两个小孩都归本人抚养，李女不同意，认为自己也要抚养一个。

第52问 两个小孩，抚养权能否都归父或母一方？

概要解答： 除非特定条件，一般一人一个

一般情况下，对有两个小孩的夫妻而言，在离婚时如果双方不能协商一致，一人抚养一个是常见的做法，这也符合人之常情。但一人一个并非是绝对的，比如，

两个小孩都还未满2周岁，则一般以李女直接抚养为主。再比如，两个小孩都已满8周岁，他们都希望跟李女共同生活，那一般也可以归李女直接抚养，等等。

专业解释：

计划生育政策放开，越来越多的家庭将生育两个或者两个以上的小孩作为理想选择。相较而言，多子女家庭对于各子女的健康成长有利无弊，但如果父母离异，各子女的抚养权归属将会比一名子女处理起来更为棘手。各子女不但要遭受父母离异的伤害，还要遭受兄弟姐妹分开的加成伤害。虽然《民法典》第1084条第3款规定"从最有利益子女成长的原则"处理未成年子女的抚养问题，但法律对于在父母离婚后两个小孩的抚养权如何归属并没有明确规定。

根据司法实践，在有两个小孩的情况下，若没有特殊情况，法院会从亲情需要、经济责任分摊、家长精力等角度考虑，一般是按照"一人带一个"和"同性原则"的方式处理。特殊情况主要有以下几个方面：

一、双方协商

依据《民法典婚姻家庭编解释（一）》第45条、第48条规定，张男和李女离婚时，不管是协议离婚还是诉讼离婚，都可以自愿对子女的抚养权归属进行约定。只要夫妻双方能够达成"子女都归一方直接抚养"的一致意见，法律并不禁止。当然，在诉讼离婚中，对不满2周岁的子女，如果夫妻双方协议归张男一方直接抚养，法院一般会考虑张男有无对子女健康成长不利的因素。绝大部分情况下，归张男抚养的约定都会得到法院的支持。父母与子女的关系不会因父母的离婚而消除，若父母能够协商妥善解决子女的抚养问题，对子女的健康成长百利而无一害。

二、子女都在2周岁内，一般均归母亲一方直接抚养

离婚时，有两名子女，且都在2周岁以内的情况较为少见。若存在这种情形，李女又不愿放弃任何子女的抚养权，按照《民法典》第44条规定，子女均是由李女直接抚养为原则。不过对此点不能作绝对理解。在张男坚持争取一名子女抚养权的情况下，法院也会综合考虑其他情形，如一名子女已经接近2岁、李女患严重传染性疾病、李女不尽抚养义务等，以作出相对合理的判决。

三、8 周岁以上小孩都只愿意跟同父或母一方生活

对 8 周岁以上的未成年子女，《民法典》第 1084 条明确规定应尊重其真实意愿，由其自主选择随张男或者李女哪一方共同生活。该规定并没有限制子女的人数，因此，可以理解为只要所有子女都已经年满 8 周岁以上，并且均明确表示一同跟随张男或李女生活，那么，所有子女的抚养权应归其父或母一方。需要注意的是，如果一名子女已满 8 周岁，而另一名子女不满 8 周岁，在没有特殊情况下，还是遵循"一人带一个"原则。

四、一方存在绝对不利于子女成长的情形

抚养子女以"子女利益最大化"为原则，若张男和李女均要求直接抚养子女，但一方出现绝对不宜与子女共同生活的情形，子女均应归另一方抚养。绝对直接抚养的情形，一般指一方因客观原因不能直接抚养小孩，或者因自身原因不适宜抚养小孩。比如：一方因犯罪行为而处于被羁押状态；一方患有严重的传染性疾病且久治不愈；一方已多次实施严重虐待子女的情形，等等。需要注意的是，不利于小孩成长的一般情形，如李女没有工作收入、张男与第三方同居等情形都不属于绝对不能直接抚养的情形。

五、一方拒绝抚养所有小孩

大多数情况下，一方拒绝抚养所有未成年子女的情形并不多见，但也不排除一方基于已与他人同居、已与他人生子、准备组建新的家庭等原因而拒绝抚养。虽然法律上禁止拒绝抚养未成年子女，但一方拒绝直接抚养，如果强行要求其抚养，势必不利于子女的健康成长，其结果可想而知。在此情形下，若另一方愿意抚养所有子女，则尊重该方意见，所有子女由该方抚养。

实务细节：

对于多子女家庭，离婚时如果希望争取所有小孩的直接抚养，应以沟通协商为主，并充分保障另一方享有的探视权。当然，双方也可约定轮流抚养，保障各子女不因父母离婚而各奔东西。

> 张男和李女离婚时，考虑到日后生活、再婚的需要，两人都明确表示只愿意支付抚养费，而不愿意直接抚养小孩。

第53问　离婚时，父母二人都不要小孩抚养权怎么办？

概要解答： 恐怕难以离婚

按照我国法律规定，父母离婚时必须对小孩的抚养问题作出妥善处理。如果张男和李女只顾自己离婚，不顾小孩抚养，若是协议离婚，民政部门不接受离婚登记申请；若是诉讼离婚，法院也不会准予双方离婚。

专业解释：

按照《民法典》第26条规定，父母对未成年子女有抚养的法定义务。"生而不养"不仅背离父母应承担的道义和法律责任，也不利于未成年人的健康成长。现实中，有的夫妻离婚时把孩子当成"命根子"，非要争取子女抚养权，"抢孩子"的现象较多；也有的夫妻视孩子为"拖油瓶"，或是因为害怕其成为再婚的障碍，甚至为了赌气，双方都不愿直接抚养，要把小孩丢给对方。更为极端的是，把孩子丢在对方的单位，甚至是法院或公安局。

虽然夫妻离婚时都不要小孩的现象并不多，但尚有少数夫妻因各种原因，双方都"推养"不要小孩。《民法典》第1084条规定，父母双方与子女的关系不因离婚而消灭。父母离婚后，仍然是子女的父母，需要承担对子女的抚养义务。父母对子女的抚养义务是全方位的、无条件的，不因离异而免除。父母离异后，抚养权是以一方直接抚养、另一方支付抚养费的形式呈现。因此，张男和李女不要子女的抚养权，应理解为双方都不愿在离婚后与子女共同生活。

在离婚诉讼中，当发生夫妻双方都拒绝抚养子女的情形时，对起诉要求离婚的李女而言，是一件比较尴尬的事情。虽然《民法典婚姻家庭编解释（一）》第60条明确规定，双方在离婚时都拒绝抚养子女，可由法院根据案件的具体情况，裁定暂由一方直接抚养。按照上述司法解释第61条规定，法院一经裁定，若父或母不履行直接抚养义务，将会面临相应的法律责任。但是，该规定仅针对的是法院在审理离婚案件期间，是一种临时性保障未成年人利益的抚养措施（类似法律上的行为保全）。目前，暂无抚养双方都不要子女抚养权，人民法院可以直接判决子女由一方抚养的法律规定。

其实，若张男和李女都不要子女抚养权，法院一般不会准予双方离婚，即使有法定的离婚理由，即使双方都同意离婚。这是因为儿童的利益最大化，在儿童利益面前，张男和李女二人的利益或者感情纠纷都得靠后。夫妻离婚，不管是诉讼离婚，还是协议离婚，可以不处理财产，也可以不处理债务，但是必须解决子女的日后抚养问题，这种解决是无理由、无条件的。张男和李女都不要子女，即可视为双方都不愿意解决，也不愿意在离婚后跟子女生活，抚养教育子女，子女生活将没有着落。在此情形下，法院一般不会强行将子女判归一方抚养，取而代之的是不准予双方离婚。法院判决双方不准予离婚后，如果双方均弃养子女，将由政府部门和公安部门介入处理，如果涉嫌犯罪会依法追究刑事责任。

注意要点：

个别法院也会根据小孩的实际年龄、父母各方的情况，依据《民法典》第1084条等相关规定，从"儿童利益最大化"的原则出发，确定子女最终由父母哪一方直接抚养。法院一经判决，若父或母不履行直接抚养义务，也将会面临相应的法律责任。

张男和李女在离婚时对小孩的抚养问题争执不休，后张男提出轮流抚养的建议，由张男抚养一段时间后，再由李女抚养同样的时间，以此往复。

第54问　父母轮流抚养小孩可以吗？

概要解答： 可以，但不建议

张男和李女可以协商轮流抚养小孩，这不为法律所禁止，从某种意义上说，对小孩的成长也有利。然而，轮流抚养是把双刃剑，需要离婚男女双方有完美的配合、协调，尤其是在小孩读书以后，需要各方能够与学校保持良好的沟通。另外，轮流抚养也会给小孩造成颠沛流离的不稳定生活和感受，等等。

专业解释：

《民法典》第 26 条规定，父母对未成年子女负有抚养、教育和保护义务。夫妻离婚，一般是一方直接对子女进行抚养、教育和保护（即直接抚养），另一方支付子女的抚养费（即间接抚养）。这是父母离异分居两地所形成的常规抚养方式。

随着社会的发展，越来越多的离异父母希望子女能正常获得来自父母双方完整的爱，故提出"轮流抚养"的抚养模式。轮流抚养也称"离婚后共同抚养"，其打破了离婚后单亲抚养的陈规，使抚养方式更为灵活，也能满足《家庭教育法》第 4 条、第 14 条、第 20 条父母对子女教育的相关规定。按照《民法典婚姻家庭编解释（一）》第 48 条规定，在有利于保护子女利益的前提下，父母双方协议轮流抚养子女，法院可予准许。

轮流抚养需满足以下几点：一是"轮流抚养"只能由离婚双方（即父母）协商确定，人民法院不会主动判决"轮流抚养子女"，只会对轮流抚养的约定进行批准；二是"轮流抚养"要能有利于保护子女的利益。如果一方吸毒、对子女家暴、患严重传染性疾病，或者夫妻双方居住地点相隔较远，或者一方因工作原因无法兼顾子女教育等，均无法实现轮流抚养。

"轮流抚养"看似很美好，实际也有诸多不便，是一把典型的双刃剑。

第一，夫妻双方毕竟已经离婚，伴侣之间的亲密关系不复存在，甚至丧失信任基础。在此情况下，采取轮流抚养模式对双方的配合度带来较高的挑战，一旦配合不好易引发新的矛盾。

第二，轮流抚养对子女产生的不利影响也是显而易见的。如果未成年子女年龄在 2 周岁以下，与其最初情感对象（主要是母亲）分离，可能会使其产生情绪的紊乱；如果未成年子女已经入学，由于当今教育所倡导"家校共管共育"的理念，若父和母在教育理念上存在差异，频繁切换家庭教育方式将会对未成年子女学习的稳定性产生较大的影响。

第三，未成年子女的成长需要相对稳定的环境基础，一段时间与父亲共同生活，一段时间又与母亲共同生活，势必给未成年子女造成"颠沛流离"的不安全感。

第四，如今人口流动频繁、工作变化大，在轮流抚养期间内，如果一方发生居住地或工作上的变化，势必产生新的问题和矛盾，不利于子女的教育、就医等。

第五，如果父母双方因各种问题形成对立关系，或者父母再婚，将会让未成年子女无所适从，造成价值观的紊乱，等等。

因此，离婚后，除非父母二人有完美的配合度，父母双方工作较为稳妥、经济条件相当、居住地点相隔未成年子女就读学校均较近、教育理念一致等，否则不建议采用轮流抚养的方式抚养未成年子女。

实务细节：

1. 因轮流抚养子女系基于双方的协商产生，故在确定"轮流抚养"协议条款时，应对各方的抚养期限长短、抚养期间子女的花费如何承担、轮流期间不直接抚养方探视方式、子女户口等进行具体和明确的约定。轮流抚养的期限不宜过长，也不宜太频繁，3个月内轮流一次属于正常期限。同时应约定，如果发生不具备"轮流抚养"的具体情形时，抚养权归属哪一方。

2. 因"轮流抚养"的后续问题较多，在诉讼离婚中，并非双方协议轮流抚养就会得到法院的支持。法院会根据具体的情况，从是否有利于子女成长原则对双方的协议进行审查。面对此类请求，人民法院都慎之又慎，不会轻易作出裁决。

3. 如果因轮流抚养发生争议，可以诉求法院要求变更抚养方式。

4. 现实中，也会有夫妻采用继续共同抚养（即离婚不离家）的模式抚养子女，只是极为少见。

> 张男和李女离婚时，约定小孩归张男直接抚养。一段时间后，李女认为张男抚养得不够好，对小孩的关心不够，于是想变更小孩的抚养权，由自己来直接抚养。

第55问　离婚后，能变更小孩的抚养权吗？

概要解答： 特定条件下可以

一般情况下，离婚时一旦确定了抚养权，离婚后要想再变更是比较难的。除非双方能够达成变更抚养权协议，或者张男因身体原因无力继续抚养小孩，或者张男严重损害小孩的健康成长，或者小孩年满8周岁，愿意跟李女生活，且李女也有抚养能力等。这些情况，都可以变更抚养权。（注意：一般意义的抚养不尽责不构成可变更抚养权事由。）

专业解释：

张男和李女离婚时，不管是协议离婚，还是诉讼离婚，如果已对未成年子女的抚养权问题进行了确认，不论是归某一方抚养，还是双方轮流抚养、共同抚养，为了保持未成年子女生活状态的稳定，除非二人协议或是法定事由，否则原则上不允许擅自变更抚养关系。通俗地说，就是变更抚养关系较难。按照相关法律规定，离婚后可以变更抚养关系的事由主要包括以下几种情况：

一、双方协议变更

按照《民法典婚姻家庭编解释（一）》（下称《解释一》）第57条规定，父母双方基于各种原因，需要对子女抚养关系作出变更，且能达成一致意见，属于民事主体意思自治，对双方具有约束力。若达成协议后一方反悔，或者因办理子女户口，公安部门需要法院文件等，可通过法院诉讼进行判决履行变更协议，双方签署的协议将作为主要证据，若无特殊情况，法院应根据协议予以准许变更，不作过多干涉。

二、直接抚养方无能力继续抚养

人生总是充满各种意外。张男在与子女共同生活期间，如果患上严重疾病需要长期医疗且开销巨大，或者因意外导致生活不能自理，继续抚养子女捉襟见肘。此等情形下，应允许变更抚养关系，以能保障子女的成长所需（见《解释一》第56条规定）。当发生可变更事由时，不管是张男还是李女，均有权要求变更抚养权。

三、直接抚养方严重损害子女的身心健康

损害子女身心健康的表现是多方面的，既有不尽心尽力履行抚养义务导致子女的利益受到严重伤害，也有实施家庭暴力、虐待导致子女的身心健康严重受损，等等（见《解释一》第56条规定）。值得注意的是，一般意义上的不利影响，比如，张男偶有打骂子女的现象，张男再婚后对子女照顾不周等情形不足以构成李女有权变更抚养权的事由。一般而言，"不利影响"是实际已经发生且确实严重影响了子女的健康成长才能构成变更事由。

四、8周岁以上的子女同意变更

这是《民法典》尊重8周岁以上子女的选择权，切实保障未成年子女利益的重要表现。对8周岁以上的子女，不但在父母离婚时有权选择跟谁共同生活，在父母离婚后也有权选择变更共同生活对象。如果不直接抚养子女的李女在离婚后有抚养能力，要求变更抚养关系，8周岁以上子女也愿意跟李女共同生活，法院应予支持（见《解释一》第56条规定）。当然，张男基于8周岁以上子女的意愿，以及李女的抚养能力，也可以作为原告提出变更要求，法院也应予支持。

五、其他正当事由需要变更

这是《解释一》第56条规定的兜底性条款，以保障在特定情况下允许变更子女的抚养关系，实现未成年子女的利益最大化。其他正当变更抚养关系的事由，一般是指直接抚养子女一方的抚养能力和抚养情况发生重大变化，无法继续为子女创造良好稳定的生活、学习和成长环境，影响到对被抚养人的教育和照料，从子女成长的角度出发，须变更抚养权。

比如，直接抚养子女的张男在抚养子女期间有吸毒、赌博、嫖娼等恶习，且经司法机关处理后屡教不改；比如，协议或判决子女虽归张男直接抚养，但实际上一直由李女直接抚养，且张男从未履行抚养义务，甚至杳无音信；比如，张男因犯罪被关押服刑，不具备客观继续抚养条件；比如，张男长期不配合另一方探望，经法院判决后，仍然拒不协助对方探望；比如，原定轮流抚养或共同抚养子女，情形发生重大变化，不再具轮流抚养或共同抚养的基础条件；再比如，张男违反《家庭教育法》第23条规定，胁迫、引诱、教唆、纵容、利用子女从事违反法律法规和社会公德的活动，等等。基于现实生活中千奇百怪的变更事由，人民法院需要根据个案的实际情况，酌情确定是否准予变更子女抚养权。

当然，如果张男在离婚后发现归自己抚养的子女并非亲生子女，也是正当变更抚养关系的事由。除养父母养子女，或者形成抚养关系的继父母继子女外，任何人没有为他人子女承担抚养的义务，履行抚养义务的应该是该子女的亲生父母。

实务细节：

1. 按照《解释一》第55条，离婚后，张男或李女一方要求变更抚养关系，应当另行提起诉讼。

2. 提起变更抚养关系之诉，不限于非直接抚养方，直接抚养方也有权提起变更诉求，即张男和李女都有权提起变更抚养关系的诉求。

3. 依据《解释一》第 56 条规定的"其他正当理由"要求变更抚养关系的话，需要有充分的事实依据，而并非自我的臆断。相关证据应主要集中在证明直接抚养方不适宜继续抚养，如果继续抚养，会使子女的身心健康受到严重伤害。

> 张男和李女作为父母，都是小孩的监护人，行使监护职责。离婚后，小孩归张男直接抚养，李女支付小孩抚养费。

第 56 问　离婚后，没有抚养权的一方还是监护人吗？

概要解答： 是

张男和李女离婚后，他们依然是小孩的父母，而父母都是未成年小孩的法定监护人，不管双方是否离婚，都要对未成年小孩履行监护职责，承担监护义务。张男和李女离婚仅是他们二人终止了夫妻身份关系，并不能终止与小孩的血缘关系，离婚后对小孩都要承担抚养责任和监护义务，只不过是以直接抚养监护和间接抚养监护的方式出现。

专业解释：

夫妻离婚后，子女一般跟随父或母共同生活，由一方直接对子女进行抚养、教育和保护，另一方支付抚养费，并享有探视权。这是因为夫妻离婚后，一般分居两地，各自开始了新的生活，客观上不具备与子女共同生活的条件，从而形成了直接抚养和间接抚养的新抚养模式。即张男和李女离婚后不共同生活，不代表张男或李女与子女间的抚养权利和义务消灭。

《民法典》婚姻家庭编第 1084 条规定，父母与子女的关系不因父母离婚而消除。《民法典》总则编第 26 条、第 27 条规定，父母是未成年人的监护人，对未成年子女负有抚养、教育和保护的义务。根据上述规定可知，父母离异后，子女仅是变更了一种生活方式，不管是随父还是随母共同生活，其仍是父母的子女。父母平等地享有抚养、教育、保护子女的权利和义务。未与子女共同生活的一方仍有与子女交往的权利（子女交往权的内容包含探视子女）、有参与子女教育的权利、有监督子女抚养的权利、有为子女利益管理子女全部或一部分财产的权利。

因此，张男和李女是未成年子女的法定监护人，享有监护的权利。即使离婚，他们仍是子女的法定监护人，监护权仍由双方共同行使，即共同监护。直接抚养子女的张男无权取消李女对该子女的监护权。按照《民法典》第 35 条监护人按最有利于被监护人的原则履行监护的规定，如果张男并非因为从子女利益出发，擅自变卖未成年子女名下的房产，李女可行使监护权之保护职责，以维护子女的合法权益。

当然，夫妻离婚后，未直接抚养子女的李女同样也需要承担监护的义务。"熊孩子"因侵权行为造成他人的损害，李女作为法定监护人，仍需要按照《民法典》第 1068 条、第 1188 条相关规定，**与张男共同对外承担侵权责任**[①]。

注意要点：

《民法典》第 30 条规定的协议确定监护人规则不适用未成年子女的父母。父母对未成年子女的监护是基于其特殊身份关系由法律直接规定，只要没有发生《民法典》第 36 条监护权终止或被撤销的法定事由，任何人均不得擅自改变父母的监护人身份。反之，父母也不得以协议方式将监护人身份转交他人。

实务细节：

因正当理由需要变更抚养关系，应提出变更抚养关系之诉，而并非变更监护权之诉。

关联问答：

① "熊孩子"惹事，不直接抚养的一方要担责吗？

> 张男和李女离婚后，小孩归张男直接抚养。小孩从阳台高处将未喝完的罐装饮料直接扔下，砸中了过路的王奶奶。王奶奶被砸受伤。张男要承担责任自不必多说。

第57问 "熊孩子"惹事，不直接抚养的一方要担责吗？

概要解答： 需要

按照《民法典》第27条、第36条和第39条规定，只要监护权未被撤销或者未终止，张男和李女作为父母，都是未成年小孩的法定监护人，这种监护关系不因二人的婚姻状态发生变化而改变或消失。因此，离婚后，李女虽未与小孩共同生活，但其监护职责并未消失，依然是该小孩的监护人，既享有监护权，也承担监护责任。如果未成年小孩因侵权行为造成他人损害，不管是张男还是李女，作为共同法定监护人，均应当按照《民法典》第1068条、第1188条等规定，共同对外承担全部侵权责任。这种共同承担责任的方式不分先后，不分彼此，受害人王奶奶既可以向双方主张，也可以向张男或者李女一方主张。

当然，李女虽也有监护职责，但客观条件致使其履行监管义务受限，因此，张男和李女共同承担完对外责任后，内部如何进行分担，则需要结合双方的过错、履行监护职责的情况等因素，公平确定双方的责任份额。

注意要点：

针对社会普遍关注的未成年人犯罪问题，我国《刑法修正案（十一）》第1条已将刑事责任年龄修正下调至12周岁。年满12周岁的未成年人，犯故意杀人、故意伤害罪，致人死亡，或者以特别残忍手段致人重伤造成严重残疾，情节恶劣的，经最高人民检察院核准追诉，应当负刑事责任。同时，该修正案还新增"高空抛物罪"，规定从建筑物或者其他高空抛掷物品，情节严重的，处1年以下有期徒刑、拘役或者管制，并处或者单处罚金。

另外，2021年10月23日颁布，2022年1月1日正式施行的《家庭教育促进法》也对父母实施家庭教育提出了更高要求。

> **实务细节：**

1. 未成年人侵权，应列未成年人、未成年人的父母为被告。按照《民法典》第1199条、第1200条等规定，未成年人在学校或者托幼等机构侵权的可基于"委托监护"关系列有关机构为共同被告，要求承担过错赔偿责任（注：非与父母连带承担责任，而是与父母按份承担责任）。

2. 因父母需要整体担责，故父和母任何一方都可以举证证明自己尽到了监护责任，以达到对外责任范围上的整体减责。

第二章 抚养费支付

> 张男和李女离婚，小孩归李女直接抚养，由张男支付抚养费。后因小孩生病，李女向张男索要小孩的医疗费，张男提出抚养费已经给了，其中包括了医疗费。

第58问　抚养费包含哪些项目？

概要解答： 生活、教育、医疗等

一般而言，如果没有特殊的约定，张男和李女离婚时确定的抚养费包括小孩的生活、教育、医疗等费用。也就是说，只要没有明确给付的抚养费包括哪些项目，那么抚养费就概括性包括了这些费用，即使还没有产生医疗、教育等支出。

专业解释：

不论是婚姻关系存续期间，还是离婚以后，父母均对未成年子女和不能独立生活的成年子女要承担抚养义务。按照《民法典》第1067条、第1084条及《民法典婚姻家庭编解释（一）》第43条规定，父母婚姻关系存续期间，一方不履行抚养义务时，子女有要求父母给付抚养费的权利；父母离婚后，一方不直接与子女共同生活，子女有要求其承担部分或全部抚养费用的权利。当抚养费用不能满足自己生活所需时，子女均有权向父或母提出增加抚养费的合理要求。由于各个家庭不同，子女成长所需的开支类目也各不相同，故法律所规定的"抚养费"是一个相对宽泛和开放的概念。《民法典婚姻家庭编解释（一）》第42条规定，子女抚养费包括生活费、教育费、医疗费等。该规定采用列举加概括（即"等"）的方式，对抚养费的范畴作出了灵活性规定。

虽父母对子女承担抚养义务，支付子女成长过程中的生活、教育、医疗等费用，但父母承担的抚养费用应是合理且必要的。父母对超出合理、必要范围以外的费用有权拒绝支付。这一点在父母离婚后，对承担子女抚养费的一方尤为重要。

一、合理的生活费用

这是指子女在成长过程中，子女应与父母之间保持同一生活水平状态，且衣食住行各项支出是必须且合理的。如未成年子女购买高端电脑、高端手机、出国旅游、购买高额商业保险、购买名牌衣服等，这些都属于非合理、非必须的费用开支。若张男和李女自愿承担，则属于道义性履行，不属于法律强制性履行义务。

二、合理的教育费用

这是指子女尚在校〔不含大学，见《民法典婚姻家庭编解释（一）》第41条规定〕接受高中及以下教育（含学前教育）的必要支出。这些费用一般包括教育费、书本费、校服费及其他由学校明确收取的费用。学校一般以公办学校为准，如果张男和李女共同协商将子女送入民办学校、私立学校就读，或者送往他国留学，或者为子女选择各类兴趣班、培训班等，则也属于道义性履行，不属于法律强制性履行义务。

这里需要特别注意的是，若张男和李女已在婚内将子女送入民办学校、私立学校就读，离婚后，民办学校、私立学校收取的费用也应属于二人需共同承担的合理费用范畴。相反，如果离婚后，李女一方自行将子女送入民办学校、私立学校就读，产生的费用则不属于张男需承担的合理教育费用范畴。子女出国留学、校外各类兴趣班、培训班所支出的费用同理。

三、合理的医疗费用

这是指子女因生病、意外伤害等所需支付的医疗费用。一般情况下，子女医疗费用（除去社会医疗保险承担之外）都应当由张男和李女共同承担。极端情况下，如果子女患有严重疾病，如患有白血病需要移植骨髓、患有肾衰竭需要更换肾脏、患有严重肝脏病需要更换肝脏等，这些疾病医疗费用超出一般家庭能够承受的范围。张男是否应承担，一般以是否有足够的经济条件为准，如果张男有承担能力，可以要求其承担相应费用，否则不应强制要求其承担。

> **实务细节：**

1. 夫妻协议离婚时，应在协议中明确子女抚养费的范畴，若不明确，则抚养费自动包括生活费、医疗费、教育费等费用。

2. 夫妻协议离婚时，若需对子女教育费用进行特别约定，应在协议中明确是否包括校外兴趣班、培训班等费用，以及支付标准和方式。

3. 夫妻协议离婚时，基于子女成长的花费变化及物价水平的提升，在协商抚养费时，可以约定抚养费的增长递进比例。

> 张男和李女离婚时，小孩归李女直接抚养，张男支付抚养费。但双方对每月应支付多少抚养费产生争议，李女认为张男收入高，应该多付，张男不同意。

第59问 抚养费的数额有标准吗？

概要解答： 没有

每个家庭都有抚养小孩的不同需要，如何抚养、需要花费多少钱，其实并没有统一的标准。张男应该支付多少抚养费，可以由张男和李女自行协商，若协商不成，再由人民法院进行酌情确定。人民法院确定抚养费的数额，主要是根据小孩的实际需要、张男的负担能力，以及当地的生活水平来确定。

专业解释：

穷孩子穷养，富孩子富养。一般情况下，张男和李女婚内与子女共同生活期间，不涉及抚养费的支付及标准问题。二人根据自身情况，共同决定子女在生活、教育、医疗上的投入。只要能保障子女的日常生活所需，没有遗弃子女、没有拒绝履行教育和必要的救治义务等，一般均认为张男和李女履行了抚养义务。至于抚养投入是高是低，法律一般不予干涉。

张男和李女离婚，子女随李女共同生活，张男支付抚养费。对于抚养费的金额，按照《民法典》第1085条规定，可由双方进行协商确定。若能协商一致，则依协商确定的金额支付抚养费。至于父母协商确定的抚养费是高是低，法律一般也不予干涉。若不能协商一致，则由法院根据具体情况确定。

《民法典婚姻家庭编解释（一）》第49条规定，法院在确定抚养费金额时，仍是以子女利益最大化为首要原则，根据子女的实际需要、父母双方的负担能力和当地实际生活水平确定。

一、子女实际需要

这是首要考虑因素。子女在成长的过程中会发生日常生活费用，还会发生教育、医疗等费用，这些费用都构成了子女的实际需要。当然，实际需要是指能够维持正常生活、教育的基本需要，类似子女学钢琴、学画画，学跆拳道等花费，一般认为超过了子女的实际需要。当然，实际需要并非一成不变，具体问题需要具体分析。

二、父或母负担能力

这是次要考虑因素。若张男没有经济收入来源，一般以当地最低生活保障为基准确定抚养费金额。若张男实在无力支付或下落不明，可以用其财物折抵抚养费〔见《民法典婚姻家庭编解释（一）》第51条规定〕。若张男有固定工作收入，则一般可以按照月总收入20%至30%的比例给付，若张男须负担两个小孩的抚养费，可适当提高给付比例，但不能超过月收入的50%。若张男无固定收入，如自由职业者、农民、小摊贩等，则可以参照当年总收入或者同行平均收入20%至30%的比例给付。

三、当地的实际生活水平

这是最后考虑因素。城市和农村、东部和西部，各地的生活水平存在较大差异。未成年子女在什么地方成长，自然要按照其成长地的实际生活水平来确定张男应给付的抚养费标准。目前法律没有明确规定各地的实际生活标准，需要根据当地的平均收入、支出等各项指标进行确认。

注意要点：

《民法典婚姻家庭编解释（一）》第49条规定20%至30%的收入比例标准是"可以"适用，并非绝对适用标准。若按照上述比例计算得出的金额与子女的实际需要相差较大，则法院一般会进行相应调整。这就是法律所规定的"有特殊情况的，可以适当提高或者降低上述比例"。

实务细节：

1. 东南沿海的消费水平与西部乡村的消费水平确实存在差异，故法律没有规定固定的抚养费标准，由各地法院自行根据当地的实际情况确定。一般而言，各地法院对于抚养费金额，会有"内部尺度"。具体可通过查阅当地判决文书，或者咨询相关专业人士了解。

2. 协议离婚时，双方可约定子女生活费按一定比例逐年递增，而教育费、医疗费和大笔开支则按照实际发生金额，由双方平均分担。

> 张男和李女离婚，小孩归李女直接抚养，张男支付抚养费用。张男是高收入人群，年入百万，李女提出，张男应拿出收入的20%—30%支付抚养费，张男不同意。

第60问　有固定收入，必须按收入20%—30%给付抚养费？

概要解答：不一定

首先需要明确的是，所谓固定收入，是指有相对稳定的工作，且每月的工资、奖金、津贴、补贴等收入在一段时间内较为固定。固定收入还包括年终奖金等。

按照《民法典婚姻家庭编解释（一）》第49条规定，比如，张男有固定收入，一般可以按其月总收入的20%—30%确定小孩抚养费的金额。然而，该规定表述的是"一般可以"，而非"必须"。规定中的比例只是法院判决确定抚养费金额的一个参考标准，但并非是唯一且绝对的法定标准。

其实这相对容易理解，每个人的收入不同，多的每月十万、八万元，甚至更高，少的每月三千、两千元，甚至更低。如果严格按照此比例，张男收入高，小孩每个月的抚养费高达2万至3万元，张男收入低，小孩每个月的抚养费只有300元至500元。

因此，当张男的工资收入畸高或畸低时，法院通常会依据上述解释第49条"有特殊情况的，可以适当提高或者降低上述比例"的规定进行相应的调整。至于如何调整，则是根据"小孩的实际需要、父母双方的负担能力和当地的实际生活水平"确定[①]。

其中，"小孩的实际需要"是最主要的标准依据，因为抚养费的给付目的就是保障小孩的正常生活所需。当然，如果按照收入比例计算出的抚养费与小孩的正常生活所需相差不大，则法院会按照法律所规定的比例确认抚养费金额。

关联问答：

① 抚养费的金额有标准吗？

> 张男和李女离婚后，小孩归李女直接抚养，张男支付抚养费。小孩长大后，需要的开支水涨船高，张男支付的抚养费明显不够。

第61问 抚养费金额确定后，能不能变更？

概要解答： 有正当需要，小孩可要求变更

在瞬息万变的时代，没有什么是恒定的，谁也无法保证确定的抚养费能够满足将来小孩的实际需求。因此，对小孩的抚养费金额，不论是张男和李女协议，还是法院确定，均非固定不变的金额，不能据此剥夺小孩因情况变化而在必要时要求张男增加抚养费的权利。

按照《民法典》第1085条，以及《民法典婚姻家庭编解释（一）》第58条规定，当原定抚养费金额不足以维持当地普遍生活水平；或者小孩产生了重大疾病开支或超常规的教育费开支超出原定金额；或者有其他正当理由，比如，张男实际收入明显增加，需要提高抚养费，小孩都有权向张男提出增加抚养费的合理要求。

对小孩要求增加抚养费的要求，张男和李女同样可以协商，小孩也可以向人民法院起诉。法院是否支持增加诉求的审查重点是诉求是否合理，以及张男是否有负担能力。

当然，变更既包括增多也包括减少。目前，我国法律尚未对减少抚养费作出明确规定。司法实践中，如张男因特殊原因不能按照原定抚养费金额给付，可以提出降低抚养费金额的变更诉求。这些因素主要包括：①张男长期患病或丧失劳动能力，

失去经济来源，暂时无力按原协议或判决确定的金额给付；②张男因犯罪被判处有期徒刑或者拘役等，暂无抚养能力；③小孩已满 16 周岁并能够取得劳动报酬独立生活，等等。

注意要点：

1. 张男不能按照原定抚养费金额给付的原因应是客观存在的，且其名下其他财产（如房产、汽车等）也不足以折抵抚养费。

2. 降低抚养费只是暂时性措施，一旦张男的情况好转，有能力给予抚养费时，应依照原定金额给付。

3. 未成年子女除可要求变更抚养费金额外，还有权要求变更抚养费支付主体。比如，张男和李女约定了抚养费由直接抚养人李女全额承担〔见《民法典婚姻家庭编解释（一）》第 52 条〕，当然，这种约定不能剥夺子女在必要的时候，向张男主张支付抚养费用的权利。

实务细节：

1. 除非张男同意增加抚养费，否则子女应当另行提起诉讼。即诉讼的原告是子女自己（李女为法定代理人），被告为被要求增加抚养费的张男。

2. 增加抚养费的合理理由需要通过有关的证据予以证明，该证据主要侧重于实际花费的金额，以及花费的合理性与必要性，同时需要证明张男确有负担能力。

3. 法院在处理张男要求降低抚养费时，还需要考虑李女的意见和经济能力，以实现能在相对公平的基础上，保障子女的权益不受损。

> 张男和李女离婚时，小孩归李女直接抚养，张男支付抚养费。李女担心张男以后会不给抚养费，便提出要求张男一次性支付小孩18周岁前的抚养费，张男不同意。

第62问 抚养费可以要求一次性支付吗？

概要解答： 特殊情况下可以

根据《民法典婚姻家庭编解释（一）》第50条及司法实践，支付抚养费的方式分为两种：分期给付和一次性给付。其中，分期给付一般以自然月（或者季度、年）为单位，这是最为常见的给付方式，符合父母收入和小孩生活消耗是按月确定的实际情况。一次性给付在现实中并不常见，尤其是在被抚养的小孩年龄尚小时。不过，在有条件的基础上也可以一次性支付。如果张男和李女对一次性支付抚养费达成一致意见；或者小孩已近成年，张男自愿一次性支付；或者张男有足够的能力且自愿一次性支付，等等。这些法律一般不予干涉。

在不能达成一致意见或者非自愿的情况下，法院一般较少判决一次性支付抚养费，除非符合某些特定的条件。这些条件主要包括：张男有一次性支付的能力，李女也没有吸毒、赌博等可能损害小孩的利益的情形，同时确有一次性支付的必要。当满足上述条件时，法院方有可能对李女提出的一次性支付抚养费的诉求予以考虑。

当然，父母离婚时，即使确定了一次性付清，且已经实际支付完毕，但日后情况发生变化，原定金额不足以维持小孩生活的话，小孩依然有权要求增加抚养费。

实务细节：

一次性支付的必要通常是指一方因受刑罚被长期羁押，或者是外国人，或者有移居他国的现实可能等。

成年人的体面告别： 解析188个离婚常见问题

> 张男和李女一直分居，其间小孩由李女照顾，张男未支付抚养费。离婚时，李女提出张男补付分居期间小孩的抚养费，张男认为李女照顾小孩的费用来自夫妻共同财产，不需要重复支付。

第63问　分居期间，要不要支付小孩抚养费？

概要解答： 要

对未成年小孩而言，其享有被抚养的权利，这个权利与父母是否分居、感情好坏、闹得如何不可开交、财产如何划分等都没有关系，都不影响其向任何一方主张抚养费用的权利。即只要张男本人没有支付抚养费用，不管李女是否使用了夫妻财产抚养，小孩都有权向其索要，张男就要支付。至父母之间的财产纠纷，由二人内部解决。

专业解释：

现实中，夫妻未解除婚姻关系，但因感情不和或工作原因分居，由一方独自抚养子女，另一方不支付抚养费的情况较为常见。甚至夫妻双方虽未分居，但是由于夫妻矛盾，双方对抚养子女也相互推诿，"向你妈要钱""向你爸要钱"的情况也时有发生。这些都是俗称的"丧偶式抚养"。《民法典》第26条、第1058条、第1068条都规定了夫妻都有抚养子女的义务和责任。若一方不履行抚养义务，或者对子女抚养相互推诿，就难以保障子女的健康成长，实现子女的利益最大化。

正常情况下，子女与张男、李女共同生活，由父母共同抚养。父母为子女所支付的生活费、教育费、医疗费等均来源于夫妻共同财产，一般可认定为张男和李女履行了父母抚养子女的义务，子女也无须向父或母主张支付抚养费。

但在张男和李女分居的情况下，若张男既不履行照看、保护、教育义务，也不支付抚养费，子女理应有权向张男主张支付抚养费。具体原因如下：

一、张男和李女分居期间，李女抚养子女使用的虽是夫妻共同财产，但这不能替代张男应承担的抚养义务，即使用共同财产抚养并不等同于共同抚养。同时，张男和李女已无夫妻共同生活，夫妻各方所得的收入实际已相对独立，这种事实上的财产状态与离婚后各自的财产状态无异，原本应由二人共同抚养的子女实际变成了由李女独自抚养。这势必给子女的健康成长带来不利的影响，尤其是如果李女收入较低，独自抚养捉襟见肘，子女的利益更会受到影响。

二、从未成年子女的角度而言，其享有被父母共同抚养的权利，该权利与父母的婚姻状况、财产状态没有关联，当张男不履行抚养义务影响自身健康成长时，有权向张男主张抚养费。至于父母双方之间的财产纠纷问题与其无关，由父母双方自行解决。《民法典》第1067条、《民法典婚姻家庭编解释（一）》第43条从未成年子女的角度也规定了父母一方若不履行抚养义务，未成年子女享有请求支付抚养费的权利。这些规定充分体现了《民法典》确立的最有利于子女成长的价值取向。

实务细节：

1. 父母未离婚的情况下，单独主张抚养费的权利主体（原告）是未成年子女，父或母为未成年子女的法定代理人。

2. 夫妻在离婚时，一般可以直接代替未成年子女主张分居期间的抚养费。不过更建议以未成年子女为诉讼主体（原告）独立诉讼，以更符合《民法典》的立法原意。

3. 如果父母分居一段时间后又和好，约定共同抚养子女，子女是否可以起诉父或母要求支付分居期间的抚养费，尚无明确的法律规定，理论上法院一般不会予以支持。

4. 分居"玩消失"，拒绝履行抚养子女义务，若造成严重后果，可按《刑法》第261条追究"遗弃"责任。

5. 按照《民法典婚姻家庭编解释（一）》第51条规定，如果张男分居后下落不明，子女也可以用其财物抵充抚养费。

> 张男和李女离婚时，约定李女直接抚养小孩，张男支付抚养费。李女认为小孩以后要上大学，需要花费不少费用，故提出抚养费要付到小孩大学毕业，张男不肯，只同意付到18周岁。

第64问　抚养费只需支付到18周岁吗？

概要解答： 原则上到18周岁，有例外

按照《民法典》第1085条规定，张男不直接抚养小孩，其应承担小孩的部分或者全部抚养费用。承担抚养费的时长，《民法典婚姻家庭编解释（一）》第53条规定一般是至小孩18周岁为止。小孩未满18周岁，即属于《民法典》第17条所规定的未成年人。《民法典》第26条规定父母对未成年小孩的抚养是法定义务。不过，18周岁并非不可变动的绝对期限。特定情况下，该期限可以缩短或延长。

一、16周岁到18周岁未成年小孩

按照《民法典》第18条第2款之规定，16周岁到18周岁的未成年人，如果以自己的劳动收入为主要生活来源，将被视为完全民事行为能力人。现实中，既有过早辍学、通过工作赚取收入的未成年人，也有边上学边拍电影/广告收入颇丰的"童星"，他们虽尚未成年，但已能自食其力，甚至能补贴家用。若张男的小孩年满16周岁，且能自食其力，按照司法实践，张男一般无需再向其支付抚养费。

二、18周岁以上，但不能独立生活的成年子女

若张男的子女年满18周岁，按照法律规定属于有完全民事行为能力人，推定为具有自我独立生活的能力，正常情况下，不再需要父母的抚养，张男也无需再向其支付抚养费。但是，按照《民法典婚姻家庭编解释（一）》第41条规定，如果成年子女不能独立生活，无法维持基本生活所需，比如，尚在受教育（限高中及以下教育）阶段，或者因为先（后）天疾病、意外事故丧失或部分丧失劳动能力等，则张男应该继续支付抚养费，直至子女具有独立生活的能力。

注意要点：

1. 如果16—18周岁子女的劳动收入只能满足生活所需，但不能满足接受教育、医疗等需要时，张男仍应承担支付抚养费的义务。

2. 18周岁以上的成年子女需要抚养是客观原因所致，若有能力但不自食其力、懒惰不工作等主观原因导致没有收入，不在法律的保护范围之内。

3. 在大学受教育的成年子女不在法定需抚养之列。这是因为高校学生具备独立生活的能力，即使父母不提供就读费用，也可以通过助学金、奖学金、助学贷款和校内外勤工俭学等形式作为收入来源，独立完成学业，同时该阶段接受教育属于智力投资，直接受益人是成年子女本人。所以，按照法律规定，供子女上大学不是父母的法定义务。大学阶段，父母愿意承担子女教育费用，属于自愿承担，法不设限。

当然，父母离婚时，如果对子女大学阶段受教育的费用达成由一方承担或双方共担的协议，那么该协议对双方具有约束力。若父或母不支付抚养费，成年大学生可以按照父母的约定向父母一方或者双方主张抚养费，父或母不得依据《民法典》第658条规定要求撤销赠与。

4. 有配偶的子女如果不能独立生活，子女的配偶依据《民法典》第1059条承担主要扶养义务，子女的父母承担辅助性抚养义务。当然，父母自愿为不能独立生活子女支付的抚养费用，不得要求子女的配偶偿还。

实务细节：

1. 高中阶段一般是指普通全日制高中、职业高中、中等专业学校和技工学校等，既包括国内的高中，也包括国外的高中。

2. 由于并非所有的子女都会接受高中阶段的教育，故离婚诉讼中，如果子女还未进入高中读书，则抚养费给付期限应主张到子女18周岁；如果子女已经进入高中阶段读书，则抚养费给付期限应主张到子女高中毕业。

3. 对因身体残疾和精神类疾病原因不能独立生活的子女，应提供民政部门颁发的残疾证明。

> 张男和李女离婚后，小孩由李女直接抚养，张男支付抚养费。但一直到小孩18周岁，张男都未支付过抚养费。小孩成年后，想要向张男主张18周岁前的拖欠的抚养费用。

第65问 小孩成年后，能否索要18岁前的抚养费？

概要解答： 不能

按照《民法典》第26条、第1067条，以及《民法典婚姻家庭编解释（一）》第43条相关规定，不论父母婚姻关系如何，是否分居或是否离婚，小孩都有权请求父或母支付抚养费。诚然，抚养费的最基本功能是保障未成年小孩的成长所需，当小孩成年后，抚养费基本功能丧失，不再具有保护利益，即成年子女不能再向张男主张未成年期间拖欠的抚养费。

反言之，只要小孩未成年，小孩或母亲李女都可以要求张男补付抚养费，且按照《民法典》第196条规定，补付抚养费不适用《民法典》第188条的诉讼时效规定，不存在期限的限制，即不管张男拖欠多久的费用，未成年小孩都可以要求补付完整。

"诉讼时效"是法律术语，即当权利受损时，受损方最迟要在多长时间内向对方主张权益。绝大部分案件的诉讼时效是3年，超过3年期限，对方提出时效抗辩，法律就不予保护，即法院不予支持受损方的诉求。

之所以主张抚养费不受诉讼时效限制，是因为：父母对小孩负有抚养义务，该抚养义务从小孩出生时起到小孩成年时止。在此期间，父母对小孩的抚养义务是一种持续性义务，且无论父母经济条件及负担能力如何，也不论是否愿意，都必须承担抚养义务，都必须保障小孩的生存和生活。这不仅仅是法律问题，还涉及公序良俗和伦理道德，故法律明确规定不适用诉讼时效。换言之，只要小孩尚未成年，即使张男拖欠抚养费已超过3年，小孩请求足额补付抚养费的请求仍会得到法律保护。

实务细节：

除了请求支付抚养费案件外，请求支付赡养费或者扶养费案件也不适用诉讼时效规定。

> 张男和李女离婚时，约定李女直接抚养小孩，张男支付抚养费。离婚后，李女无故不同意张男探视小孩，张男很生气，便停止支付小孩的抚养费。

第66问 不给看小孩，是否可以拒付抚养费？

概要解答：不能

李女无故不让张男探视小孩的行为是不对的，然而，张男拒绝支付抚养费更是不对的，甚至是违法的。张男支付小孩抚养费是其法定义务，履行该义务不设任何条件，与其能否探视小孩没有任何关系。张男探视小孩仅是其权利，该权利受限并不能成为其拒付抚养费的理由。也就是说，抚养小孩和探视小孩是两个完全不同的法律问题，彼此互不为前提。

专业解释：

现实中，部分夫妻离婚后，由于积怨较深，直接抚养子女的一方常会拒绝对方"探望子女"，或者以此相要挟，迫使对方满足自己的某些要求。相应地，非直接抚养子女的一方也不甘示弱，针锋相对，以"拒付抚养费"相对抗。这种恶性循环不但会导致双方关系更加紧张和恶化，也对子女的身心造成进一步的伤害。

然而，支付抚养费与探望子女是完全不同的两件事（法律上称之为不同的法律关系），桥归桥、路归路，二者之间既不互为条件，也不相互对等。

一方面，抚养是指父母从物质上、生活上对子女的养育和照顾，如负担子女的生活费、教育费、医疗费等。父母对子女的抚养义务从子女出生时起到子女成年（或者独立生活）时止。在此期间，父母的抚养义务是一种持续性义务，且无论父母经济条件及负担能力如何，也不论是否愿意，都必须承担该义务，都必须保障子女的生存和生活。这不仅仅是法律的问题，还涉及公序良俗和伦理道德。

《民法典》1084条规定，父母与子女间的关系，不因父母离婚而消除。《民法典》1085条规定，离婚后，由夫妻一方直接抚养子女，另一方应负担该子女必要的抚养费，负担费用的多少和期限的长短，由父母双方协议，协议不成时，由法院判决。据此可知，抚养费给付是父母的法定义务，这一义务的履行既不附任何条件，也不被任何因素所免除。

另一方面，探望是指父母离婚后，不与子女共同生活的一方，依法享有在一定时间、以一定方式对该未成年子女进行探视、看望的权利。《民法典》第1086条规定，夫妻离婚后，不直接抚养子女的一方有探望子女的权利，另一方有协助的义务。行使探望权利的方式、时间由父母协议；协议不成时，由法院判决。据此可知，探望子女是父或母的权利，探视的对象是与之不共同生活的未成年子女，同时直接抚养子女一方有协助的义务。

一般而言，发生探视纠纷的原因主要是一方不协助探视造成的，本质还是父和母之间发生的矛盾，"城门失火，殃及池鱼"。但是，父和母间的纠纷不应成为不付子女抚养费的挡箭牌，即使李女阻挠张男探视子女，张男也不能拒绝支付抚养费，只能通过其他法律程序予以公权救济。比如，可以依据《民法典婚姻家庭编解释（一）》第61条、第68条申请人民法院通过采取拘留、罚款等强制措施进行救济。

另外，除了父母不得因探视问题而拒绝支付子女抚养费外，《民法典婚姻家庭编解释（一）》第59条也明确规定父母不得因一方变更子女姓氏而拒付子女抚养费。

实务细节：

在离婚协议中，类似"如一方不履行协助探视义务，另一有权不支付抚养费"的约定不具法律效力。

> 张男和李女离婚后，小孩归李女直接抚养，张男支付抚养费。几年后小孩长大，张男支付的抚养费不足以满足需要，故向张男要求增加。张男不同意，李女只能通过法院解决。

第67问 主张抚养费的原告是谁？

概要解答：子女

按照《民法典》第26条规定，父母对子女的抚养是法定义务，这种义务始于子女的出生，终于子女成年或者能独立生活为止。父母分居、离婚、不与子女共同生活等情形，均不能免除张男和李女的抚养责任。在父母离婚后，不与子女共同生活的一方（非直接抚养方），有向子女给付部分或全部抚养费的义务。

一般情况下，在夫妻诉讼离婚时，如果有未成年子女或不能独立生活的成年子女在离婚后需要继续抚养，要在判决或者调解离婚时一并解决子女的抚养费问题。在此类案件中，原告不是被抚养的子女，而是父或母，由父或母在离婚时代理子女行使抚养费请求权。

而在离婚后，当需要增加抚养费，追讨拖欠的抚养费等独立提起的与抚养费有关的案件，基于权利义务的对应关系，原告应是未成年子女或不能独立生活的成年子女，而非父或母，父母在诉讼中的为法定代理人。

注意要点：

按照《民法典》第1067条及《民法典婚姻家庭编解释（一）》第43条规定，子女的抚养费请求权并不限于父母离婚后才享有，**在父母婚姻关系存续期间，子女依然享有该请求权**[①]。同时，子女的抚养费请求权对象既可以是父或母一方，也可以是父母双方。

关联问答：

① 分居期间，要不要支付小孩抚养费？

> 张男和李女离婚时，约定李女直接抚养小孩，张男支付抚养费。李女担心张男不支付抚养费，便在协议中约定，如果拖欠抚养费，张男应按照每月抚养费用30%的标准承担违约金。

第68问 拖欠抚养费的违约责任是否有效？

概要解答：有效

关于不支付抚养费的违约责任约定是否有效问题，理论界存在较大争议。有观点认为，抚养费的给付协议是与身份有关的协议，跟普通的合同不同，不适用于一般合同中的违约责任，所以约定的违约责任无效。

也有观点认为，抚养费的主要功能是保障小孩的健康成长，父母应自觉履行给付抚养费义务。在协议中约定抚养费违约责任并非法律所禁止，约定违约责任亦更有利于保证抚养费的履行，督促父母依约履行抚养义务，切实保护未成年人的权益；同时，一方不支付抚养费，会加重另一方单独抚养的经济负担，影响对未成年小孩的抚养和照顾水平。故抚养费协议中约定的违约责任有效，具有约束力。

目前，司法界更倾向于第二种观点。

注意要点：

1. 不支付抚养费要不要承担违约责任，前提要有协议明确约定，若没有约定，则法律不支持违约金的主张。

2. 按照《民法典》合同编第464条第2款规定，类似婚姻、收养、监护等与身份有关系的约定发生纠纷，首先优先适用婚姻法律的有关规定，只有当这些法律没有规定时才可以使用其他法律规定。

> 张男和李女离婚时，李女为能取得小孩抚养权，向张男表示，不用张男支付小孩的抚养费用，全部由自己承担。张男欣然接受。

第69问　为争取抚养权，不要对方付抚养费可以吗？

概要解答：可以，但不对小孩产生效力

《民法典》第26条规定父母对未成年子女负有抚养、教育和保护的义务。父母对未成年小孩的抚养、教育义务是绝对的、无条件的，不随双方的关系变化而消灭。现实中，除了类似李女为争取小孩抚养权提出不用张男支付抚养费外，还有夫妻一方提出，如果小孩抚养权不归自己就不支付抚养费的情形。按照《民法典婚姻家庭编解释（一）》第52条规定，不管是在婚内，还是在离婚时，夫妻双方都可以协商确定由一方承担小孩全部的抚养费用，免除对方支付的义务。不过需要强调以下几点：

一、父母双方免除抚养费支付义务的协议不对小孩产生效力。这是什么意思呢？

就是说张男和李女怎么约定都对小孩没有效，小孩随时都可依据《民法典》第 1085 条向张男要抚养费。某种意义上就是李女反悔了。

二、在诉讼离婚中，如果李女提出或者同意己方全额承担小孩的抚养费用，但人民法院经查实，其能力明显不足，不能充分保障小孩的生活、教育、医疗所需，则人民法院不予准许。这里的能力既包括经济能力，也包括居住条件，以及照顾、保护、教育小孩的能力和时间等。

三、在诉讼离婚中，免除张男的抚养费支付义务，只能由夫妻双方协议，并由法院审查确认。若夫妻双方不能协商一致，则人民法院一般不会判决免除张男的这种义务。

四、不管是在协议离婚，还是诉讼离婚中，免除的抚养费是指子女独立生活前的全部抚养费用，不管实际抚养费用是高是低，都由直接抚养方全额包揽。除非张男同意，或者经过法定程序变更抚养费承担方式，否则李女不得以任何理由要求张男分担部分抚养费。

五、除了抚养费支付义务可以通过协议免除外，其他抚养义务不得通过协议方式免除。

> 张男和李女奉子成婚，结婚后生下小孩。后张男发现该小孩与自己的血型不匹配，于是悄悄进行亲子鉴定，结果显示与自己没有血缘关系。张男自感受辱和被骗，向法院起诉要求赔偿。

第 70 问　帮别人养了小孩，能否要求赔偿？

概要解答： 无明确规定，一般可支持

对该问题，《民法典》婚姻家庭编并没有明确的规定。但张男受欺诈抚养了不是自己的小孩，必然受到经济和精神上的损失，对该损失理应由小孩的生父母来承担赔偿责任。对生父母而言，这是一种逃避法定抚养义务的行为，且获得了不恰当的获益，故也理应予以赔偿。当然，如果张男在明知的情况下进行了抚养，则不能主张赔偿。

成年人的体面告别：　解析188个离婚常见问题

专业解释：

　　孩子不是自己的，还抚养数年，是令人难以接受甚至是难以启齿的。现实生活中，这样的现象时有发生。更有甚者，随着社会开放程度的提高，个别女性作风不够检点，自己都不知道谁才是孩子的真正父亲。法律上，一旦张男按照《民法典》第1073条规定，通过法定程序确认子女非自己亲生（即否定亲子关系），子女将不再是子女，张男也将不再是父亲。张男"抚养"该子女属于受欺诈抚养，实施欺诈的主体不是该子女，而是子女的母亲和真实父亲。

　　对于受欺诈的"父亲"抚养子女所花费的抚养费，子女的生父母是否需要偿还或者赔偿，我国之前的《婚姻法》，以及现行的《民法典》婚姻家庭编均未作出明确规定。不过，虽然婚姻领域内没有法律规定，但不代表不需要偿还或者赔偿，法院可以适用民事法律关系中的其他相关规定来进行评判。

　　事实也是如此，根据司法实践，行为人主张偿还或者赔偿抚养费的诉求可获得人民法院支持。当然，人民法院支持诉求的理由也各有不同，有基于《民法典》第979条的无因管理（没有法律和约定义务，抚养了不该由自己抚养的子女）；有基于《民法典》第1165条的侵权行为（生父母欺骗他人，侵害他人身份权益，使他人"履行"抚养义务，造成他人财产损失）；也有基于《民法典》第985条的不当得利（负有抚养义务的生父母因他人的抚养行为而获得不恰当的利益）；还有基于《民法典》第147条的重大误解（误认为是自己的亲生子女而进行了抚养），等等。

　　虽然理由各有不同，但不管如何，至少可以明确的是，对未成年子女，生父母才是法定的抚养义务人，该抚养义务非经法定程序，不能被转让，也不能被免除。本没有抚养义务的张男"履行"了抚养义务，对子女的生父母而言，是一种逃避法定抚养义务的行为，且获得了不恰当的利益，因此，张男有权要求子女的生父母返还已经支出的抚养费用。至于抚养费用的具体金额，应根据实际发生的金额计算，如果无法统计实际发生的金额，则可以根据子女的实际需要、当地的实际生活水平等情况，按照"就高不就低"的原则等进行确定。

　　当然，如果造成精神损害，比如，婚姻关系存续期间与他人通奸生育子女，造成精神上的巨大伤害，张男也有权依据《民法典》第1183条主张精神损害赔偿。

实务细节：

　　1. 抚养费的实际发生额可以通过银行、微信、支付宝等支付工具搜集相应关联证据。

2. 张男如果不知道谁是孩子的生父，也可直接向生母一人主张抚养费。当然，如果夫妻双方施行的是夫妻财产分别制（AA 制），则主张自己花费的部分，若施行的是夫妻财产共同制，则应主张抚养费的一半。另外，若单独向生母李女主张，一般发生在离婚时或者离婚后。

3. 否认亲子关系提出方往往是"父亲"一方，但极个别情况下，母亲也可以提出，这种情况往往发生在夫妻共同非法收养了他人小孩，离婚时母亲不愿继续承担抚养义务。**否认亲子关系需要通过法定程序完成**①。

4. 如果张男知道是非亲生的子女而自愿抚养，不属于欺诈性抚养，不可主张已经支付的抚养费。离婚后是否需要继续承担抚养责任，视双方之间是否形成法定收养关系，或者形成抚养教育关系的继父母继子女关系。

关联问答：

① 怀疑小孩不是亲生的，该如何确认？

第三章　探望权行使

> 张男和李女离婚时，确定小孩归李女直接抚养，张男支付抚养费。张男的父母已与小孩建立了较深的祖孙感情，提出要能够经常看一下孙子女，李女不同意，只同意张男本人探望。

第71问　谁享有探望小孩的权利？

概要解答： 不直接抚养小孩的父或母

探望权，也被称为与小孩交往权。该权利是基于父母小孩间的关系产生，并形成于父母离婚之后。

张男和李女离婚后，虽然双方都有继续抚养小孩的义务，但因抚养条件限制，他们抚养小孩的形式为：李女直接与小孩共同生活，张男支付抚养费并探望小孩。离婚后，张男可通过定期或者不定期的探望、陪伴，以满足父母对小孩关心、爱护的情感需求，并及时、充分了解小孩的学习、生活状况。

探望有利于增加与小孩的情感交流，更好地对小孩进行抚养、教育和保护，它是实现张男身心照顾小孩的方式之一，也是对张男情感需求（寄托）的法律保障，更是对小孩身心健康成长的法律保障。离婚后的探望无论是对父母还是对小孩而言，都是不可或缺的。

按照《民法典》第1086条规定，探望权是不直接抚养小孩的张男享有的权利，它是法定的一种身份权利，不可转让，也不可被非法剥夺。享有探望权的主体仅限张男一方，另一方李女及其他主体并不享有该权利。因此，在法律层面，祖父母、外祖父母、兄弟姐妹等其他近亲属并不享有探望权，"隔代探望"并不为法律所支持。

> **注意要点：**
>
> 虽然祖父母、外祖父母、兄弟姐妹不享有探望权，但他们与该子女的正常交往、会面等行为并非法律禁止。父母离异并不应影响子女与其他近亲属之间的关系，正常的近亲属间交往符合社会伦理纲常，也有利于子女的健康成长。

> 张男和李女离婚时，确定小孩归李女直接抚养，张男支付抚养费，但双方在离婚时没有对张男如何探望小孩进行约定。离婚后，张男要探望小孩，李女以没有约定明确拒绝。

第72问　不抚养小孩的一方，应在何时主张探望权？

概要解答： 离婚时应明确好

理论上，夫妻双方离婚时或离婚后，不直接抚养小孩的张男都可以主张探望权，并要求定期或者不定期探望小孩。但一般而言，夫妻离婚后，各自有各自的工作、生活、学习轨迹，形成了独立的生活方式和社交群体，甚至与其他异性再婚，组建了新的家庭。离婚后主张探望权，势必存在多重不可控的因素。因此，本书更建议在离婚时，不论是协议离婚，还是诉讼离婚，均应主张探望权并确定探望权方式。其中，协议离婚时应在离婚协议中进行明确，诉讼离婚时应在法院审理过程中进行明确。

这里需要突出强调的是，在诉讼离婚中，不论张男还是李女是否争取小孩的抚养权，都应当明确提出如下内容：如果小孩不归己方直接抚养，则需探望小孩。因为法院审理案件遵循的是"不诉不理"的原则，如果双方均不主张探望权，法院就不会处理相关事宜。这种不处理不属于错判或者漏判。因此，在离婚诉讼中，不管是否争取抚养权，都不应忘了主张探望权。

当然，并非不主张就等同于放弃了探望权，如果在协议离婚或是诉讼离婚中未涉及探望权，双方后期也可以进行协商，如果协商不成，可以依据《民法典婚姻家庭编解释（一）》第65条规定向人民法院单独提起诉讼。

实务细节：

如果在离婚一审中没有提出探望，法院判决也没有涉及探望事宜，可以就探望问题提出上诉，但二审法院只能进行调解。调解不了时，则需另行起诉主张。

> 张男和李女离婚时，确定小孩归李女直接抚养，张男支付抚养费，并可以探望小孩，但双方并没有对探望小孩的具体方式进行明确，至少双方为了探望问题矛盾不断。

第73问　离婚时，是否要明确探望的具体方式？

概要解答： 需要

在离婚时，大部分的夫妻都不约定探望权，或者约定不明确，比如，只写"男（女）方享有探望权""一周探望一次"，这些都不可取。

作为非直接抚养方张男享有的特有权利，探望权在确定之初就应明确具体的探望方式。之所以需要明确，是由夫妻双方离婚的客观事实，以及探望时需多方配合方能实现等因素共同决定的。

首先，夫妻双方离婚，多是由于双方之间发生了不可调和的矛盾，信任基础丧失，夫妻感情破裂。一旦离婚，彼此变成了"前夫""前妻"的关系，二人一旦不能正确对待这种关系，很容易对探望问题产生分歧，导致无法对探望问题达成一致意见。这种案例在现实中并不鲜见。

其次，探望小孩不是一个人的事情，能否顺利完成探望，需要直接抚养小孩一方的配合和协助，有的时候甚至需要小孩的配合。在未明确的情况下，任意行使探望权，任意进行探望，势必会无据可依，甚至会使小孩左右为难，无所适从。

因此，离婚时就应对探望方式的问题进行明确，这是未来顺利完成探望的基础。

> 张男和李女离婚时，确定小孩归李女直接抚养，张男支付抚养费，并可探望小孩，但在如何探望的问题上，双方约定的内容没有可操作性，导致探望时纠纷不断。

第 74 问　探望的方式如何约定比较妥当？

概要解答： 要包括时间、地点、操作

张男和李女离婚后，双方间除了小孩的问题外，基本不存在其他关系。对张男而言，其承担支付抚养费的义务，并享有探望的权利。探望是一个长期的、周而复始的过程，且需要父母双方能够有效配合。因此，一份好的探望协议对能否实现有效探望将发挥重大作用。一般而言，探望协议应当明确探望的具体时间、具体地点，以及双方如何配合完成探望。

专业解释：

父母离婚，对子女抚养的问题，除了抚养权归属和抚养费支付外，往往还会涉及探望事项。约定的探望方式是否合理，将会直接影响到未来较长时间内的探望行为。依据《民法典》第 1086 条规定，一般而言，探望主要涉及三个方面，即时间、地点与操作。

一、时间

也就是说在哪一天的哪一个时间段内探望。比如，约定"每周日上午 10 点到下午 5 点进行探望"。在商谈探望问题时，探望时间是最主要的方面。一个合理的探望时间对于能否顺利完成探望至关重要，故确定探望时间需要周全地考虑各种因素，比如，父母双方的工作时间、子女日常的读书学习时间、子女兴趣班的时间等。在确定探望子女时间时，应尽量避免占用子女学习、校外兴趣班的时间，尽可能把对子女生活、学习的影响降到最低。

二、地点

也就是说在具体什么地方探望子女。比如，约定"在子女的居住地进行探望""在子女学校附近的咖啡馆进行探望"等。探望地点的确定对于能否顺利完成探望也比较重要。一个好的探望地点，不但能使直接抚养方接受，且不会被子女排斥，同时还能兼顾探望者的实际情况。探望地点讲究的是便利性和无影响性原则，既要能方便探望，也要不给直接抚养方带来较大的生活影响。举例中"在子女居住地探望"其实并非是优选方式，这是因为子女居住地往往是直接抚养方的居住地，到直接抚养方居住场所进行探望，难免"尴尬"和"不便"。

三、操作

也就是父母双方如何配合完成子女的探望。比如，约定"由非直接抚养方周日上午10点接走子女，下午5点送回子女"的方式。法律规定，直接抚养一方有协助探望的义务，但如何协助法律并没有作出明确规定，因此，有必要在协议或者法院判决时，对如何探望、如何协助等问题进行明确，以避免在未来探望过程中产生不必要的推诿和争议。

注意要点：

既定的探望方式是死的，人是活的。由于社会的发展变化、子女的不断成长、父母工作的调整，以及其他各种因素都有可能发生不可预见的变化，因此，对于探望的时间、地点和方式，也不应确定得过细，需要父母双方根据情况的变化，遵循子女利益最大化的基本原则，优先考虑子女的便利，进行适当的调整。

实务细节：

1. 在商谈探望方式时，应约定"据实另行协商调整探望方式"条款。
2. 如果有两个子女需要被探望，每个子女应分开写、具体写。

> 张男和李女离婚时，约定小孩归李女直接抚养，张男支付抚养费。因小孩已年满10周岁，李女提出，如果张男要探望小孩，应该征询小孩的意见。

第75问 离婚时，确定探望方式要征询小孩意见吗？

概要解答： 探望8周岁以上小孩建议征询

夫妻离婚时，对小孩的抚养、探望等问题在本质上属于家庭内部事务，解决家庭内部事务，我国倡导以"协商为主、判决为辅"的处理模式。

父母对小孩的生活、健康、教育、社交等方面的情况最为了解，也最能对小孩未来的生活进行合理恰当的安排。因此，《民法典》第1086条明确规定，探望的时间、地点、方式等以双方协商为主，在协商不了时，则由法院根据具体的情况进行处理。法院处理探望问题，依然会以调解为主，会征询双方的意见。那对于探望权行使方式的确定，不论是父母双方，还是法院，是否需要征询小孩的意见呢？

一般而言，对于0至3周岁的幼儿，由于其认知和辨别能力全无，对幼儿的探望无需征询其个人意见，只要父母双方对探望达成一致意见即可。而对3至8周岁的小孩，该阶段的儿童尚无完善的辨别能力与控制能力，在如何探望问题上很难表达自己的真实意愿，且容易被他人的观点所左右，因此，对此阶段儿童的探望，也可不征求其意见。对8至18周岁的未成年小孩，由于该年龄段小孩已具备了相当独立的思考和判断能力，若全然不顾小孩的意愿，一旦小孩不愿被探望，甚至对探望形成抵触，探望权无疑是形同虚设，最终导致无法实现小孩利益最大化。

因此，不论是协议离婚还是诉讼离婚，在确定探望方式问题时建议征求小孩的意见，在征得小孩同意的情况下实施将来的探望。

注意要点：

所确定的探望时间、地点和方式并非一成不变，随着子女年龄的成长，情况的不断变化，应当及时进行调整。如此，方能持续有效地实现表达亲情和关爱、实现精神慰藉、弥补非探望期间对子女陪伴缺失的目的。

实务细节：

1. 子女不能否定父或母的探望权，只对探望的方式、时间和地点等表达自己的看法。

2. 一般情况下，在子女不愿被探望的情况下，法院无法强制执行。

> 张男和李女离婚时，确定小孩归李女直接抚养，张男支付抚养费，并可以探望小孩。探望时，张男向李女提出要陪小孩过夜，第二天送回来，李女不同意。

第76问　探望时，能不能要求陪小孩过夜？

概要解答： 双方约定，并视小孩意见

能不能陪小孩过夜实际是探望方式的一种。一般而言，探望方式分为两种：一种是即时性探望，另一种是逗留性探望。

即时性探望，即来去匆匆，当日完成，与小孩相处时间较短，相处内容主要是以看望为主。逗留性探望则比即时性探望更进一步，不但可以当天接走小孩当天送回，也可以当天接走小孩隔天送回。逗留性探望是一种较长时间的探望，可以实现与小孩短暂的共同生活。

父或母如果能够实现逗留性探望，则可以更加充分地对小孩的生活、教育、健康等问题进行了解，更有利于增进亲情交流，更有利于保障小孩的健康成长，让小孩不因父母的离婚而失去太多的"父爱"或"母爱"。

不过，要实现逗留性探望，尤其是隔夜探望，需要征得直接抚养小孩一方的同意。大部分情况下，夫妻离婚时，往往难以冷静地处理小孩的抚养和探望问题，更有甚者会将小孩的抚养和探望当作要挟对方的"筹码"。因此，需要通过良好的沟通方可能达成逗留性探望的一致意见。

当然，如果小孩年龄较大，具备了一定的辨别控制和独立思考的能力，则需要征询小孩的意见，在得到小孩同意后再行采取该探望方式。

实务细节：

1. 如果舐犊情深，期待隔夜探望，则应在离婚过程中保持应有的克制和容忍，避免激化与另一方的矛盾。

2. 夫妻离婚，对子女的探望方式是以协商为主、判决为辅。若夫妻双方不能协商一致，法院一般不会直接判决在探望过程中可陪子女过夜。

> 张男和李女离婚时，确定小孩归李女直接抚养，张男支付抚养费，并可探望小孩。然在实际探望时，李女以种种理由予以拒绝。张男非常无奈，不知如何是好？

第77问 离婚后，对方不给探望小孩该怎么办？

概要解答： 执行难点

不论李女是以什么理由拒绝，对张男而言都是麻烦的事情。因为探视是与小孩人身有密切关系，且小孩年龄尚小，需要李女的协助才能完成探视，故而一旦李女不协助，甚至拒绝，张男虽可以向人民法院求助，申请执行探视，但效果寥寥，毕竟与人身有关的事务执行起来都不太容易。通俗地讲，就是法院不会强制将小孩带走给张男探视。

专业解释：

探望权是在特定情形下形成的一种与人身有密切关系的权利。与其他民事权利不同，该权利的行使在客观上受多重因素的影响，既有探望方自身条件的限制，也有子女学习、生活情况的考虑。当然，这些因素相对较为容易解决，现实中，最难以克服的就是直接抚养子女一方的阻碍或者不协助。

大多数夫妻离婚往往是因为感情、经济、子女抚养等问题产生了较大的矛盾，甚至爆发冲突，双方由"爱人"变成"仇人"。一朝成仇十年难解。在此情形下，有部分夫妻往往会将争得子女的抚养权作为一种"战绩"，或者基于某种不恰当的认知，把子女当成私有"财产"，希望子女与另一方彻底断绝关系，老死不相往来，或者希望通过不给探望以实现某种目的。即使离婚时有明确的探望约定，或者法院有相应的探望判决，其也会想尽各种办法不让对方探望子女，轻者不开门，找理由回绝对方，重者换地址、换手机号码，大玩"人间消失"。这种做法往往会让探望方苦不堪言。

虽然法律试图保障不直接抚养方的探望权利，并在《民法典》第1086条规定了直接抚养方负有不得妨碍探望的消极不作为义务，还负有积极协助探望的作为义务。但在实务中，如果直接抚养方不履行上述义务，很难有行之有效的应对办法。

众所周知，按照我国《民事诉讼法》的相关规定，义务人不履行生效判决确定的义务，权利人可以申请法院执行。进入执行程序后，义务人拒不履行生效裁决文书，人民法院可以采用强制执行手段，比如，冻结划拨财产、司法拘留、罚款等；若情节严重，可以追究责任人的刑事法律责任（罪名为拒不履行裁判文书罪）。

对于探望问题，《民法典婚姻家庭编解释（一）》第68条也规定了若拒不履行协助探望义务，人民法院可以采取拘留、罚款等强制措施。但法院在执行李女履行协助探望义务时，往往会慎用强制执行手段，即使采用，效果也不佳。原因如下：

第一，经济处罚措施不能达到应有的威慑效果；第二，由于未成年人需要抚养，法院一般也很少拘留李女；第三，追究刑事责任往往需要达到非常严重的情节，且限于特殊情况，此类纠纷应用甚少；第四，李女常以子女自己不愿意被探望作为借口，搪塞自己的责任，而子女往往又容易受直接抚养方观念的引导；第五，探望是属于身份关系，法院不能强制执行，既不能强制要求探望方探望，也不能强制子女被探望（即不可以强制将子女带走，交给张男探望）；第六，探望是长期多次的行为过程，每次都通过法院执行难度甚大，不现实，也行不通；第七，探望涉及未成年子女，在"文明执法、理性执法"的要求下，法院执行探望案件时，法官、法警上门人数一般较少，否则势必给子女产生极大的心理压力，不利于子女的健康成长。因此，一旦李女进行阻碍，或者不配合、不协助，即使法院前往执行，也多以说服教育、宣讲法律、告知法律后果为主。如果子女明确表示不同意被探望，法院一般也"无可奈何"。

故而，在离婚过程中，应尽力争取子女抚养权，有抚养权就有自主权。如果争取不到子女抚养权，在对方不协助探望的情况下，不建议直接申请法院强制执行。解铃还须系铃人，协助探望发生纠纷，可以尝试冷静一段时间，选择恰当的时间与对方进行沟通协调，必要的时候可以通过亲朋好友，甚至居委会做通对方的工作。切勿在对方不配合时过于激动，做出不利于化解矛盾的行为。

如果各种努力做足，对方依然存在阻碍或者不协助探望的行为，只能向法院申请强制执行。同时，待时机成熟，可以考虑提起变更抚养权诉讼，变更子女的抚养关系。能否变更成功由法院根据具体情况作出相应裁判。

注意要点：

夫妻双方离婚多为解除当前痛苦，寻找下一站幸福，但不要为了自己的幸福而忽略子女的成长。不管对方如何"坏"，如何"不是"，这只是个人感受，并非小孩的感受。所以不要把自我的感受强加于小孩，要接受另一方永远是小孩父或母的事实。夫妻离婚，可以跟对方在其他问题上争得面红耳赤，但在子女问题上，尤其是探望上，应保持克制，尽量达成双方都可接受的探望方式，而不是一味地回避，不让对方探望，或者为探望设置障碍。请记住：在小孩的问题上，父母不是也不应成为仇人。

实务细节：

1. 协议离婚时，要将探望权及具体的探望时间、地点、方式等确定清楚。同时，最好约定对方不履行协助义务时，会有什么样的经济赔偿。

2. 如果双方是通过离婚协议确定的探望方式，在一方不协助探望的情况下，不能直接申请法院强制执行，而应先行向法院提起履行协助探望义务的诉讼，在法院作出判决后再行申请执行。

> 张男和李女离婚时，确定小孩归李女直接抚养，张男支付抚养费，并可以探望小孩。然而，离婚后，张男虽一直支付抚养费，却没有来探望，小孩很是想念。

第78问　对方不探望小孩，能否要求其探望？

概要解答： 不能

张男确实不是一位称职的父亲，在与李女离婚后，虽出钱但丝毫不关心小孩的生活、教育、健康，不探望小孩，造成对小孩陪伴的缺失，不利于小孩的健康成长，是一种典型的"生而不养"。然而，探望虽也有一定的道德性义务，但主要是权利。

对权利本身而言，张男在法律允许的范围内可以进行处置，比如放弃某项权利。也就是说，作为非直接抚养方的张男，其虽享有探望小孩的权利，但其同样可以不主张该权利。在不探望小孩时，不论是李女，还是小孩，均不能通过法院诉讼的方式要求强制张男来探望。

《民法典》第1086条对探望权的设定，重在保护离异父母一方在不能直接与小孩共同生活后的亲情需要。当张男基于各种原因不需要这种亲情时，即使李女或者小孩渴望得到父爱，也只能通过协商解决，法院无法从法律角度判决要求张男必须行使探望权利。

其实，即使法院判决张男应探望小孩，在张男拒绝探望的情况下，实际上也很难执行，法院不可实施强制探望。

实务细节：

与父母探望子女相对应，子女赡养父母中的"常回家看看"是一种义务，不过，这种义务虽然可以作为单独的诉求向法院起诉，但即使法院作出"常回家看看"的判决，也主要依靠子女的自觉履行。

> 张男和李女离婚时，确定小孩归李女直接抚养，张男支付抚养费。离婚后，张男因故未能及时支付抚养费，并且拖欠数次，李女异常生气，决定拒绝张男探望小孩。

第79问　对方不支付抚养费，能否不让其探望小孩？

概要解答： 不能

不给探望就不给抚养费，或者是不给抚养费就不给探望，这是夫妻离婚后，在小孩抚养问题上最常遇到的纠纷，且公说公有理，婆说婆有理，彼此循环，恶性发展，最终受到伤害的依然是小孩。

其实，支付抚养费与行使探望权两件事虽都与小孩有关，但两件事之间在本质上并不相关，是两个不同的法律问题，既不交叉，也互不为前提。

按照《民法典》第1085条规定，支付抚养费是张男应当承担的法定义务，是不得不履行的责任。抚养费的接受主体是未成年小孩，李女只是行使法定代理职责，暂为保管并为小孩的利益而使用抚养费。张男拒绝支付抚养费时，小孩可以通过法院诉讼方式进行救济，要求法院判决张男支付抚养费。

而按照《民法典》第1086条规定，探望则是张男的法定权利，该权利不能被转移，也不能被剥夺，除非张男自行放弃，否则该权利得到法律的保护。李女不但不能因张男未付抚养费而拒绝其探望，相反需要承担协助张男探望的义务。

法律设置非直接抚养方支付抚养费的义务和探望权的目的，是实现小孩利益最大化。如果允许一方不支付抚养费时，另一方可以拒绝探望，则非但不能实现小孩利益最大化，相反会使小孩受到双重伤害和打击。

因此，非经法院依据《民法典》第1086条及《民法典婚姻家庭编解释（一）》第66条裁定"中止探望"，李女无权基于未收到抚养费而直接拒绝张男探望。若拒绝探望，人民法院可以依据《民法典婚姻家庭编解释（一）》第68条对李女采取拘留、罚款等强制措施。同样，张男给付小孩抚养费是其法定义务，不得因探望受阻而拒付，如果拒付，人民法院可根据具体情况采取强制措施。

实务细节：

父母约定的"如果不协助探望，可以不支付抚养费"，或者"如果不支付抚养费，则无权探望"等类似条款，因违反法律规定，属于无效约定。

> 成年人的体面告别： 解析188个离婚常见问题

> 张男和李女离婚时，确定小孩归李女直接抚养，张男支付抚养费，并可探望小孩。但张男在探望小孩时，不负责任，导致小孩受到严重的身体伤害，李女想中止张男的探望。

第80问 如何要求中止对方探望小孩？

概要解答： 履行协助义务时申请

当张男发生"不利于小孩身心健康"的探望情形时，李女要想中止张男对小孩的探望，可先以拒绝探望的方式拒绝，再由张男通过法院诉讼要求李女协助探望，法院判决后，张男申请法院执行。在执行过程中，李女就可向法院提出中止探望申请，由法院作出是否中止探望的决定。中止探望的事由消失后，张男可以再申请恢复探望。

专业解释：

中止探望是一种特殊请求权，指在履行生效的判决、裁定，或者调解书过程中，探望方发生不利于子女身心健康的情形，相关主体向法院提出中止探望的请求，以暂时性保护子女的合法利益，保障子女的健康成长。

一、哪些情形可以申请中止探望

《民法典》第1086条虽规定在探望方发生"不利于子女身心健康"情形时，可以申请中止探望，但《民法典》及相关司法解释并未对"不利于子女身心健康"的情形作出具体规定。因此，是否应当中止探望，将由人民法院在审判过程中，根据案件的具体情况及相应的证据，并在充分听取各方意见的基础上作出裁定。

一般而言，以下几种情形可以认定为"不利于子女身心健康"，直接抚养子女的李女可以请求中止张男探望：①张男患有影响子女身体健康的疾病，如严重的传染病或精神疾病等；②张男有严重的暴力倾向，对子女实施肢体或精神虐待；③张男有嗜赌、吸毒等恶习；④张男多次与未成年子女一同观看不健康的"涉黄影片"；⑤张男向子女灌输封建迷信观念；⑥张男唆使、怂恿、纵容子女实施违法，甚至犯罪行为；⑦张男丧失民事行为能力；⑧张男借探望之名行藏匿子女之实，等等。

二、哪些主体可以申请中止探望

按照《民法典婚姻家庭编解释（一）》第67条规定，中止探望的申请主体相对比较宽泛，除了未成年子女可以申请外，与子女共同生活的李女，以及其他对未成年子女负有抚养、教育义务的法定监护人（见《民法典》第27条规定）都可向法院申请中止探望。之所以中止探望的申请主体如此宽泛，是考虑到未成年子女或李女受限于各种原因不能或者不敢提出中止探望申请时，其他适合主体可以依法提出申请，以切实保障未成年子女的合法利益。

三、如何申请中止探望

中止探望申请是一项特殊的法定程序，与一般的诉讼不同，它是由履行与探望有关的裁判文书而衍生出来的法律问题。因此，李女不能直接基于张男存在"不利于子女身心健康"的情形而向法院单独提起中止张男探望的诉讼，人民法院不受理此类诉讼；李女也不能基于双方签署的探望协议（或离婚协议）而申请法院中止张男探望。

一般而言，申请中止探望的过程如下：若李女认为张男存在"不利于子女身心健康"的情形时，可以直接拒绝协助张男探望，以拒绝探望的方式保障子女的利益；张男认为拒绝探望没依据，可以通过法院诉讼要求李女履行协助义务，然后基于生效的裁判文书向人民法院申请执行，要求探望；此时，李女就可提出中止张男探望的申请；人民法院根据李女的申请作出裁定，以决定是否中止探望。

四、谁能决定是否中止探望

张男行使探望权的行为受法律保护，不得随意被中止。对中止探望的决定权主体，法律作出了明确规定，即只能由人民法院依据《民法典婚姻家庭编解释（一）》第66条决定是否中止张男探望。除法院以外，任何人和组织都无权决定中止张男探望。当然，人民法院不能主动作出决定，而要基于李女的申请。

五、是"中止"而不是"终止"

按照《民法典婚姻家庭编解释（一）》第66条规定，一旦中止探望的事由消失后，人民法院应根据探望方张男的申请，解除对其探望权的限制，恢复其行使探望权。据此可知，中止探望是一种暂时性的救济措施，即暂时性限制张男的探望行为，而并非剥夺探望权本身，探望权本身并不因为探望的中止而发生变化。因此，不能把"中止"错误地理解为"终止"。终止探望是指不能够再行探望，本质上是对探望权的剥夺。探望权是父母对子女应当享有的权利，是法定权利，包括法院在内的任何组织和个人都无权剥夺。

注意要点：

如果子女不愿意被探望，是否可以申请中止探望，理论界尚有争议。但可以肯定的是，子女不愿意被探望，法院则不能强制执行，在无法做通子女的工作时，法院则可以裁定"中止执行"探望。

实务细节：

有权申请中止探望的李女，应保存好张男在探望过程中不利未成年人健康成长的相关证据，以便人民法院进行调查取证，并作出裁定。

第四章 抚养相关问题

> 李女和张男恋爱期间同居，意外怀孕并生育一小孩。后张男外出工作，小孩一直由李女的父母照看。假设张男和李女因矛盾最终分手，未能结婚。

第81问　非婚生育的小孩，要不要抚养？

概要解答： 要抚养，等同婚生小孩对待

张男和李女恋爱分手，恋爱期间生育的小孩为非婚生小孩。对非婚生小孩，我国法律明确规定，按照婚生小孩对待，以保障未成年小孩的合法权益。也就是说，非婚生小孩享有与婚生小孩一样的权利，任何人不得歧视和虐待，父母对非婚生育的小孩负有法定的抚养义务，与父母是否结婚无关。

专业解释：

非婚生子女，是与婚生子女相对的概念。以男女双方是否结婚为标志，生育行为发生在婚姻关系存续期间，则为婚生子女，生育行为发生在婚姻关系存续期以外，则为非婚生子女。类似同居、收养、有抚养关系的继子女等非因结婚生育的子女均属于非婚生子女。其中以同居非婚生子女居多。

按照《民法典》第1071条规定，未婚同居、有配偶者与他人同居、婚姻被撤销或者被宣告无效（视为同居关系）等情形所生的子女（旧时称"私生子"）享有与婚生子女同等权利，生父母都有抚养的义务和责任，即"非婚生子女婚生化"。同居男女虽不具有配偶身份，其同居关系不受法律保护，但同居所生子女与他们的血缘关系是客观存在的，并不受任何因素影响而消灭。

因此，张男和李女虽未能结婚，双方并非夫妻，但所生子女等同婚生子女，其权益受法律保护，任何人和组织不得侵害和歧视。《民法典》中关于父母与子女间

的规定同样适用于同居生子。不论张男和李女是否自行解除同居关系，是否与第三方结婚，也不论双方的经济条件如何，或者是否愿意，都必须对所生子女承担抚养、教育义务，都必须保障子女的生存和生活。张男和李女一方直接抚养子女，另一方作为间接抚养方，应支付抚养费并依法享有探望权；同样，张男和李女年老时，子女也应当履行赡养义务。另外，按照《民法典》第1070条规定，张男或李女死亡，子女也享有继承权。

除同居关系形成的生父母和生子女关系外，养父母和形成抚养、教育关系的继父母对养子女和继子女也具有抚养责任和义务。

所谓养子女，是指经过法定的程序领养的他人子女。收养关系确定后，养女与生父母间的权利义务消失，与养父母形成类生父母关系，与养父母的近亲属发生法律规定的近亲属权利义务关系。未经法定程序登记不能成立收养关系，类似现已不承认1994年2月1日后事实婚姻一般，1994年2月1日后事实收养也已不被法律承认。

所谓继子女，是指再婚家庭中，直接抚养子女的一方再婚，再婚配偶即为该子女的继父（俗称后爸）或继母（俗称后妈），该子女就成为再婚配偶的继子女。继父母子女关系是基于婚姻关系派生出来的一种亲属关系，不需要经过法定程序确认。当然，按照《民法典》第1103条、第1105条规定，经生父母同意，继父母子女可以通过法定程序形成收养关系。按照《民法典》第1111条规定，收养关系确定后，该子女与不直接抚养其的生父或者生母间的权利义务消失。

在涉及养父母和继父母对养子女和继子女抚养责任和义务时，有两点需要强调：一是再婚家庭中，继父/母与生母/父婚姻关系解除后，按照《民法典婚姻家庭编解释（一）》第54条规定，若形成抚养教育关系的继父/母不同意继续抚养，仍由生母或者生父直接抚养，并自行承担抚养费用；二是生父母依据法律程序和规定将子女送人领养后，生父母与生子女间的权利义务关系消灭，生父母对生子女不再负有抚养义务，生子女对生父母也不负有赡养义务，生父母死亡后，生子女也不享有继承权。

注意要点：

1. 代孕所生子女的亲子关系目前尚属立法空白。

2. 夫妻双方婚内依照法定程序收养小孩，在婚姻关系解除后，双方均应继续对被收养小孩承担抚养义务。但收养关系解除后，不再承担抚养义务。

3. 继父/母与继子女形成抚养教育关系的条件是双方长期（数年以上）共同生活，

继父／母对继子女进行了抚养、教育。

4. 继父母子女关系形成后，除形成抚养教育关系的继父／母承担抚养义务外，未直接抚养一方的生父／母也要承担抚养义务（主要为支付抚养费）。

5. 按照《民法典》第37条规定，父母因实施严重损害子女身心健康的行为，构成《民法典》第36条撤销监护的情形，而被依法撤销监护资格后，依然负有抚养子女的义务和责任。

> **实务细节：**

1. 非婚生子女问题能协商的自行协商，若协商不成，可通过法院诉讼解决，法院适用《民法典》父母子女的规定处理。

2. 非婚生子女抚养问题发生诉讼纠纷，如果涉及抚养权归属，或者在确认抚养权归属时需一并确认抚养费标准，则父母为诉讼主体，分列原被告；如果涉及追索抚养费纠纷，则以未成年子女为原告，直接抚养方为法定代理人，需支付抚养费一方为被告。

> 张男和李女结婚后，因为张男的身体的原因，李女一直未能怀孕，后双方决定做试管婴儿。李女生育后，张男和李女离婚，张男提出小孩是人工授精生育的，自己不用抚养。

第82问 人工授精生育的小孩，丈夫要不要抚养？

> **概要解答：** 看是否一致同意人工授精

张男和李女的小孩不管是自然受孕生育，还是通过医疗技术手段生育，只要是张男同意的，所生育的小孩就为他们二人的婚生小孩，张男作为父亲，就需要承担抚养义务。当然，还有一种情形是李女通过医疗技术手段"借精生子"，如果张男不同意，则张男一般不需要承担小孩的抚养责任。

专业解释：

根据子女受孕的不同方式，可以分为自然受孕、人工授精两种。当然，还有一种是人工代孕方式，因尚属法律空白，在此不做讨论。

自然受孕不必过多阐述，这是张男精子与李女卵子体内结合的受孕方式，所生子女即为婚生子，张男和李女均有抚养义务。人工授精，也叫试管婴儿，是将张男精子、李女卵子和胚胎在体外进行操作处理后送入李女体内的生殖辅助技术。

试管婴儿的妊娠过程与普通怀孕过程是一样的。根据精子来源不同，人工授精又分为同质授精和异质授精。同质授精是采用张男的精子进行的人工授精，以该方式生育出来的子女与自然受孕所生的子女无异，张男和李女均有抚养义务。异质授精则是采用张男以外第三人的精子进行的人工授精（俗称"借精生子"）。异质授精所生育子女的是否与张男有血缘关系，是否可以按照《民法典》第1071条规定享受婚生子女的权利，张男是否需要抚养，在实践中往往产生较大的争议，故有必要对此进行讨论。

按照法律规定，不管什么形式的人工授精，所生子女若要为婚生子女，必须以夫妻双方一致同意为前提。同质授精需要采集张男的精子，其配合操作即视为同意，自不必多说。即使在张男不知情的情况下实施，按照《民法典婚姻家庭编解释（一）》第40条规定，所生子女依然属于婚生子女，张男和李女具有抚养义务。至于夫妻二人之间的纠纷由双方自行解决。

而异质授精若是经张男和李女一致同意，则按照上述解释第40条规定，所生子女也视为婚生子女，张男应与李女共同承担抚养义务，同时不得对亲子关系提出异议，李女也不得在离婚时以非丈夫精子为由剥夺张男的抚养权利。相反，若张男不同意异质人工授精，或者李女隐瞒丈夫实施异质人工授精，所生子女则不属于婚生子女范畴，其与张男没有血缘关系，张男也可以依据《民法典》第1073条规定，提起亲子关系异议之诉，拒绝承担抚养义务。如果非自愿情况下履行了抚养义务，还可以向生母李女主张经济赔偿和精神损失赔偿。

注意要点：

1. 张男同意异质人工授精，实施人工授精前可以反悔，李女弃之不顾坚持实施并生育，原则上所生子女不属于婚生子女，张男不需要对子女负责。同意实施人工授精后张男不得反悔，但李女可以反悔，并有权终止妊娠。按照《民法典婚姻家庭编解释（一）》第 23 条规定，李女终止妊娠，张男不得要求女方赔偿，即使签订了生育协议。

2. 经夫妻双方同意的婚内授精，在夫妻离婚后，或丈夫死亡后才出生的子女，应视为婚生子女，享有被抚养的权利及继承的权利。

3. 异质人工授精，精子取自第三方男性，该男性仅是捐献精子，与受孕女性不是夫妻关系，与女方并无共同生育子女的目的，故受孕女性所生子女与男方不具备亲子关系，男方不承担抚养义务。

实务细节：

一致同意不仅局限于事前的同意，也包括事后的同意。一致同意也并不限于书面形式，口头的、事后追认的、实际行动表现出的，等等，这些都可以认为夫妻双方一致同意。比如，张男明知是异质人工授精而未提异议，且子女出生后还实际进行了抚养，该事实可以推定为夫妻双方一致同意。

> 张男和李女结婚多年，生育一个小孩。随着小孩逐渐长大，张男越发觉得小孩跟自己长得不像，也跟李女长得不像，便怀疑小孩不是自己亲生的。

第 83 问 怀疑小孩不是亲生的，该如何确认？

概要解答：提出亲子关系异议诉讼

亲子关系异议诉讼，说白了，就是如果认为小孩不是自己亲生的，可以在离婚前后，向法院提起的一种诉讼。提起诉讼的目的是通过司法程序判定小孩与自己到底有没有血缘关系，并最终确认自己是否需要继续承担抚养义务。张男向法院提出亲子关系异议诉讼，需要提供初步的证据证明小孩不可能是自己亲生的，否则法院难以立案。

专业解释：

张男想确认小孩是不是自己亲生的，与自己有没有血缘关系，在法律上称为"亲子关系异议"。

"亲子关系"也称父母子女关系。亲是指父母亲，子是指子女。亲子关系异议有两种情况，一种是**确认别人与自己有亲子关系**[①]，另一种是否认别人与自己有亲子关系。在法律上，父母子女关系既包括由自然血缘关系的亲子关系，也包括本没有自然血缘关系的亲子关系。没有自然血缘关系的亲子关系在法律上称之为"拟制血亲"，比如，依据《民法典》第1044条、第1093条等规定，经过合法收养登记的养父母养子女关系，以及形成事实抚养、教育关系的继父母和继子女关系（见《民法典》第1072条规定）。

在司法实践中，对于拟制血亲的亲子关系成立与否，可通过相关的法律文件或相关事实依据进行判断，争议较少。争议较多的是有自然血缘关系的亲子关系，尤其是夫妻结婚以后，发现子女不是亲生而产生争议的居多。发现子女不是亲生的主体又以"父亲"居多（母亲可根据是不是自己怀孕所生直接判断）。

张男提出亲子关系异议，不管是确认还是否认具有亲子关系，都涉及相关主体之间关系的重大改变，直接影响到家庭和社会的稳定，因此，张男需要按照《民法典》第1073条规定，向法院提起诉讼，由法院根据相关事实，依法作出认定。因亲子关系提起的诉讼统称为"亲子关系异议之诉"。

当然，基于亲子关系异议之诉的特殊性和重大影响性，人民法院对证据的认定和采信相对较为严格和谨慎，尤其是在立案时，更是需要作为原告的张男提供不具有血缘关系的相关证据，以证明提起该诉讼具有正当的理由。比如：证明张男自己天生不能生育的证据；证明李女受孕时张男自己因被羁押或尚在外地的证据；证明子女已被证明与其他男性具有血缘关系的证据；证明不具血缘关系的亲子（DNA）鉴定文书，等等。张男只有提供了相关证据，方有可能完成立案，进入法院审理程序。

注意要点：

1. 除张男以外，妻子李女也可以提起否认亲子关系异议之诉。此类情况多发生于二人婚内共同非法领养他人的小孩，或者由李女以外的女性授卵代孕生子等情形下，离婚时李女不愿继续承担小孩的抚养义务。

2. 为了维护未成年的合法利益，提起否认性亲子关系异议之诉的主体只能是需要否认子女与自己有血缘关系的父或母，除此以外的其他主体，包括子女的生父、生母等主体都不能提起。同样，已被抚养成年的子女也不能提起否认性亲子关系异议之诉，要求确认与把自己养大的父母没有血缘关系，以避免子女被抚养成年后，规避赡养义务，成为"白眼狼"。

3. 异质人工授精，即为使用非父亲精子进行人工授精所生子女（俗称"借精生子"），按照《民法典婚姻家庭编解释（一）》第40条规定，如果人工授精是经夫妻双方一致同意，则该子女视为婚生子女，与父亲有血缘关系，夫妻提出亲子关系异议之诉不能成立。相反，如果丈夫不同意，或者妻子在隐瞒丈夫的情形下实施异质人工授精所生子女，则与父亲没有血缘关系，父亲也不需承担抚养义务。

实务细节：

1. 张男提起亲子关系异议之诉，立案是关键。《民法典婚姻家庭编解释（一）》第39条规定的一方拒绝做亲子鉴定，即可认定另一方异议成立的法律规定只适用于审理阶段中，不适用于立案。立案时，张男需要提供必要的证据以证明主张能够成立，即能够证明子女不可能是自己亲生的。张男不能以子女与自己长得不像而要求立案。

2. 在法律程序上，父或母提起否认性亲子关系异议之诉，列子女为被告。子女未成年的，列未成年子女为被告，父或母为被告法定代理人。

关联问答：

① 能要求确认与他人有血缘关系吗？

> 张男在与李女结婚前，曾与其他女性同居并生育小孩。张男结婚后，一直未告知李女婚前育有小孩的情况。数年后，该小孩长大成人，上门找张男"认亲"。

第84问　能要求确认与他人有血缘关系吗？

概要解答： 父母、成年后子女都可以

按照《民法典》第1073条规定，"亲子关系异议之诉"既包括否认某人与自己具有血缘关系，也包括确认某人与自己具有血缘关系（这种涉诉案件较少）。

确认与某人具有血缘关系的情况多发生于：出生时婴儿被抱错、孩子被他人拐养、孩子与父母离散、婚外性关系生子后生父弃子、婚外性关系生子后生父寻子等。不但父或母可以提起确认与子女具有血缘关系的诉讼（俗称"认领子女"），《民法典》第1073条同时规定，成年以后的子女也可以提起确认与父母具有血缘关系的诉讼（俗称"寻父找母"）。

在提起的确认具有血缘关系的诉讼中，原告既可以是生父，由生父请求人民法院确认自己和子女之间存在亲子关系，俗称"生父认子"，这多发生于生父自愿认可与子女的血缘关系。原告也可以是生母，由生母请求人民法院确认被告（男性）和子女之间存在亲子关系，俗称"生母替子认父"，这多发生于生父不愿意认可与子女有血缘关系。原告还可以是成年子女，由成年子女请求人民法院确认自己和生父或生母之间存在亲子关系，俗称"子寻父母"，这多发生于生父不认可与子女有血缘关系，或者因为其他各种因素导致的父母子女离散等。

注意要点：

1. 与提出否认性亲子关系异议之诉一样，提出确认性亲子关系异议之诉，同样也会涉及一些权利义务的变更，影响到家庭乃至社会的稳定，因此，人民法院对原告方提供证据的认定也较为严格和谨慎。相较于提出否认性的亲子关系异议之诉，原告提出确认性的亲子关系异议之诉，法院对被告主体是否适格的要求更高。一般而言，在立案时，原告须提供必要的证据以证明亲子关系的存在，即证明被告是自己的亲生子女或亲生父母，与自己具有血缘关系。此类证据往往有亲子鉴定报告、载有生父母的出生医学证明等。如此方有可能完成立案，进入法院审理程序。

2. 除生父、生母或成年子女外，其他主体不能提起确认性亲子关系异议之诉，同时，成年子女不能提起否认性亲子关系异议之诉。

实务细节：

1. 提起亲子关系异议之诉，立案是关键。《民法典婚姻家庭编解释（一）》第39条规定的一方拒绝做亲子鉴定，即可认定另一方异议成立的规定只适用于审理阶段中，不适用于立案，立案时需要有必要证据证明主张能够成立。

2. 在法律程序上，生父或生母提起确认性亲子关系异议之诉，列子女为被告，子女未成年的，列未成年子女为被告，生父或生母为被告法定代理人。成年子女提起确认性亲子关系异议之诉，列生父或生母为被告。

> 张男和李女离婚后，张男认为小孩与自己长得不像，与李女长得也不像，怀疑小孩不是亲生的，李女则坚称是张男亲生，不同意做亲子鉴定。

第85问　对方拒绝做亲子（DNA）鉴定该怎么办？

概要解答： 法院根据原告证据推定

血浓于水。认定是否具有血缘关系，古有滴血认亲，现有DNA鉴定（亲子鉴定）。随着科学的发展进步，现如今的亲子鉴定可以准确判断是否具有血缘关系，准确率高达99.99%以上。因此，在亲子关系异议之诉中，证明是否具有血缘关系最直接有效的证据就是DNA鉴定报告。

张男依据《民法典》第1073条提出亲子关系异议诉讼，如果李女不认同张男的诉讼请求，一般就需要进行亲子鉴定。然而，亲子鉴定需要李女配合提供小孩或自己的鉴定样本，如血液、毛发，或者配合做口腔拭子等。如果李女不同意配合，因涉及人身关系，法院无法强制进行鉴定。

在李女拒绝配合，无法追求真实血缘关系的情况下，法院并不会驳回原告的诉讼请求，而是会结合张男已有的证据，并结合《民事诉讼法》的"盖然性"原则进行综合判断。按照《民法典婚姻家庭编解释（一）》第39条规定，在李女心里"有鬼"拒绝鉴定又没有相反证据的情况下，如果张男提供了证据能够证明其主张，则法院可以作出对张男有利的推定。相反，如果张男提供的证据不能够证明其主张，则法院不会作出有利于张男的推定。

因此，张男提起亲子关系异议之诉，所提供的证据相当重要，如果不能够让法官达到"内心确认"的程度，一旦李女拒绝配合亲子鉴定，则有可能官司败北。

实务细节：

1. 提起亲子关系异议之诉，立案是关键，需要提供必要证据证明异议成立，法院方能立案。相关的证据为证明张男自己天生不能生育的证据；证明李女受孕时张男自己因被羁押或者尚在外地的证据；证明子女已被证明与其他男性具有血缘关系的证据；证明不具血缘关系的亲子（DNA）鉴定文书，等等。

2. 在审理案件时，必须另一方本人同意做亲子鉴定才具有关联性，否则私自获得的鉴定样本因无法证明具有关联性而不被法院认可。

> 张男和李女离婚时，约定小孩归李女直接抚养，张男支付抚养费。然而，张男一直拖着不给抚养费，李女放话给张男，如果再不给抚养费，就断绝其与小孩的关系，以后小孩也不给他养老。

第86问　父母不履行抚养义务，小孩也可不赡养父母？

概要解答： 不能

桥归桥，路归路。抚养和赡养是我国《民法典》明确规定的公民应当履行的两项义务，这两项义务的履行是法定和无任何附加条件的。

现实生活中，确实存在父母因为自身经济能力，或者其他非主观原因未能履行抚养义务，如身染重病、被监禁等，如果因为这些而免除子女对父母的赡养义务，于情于理于法都不能成立。

在司法实践当中，对于能不能免除子女的赡养义务，均是从严把控，一般情况下均不会免除子女的赡养义务。当然，如果父或母在抚养阶段对未成年子女实施虐待、遗弃、伤害等，若情节或后果严重，子女在父或母年老后可以不承担赡养义务。

另外，需要强调的是，父母对子女所支出的抚养费与子女对父母所支出的赡养费，二者之间不具等价性，即子女不能在父母花费的抚养费范围内承担赡养义务。

> 张男和李女结婚后，购买了一套房屋登记在小孩的名下。后双方离婚，小孩归李女直接抚养。李女和小孩居住于购买的房屋内。因房屋太小，李女想出售该房屋以置换大房屋。

第87问 出售小孩名下的房产是否可以？

概要解答： 不可以（除为小孩利益外）

张男和李女可以为小孩购买房产，但不管是否离婚，都不能随便出售或抵押登记含有小孩名字的房产，换言之，处置小孩的房产存在法律障碍。

《民法典》在第35条明确规定了监护人（大多数情况下，监护人即父母）要处理被监护人的财产，必须以维护被监护人的利益为条件。该规定目的是避免未成年小孩在成年前，其名下的财产被父母不当处置，导致利益受损。如果父母不是基于小孩的利益（如生病、出国留学需要等）而出卖小孩名下的房产，或者去除房屋上小孩的名字，在法律上一般都会被认定为无权代理，该代理行为无效。

同时，张男和李女离婚时，一般也不能分割或处理只有小孩名字的房屋，除非能够证明仅是挂名在小孩的名下，并非赠与小孩。当然，如果房屋上有小孩的名字外，还有张男或者李女的名字，那么他们只能对该房屋上属于夫妻共有的份额进行分割、处理，小孩的份额依然要保留在该房屋上。也就是说，离婚时，除了父母名字外，含有小孩名字的房子是不能在出售后进行分割或者全部归夫妻一方所有。

除了房产外，其他与未成年人有关的财产，尤其是价值较高的财产，若非为了小孩的利益，父母代替小孩处置的行为也均属于无效行为。

注意要点：

夫妻关系存续期间，含有未成年子女的房产并非不能买卖，而是存在被无效的风险，尤其是在离婚后，一方欲处理子女的房子。一般情况下，房管部门会要求父母双方（哪怕已经离婚）共同到场，以声明保证的方式说明是为子女的利益处理该房产。同理，办理抵押贷款时，银行也会要求子女的父母出具证明，以说明是为了子女的利益而办理抵押。

成年人的体面告别： 解析188个离婚常见问题

实务细节：

1. 子女成年后不履行赡养父母的义务，父母要想收回房屋也很难得到法律支持。

2. 不管是结婚，还是离婚，若没有特殊情况，一般不建议在房产证上登记未成年子女的名字。

3. 作为购买方，应尽量避免购买或者接受抵押有未成年人名字的房产。

> 张男和李女结婚后，生育一个孩子。后因某些原因闹离婚，张男考虑到其在离婚时获得抚养权的概率较低，便让父母接走小孩，不再让李女照料。李女无奈，向法院起诉要求交还小孩。

第88问 一方藏匿小孩，能否请求交还？

概要解答： 可以提起诉讼，要求交还

张男藏匿小孩，是错误的行为。虽然张男也是小孩的法定监护人，但其藏匿小孩的行为对李女而言，实质是侵害了李女对小孩的教育、保护的权利，剥夺了李女的监护权，属于侵权行为。同时，该行为对小孩也会造成一定的伤害，不利于小孩的健康成长。因此，张男藏匿小孩后，若协商无果，李女有权向法院提起诉讼，要求对方归还小孩，恢复小孩原生活状态。

专业解释：

现实生活中，由于夫妻矛盾，双方处于婚姻破裂的边缘，基于某种目的，一方在未离婚的情况下，将子女带走藏匿；或者已经离婚，探视方将子女带走藏匿，并直接抚养等现象时有发生。在藏匿的过程中，藏匿方的父母、兄弟姐妹等人往往也会参与其中。一方的藏匿行为势必给另一方造成严重的精神压力，尤其是一直与子女共同生活的另一方更易精神崩溃。

实务中，由于父母对孩子均有监护权，藏匿行为并非违法行为，公安部门对此种情形也无法直接处理，只能以规劝为主，所以，拨打110报警，求助于公安部门

收效甚微。李女只能向法院起诉，要求藏匿子女的张男交还子女，恢复子女的原生活状态。之所以李女可以请求交还子女，主要原因如下：

一、不论是否离婚，张男藏匿子女的行为实质是侵害了李女的对未成年子女教育、保护的权利。按照《民法典》第1058条规定，父母对未成年子女都享有平等教育、保护的权利和义务。其中保护权利是指父母有权保护未成年子女的人身安全和合法权益，防止和排除来自外力的各种侵害，使子女人身和财产处于安全状态；教育权利是指父母有权决定子女就读学校、就读方式等。夫妻任何一方不得擅自剥夺对方的该项权利。

二、张男藏匿子女的行为也侵害了子女的合法权益。子女利益最大化是我国《民法典》确定的抚养子女基本原则。藏匿子女行为势必是会使未成年子女远离已经熟悉的生活环境，或者脱离与自己一直共同生活的母亲，等等。这些都不利于未成年子女的健康成长。

三、按照《民法典》第23条、第27条、第35条等规定，父母都是未成年子女的法定监护人和法定代理人，在未离婚的情况下，张男和李女本应共同抚养未成年子女，享有共同的监护权利和承担共同的监护义务。张男藏匿子女，实质是剥夺了李女对未成年子女的监护权利。

司法实践中，也有与未成年子女没有亲子关系的第三人（如爷爷奶奶、外公外婆等）藏匿子女被追究刑事法律责任的案例（《刑法》第238条非法拘禁罪）。

> 张男和李女离婚后，小孩归李女直接抚养，李女将小孩的户口迁至自己的户口下。因小孩随张男姓，李女总觉得心里有"疙瘩"，便想将孩子的"张"姓改成自己的"李"姓。

第89问 离婚后，能单方给孩子改姓吗？

概要解答： 不能单方改姓

我国《民法典》第1012条规定，自然人享有姓名权，在不违背公序良俗的情况下，有权决定变更自己的姓名。同时《民法典》第1015条规定，自然人应当随父姓或者母姓，特殊情况下，可以在父姓和母姓之外选取姓氏。《民法典》第1016条规定，自然人变更姓名，应当依法向有关机关办理登记手续。

对已满18周岁的成年人而言，在法律允许的范围内，可以自行向公安机关户籍部门申请变更自己的姓名。

对未满18周岁的未成年人而言，因其不具备完全的民事行为能力，故不能自行申请变更自己的姓名，需要由身为法定监护人和法定代理人的父母代为申请办理。《民法典》虽未明确规定父母单方是否能够变更未成年小孩的姓或名，但根据《民法典》第23条、第27条法定监护人制度，作为共同监护人，不管是否离婚，变更未成年小孩的姓或名时，应由双方共同决定办理，否则单方无权变更小孩的姓或名。

公安部在《离婚后子女姓名变更批复》中也明确表示，离婚后，孩子更改姓氏应该通过对方同意，若未经同意，公安机关可以拒绝受理。若隐瞒离婚事实取得小孩姓名变更，公安机关根据申请可予以恢复。

因此，对未成年小孩，虽然可以随张男姓，也可以随李女姓，但是一旦确定并在公安部门登记完成，即不得轻易变动。不论是否离婚，李女要变更小孩的姓氏，须征得张男的同意方能办理。

实务细节：

1. 离婚后，一方要求变更未成年子女的姓或名，另一方往往不会同意。因此，李女应在离婚时进行明确，若双方能协商一致可以更改孩子的姓氏，应在离婚协议中写明。

2. 若张男担心对方弄虚作假，骗取登记机关更改子女姓氏，可以在离婚协议中明确李女不得擅自更改子女姓氏，并约定足额的违约金或其他违约责任，以有效限制李女的行为。

3. 按照《民法典婚姻家庭编解释（一）》第59条规定，父或母一方擅自将子女姓氏改为继母或继父姓氏，另一方可以申请法院责令恢复原姓氏。

第五篇　财产分割

夫妻离婚时，争议最大的往往是财产分割问题。若夫妻财产不能够被有效、合理地分割，常会成为夫妻协议离婚的障碍。随着社会经济的发展，夫妻财产的分布范围非常广泛，也给离婚时分割夫妻财产带来了较大的挑战。为此，本篇将夫妻财产分割有关问题分门别类，列七个分篇展开，分别为：夫妻共同财产的认定、共同财产分割原则、一般财产的分割、房屋的分割、公司股权的分割、知识产权的分割、彩礼与嫁妆的处理。相信通过本篇的介绍与分析，会使读者对如何认定及分割夫妻共同财产有所启示。

第一章 共同财产认定原则

张男和李女结婚后，经过多年打拼，积累了丰厚的资产。现面临离婚，对哪些属于夫妻共同财产的问题，双方各持己见，尤其是张男，认为自己结婚前名下就有很多财产。

第 90 问 哪些财产属于夫妻共同财产？

概要解答： 个人财产以外的都是

张男和李女离婚分割夫妻财产，在给财产定性以确定哪些属于夫妻共同财产时，其实最简单的办法就是排除哪些财产是个人财产。《民法典》规定的夫妻财产制是共同共有制，排除个人财产外，婚内所得财产均属于共同财产。类似赠与人指定赠与一方的财产、个人财产的自然增值、获得的人身伤害赔偿、专用的生活物等均可认定为个人财产。

离婚时个人财产认定情形表

归属认定		非婚内取得	AA制约定	指定受赠	人身伤害赔偿	婚前继承	个人专用	非人为因素	其他
个人财产	原则	婚前已取得或已明确	按书面约定确定	指定谁就归谁	与身体、医疗有关	继承在婚前已经开始	另一方用不了的日常用品	自然增值和孳息	与人身有密切关系
	举例	补发的婚前工资	工资归各自所有	第三人将房屋赠与给一方	残疾补偿、营养费、治疗费	结婚前，一方父已过世	衣物、配饰、个人书籍	利息、房屋升值	奖牌、个人财产转化
个人财产例外		婚内已明确，离婚后取得	/	指定不明，或者没有指定	误工费是工资收入补偿		贵重不常用的生活物品	个人财产的投资收益	/

> **专业解释：**

一般而言，在婚内很少需要区分财产是个人的还是共同的，区分财产的性质主要发生于夫妻离婚，双方对财产性质有争议时。

我国《民法典》第1062条、第1063条通过列举的方式明确了哪些属于夫妻共同财产，哪些属于个人单方财产，同时还以概括的方式做了兜底规定。所谓"兜底"，简单地讲，就是除了明确列举的一些常见情形外，其他还有。这是因为现实生活中，夫妻二人的财产结构、类型、来源等非常广泛，体量也非常大，法律不可能一一明确列举。

然而，面对纷繁复杂的财产，这种列举加概括的方式并不能有效应对。其实，对于财产性质的认定，我国采用的是"归夫妻共同所有为原则，归一方个人所有为例外"的模式。也就是说，张男和李女结婚以后，不管结婚时间长短，不管富贵还是贫穷，不管各自名下有多少财产，首先将财产推定为夫妻共同财产，只有当可以确定某些财产是张男或李女个人特有财产（也称夫妻保留财产）时，才应将其排除在共同财产之外。

因此，张男和李女在离婚分割财产时，对于经合理消耗后现存的财产，不是要判断是不是夫妻共同财产，而是要判断是不是个人财产，不是个人财产的都可以认定为共同财产，并可以进行分割。这是典型的排除法。结合相关规定和司法实践，一般而言，以下财产属于个人财产：

一、非婚姻关系期间所得财产

这是从时间节点上进行排除。这是最基本的，也是相对比较容易理解的排除方式。如果不是张男和李女婚姻关系存续期间所得的财产，而是在结婚前张男就已经获得，或者是在结婚前已经明确但实际在结婚后张男才获得的财产（比如，张男所在公司补发的婚前奖金），或者离婚后张男才获得的财产（注：**离婚后获得的财产也可能是共同财产**[①]，具体查阅本书相关解答），若张男和李女没有特殊约定，那该类财产就属于张男个人财产。

二、夫妻财产约定

这是从夫妻约定财产制上进行排除。如果张男和李女按照《民法典》第1065条规定，通过书面形式约定了分别所有财产制，即约定财产 AA 制。比如，约定了各自所得归各自所有，或者某些财产归一方所有，那相关财产的归属，按照双方约定确定财产所有人。

三、他人指定给一方的财产

这是从他人明确指定受让人上进行排除。比如，在婚姻关系存续期间，他人通过遗嘱或者赠与的方式，明确将个人财产指定给张男一人，那么受赠的财产就是被指定一方张男的个人财产。相反，如果他人没有明确指定张男或者李女，那受赠的财产就应属于共同财产。

四、一方因人身伤害获得的赔偿或者补偿

这是从财产与人身有密切关系上进行排除。人的身体和精神具有绝对的个体专属性，因工伤、交通事故、侵权等受到身体和精神伤害，一方依据《民法典》第1179条获得的残疾赔偿金、营养费、残疾器具补助费、治疗费等理应属于其个人财产。而类似误工费与人身无关的费用，不应属于个人财产。

五、婚前即可继承的遗产

这是从继承开始的时间上进行排除。按照规定，继承是自被继承人死亡那一刻开始。比如，在张男结婚前，张男父亲已经死亡，从其父死亡开始，遗留的财产即属于张男与其他法定继承人的共有财产，哪怕张男婚内才实际分得遗产，也属于张男的个人财产。

六、一方专用的个人生活用品

这是从财产的使用对象上进行排除。这个好理解，比如，李女的衣物、佩物饰件、个人的对戒、李女专看的图书等，这些日常用品只能由李女使用，具有明确的使用对象属性，应当认定为李女个人财产。而若是非正常的生活用品，或是奢侈品，比如，贵重的首饰、名牌包、手表等则不应属于李女个人的财产。

七、个人财产的自然增值和孳息

这是从个人财产自然增益上进行排除。自然增值好理解，类似房屋、字画、古董等与人为因素无关的涨价都属于自然增值。孳息在《民法典》第321条有相应规定，就类似于母鸡会下蛋而下的蛋、果树会结果而结的果、银行存款有利息和产生的利息等。这比较难懂，记住孳息归个人就好。注意：按照《民法典婚姻家庭编解释（一）》第26条规定，**个人财产在婚内投资经营取得的收益部分，不属自然增益，**

故不是个人财产[2]。

八、其他归一方所有的财产

比如，在拆迁过程中，李女并非拆迁安置对象，或者李女并未因配偶身份而享受拆迁利益，那拆迁补偿款或安置房应属于张男的个人财产；再比如，有些是具有人身专属特性的财产，像张男参加运动会赢得的奖牌、奖杯等，也是张男的个人财产。

绝大部分情况下，张男和李女在离婚分割财产过程中，依据上述八点，通过排除法排除个人财产后，剩余的即可认定为夫妻共同财产，而不需要考虑哪些是工资、哪些是经营收益，哪些是个人财产的投资，哪些是买彩票中的奖，甚至是不是天上掉下来的馅饼。只要没有证据证明是张男的个人财产，一般就可以作为张男和李女的共同财产在离婚时进行分割。当然，离婚分割的是现存的财产，而不是婚内所得的全部财产。

注意要点：

1. 按照《民法典婚姻家庭编解释（一）》第31条规定，个人财产形态的转化不会引发财产性质的变化。比如，婚前张男使用个人财产全款或者贷款买房、买车，或者注册企业等，即使婚后才拿到房屋登记产证、车辆登记证、营业执照等，**只要还登记在张的个人名下，就属于该方个人财产**[3]。

2. 个人财产在婚内被用于夫妻共同生活，属于自愿行为，离婚时，不能要求使用夫妻共同财产抵偿。同样，用个人财产在婚内投资亏损，即使投资盈利曾被用于夫妻共同生活，也不能要求使用夫妻共同财产抵偿。

3. 对一些财产，如银行存款，原本可能属于个人财产，但由于婚内资金进出频繁，已与夫妻存款发生混同，无法有效剥离出个人部分，则一般按照夫妻共同财产分割。

实务细节：

离婚分割财产，除确定财产的性质外，更重要的是确定对方名下到底有哪些财产。

关联问答：

① 离婚后才取得的财产，一定是个人的吗？
② 婚前财产婚后产生的收益，是夫妻共同财产吗？
③ 婚内用个人财产买房，房屋是夫妻共同的吗？

> 李女和张男协商离婚不成，欲通过法院解决离婚问题。因张男掌控了家庭主要资产，且其不愿意披露，李女只能自行调查确认。要想调查清楚，就需要了解财产的类型和分布。

第91问 夫妻共同财产的类型和分布有哪些？

概要解答： 较多类型和分布

家庭主要财产掌握在张男手上，李女要起诉离婚并分割财产，首先必须能向法院提供张男名下的财产信息，并通过法院、律师进一步地调查以确认财产的价值或金额。而要提供张男名下的财产信息以供调查，就需要了解夫妻财产的类型有哪些，并且分布在哪些地方，如此才能在调查财产时做到有的放矢。

专业解释：

随着社会经济的发展，家庭财产类型也日趋丰富，夫妻财产已经不再局限于银行存款、房产等几类，而是广泛分布在各个层面。尤其是结婚时间较长、收入较高、具有多元理财和保险意识的夫妻更是如此。夫妻财产在离婚时能否得到有效分割，重中之重就是要知道有哪些类型的财产，且分布在什么地方。一般而言，夫妻共同财产主要有以下几种类型及分布：

一、现金、存款

包括家中的现金及各自名下银行账户内的存款余额；也包括支付宝、微信等支付结算工具账户内余额，以及通过这些工具进行的理财、投资资产；还包括股票账户、期货账户、银行理财账户、保险理财账户等金融工具账户内的现金资产，等等。

二、动产与不动产

动产主要有汽车、船舶、家具家电、贵重的金银首饰、名牌手表等；不动产主要有房产（含装饰装潢）、车库、林木，以及土地使用权（准确地讲，土地使用权的价值才是财产）。

三、有价证券

包括上市公司的股票、国家或公司的金融债券、投资的基金份额等。

四、社会保障、保险资金

按照《民法典婚姻家庭编解释（一）》第25条规定，包括各自住房公积金账户内的公积金、补充公积金及住房补贴、养老金个人账户内基本养老金等，以及包括**商业保险的剩余现金价值等**[①]。

五、投资份额

按照《民法典婚姻家庭编解释（一）》第72条、第73条、第74条、第75条规定，**包括独资企业的企业财产、合伙企业的财产份额、有限责任公司的出资额和股权期权、未上市股份有限公司中股份和股份期权**，另外还包括承包经营的财产、个体工商经营的财产等[②]。

六、已明确但尚未兑现的债权

既包括普通的借款合同债权，也包括签订的买卖协议、破产安置协议、知识产权许可协议、军人复员和自主择业协议、赠与协议、住房补贴协议等已确定的但尚未履行的合同债权，还包括婚内发生继承事实但尚未继承的遗产，甚至包括尚未兑奖的彩票等。

七、被隐藏、转移、变卖、毁损、挥霍的财产

按照《民法典》第1092条规定，此类财产包括恶意转移的财产、擅自变卖的财产、赠与"婚外情人"的财产等。

八、以其他类型分布的财产

以上是基于离婚时，对夫妻双方现存财产的类型及分布的范围所进行的归纳，

并不考虑财产是如何获得的。夫妻离婚时,要先根据可能的分布范围和类型进行调查取证,然后再根据一定的原则和标准排除属于个人财产的部分。

实务细节:

1. 在诉讼离婚期间,主张分割财产应提供相应的财产证据进行证明。若夫妻财产分布广泛,有些证据夫妻一方可以直接获得,有些证据需要律师介入调查,有些证据则需要法院依职权调查。

2. 有价证券、投资份额、存款,甚至房产价值等具有较大的波动性,在诉讼离婚案件中,双方应共同明确按照某一个时间节点的数量或价值进行分割。

关联问答:

① 商业保险在离婚时该怎么分?
② 离婚时,可以直接分公司的资产吗?

> 张男和李女夫妻二人因感情不和分居多年,后双方准备离婚。分割财产时,张男提出,分居期间没有共同生活,各自所得的财产应归各自所有,不作为夫妻共同财产分割。

第92问 分居期间,各自的收入就是各自所有吗?

概要解答: 不是,依然属于夫妻共同财产

张男和李女分居期间,虽然双方没有共同生活,不履行夫妻义务,相互财产也已独立,但该期间依然属于夫妻关系存续期间。按照《民法典》规定,婚姻关系存续期间所得财产,除双方另有财产约定或法定个人特有财产外,均属于夫妻共同财产。因此,是否属于夫妻共同财产,与双方是否分居没有关系。

专业解释：

本处所指的分居（又称别居），特指因感情不和而导致的分居，不包括因工作原因形成的分居。张男和李女因感情不和而长期分居两地，各过各的，没有共同生活，互不履行扶养义务，各自财产也已独立，甚至彼此毫无沟通，形同陌路。在离婚时，张男和李女对分居期间各自取得的财产性质产生争议，也可以理解，毕竟司法实务中对此曾有不同的认知，甚至有同案不同判的情形。

其实，对于分居的法律后果，《民法典》只有第1079条将分居时长作为衡量夫妻感情是否破裂的依据之一，除此以外，别无其他任何有关分居制度及分居法律后果的规定。以分居作为财产属性的切割点在实务中也难以操作。什么情况下属于分居？"同屋不同房，同房不同被"算不算分居？分居多长时间算分居？分分合合怎么认定财产属性？等等。

根据《民法典》第1062条规定，是否属于夫妻共同财产，要看财产是否是在张男和李女的婚姻关系存续期间取得。"婚姻关系存续期间"是法律用语，有特定的含义和范围。**该期间从张男和李女婚姻关系建立为始至双方婚姻关系消灭为终**。[1]该期间不受其他因素影响，不管双方领证后是否共同生活、是否分居，以及是否准备离婚等，只要没有发生婚姻关系消灭的法律事实，均属于婚姻关系存续期间。与之相对的是，只要张男和李女没有领取结婚证，或者离婚后，即使双方共同居住，这段时间也不属于婚姻关系存续期间。

《民法典》第1062条确立了判断夫妻共同财产的期间标准。分居期间依然属于合法婚姻关系存续期间，该期间所得财产的性质与是否分居没有任何关系。也就是说，是否属于夫妻共同财产与张男和李女的夫妻感情如何，是否闹得不可开交，是否长时间分居等都没有关系。

若以分居作为认定财产归属的依据，将会给社会造成不良示范效应，认为"分居有理"，分居后赚的钱款就是默认"财产AA制"，分居不需要承担《民法典》第1059条规定的夫妻扶养义务，分居不需要承担家庭责任。若如此，将会对夫妻"主内"一方造成极大的不公和不解。作者就曾处理过夫妻分居长达10年以上的案件，男方因夫妻矛盾离家出走后，再也没有回家，自己在外赚钱逍遥快活，留下女方在家抚养小孩，生活费都得靠女方父母支持。如果将男方这10年的收入认定为其个人财产，不说法理，情理也难容。

本书观点，分居不应成为夫妻关系的常态，也不应受到法律的支持和鼓励。如果夫妻感情破裂，张男或者李女认为需要保护未来的自得财产，完全可以通过离婚的方式解除婚姻关系，或者按照《民法典》第1065条通过**财产约定的方式明确各自的财产**[2]。分居并不能解决问题，反而对双方、对家庭的伤害程度更大。

当然，并非婚姻关系存续期间所得财产都是夫妻共同财产，《民法典》第1063条规定了婚内所得归个人特有财产的几种情形。另外，夫妻双方还可以根据《民法典》第1065条规定，约定婚内各自所得财产归各自所有。只要当张男和李女婚内所得财产不属于法定个人特有财产的情形，以及双方也没有约定所得财产归各自所有，即可以按照《民法典》第1062条规定，将二人婚姻关系存续期间所得认定为夫妻共同财产。

注意要点：

《民法典》第1063条第1款第（5）项兜底规定了"其他应当归一方的财产"。实务中，有极个别案例认为夫妻分居时间较长，财产早已独立，并依据此等规定作出"分居期间所得归个人所有"的裁判。这是不正确的裁判。之所以有兜底规定，主要是法律无法穷尽社会生活中的方方面面，留有空间，由人民法院在审理个案中对"个人财产"作出认定。但不能无限扩大认定，"其他应当归一方财产"的兜底规定并不是从夫妻关系好坏、各自财产是否实际独立出发，而是从财产本身的属性出发。如果曲解该兜底规定，将分居期间各自所得的财产认定为个人财产，无疑是对"婚姻关系存续期间所得为共同财产"规定的直接否定，也是对我国基本的法定共同财产制的冲击。

实务细节：

1. 如果婚姻关系被撤销或者被宣告无效，则视为没有结婚，婚姻关系存续期间时长为0。**男女共同生活期间形成的财产按照同居关系处理**[3]。

2. 夫妻间的财产约定应是双方明确协商确定，不能将双方分居期间财产各自独立的事实推定为双方进行了财产约定。

关联问答：

① 是否领证结婚后才叫婚姻关系存续期间？
② 什么叫夫妻约定财产制？
③ 同居期间所得财产，分手时该如何处理？

> 张男和李女结婚前，张男已经营一家公司。结婚后，张男继续经营这家公司，并产生了收益。后张男和李女离婚，张男提出，公司是自己的，婚内产生的收益也应该是自己个人的。

第93问　婚前财产婚后产生的收益，是夫妻共同财产吗？

概要解答： 看夫妻是否由共力形成

认定张男个人财产在婚内形成的收益是否是夫妻共同共有，要看收益是否有夫妻的共力。如果有夫妻的共力，一般均可认定为夫妻共同财产。所谓共力，既指夫妻双方的"共力"，也指夫妻一方花费夫妻共同时间、精力的"共力"。这是因为夫妻本是一个整体，不论是双方"共力"还是一方"共力"，本就是夫妻共同生活的一部分。

专业解释：

在结婚前，张男通过劳动或者非劳动所得财产，在无特别约定的情况下，都属于张男个人婚前财产，为其个人所有。但是，基于各种原因，张男婚前财产在结婚后往往会发生变化，离婚时，除本金和婚前收益还为其个人的以外，有必要依据《民法典婚姻家庭编解释（一）》第26条规定，区分变化的部分是个人财产还是夫妻共同财产。

第一种情况：形态的转化

按照《民法典婚姻家庭编解释（一）》第31条规定，一般而言，个人婚前财产在婚后发生形态的转化，并不导致财产的归属性质发生转化。比如，张男个人使用婚前积蓄全款购买车辆、房产，并登记在张男自己名下，即使是在婚内购买或者婚内获得产权证明，也依然属于其个人财产。这种个人财产形态的转化，与夫妻共同生活、经营无关，不因结婚而变成夫妻共同财产。

当然，若张男购买后将产权登记在双方或李女一方名下，或者购买时使用了夫妻共同财产，则往往不被认定为个人财产的形态转化，而应被认定为夫妻共同财产[①]。

第二种情况：自然增值和孳息

自然增值好理解，类似房屋、字画、古董、黄金的涨价，这些与通货膨胀和市场行情有关，与张男或者李女是否为该财产投入物资、劳动、努力、管理等无关。按照《民法典》第321条规定，孳息就类似于银行存款有利息和产生的利息等，这些与张男或者李女人为因素都无关。故张男婚前个人财产的自然增值和孳息不属于夫妻共同财产。

第三种情况：主动增值

这里的主动增值收益是与第二种自然增值收益相对的收益。个人财产婚内产生的主动增值，与通货膨胀和市场行情变化无关，其往往离不开夫妻一方或者双方的投入、管理和劳务扶持，需要花费一定的时间和精力。比如，张男一方婚前的个人房屋，婚内经过修缮、装修而产生的增值部分收益，就应属于张男和李女的夫妻共同财产。

第四种情况：投资收益

为适应多元化的家庭投资形式，《民法典》第1062条新增了"投资的收益"为夫妻共同财产的规定。所谓"投资"，是指付出一定的货币或者实物，并期待获取资本利益的行为。投资既包括与各类企业经营、个体经营、承包经营有关的直接投资，也包括与股票、基金、债券等有关的间接投资。

按照法律规定，若张男使用个人财产投资，不管是婚前完成的投资（如婚前设立企业、购买的股票等），还是婚后完成的投资，这类投资本金虽源自张男的婚前个人所有，但婚内产生的收益部分，如股权分红、扣除本金的股份转让款、有价证券获得的红利等，原则上都属于张男和李女的夫妻共同财产。之所以如此，是因为婚内取得投资收益，也往往离不开张男或者李女的投入和管理，花费了夫妻时间和精力，它与夫妻婚姻生活有密切关系，或者说本身就是夫妻共同生活的一部分。

特别需要强调的是，张男个人婚前财产投资产生的收益虽属于夫妻共同财产，但投资亏损应由张男个人承担，在离婚时，张男不可要求使用夫妻共同财产来抵偿。

实务细节：

1. 本条解释针对的是婚前财产婚后变化的情形，婚后所得依法应归一方个人特有财产，在婚内取得的收益，亦可参照本解答适用。

2. 实务中，判断婚前财产的收益是否属于夫妻共同财产时，主要是考虑婚后夫妻双方对该收益的协力和贡献。如果收益完全是由客观因素或市场行情决定，则应认定为个人财产，如果收益与夫妻双方的相互协助、配合、付出有关，或者个人花费了较多的时间、精力，则宜将该收益认定为夫妻财产。

比如，张男个人婚前持有股票，在婚内未操作买卖，那股票增值收益部分就属于张男个人财产；相反，如果张男一方在婚内频繁操作买卖，股票所产生的收益部分就属于夫妻共同财产。再比如，张男个人婚前房屋在婚内委托第三方出租、管理，这种租金收益一般也宜认定为张男一方的个人财产；相反，如果张男和李女共同出租、管理房屋，协力产生的租金收益就宜认定为夫妻共同财产。

关联问答：

① 婚内用个人财产买房，房屋是夫妻共同的吗？

> 张男和李女结婚后，张男的父亲不幸过世，遗留一套房产。张男因考虑到和李女的感情不稳定，就没有办理继承手续分割该房产。

第 94 问　一方继承的遗产，算夫妻共同财产吗？

概要解答： 看继承开始时间或遗嘱

张男的父亲在张男结婚后去世，理论上哪怕是离婚后，张男基于法定继承人身份分得其父遗产，分得的遗产也属于夫妻共同财产。但如果张男一直不继承，则李女不能在离婚时要求分割；或者张男放弃继承，则张男将丧失继承权，不能分得相应遗产。若张男是基于遗嘱、遗赠、遗赠抚养协议能够继承遗产，也是与法定继承一样的认定和处理方式。

专业解释：

夫妻离婚时，往往会因一方继承的遗产是否属于《民法典》第 1062 条的夫妻共同财产而产生争议。在解决该问题前，有必要先了解一下与继承有关的基础法律知识。

继承是指被继承人死亡后，有继承权的人（继承人）依法继承死者遗产的法律行为。死亡有两种：一种是自然死亡，一种是被法院宣告死亡（《民法典》第46条规定），不管是哪一种情形，如果死亡人有遗产，一般都会发生继承的问题，死亡人就叫作被继承人。

继承人继承遗产主要有两种形式：一种是遗嘱继承，一种是法定继承。

遗嘱继承是指被继承人在死亡前，已写好遗嘱，指定自己死后遗产由哪些法定继承人继承的方式。而法定继承是指在被继承人没有遗嘱的情况下，由死者的法定继承人按照继承权人顺位继承遗产的方式。另外，按照《民法典》第1129条规定，丧偶儿媳、丧偶女婿如果对死者尽了赡养责任，也可以作为第一顺位法定继承人继承遗产。

除上述两种形式以外，还有遗赠。遗赠是指被继承人在死亡前，已写好赠与文件，将自己死后遗产赠与给法定继承人以外的其他人，或者捐献给组织，甚至国家。遗赠本质上属于赠与，只是受赠获得财产要以赠与人死亡为前提。

另外，还有遗赠扶养协议，即按照《民法典》第1158条规定，自然人与继承人以外的个人签订协议，由该个人照料该自然人生养死葬，自然人死后遗产赠与该个人。遗赠扶养协议本质上也是一种赠与，是附条件的赠与。

不管是什么形式，夫妻一方只要按照《民法典》第1123条法定继承、遗嘱、遗赠抚养协议办理顺位之规定，符合条件可以分得遗产，即属于其"可得遗产"。而可得遗产是否属于夫妻共同财产，则要根据如下具体情况确定：

一、法定继承，看继承开始时间

按照《民法典》第1121条规定，继承是自被继承人死亡那一刻开始。也就是说，一旦被继承人死亡，继承即开始。因此，张男父亲不幸去世后，遗产继承开始的时间不是张男分割遗产的时间，而是张男父亲死亡的时间。按照《民法典》第15条规定，张男父亲死亡的时间以死亡证明、户籍登记或其他有效身份登记记载的时间为准。

就法定继承而言，继承开始后，按照《民法典》第1070条父母与子女享有相互继承权及第1127条法定继承顺位规定，张男及其他同顺位法定继承人即形成财产性权利，该权利是一种实在的既得权利，也就是张男等法定继承人实际能够分得到遗产的权利。在遗产尚未分割，张男等法定继承人尚未获得遗产前，这种权利表现为可期待利益，为可得遗产。换言之，继承开始后，遗产即已属于张男及其他同顺位法定继承人共有，法定继承人都有份，仅是份额未确定而已。

按照《民法典》第 1062 条及有关规定，在婚内取得的可期待利益，若无特殊约定，也属于"婚内所得"，为夫妻共同财产的一部分。因此，对法定继承而言，认定张男可得遗产是否属于夫妻共同财产，主要看张男父亲去世的时间。如果张男父亲去世的时间是在结婚前，或是离婚后，则可得遗产归张男个人所有，不属于夫妻共同财产；如果张男父亲去世的时间是在张男和李女婚姻关系存续期间，则张男的可得遗产属于夫妻共同所有。由此进一步得出，如果张男父亲在张男结婚前已经死亡，即使张男在婚内取得遗产，也属于其个人财产；而如果张男父亲在张男结婚后死亡，即使张男在离婚后才实际取得遗产，也属于夫妻共同财产，李女可依据《民法典婚姻家庭编解释（一）》第 83 条提起离婚后财产纠纷诉讼分割该财产。

不过，需要特别强调的是，由于继承属于概括性继承，具有不确定性，到实际继承时还会涉及很多问题，比如，确定遗产范围，确定哪些人是法定继承人，各继承人是多少份额，是否有遗嘱继承或遗赠协议排斥法定继承，法定继承人是否放弃继承，被继承人是否有税款和债务需要偿还，等等。故在各继承人之间没有实际分割前，张男能否实际获得遗产或者实际获得多少遗产无法确定，属于水中月镜中花。对于不明确的财产信息和数量，法院在离婚案件中一般不处理。

因此，按照《民法典》第 81 条规定，即使张男应得遗产属于夫妻共同财产，但在遗产没有被实际分配到张男名下前离婚，李女不能直接要求分割，也不能要求张男必须继承。简单地说，只有张男实际拿到遗产了，李女才能要求分割，否则就是"欠缺东风"或"有炊无米"了。

同时，张男婚内不继承，李女也不能要求分割张男的继承权，以使自己能够参与继承分配遗产。这是因为，除丧偶儿媳（女婿）等非法定继承人履行了主要赡养责任，可以成为继承人外，基于特定身份而享有的继承资格和权利不能被分割，也不能被转让，使不是继承人的其他人成为继承人。

二、遗嘱、遗赠，看表述内容

当涉及遗嘱、遗赠或遗赠扶养协议，不是看继承开始的时间，也不是看立遗嘱、遗赠或遗赠扶养协议的时间，而是要看其具体内容表述，以确定一方可得遗产是否属于夫妻共同财产。

一般而言，遗嘱、遗赠或遗赠扶养协议中对于遗产的归属对象都有明确的指向，只有当指向的遗产归属对象是双方，或者指向的遗产归属对象不确定是一方或者双方，又没有其他证据佐证的，则实际取得遗产才有可能被认定为夫妻共同财产，否则，即属于一方个人财产。当然，假设遗赠扶养协议明确指向张男，该方取得的遗产虽属于张男个人财产，但张男在婚内履行了扶养义务，使用了夫妻共同的时间或财产，则可以在离婚分割财产时，由张男给予李女适当补偿。

三、有无放弃继承或受赠遗产

法定继承遗产、遗嘱继承遗产或受赠遗产都属于一项民事权利，对于民事权利，权利人有权不行使甚至放弃。一旦放弃，则不再享有对应权利。因此，在遗产处理过程中，张男可以依据《民法典》第1124条规定，选择放弃继承或受赠。其中，若张男是遗产受赠人，应当在知道受遗赠后60日内，没有表示受赠，视为自动放弃。

在夫妻关系中，放弃继承或受赠只属于有权继承，或受赠的一方可以行使，不需要得到配偶方的同意。即不论李女是否同意，只要有权继承或受赠的张男表示放弃，则财产性权利消失，张男应得遗产回归总遗产中，由其他继承人、受赠人进行继承、受赠。同时，张男放弃继承或受赠的行为一般也不属于侵权行为，李女不能要求赔偿。总之，一旦张男放弃，李女只能干着急。

当然，禁止权利滥用也是我国一项法定制度，按照《民法典继承编解释（一）》第32条规定，如果张男放弃行为影响到其履行对家庭、配偶、子女的法定义务，可以认定为权利滥用，李女可以主张放弃继承无效。

实务细节：

1. 张男在婚内行使继承权继承房屋，但在离婚诉讼时尚未完成遗产分配，未能获得房屋产权，该情形不属于《民法典婚姻家庭编解释（一）》第77条离婚时未取得房屋产权的情形，法院不能判决另一方居住。

2. 按照《契税法》第1条、第2条、第3条、第6条等规定，依据法定继承原则继承的财产，包括房产等不动产，免征契税等税收。

> 张男和李女结婚后,张男就职的公司基于张男的表现,分了部分股份期权给张男。但在离婚后,公司才将期权"变现"到张男名下。

第95问 离婚后才取得的财产,一定是个人的吗?

概要解答:不一定,看财产权利形成实际

按照《民法典》第1062条及相关规定,婚内所得一般为夫妻共同财产。这里的"所得",并非指已经到手的、能够实际掌控、看得见摸得着的具体财产,而是指一种财产权利。如果财产权利是在婚内已经得到确认,即使是在离婚以后才实际占有和获得,仍然属于夫妻共同财产。一般而言,财产权利形成于婚内,离婚后实际占有、获得的财产主要有以下几种:

一、婚内购买彩票,离婚后兑奖。如张男婚内购买了一张体育彩票,离婚后中了大奖,奖金属于夫妻共同财产。

二、婚内对第三人享有债权,离婚后受偿。如张男婚内借钱给他人,离婚后他人才归还,钱款仍为夫妻共同所有。

三、婚内已明确的公司股份期权,离婚后"行权"。"行权"一词比较专业,简单来说,就是企业根据股权激励合约,在满足一定条件下将股份、股票、股权等兑现给个人。

四、依据《民法典婚姻家庭编解释(一)》第24条,**婚内已明确的知识产权收益,离婚后才获得**[①]。

五、婚内接受第三人赠与,但赠与人未明确赠与一方,离婚后实际才获得受赠的财产。

六、**继承事实发生在婚内,离婚后分配到的遗产**[②]。

注意要点:

如果在婚姻关系存续期间或离婚时,已经明确约定相关财产权利归一方所有,则在离婚后不可主张分割这部分财产。

关联问答：

① 离婚后取得的知产收益，可要求分割吗？

② 一方可继承的遗产，算夫妻共同财产吗？

> 张男和李女结婚后，因购房资格受限，便通过"假离婚"的方式完成购房。因是"假离婚"，双方离婚后还是过着"夫妻"共同生活，没有任何变化。

第 96 问　离婚不离家，所得财产是夫妻共同财产吗？

概要解答： 若补办结婚登记，算

张男和李女即便是"假离婚"，但在法律上已是离婚状态。双方继续居住在一起也只是未婚同居的男女身份，而不是夫妻身份。同居期间取得的财产，原则上都不能算为夫妻共同财产。若要将该期间的财产认定为夫妻共同财产，就需要双方能够复婚，并且是以补办结婚登记的形式完成的复婚。

专业解释：

现实生活中，很多夫妻"假离婚"，或离婚后，基于社会舆论压力，子女抚养需要，往往是离婚不离家，在外人看来，"夫妻关系"一切照常，丝毫不见离婚的迹象。

一般而言，如果张男和李女是真实离婚，即使因故离婚不离家，二人之间的财产也是独立的，甚至家庭水电煤等支出的承担也会划分清楚，彼此分房居住，各过各的，"在外好夫妻，在内好邻居"。在此情形下，双方基本不会对这期间的财产归属产生太多争议，原则上，该期间各自所得财产依然归各自所有。

如果张男和李女是"假离婚"，或者冲动离婚后很快又旧情复燃在一起，二人感情实际并未破裂，彼此还共同生活、共同生产，甚至对外还以夫妻名义相称，"白天晚上都是好夫妻"。在此期间取得的财产是否属于共同财产要看双方是否按照《民法典》第 1049 条、第 1083 条补办了结婚登记而复婚。

一、未复婚

《民法典》第1062条所规定的夫妻共同财产是以具有夫妻身份关系为前提。按照规定，不管是真离婚，还是"假离婚"，只要办理了离婚登记，领取了离婚证，张男和李女的婚姻关系即已解除，**彼此不再具有夫妻身份关系**[1]。离婚后继续共同生活的，实际属于同居生活，所取得财产应为同居所得财产。因此，分割财产时，因张男和李女未复婚，未建立新的婚姻关系，也就谈不上是分割夫妻共同财产，而应是分割同居所得财产。**对同居所得财产分割产生的争议，由双方协商处理，协商不成时，由法院按照同居财产的分割原则进行处理**[2]。

二、已复婚

按照法律规定，复婚也是结婚，应当按照结婚的登记手续办理结婚登记。若张男和李女决定复婚，复婚登记后，即形成了新的夫妻关系，复婚后的收入为婚内收入，按照相关法律进行认定和处理即可，这里不再赘述。而复婚前同居期间的收入是否能被认定为夫妻共同财产，要看双方是否是按照《婚姻登记工作规范》第42条补办的结婚登记。需要强调的是，是补办结婚登记，而不是正常结婚登记，也不是结婚证遗失后补领结婚登记证明材料。

按照法律规定，**补办结婚登记和正常结婚登记对婚姻关系存续期间的认定不同，正常结婚登记，婚姻关系效力从领取结婚证开始往后起算，而补办结婚登记，婚姻关系效力则是往前从具备结婚实质条件时起算**[3]。张男和李女是按照补办结婚登记程序"复婚"，还是按照正常结婚登记程序"复婚"，唯一的依据是在"复婚"时，有没有填写《申请补办结婚登记证明书》，如果填写了，则属于补办结婚，如果没有填写，则属于正常结婚。

因此，根据不同的结婚登记手续会产生不同的法律后果之规定，对于离婚不离家后又复婚的张男和李女，按照《民法典婚姻家庭编解释（一）》第6条规定，如果双方是以补办结婚登记手续复婚，复婚后，婚姻关系存续期间向前推算至同居共同生活期间，同居期间所得财产应视为夫妻共同财产；如果双方是以正常结婚登记手续复婚，同居期间所得财产仍属于同居所得财产，而不属于夫妻共同财产。

当然，即使是采用正常结婚登记手续复婚，如果财产确属双方离婚不离家期间共同创造，共同所得，双方复婚后，一般也可以基于夫妻身份关系，将同居期间共同所得的财产认定转化成了夫妻共同财产，在离婚时不做区分。

注意要点：

1. 夫妻第一次离婚时，如果已对婚姻期间的共同财产进行了分割，那么按照分割的方案归各自所有，即使双方复婚，前次离婚分割的财产也属于各方婚前个人财产。

2. 夫妻第一次离婚时，如果没有对婚姻期间的全部或者部分共同财产进行分割，那么，这些未分割的财产，在第一次离婚后，依然属于夫妻共同财产。双方复婚后，这些财产可以认定为复婚后的夫妻共同财产。

实务细节：

1. 离婚后再复婚，要根据实际需要和客观情况选择是补办结婚登记还是重新进行结婚登记。

2. 如果主张复婚是补办结婚登记而非重新进行结婚登记，则需要提供《申请补办结婚登记证明书》，这是认定补办结婚登记的唯一证据。

关联问答：

① 夫妻"假离婚"会不会被法院撤销？
② 同居期间所得财产，分手时该如何处理？
③ 领证结婚后才叫婚姻关系存续期间？

第二章 共同财产分割原则

> 张男和李女结婚后，因感情不和，经常冲突不断。张男认为自己赚钱比较多，就提出要把已经有的财产分割掉，以后各自赚的归各自所有。

第 97 问　不离婚，婚内可以分割夫妻财产吗？

概要解答： 协商或两种情形下可以

一般而言，只有在离婚时，才会涉及分割夫妻共同财产，在婚姻关系存续期间，为保持共有关系的稳定，不允许随便提出分割财产的要求，除非张男和李女能够协商一致。另外，如果张男有严重损害夫妻共同财产的行为，或李女的父母患病需要治疗费用，但张男不同意支付费用，李女可以在婚内提出分割夫妻共同财产。

专业解释：

按照《民法典》第 1066 条、《民法典婚姻家庭编解释（一）》第 38 条规定，除张男和李女自行协商分割财产外，在不离婚的情况下，有且只有两种事由可以在婚内分割夫妻共同财产，具体如下：

一种是张男婚内实施了严重损害夫妻财产利益的行为，比如，隐藏、转移、变卖、毁损、挥霍高额夫妻共同财产或伪造高额夫妻共同债务；

另一种是李女负有法定抚养、赡养、扶养义务的父母、子女，以及兄弟姐妹等近亲属患重大疾病需要支付医疗费，而张男拒绝支付。

除上述这两种情形以外的其他任何情形，夫妻任何一方均不可在婚内要求分割夫妻共同财产，具体原因如下：

除按照《民法典》第 1065 条约定财产 AA 制外，大多数夫妻的财产均是以共同共有的形式体现。夫妻财产共有是基于婚姻共同体关系而产生，维持婚姻共同体关系须以夫妻财产共有为基础，婚内分割财产势必会影响婚姻关系的基础和稳定性。另外，若非特殊情况，双方婚内分割共同财产也无必要，《民法典》第 1055 条、第 1062 条规定夫妻家庭地位平等，夫妻双方对共有财产享有平等的处理权，任何一方均有权正当支配夫妻共同财产。同时，夫妻共同财产总是在不断地产生和消耗，处于动态变化之中，若双方不离婚而分割财产，将对分割工作带来重大的挑战和困难。因此，对于夫妻共同共有的财产，原则上不允许在未离婚、共有关系未消灭的情况下进行分割。

不允许婚内分割共有财产的规定与《民法典》物权编之共有物分割的规定保持了一致。《民法典》物权编第 303 条规定，对于共同共有物，只有在"共有关系消灭"或者"重大理由"两种情形下才可以进行分割，除此以外，共有人不可依据其他任何事由要求分割出自己的份额。

在夫妻婚姻家庭关系中，"共有关系消灭"一般就是夫妻离婚，而"重大事由"就是上述两种婚内分割财产的事由。只有当发生任一法定婚内分割财产事由时，才可以向法院请求婚内分割夫妻共同财产，以保护财产不受损或分钱给自己的家人治病。法律设定特定情形下可以在婚内提出分割财产，旨在绕过离婚，避免因漫长的离婚拉锯战而影响及时止损或疾病救治，保障家庭运转不因一方的问题而受到影响，进而保护在夫妻关系中处于弱势一方的合法权益，实现真正意义上的夫妻权利平等。

不过，婚内分割财产并不是分割所有夫妻共同财产。与离婚分割财产不同，婚内分割财产是解决特殊情况下的权宜之计，突出的是救济性，故要求分割的财产不应是全部的夫妻财产，而是特定的价值较高的财产，以能有效防止另一方继续侵害夫妻共同财产（如隐藏转移存款，就分割存款；私自出售房屋，就分割欲售房屋或已售房屋的出售款，等等），或能有效达到治疗重大疾病所需为标准（如存款不够，有房产的可以分割房产、有车辆的可以分割车辆）。

注意要点：

1. 侵害夫妻共同财产的行为须达到严重程度，如张男擅自卖房、伪造数十万元的债务等，并非张男藏"私房钱"，李女就可以要求分割。不支付医疗费也须是重大疾病，如心脏病、糖尿病、恶性肿瘤等需要长期治疗、花费较高的疾病或是直接关涉生命安全的疾病，且张男是主观上不同意支付，而非客观家境条件限制的心有余而力不足。

2. 李女自己患病，张男拒绝付钱治疗，李女不应以要求婚内分割财产为诉求，而应根据《民法典》第 1059 条规定，以要求张男履行夫妻间法定扶养义务，支付医疗费为诉求。婚内分割夫妻财产针对的是"李女对外负有法定扶养义务的人"患病，而不包括李女自己生病。

3. 婚内分割财产与婚内财产约定不是同一概念，不可混淆。婚内财产分割只有在特定条件下才会发生，分割的也是现有的财产。而**婚内财产约定**[①]则没有任何条件限制，在婚前和婚姻关系存续期间随时都可约定，且约定的既可以是现有财产，也可以是未来财产，对于约定归己的财产，也不存在婚内分割之必要。

实务细节：

1. 一方严重侵害夫妻共同财产的各项行为，另一方应提供充分证据予以证明已经发生，或者即将完成。比如，张男将高额收入通过他人账户存储、将大额存款无故转移给近亲属、私自签署房屋买卖合同出售房屋、无故高额消费、大额赌博、伪造大额债务并（将）以夫妻共同财产归还等证据材料。

2. 因侵害夫妻共同财产事由而要求在婚内分割财产，是否可以按照《民法典》第 1092 条规定，适用离婚时的"少分不分"制度，尚无明确法律规定，理论上可以参照适用。

3. 按照《民法典》第 1042 条规定，李女婚内生病，张男拒绝履行扶养义务，**造成李女严重后果的，可按"遗弃"论**[②]。

4. 扶养与抚养、赡养的关系。扶养是指一定范围内的亲属基于身份关系形成的相互供养和扶助的权利义务关系，由法律明确规定。扶养是大概念，父母对子女的抚养（长辈对晚辈）、子女对父母的赡养（晚辈对长辈）、夫妻间的相互扶养（平辈之间，属狭义扶养）、近亲属间基于特殊法定情形建立的抚养、赡养、扶养关系等，均属于广义上的"扶养"。相关规定可查阅《民法典》第 1045 条、第 1067 条、第 1072 条、第 1074 条、第 1075 条等具体条文。

关联问答：

① 什么叫夫妻约定财产制？
② 不给小孩抚养费算不算遗弃？

> 张男和李女离婚分割夫妻共同财产时，张男认为自己赚得比较多，应该多分，李女不同意，认为只要是夫妻共同财产都应该是均等分割。

第98问 离婚时，财产都是均等分割的吗？

概要解答： 均等分割 + 例外（多分或者少分）

张男和李女离婚时，如何分割共同财产由双方协商确定，协商不成时，由法院依法进行分割。一旦财产被认定为夫妻共同财产，法院原则上都是均等分割，即一人一半。当然，在特定情形下，法院也会给一方多分或少分财产，例如，一方存在侵害夫妻财产的行为、一方存在严重婚姻过错行为、一方对财产有单方贡献等。

专业解释：

离婚分割财产，主要涉及两个问题：一是定性问题，二是定量问题。

所谓"定性"，就是判断是否是夫妻共有的财产，只有是共有的财产，不管是按份共有还是共同共有，才能在离婚时进行分割。相反，按照《民法典》第1065条**约定财产AA制**[①]下各自所得财产，法定财产制下各自特有财产，属于各自所有，离婚时不需要进行分割。所谓"定量"，特指分割夫妻共同共有财产时，在数量上应该怎么分，是平分、多分、少分、还是不分？本解答将主要针对定量问题展开分析。

需要强调的是，若无《民法典》第1066条规定的两种情形，夫妻任何一方在婚内不得要求分割夫妻共同财产。在此期间，夫妻财产处于共有状态，双方对财产不区分份额，共享财产权利，共担财产义务。只有双方离婚，共有关系消灭时，才允许分割夫妻财产，并确定各自所享有的份额。另外，离婚分割夫妻财产并不是分割夫妻关系存续期间的总收入，如工资总收入、投资盈利总收入等，而是分割离婚时剩余、现存的各类财产，以及被隐匿、转移、变卖等被侵害的财产，已在婚内被合理使用、自然损耗、正常亏损的财产，不作为被分割的对象。

在如何分割夫妻共同财产的问题上，我国《民法典》已有相对完善的制度：首先，由夫妻二人先行协商，协商不成时，再由人民法院根据财产的性质，同时兼顾照顾子女、女方、无过错方的原则分割财产；同时，《民法典》还明确了夫妻共同债务的认定和承担方式，侵害夫妻共同财产的惩罚制度，并辅以家务补偿、过错赔偿乃至困难帮助等救济制度，以此来平衡离婚男女双方的利益，使夫妻财产得以被公平合理地处置。

一、夫妻协商分割

离婚时，对共同财产的处置分割是夫妻双方的私人事务，首先应当由双方协商处理，尤其是对一些特殊的财产，如涉及证券、股票、公司股份等，因受到《公司法》《证券法》、公司章程等限制，往往更需双方通过协商方式解决。夫妻分割共同财产的约定，只要不违反法律规定，没有欺诈、胁迫等情形，亦未侵害第三人利益，哪怕明显不"平等"，甚至一方放弃所有财产权利，也属于有效约定，对双方具有约束力，双方均应当信守。

二、法院依法分割

法院分割夫妻共同财产，就不像夫妻协商分割那么"随性"了，要遵循各种法律规定来处理。《民法典》虽未直接规定均等分割原则，但夫妻共同共有制度本身已包含均等分割的内涵，因此，如果没有本解答所列例外情形，法院将会均等分割共同财产，即一人一半。例外情形，也就是多分少分的情形主要有以下几种情况：

1. 婚姻过错

一方有重婚、与他人同居、家庭暴力、虐待家庭成员，以及其他重大婚姻过错行为，导致夫妻感情破裂而离婚，在分割共同财产时，可依据《民法典》第1087条规定对无过错方予以照顾多分财产。另外，无过错方除可以要求多分财产外，还可以按照《民法典》第1091条，**要求离婚损害赔偿**[②]。需要特别注意的是，对婚姻过错方，只存在财产少分和赔偿的问题，不存在"净身出户"的说法，**即使双方签订了类似"若再犯错，就净身出户"的保证书、忠诚协议等**[③]。

2. 侵害夫妻共同财产

按照《民法典》第1092条规定，一方有隐藏、转移、变卖、毁损、挥霍夫妻共同财产，或者伪造债务企图侵占另一方财产的情况，在分割夫妻共同财产时，**该方应少分或者不分财产**[④]。

3. 照顾女方

按照《民法典》第1087条规定，在分割夫妻共同财产时，应照顾女方。在特定的条件下，如李女直接抚养年幼子女，离婚后经济困难，或者李女常年照顾家务，离婚后经济收入能力降低，分割财产时也可以适当倾斜和照顾李女。对女方财产权益的保护，在《妇女权益保障法》第42条也能得以体现。当然，对女方的照顾并非是对《民法典》第1041条男女平等原则的否定，而是实现男女实质上的平等，且照顾的方式也并非完全是多分财产，有时也体现在对财产处理方式的选择上，如李女离婚时居住困难，在获得房屋所有权（即拿房）上就具有一定的优势。

4. 单方贡献

比如，婚内购买的房屋，购房款是使用张男售卖个人婚前房屋的房款支付，在分割该房屋时，张男可以适当多分；再比如，张男和李女购买福利性公房，该房屋的售价包含张男个人的工龄、职务等福利折价，在分割该房屋时，张男也可以适当多分，等等。不过，**《民法典》及相关司法解释中无分割财产应考虑贡献的直接规定**[⑤]。

另外，要注意，这里的贡献不包括婚内贡献。夫妻离婚时，常有"房子是我买的""都是我一人在还贷"的类似表述，其实所付的钱款实际是夫妻共同财产，故不属于单方贡献。我国婚姻制度确立的夫妻财产共同制并不是等价有偿的公平原则，即除个人特有财产或者双方有约定外，其他只要是在婚内获得的财产，无论是由哪一方取得，都视为是双方共同取得，不分你我，不分彼此，共同共有，哪怕一方是典型的"家庭主妇"，甚至是连家务都不操持，整天沉迷于吃喝玩乐的"太太"。

5. 家务补偿、经济帮助

按照《民法典》第1088条规定，如果一方在家操持家务，为家庭负担了较多的照顾义务（俗称"家庭主妇""家庭煮夫"），或者，按照《民法典》第1090条规定，如果一方在离婚后名下财产不足以维持基本生活，**可以在离婚时要求对方给予家务补偿或者经济帮助**[⑥]。需要注意的是，家务补偿或经济帮助并非是分割财产数量的考虑因素，但本质上会引发财产多分或者少分的效果，是对夫妻财产处置规则的有益补充，故陈述于此。

上述5点是法院遵循均分原则分割夫妻财产的例外情形。当然，不管是一人一半还是多分少分，仅是对各自应得财产数量或者份额的确定。确定后，按照《民法典》第304条规定的共有物分割方式，是选择折价分割还是实物分割，则要根据财产的具体情况、性质、用途等，从有利于生产、经营和生活角度考虑，进行合理分割分配，不应损害财产本身的效用和经济价值。比如，不能将床铺劈成两半，各人一半，或者将企业关门清算，分割清算的财产，此类财产一般只能选择折价分割的方式；再比如，夫妻有粮食的，则可以直接选择实物分割的方式；如果夫妻有房屋若干，则可以选择实物分割和折价分割相结合的方式。

实务细节：

1. 夫妻财产较多，分布广泛，需花费较长的时间处理，若急于离婚，可在对方同意的情况下，先行要求法院分割比较易分的财产，其他财产可按照《民法典婚姻家庭编解释（一）》第83条规定，在离婚后再予以分割。

2. 财产是否能够分得清楚，关键在于能否查得到或查得清。故在准备离婚时，应先行有意识收集相关财产的线索。

3. 家庭主妇在要求适当多分财产时，可以一并主张家务经济补偿，该主张是一项独立的诉讼请求。

关联问答：

① 什么叫夫妻约定财产制？
② 离婚损害赔偿，赔偿的是什么？
③ "忠诚协议""净身出户协议"是否有效？
④ 侵害财产行为只限定在"离婚期间"吗？
⑤ 离婚分割财产，会考虑个人贡献吗？
⑥ "全职太太"能要求经济补偿吗？

> 张男和李女离婚时，涉及一套共同购买的公房分割。张男提出自己要多分份额，理由是该房屋的虽是夫妻共同购买，但折算了张男的工龄，自己贡献较大。

第99问　离婚分割财产，会考虑个人贡献吗？

概要解答： 暂无法律明确规定

张男提出自己的贡献较大，要求多分房屋的份额，看似合理、公平，在《民法典》颁布实施前，相关规定中就曾有"考虑贡献大小"的明文规定。然而，自《民法典》颁布实施后，《民法典》及相关司法解释中并未继续规定分割共同财产时要考虑贡献大小。因此，若法院再以贡献大小分割共同财产，将会法律依据不足。不过，法院也可能依据公平原则作出多分少分的裁决。

专业解释：

这里所述的个人贡献，是指个人的单方贡献，指夫妻财产的获得有个人财产或个人工龄的贡献。比如，张男和李女夫妻婚内购买公房，不但使用了夫妻共同的钱款，还折算了张男的个人工龄，故价格较为便宜。张男工龄与李女没有关系，属于张男个人的单方贡献。而婚内谁收入多，或者谁照顾家庭多，都不属于个人的单方贡献。

另外，这里的财产特指夫妻共同共有财产，而非按份共有财产。因为共同共有财产未经分割前，无法划分出夫妻各自的份额，即不能确定哪个部分归哪一方所有。如此，讨论如何分割共同财产才有基础。而按份共有的财产，比如，张男和李女购买房屋时，已明确了各自的产权份额，离婚时直接按照各自的产权份额进行分割即可，无需考虑贡献等因素。

一般而言，除法定的多分少分因素外，因共同共有本身即含有均等的含义，故离婚分割共同财产时，遵循的是均等分割原则，也就是各自一样多。那么，如果分割张男和李女购买的公房，是否需要考虑张男的"个人贡献"，多分房屋产权份额给张男呢？对此，我国目前暂无明确的法律规定。

在《民法典》施行前，法院在分割夫妻共同财产时，往往会考虑财产的来源和夫妻一方的个人单方贡献，并给贡献较大的一方予以适当多分。给予适当多分的依据是1988年《民法通则若干问题的意见（试行）》（下称民通意见）第90条的规定"分割共同共有财产时，应考虑共有人对共同共有财产的贡献大小"。2007年《物权法》正式施行后，因《民通意见》第88条、第94条、第115条、第117条、第118条、第177条规定与《物权法》有关条款冲突，故被《废止2007年底以前司法解释决定》第24项废止，但该决定并未废止《民通意见》第90条规定。正因如此，法院在分割共同共有财产时，一直同时沿用《物权法》第100条和《民通意见》第90条的规定，即考虑共同共有人的贡献大小分割财产。

2021年《民法典》施行后，不论是《民通意见》《物权法》，还是《婚姻法》及相关的司法解释均已被废除，取而代之的是《民法典》总则编、物权编、婚姻家庭编，以及对应的司法解释。

《民法典》是对之前相关法律规定进行系统清理、整合后形成，其中《民通意见》即是被清理、整合对象之一。然而，对于分割共同共有财产是否要考虑贡献大小的问题，不但《民法典》婚姻家庭编及对应司法解释中没有规定，《民法典》总则编和物权编及对应司法解释中均没有明确规定。

本书相信，这绝非是立法部门或最高人民法院忽略了此问题，本书更相信，《民法典》未制定考虑贡献大小的规定，是释放出在审判实践中，防止分割共同财产时过分强调贡献及财产来源的信号。毕竟，财产的共有形式并非只有共同共有，还有按份共有，若张男在意贡献大小，完全可以通过事先约定或在产权登记时将财产确定为按份共有。当贡献较大的张男在确定财产共有形式时，没有确定为按份共有，而确定为共同共有。这表明其不愿突出自己的贡献，而愿意与李女共享贡献。在此情形下，张男在分割财产时强调贡献大小，本也是有悖诚信的体现，通俗地讲，就是"形成财产时不说好，分割财产时一堆话"。

不过，本书也注意到，《民法典婚姻家庭编解释（一）》第29条规定了父母出资帮助子女购房时，需要区分父母的出资是对子女一人的赠与还是对夫妻二人的赠与。区分的意义何在？

正常情况下，既然父母已经出资，且出资款实际已用于买房，不管赠与给谁，不管购买的房屋属于子女个人财产还是夫妻共同财产，从父母的角度出发，他们均不能再要求返还出资款。从夫妻的角度出发，如果出资所购房屋属于子女个人的财产，很明显出资款是赠与自己的子女，区分赠与给谁的意义不大；同样，如果出资所购房屋属于夫妻共同财产，且出资款是赠与夫妻双方，区分赠与给谁的意义也不大。

故而，只有房屋属于夫妻共同财产，但出资款是明确赠与子女方一方，此时考虑赠与的对象对受赠人分割共同财产也许具有较大的意义，而这个意义往往就是子女个人的单方贡献。从这一点上来说，《民法典婚姻家庭编解释（一）》第29条所规定的赠与情形，又似含有保护单方贡献的利益。

基于上述分析，尽管《民法典》没有对"贡献大小"作出规定，但也不排除法院在判决时会适用"公平原则"酌情裁量贡献大小分割共同财产，故本书在有关分割夫妻共同财产问题中将"个人贡献""财产来源"等作为了考虑因素，特此说明，具体以法院的生效判决为准。

当然，根据《关于适用〈民法典〉时间效力的若干规定》，如果单方贡献在《民法典》施行前，按照《民法典》生效前的相关规定，即考虑贡献大小分割共同财产也无可厚非，毕竟当时的法律有"贡献大小"一说。

> 张男和李女离婚时，因各种原因，有些财产未能进行分割。离婚后，李女提出离婚后财产分割诉讼，要求对尚未分割的财产进行再次分割，张男不同意。

第100问　离婚未分的财产，离婚后还能再分吗？

概要解答： 若确未分割，可以再次分割

如果确实是在离婚时未分割的夫妻财产，李女可以要求再次分割，其既可以与张男协商分割，也可以到法院起诉要求分割。这在法律上没有任何障碍。离婚后再次分割财产，容易发生争议的是财产到底在离婚时有没有被分割。比如，张男和李女在离婚时明确约定了"其他各自名下的财产归各自所有"，虽然没有明确指向具体财产，但一般而言视为夫妻共同财产已经分割完毕。

专业解释：

不管是协议离婚还是诉讼离婚，一般都会同时对财产进行分割，极少会在离婚后再发生新的纠纷，要求对财产进行重新分割。离婚后，对财产发生纠纷的情形主要有以下几种情况：

1. 婚姻期间已经实际获得的财产，由于各种原因没在协议离婚或者诉讼离婚时分割。比如，张男在离婚时隐匿、转移了财产，离婚后李女才发现（《民法典》第1092条规定）。

2. **婚姻期间已经明确可以获得，离婚后才实际获得的财产同样属于夫妻共同财产**[①]。这些财产因在离婚时未能实际获得，双方协议离婚时未能分割，或者法院处理离婚案件时未能处理。

按照《民法典婚姻家庭编解释（一）》第83条规定，对于夫妻共同财产，只要在离婚时没有涉及或分割的，任何一方都可以在离婚后，通过双方协议或诉讼的方式要求再次分割，法律上称为"离婚后财产纠纷"。这些相对比较容易理解，争议不大。比较容易产生争议的是，什么财产算是"离婚时没有涉及或分割"？对此，根据离婚的方式，可分为两种情况来讨论。

第一种：协议离婚

判断财产在"离婚时有没有涉及或分割"，多发生在协议离婚的方式中。因为离婚协议是由双方当事人自行拟定，因法律常识不足，又很少有律师等专业人士协助，婚姻登记机关也不进行实质审查，所以往往是"漏洞百出"。

其中最大的"漏洞"是，有些夫妻在离婚协议中表述了"各自的财产归各自所有""财产已经分割完毕""双方名下无财产"等类似内容。在离婚后，对于没有明确被分割的财产是否囊括在这些表述的内容中，是否属于离婚时没有分割的财产，常会产生争议。

一般认为，双方类似的约定可以表明夫妻通过兜底的方式，对未在离婚协议中明确的财产进行了概括性分割，任何一方不应再重新要求分割该部分未明确的财产。通俗地说，就是已经全部分割完毕。当然，如果一方在协议离婚时不知道某项夫妻共同财产的存在。比如，张男私下购买了一套房屋，只登记在自己时名下，协议离婚时张男没有如实披露，李女在不知情的状态下，签订了类似"各自名下的财产归各自所有"的协议。离婚后，若李女发现了被隐瞒的房产，就有权要求分割该房产，并可以依据《民法典》第1092条要求适当多分。相反，如果李女在离婚前已经知道该房产的存在，在明知的情况下达成"各自名下的财产归各自所有"的约定，则表明李女对该部分财产不予主张，离婚后不应再要求分割该房屋，即使其主观认为分割不公平，法院一般也不会支持重新分割的要求。

另外，如果在订立离婚协议条款时一方存在欺诈、胁迫等情形，被法院依据《民法典婚姻家庭编解释（一）》第 70 条撤销了有关财产约定的条款；或者是**"假离婚"**[②]，离婚协议的财产部分因不是真实意愿，被法院认定为无效财产分割约定，则也另当别论，可以在离婚后要求重新分割。

第二种：诉讼离婚

诉讼离婚是相对比较严谨的过程，一般不存在"分没分说不清楚"的问题。离婚诉讼案件中，一旦法院判决离婚，都会同时对子女抚养、财产分割等进行实质审查并进行相应处理。对于财产而言，如果法院已经处理了，都会在判决书中有明确的表述和认定，如果没有处理，法院要不就是在判决书中不体现，要不就是在判决书中告知不处理。因此，通过法院的离婚判决书，很容易判断哪些是已经被分割的财产。对于没有被法院分割的财产，在离婚后可以再次要求分割。

注意要点：

1. 一般而言，法院审理离婚案件，只要是夫妻提及要求分割的财产，不管什么情况，法院都要进行处理，能分割的进行分割，不能分割的进行相应说明。如果不处理，或者处理不当，则属于"漏判"问题，是法院判决的错误。对于法院判决的错误，如果离婚判决未生效，夫妻一方可向上一级人民法院提起上诉，要求依法分割，或者要求发回重审；如果离婚判决生效了，则只能遵循《民诉法解释》第 247 条"一事不再理"原则，向同级或者上级人民法院提起审判监督程序，由人民法院依据《民诉法解释》第 382 条进行审查处理，而不能在离婚后再行起诉，要求重新进行分割。

2. 对于离婚时确实未分割的夫妻共同财产，在离婚后要求再次分割，是否有诉讼时效的限制，目前没有明确的法律规定。一般而言，离婚后再次分割财产不适用诉讼时间的规定。不过，按照《民法典婚姻家庭编解释（一）》第 84 条规定，若一方是以另一方隐匿、转移、毁损等侵害夫妻财产为由在离婚后要求分割，应当在发现侵害夫妻财产行为后 3 年内主张，否则过期不候。

实务细节：

如果要在离婚诉讼中分割某项财产，应提供相应的证据材料，若财产构成比较复杂，应制作财产清单，并适当引导法官不要"漏判"。

> **成年人的体面告别：** 解析188个离婚常见问题

关联问答：

① 离婚后才取得的财产，一定是个人的吗？
② 夫妻"假离婚"会不会被法院撤销？

> 张男和李女离婚时，因财产较多，张男提出先离婚，处理一部分容易分割的财产，其他财产待离婚后再慢慢分割，李女表示同意。

第101问　离婚时不分财产，离婚后再分有没有风险？

概要解答： 对不直接掌控财产的一方有风险

张男和李女约定离婚时先分割一部分财产，这本身并不违反法律的规定，但存在着一定的风险，这种风险对不掌控财产的一方尤为明显。比如，房屋登记在张男一人名下，在离婚后再分割时，该房屋已被张男出售，或者已被张男设定了抵押，这将会给李女带来实质上的分割障碍。另外，离婚后通过法院分割夫妻财产的话，法院收费也会比离婚时分割的费用高。

专业解释：

虽然在协议离婚中，《民法典》第1076条规定要对财产问题作出处理，但如何处理是由张男和李女协商确定，双方只要明确分割一项财产或者几项简单的财产，就能办理离婚登记。而在诉讼离婚中，虽然法院也会对财产进行处理，但处理的前提是当事人的主张，如果张男和李女都刻意漏报或都明确不分割一些财产，法院一般就不会对这些财产进行处理、分割。在离婚时未分割的财产，张男或李女在离婚后都可以依据《民法典婚姻家庭编解释（一）》第83条再次要求分割，这在法律上没有障碍。

虽然离婚后再次分割未处理过的共同财产在法律上没有障碍，但除非一方隐瞒财产，另一方在离婚时未能查实；或者财产结构复杂，一时半会无法理清楚；或者涉及第三人利益，法院在离婚时不处理；或者还未拿到财产，法院无法进行处理等客观因素外，本书不建议采用这样的方式。考虑因素有二：一是风险问题，二是费用问题。

第一，风险问题

张男和李女离婚后，夫妻间的权利义务消失，双方也不居住在一起，对彼此间的情况无法直接了解。当财产掌握在一方名下，对另一方而言，用"后患无穷"表述都不为过。比如，登记在张男名下的房产，该方在离婚后可以瞒着李女直接进行变卖；登记在张男名下的股权份额，该方在离婚后可以瞒着李女进行转让；登记在张男名下的车辆，该方在离婚后也可以瞒着李女赠与他人；张男名下的存款，该方在离婚后可以瞒着李女进行不合理的消耗，等等。发生了类似的情况，一般都会导致资产缩水。虽然《民法典婚姻家庭编解释（一）》第85条规定可以对财产进行保全，但保全的前提是要有对应的诉讼纠纷案件，没有诉讼案件，或者诉讼案件结束后，即不存在法院保全的说法。

第二，费用问题

即使不存在风险问题，在后续处理财产的费用问题上也是需要考虑的。如果张男和李女在离婚后不能对未分割的财产协商分割，需要通过法院诉讼解决，按照诉讼案件的收费标准，成本会增加一倍。这是因为我国法院受理离婚案件时，基于夫妻特殊的人身、财产关系，法院收取的诉讼费用是普通财产纠纷费用的一半。而离婚时不处理财产，等到离婚后再诉讼处理，虽是离婚纠纷的延续，但法院收取的诉讼费用一般没有优惠，按照普通财产纠纷诉讼费用标准收取。

实务细节：

如果离婚时确实不想分割财产，也尽可能在离婚时将双方各自名下的财产范围和数额进行明确和固定，以降低被转移或灭失的风险。

> 张男和李女结婚后，假设张男因故去世。对张男遗留的财产，李女认为都应属于其个人的财产，张男的父母等法定继承人不能要求分割。

第102问 夫妻一方死亡后，遗留的财产该怎么分？

概要解答： 一半分配偶，一半分继承人

夫妻婚姻关系存续期间，一方死亡，婚姻关系自动终止，在世丈夫称为鳏（guan）夫，在世妻子称为遗孀。按照《民法典》第1153条、《民法典婚姻家庭编解释（一）》第36条等规定，假设张男去世，其遗留的财产不会全部变成李女的财产，而是先偿债，后分割，再继承，即**应依法先行使用夫妻共同财产偿还夫妻共同债务**[①]，然后从剩余的夫妻共同财产中分割出属于在世一方李女的个人财产，最后再对属于张男的个人财产进行遗产继承分割。

偿还债务后分割夫妻财产时，如果张男和李女之间曾有约定，按照约定处理。如果没有约定，则参照《民法典》第1087条所规定的夫妻共同财产的分割原则进行分割处理。一般而言，李女先分割到财产的一半，而另一半则属于张男的个人遗产，由其继承人继承分配。需要强调的是，张男的遗产范围并不仅限于夫妻财产中的一半，如果张男有其他个人财产，也属于可被继承的遗产（《民法典》第1122条遗产的定义）。

进行遗产继承分割时，按照《民法典》第1123条的规定，张男若留有有效遗嘱，指定了法定继承人，则优先适用遗嘱，由遗嘱指定的法定继承人继承相应遗产。若没有遗嘱，则遗产由被继承人的法定继承人继承。一般情况下，第一顺位法定继承人有几人，则遗产分割成几等份，法定继承人各分一份。当然，按照《民法典》第1061条、第1127条之规定，李女也是第一顺位的法定继承人，可以继承一份。

注意要点：

1. 依据《民法典》第658条及《民法典婚姻家庭编解释（一）》第32条之规定，如果张男生前将个人房产以书面形式赠与给李女，但未按照《民法典》第659条办理房屋赠与过户登记，张男生前也没有撤销赠与。这种情况下，**赠与协议属于有效协议，是张男的赠与之债**[②]。除非其他继承人按照《民法典》第664条，有证据证明

张男的死亡是李女造成,否则其他继承人无权撤销该赠与协议,也无权继承该房屋。即使继承了,李女也可要求继承人协助房屋过户登记。

2. 如果张男生前与李女按照《民法典》第1065条签订书面协议,将夫妻共有的部分财产约定归李女个人所有,即使没有过户或者交付,也不影响夫妻财产约定协议的效力,相应财产应属李女的个人财产,不能被作为遗产分割。

3. 张男家属因张男死亡,按照《民法典》第1181条行使死亡赔偿金请求权而获得的死亡赔偿金不属于夫妻共同财产,也不属于遗产范畴。**死亡赔偿金(包括丧葬费)属于对死者近亲属的赔偿,并非是死者所得的财产**[3]。

4. 夫妻共同承租的公房不能被作为遗产继承。因为夫妻一方或者双方对公房只享有承租权,而不享有所有权。当然,如果张男是承租人,李女在符合条件的情况下,可以办理变更承租人手续,继续承租使用公房。同样,对于承包的土地,也不能被继承,但可以继续承包经营,即使该方并非是集体经济组织成员。

5. 夫妻相互间的遗产继承权,仅限于合法夫妻之间。只有婚约的男女、同居的男女、一方死亡前已经离婚的男女,被撤销或者被宣告无效婚姻的男女,彼此之间不享有相互继承权。

6. 假设张男在与李女离婚诉讼期间或者协议离婚期间死亡,不影响李女分割夫妻共同财产和继承遗产的权利。同时,按照《民法典》第1157条规定,张男死亡后,即使李女在实际分割遗产前再婚,也不影响其遗产继承权和对继承所得遗产的处置权。

关联问答:

① 没在借条上签字,就不算夫妻共同债务?
② 把夫妻共同房屋给一方,可以反悔吗?
③ 死亡赔偿金算夫妻共同财产吗?

> 张男和李女恋爱期间同居，双方共同生活，共同生产，积累了一定的财产。双方最终分手，未能结婚。

第103问　同居期间所得财产，分手时该如何处理？

概要解答： 分多种情况确定

目前，《民法典》婚姻家庭编及相关司法解释只规定，婚姻被无效或者被撤销后，男女"有证"生活期间为同居期间，"有证"期间所得财产除个人财产外，均为共同财产，按照共同财产分割原则进行分割。这类同居期间财产类似于"准夫妻共同财产"。而除婚姻被无效或者被撤销以外，其他一般意义上的同居期间所得财产该如何分割，暂无明确规定，本书认为应作为按份财产分割。

同居期间财产属性认定表

同居情形	男女关系	财产性质	分割原则
婚姻被无效或者被撤销后的同居	不再为夫妻	除个人的以外，为共同共有	均等原则，考虑过错
一般意义上的同居	男女朋友	除个人的以外，为按份共有	按各自出资、贡献大小确定

专业解释：

不同于"一夜情""嫖娼"等以性为主的关系，同居是指较长时间共同生活、共同居住而形成的一种关系，它是一种非常复杂的社会现象。按照性别来讲，既包括同性同居，也包括异性同居；按照婚姻状态来讲，既包括未婚同居，也包括有配偶者与他人同居（婚外同居）；按照对外状态来讲，既包括以恋人名义的同居，也包括以夫妻名义的同居。

不管是何种形式的同居，同居二人在生活状态上往往都与婚姻关系有很大的相似性，二人关系只缺少一张"结婚证"。他们有可能也会生儿育女，也会共同投资、经营，取得共有财产。一旦二人发生纠纷，解除同居关系，势必面临子女抚养和财产分配的问题。其中，如何分配同居所得财产是实务中较为棘手的难题，有些复杂。

《民法典》对于同居财产如何分配的问题并未作出明确的规定，仅在第1054条规定，婚姻被无效或被撤销后，同居期间所得的财产由双方协议处理，若协议不成，由人民法院根据照顾无过错方的原则进行处理。同样，《民法典婚姻家庭编解释（一）》第22条规定，婚姻被无效或被撤销后，当事人同居期间所得的财产，除有证据证明为一方个人所有的以外，其他按照共同共有处理。

根据上述两条规定可以看出，婚姻被确认无效或被撤销后，法律将男女共同生活期间所得财产视为"准夫妻共同财产"对待，即原则上都认定为男女二人的共同财产，除非有证据能够证明某些财产是个人财产。

除上面两条规定以外，《民法典》及相关司法解释均未对其他情形下同居所得财产分割问题进行规范。对其他情形下的同居财产认定和分割问题，本书认为可以依据《民法典》第298条所规定的按份共有的原则处理。理由如下：

《民法典》第297条规定物权有包括"共同共有"和"按份共有"两种形式。虽然同居双方是共同生活，并在共同生活期间取得财产，但因同居关系并非法定的身份关系，它不需要公示，也不需要登记，全凭当事人的自愿，故同居关系本身不产生法律上的权利义务关系，不受法律保护，即不能按照合法婚姻关系对待同居关系。把同居关系等同于朋友关系相对更容易理解，同居二人仅是关系更为紧密的朋友而已。因此，同居期间积累的财产完全可等同于朋友共同合作期间积累的财产，各自的收入归各自所有，共同出资购置的财产，共同合作取得的财产，按照各自的份额或贡献认定为按份共有，为了共同生活所形成的债务由双方共同承担。

注意要点：

1. 其他情形下的同居财产处理方式，不能适用婚姻被无效或者被撤销后，同居期间所得财产的处理方式规定。

2. 还有一种特殊情形下的同居财产问题，就是补领结婚证前的同居期间财产性质问题。《民法典》第1049条及《民法典婚姻家庭编的解释（一）》第6条规定，**特定情况下男女可以补办结婚登记，一旦补办结婚登记成功，婚姻关系从符合结婚实质要件时起算**[①]。因此，补办结婚登记后，符合结婚实质要件后同居期间所得财产属于夫妻共同财产，符合结婚实质要件前同居期间所得财产属于同居财产。

关联问答：

① 领证结婚后才叫婚姻关系存续期间？

第三章　一般财产分割

> 张男和李女离婚时，李女发现张男有很多银行账号，且每个银行账户里除了有一定的余额外，还有大量的转账记录，且部分金额较大。

第104问　银行账户内的钱款该怎么分割？

概要解答： 分割存款 + 恶意转移款

如今，随着支付工具的普及，货币类的收入和支出，已较少使用现金交易，更多是通过银行账户进行。即使是微信、支付宝等支付结算类工具，或者是证券、基金等金融理财类工具，也均需与银行账户绑定，相关交互记录在银行账户中均有直观体现。因此，银行账户是离婚时调查一方名下财产信息的重要渠道，而了解一方名下有哪些银行账户则是能否分割银行钱款的基本前提。

一、了解、掌握一方的银行账号

遵循《民事诉讼法》第67条"谁主张，谁举证"的原则，当李女要主张分割张男银行账户内的钱款，须知道张男的银行账号。法院只有在李女提供了张男明确的银行账号信息后，才会根据申请依职权调取该账户的交易流水。若没有银行账号信息，等同于无米之炊，要承担《民诉法解释》第90条规定的举证不能后果。故在离婚前或者离婚时，了解、掌握张男的银行账号信息对李女就显得尤为重要。

二、确定银行存款及恶意转移钱款

掌握了张男的银行账号后，李女就可以通过对应银行的客服电话了解开户行信息。了解后，即可向法院书面申请调查对应银行的存款了。如果怀疑张男有恶意转移钱款的行为，李女还可以申请法院查询对应银行在某个期间段内的交易流水。

对于银行存款，在离婚时可按照共同财产分割原则进行分割。对于被张男恶意转移的钱款，按照《民法典》第 1092 条规定，张男应予以少分或不分。当张男不返回被转移的钱款时，法院可以在确定被转移方应少分的数额后，从其他夫妻共同财产中抵扣给李女。**如何认定恶意转款行为及如何主张多分等问题**[①]，可查阅本书相关问题解答，这里不再赘述。

注意要点：

1. 夫妻离婚时，分割的是夫妻关系存续期间积累的共同财产，而不是该期间累计获得的总收入。比如，张男在婚内每个月的工资收入是 2 万元，婚姻关系存续期间为 5 年，其工资总收入为 120 万元。经过合理的消费、使用后，至离婚时，剩余的工资收入为 30 万元。那么李女只能要求分割这 30 万元。

2. 要注意与个人存款的区分。如果从存款中能够明显剥离出个人存款，则对于剥离的部分，不应主张分割。相反，如果银行账户流水较多，进出频繁，个人钱款与夫妻钱款发生了混同，不能明显剥离出个人存款，则可将全部存款视为夫妻共同财产，在离婚时直接要求分割。

另外，个人钱款在婚内已被用于夫妻共同生活，属于自愿行为，该方在离婚时，不能要求另一方抵偿。

3. 在诉讼中，要将分割的时间节点和分割的存款数额进行明确。这是因为，某一时间节点查询出来的银行存款，并非是固定不变的。离婚诉讼需要较长时间，在这个期间内，既有可能个人的收入进入银行账户而使存款增加，也有可能个人使用存款进行消费而使存款减少。即使在银行账户被法院依据《民法典婚姻家庭编解释（一）》第 85 条查封保全的情况下，存款数额也可能会发生变化，只不过一般是只增不减。如果离婚双方没有对分割的时间节点、存款数额进行确认，法院直接按照查询到的存款数额判决，若一方以存款在一审判决时实际已发生较大变动为由提出上诉，二审法院很有可能会以一审法院判决事实不清而发回重审或改判。作者就曾处理过类似案件。故在此提醒，在法院一审案件审理的过程中，双方应明确，即使后续发生变化，也同意以法院查询日查询到的存款数额作为分割依据。

实务细节：

1. 不要期待人民法院会主动调查对方银行账户，法院也没有帮助调查一方名下银行账号的职责。目前，律师已可以持法院的调查令前往相关机构调查一方名下的支付宝、微信、证券等账户和交易流水信息，但尚无法直接查询一方名下的银行账户信息。

2. 银行账号需要平时有意识搜集，以及通过其他的信息，比如，通过李女自己的银行交易流水，或者张男的支付宝、微信、证券等账户绑定的银行信息，或者已知的张男部分银行交易流水等，顺藤摸瓜反向查询张男未知的银行账号。

3. 一方收入的钱款不进银行账户，而是通过各种方式隐匿，这种情况下，无法通过银行账户确定，只能透过其他信息或渠道进行了解，相对而言比较困难。

关联问答：

① 侵害夫妻财产要少分或不分财产？

> 张男和李女离婚时，李女提出张男在工作期间缴存了公积金，婚内缴存的公积金属于夫妻共同财产，应予以分割。张男不同意，认为公积金不是夫妻财产，不能分割。

第105问　公积金在离婚时可以分吗？

概要解答： 可分割婚内缴存部分

张男认为公积金不是夫妻财产的观点是不正确的。公积金在本质意义上是"住房工资"，在婚内缴存的住房公积金实质上也是"婚内所得"，应当被认定为夫妻共同财产，在离婚时可以分割。当然，分割时，不是将公积金提取出来进行分割，而是根据婚内缴存的金额由张男向李女进行折价补偿。此外，补充公积金、住房补贴都可以作为夫妻财产进行分割。

专业解释：

按照相关法律规定，单位职工享有"五险一金"的福利保障。其中的"一金"

即公积金。公积金全称住房公积金，它是由职工和职工所在单位共同缴存的长期住房储备金。按照《公积金管理条例》第5条规定，当职工需要购买、建造、翻建、大修自有住房时，即可提取使用住房公积金。

公积金与"五险"（社保）虽都扣缴了职工工资，但它们有本质的不同。公积金是"缴存"，而"五险"是"缴纳"，一字之差，含义迥异。

养老、生育、医疗、失业、工伤等"五险"虽也与工资挂钩，但其是保险性质，缴纳的保险费将被纳入社会保险基金，不再属于个人所有，非因保险责任事由，个人不能获得社会保险金。而公积金则不同，虽然使用公积金受到一定限制，未被提取前，职工也不能将其实际占有，但这并不影响单位和个人缴存的公积金属于职工本人所有的本质（《公积金管理条例》第3条）。

之所以缴存的公积金属于职工本人所有，是因为公积金其实就是工资，是单位扣缴职工工资的一部分缴存到公积金账户，它形式上是住房公积金，实质上是住房工资，是职工平时储备（个人储蓄+单位资助）的住房专项资金，主要备用于职工住房消费。因此，缴存到公积金账户中的公积金，包括公积金和补充公积金，不管是个人缴存部分，还是单位缴存部分，均属于职工本人所有。

因此，按照《民法典婚姻家庭编解释（一）》第25条规定，在无特别约定的情况下，婚姻关系存续期间，职工和单位缴存的公积金、补充公积金均属于婚内所得财产，为夫妻共同财产。夫妻离婚时，可以将婚内缴存的公积金和补充公积金作为共同财产进行分割。当然，离婚不是提取公积金的法定事由，故不能提出公积金进行实物分割，也不能直接分割公积金账户内的公积金，而只能先核实双方公积金账户现存公积金、补充公积金的数额，再扣除婚前缴存部分，并经过折抵计算后，差额部分由公积金较多的一方向较少的一方进行补偿。

除了公积金外，还有住房补贴，也属于工资的范畴。发放住房补贴主要针对职工家庭成员的共同居住需要，而非仅仅针对职工本人。从这一点上来说，夫妻一方在婚内所得的住房补贴当属夫妻共同财产无疑。

注意要点：

正常情况下，公积金每月都有缴存，故在离婚诉讼中，应明确分割公积金的时间和数额节点。理论上，如果双方每月缴存的公积金差额较大，应计算至一审判决当月。当然，也可由双方明确按照实际查询到的公积金账户信息作为分割公积金的时间和数额节点。

> 张男和李女离婚时，李女提出张男有养老金，养老金也属于夫妻共同财产，要进行分割。张男提出自己还没有退休，还没有实际获得养老金，不能分割。

第106问　养老金在离婚时能分吗？

概要解答： 分割养老金或个人缴纳部分

养老金与公积金不一样，养老金具有保险性质，一旦缴纳，即不再属于任何个人或单位所有，而被纳入到社保基金中，但这不代表养老金不能分割。如果张男离婚前已经退休，其在婚内实际获得的养老金可以作为夫妻共同财产在离婚时进行分割；如果张男离婚前未退休，其养老金个人账户内的婚内缴纳部分，李女也可以在离婚时要求补偿。

专业解释：

《社会保险费》第2章对基本养老金做了明确规定。"基本养老金"也称社会性养老金、退休金，是主要的养老保险待遇。按照基本养老金的缴纳办法，养老金的缴纳来源分为两部分：一部分是个人缴纳，这部分金额是单位提取个人的部分工资代缴，体现在养老金"个人账户"中；另一部分是单位缴纳和政府补贴，这部分金额体现在养老金"统筹账户"中。根据现行社会统筹与个人账户相结合的"统账结合"制度，个人部分只有在缴纳养老金满15年后，才能在退休时享受统筹账户中的保险利益。

由于基本养老金存放于养老金账户，专款专用，在未退休前不能被任意提取，故很多人不认为是可以被分割的财产。而法院根据"不告不理"的原则，在双方不主动提出分割请求的情况下，也不会对基本养老金进行处理。这就导致实务中分割基本养老金的案例较少，基本养老金也就成为最易被忽视的财产。其实，按照《民法典婚姻家庭编解释（一）》第25条规定，取得或应当取得的基本养老金若属于夫妻共同财产，离婚时也可以进行分割。

首先，需要明确的是，养老金账户中，不管是个人账户还是统筹账户，仅是养老保险缴纳情况的记录，缴纳的钱款实际进入社会保险基金，已不属于缴纳人和缴纳单位所有。因此，在缴纳人张男退休前，其不符合可以领取养老金的条件，也就无资格享有养老金账户，包括个人账户和统筹账户中的利益，进而也就谈不上夫妻共同财产之说。况且，这种利益只能待张男退休时才能明确，在退休前，张男到底可以拿到多少退休金无法预先测算，且养老金也是处于不断变化之中，故无法在离婚时进行分割。总而言之，按照《民法典婚姻家庭编解释（一）》第80条规定，缴纳人张男在离婚时未退休，其领取养老金的条件不具备，养老金的数额不确定，李女不能要求按照夫妻共同财产分割其养老金，也即张男还没有"取得或者应当取得"养老金。

何谓"取得或者实际应当取得"？

一般而言，"取得"的前提是缴纳人退休。只有缴纳人张男退休后，养老金数额才能确定，同时具备了领取养老金的条件。因此，婚姻关系存续期间，若张男退休，那么其每月已经领取的部分，或者可以领取但因未办理领取手续等原因而未领取的部分，即为婚内"已经或者应当取得"的养老金，属于婚内所得，可以作为夫妻共同财产在离婚时分割经合理消费后剩余的部分。

那么，若张男在离婚时尚未退休，李女是否就无权主张分割养老金了呢？答案是否定的。

我们知道，养老金账户个人缴纳的部分，具有工资属性，一般由用人单位从张男的工资中代扣代缴，是张男工资的一部分，缴纳人张男未来对该部分将享受利益。同时，张男个人在婚姻关系存续期间缴纳的累计金额相对也是固定和明确的，仅是暂时不能领取而已。按照法律规定，工资属于夫妻共同财产，若离婚时对使用工资缴纳的基本养老金不予分割，有失公平性。因此，按照《民法典婚姻家庭编解释（一）》第80条规定，即使张男在离婚时未退休，李女也有权以张男个人缴纳的部分使用了夫妻共同财产（工资）为由，要求张男就该部分进行相应补偿。

需要强调的是，要求补偿的部分仅指张男个人缴纳的部分，不包括用人单位缴纳和政府补贴的部分。

除了基本养老保险外，我国的社会保险品种还有很多，如医疗保险、失业保险、生育保险、工伤保险。然而，上述这些保险是否属于夫妻共同财产尚无明确法律规定。本书认为，当一方在婚内基于特定的保险事由取得的保险救助款，除人身伤害保险赔偿金，以及其他与个人今后生活、医疗等直接相关的保险赔偿金除外，一般都可认定为夫妻共同财产。当然，如果没有发生特定的保险事由，在离婚时不能以保险费是使用夫妻共同财产支付的为由要求补偿。

注意要点：

1. 分割婚内"取得或者实际应当取得"的养老金，不需要考虑缴纳入婚前缴纳养老金的贡献，也不需要扣除缴纳人婚前缴纳的部分。另外，因统筹部分的利益需要张男个人连续缴纳养老金满 15 年才能享有，所以，若张男在离婚时个人缴纳未满 15 年，即使已经退休，其也不能享受保险账户中统筹部分的利益，对该部分利益也就不存在所谓"取得或者应当取得"的说法。

2. 养老金是对职工退休后的基本生活保障，而不是对其退休前工作的补偿。故而，张男在离婚后才退休，李女不能以使用了夫妻共同财产缴纳养老金为由要求分割其退休后实际或者应当获得的养老金，只能要求分割使用夫妻共同财产累积缴纳的个人部分。

实务细节：

张男缴纳或者实际获得的养老金数额可以通过查询缴纳人名下的养老金账户确定，但一般只能向人民法院申请调查，或者委托律师持法院调查令调查。

> 张男和李女结婚后，购买了多份商业保险。现双方面临离婚，李女认为商业保险是用夫妻共同财产支付的，应该予以分割，张男认为钱已经交给保险公司了，不能分。

第 107 问　商业保险在离婚时该怎么分？

概要解答： 分剩余保险费或现金价值

张男使用夫妻财产购买的商业保险，如果没有到期，李女在离婚时可以要求分割。不过，分割商业保险，并不是分割已经缴纳的钱款，而是分割保险的现金价值，或者退保费。所谓现金价值或退保费，通俗地讲，就是退保时保险公司可以返还的钱。

当然，商业保险退保会造成很大的损失，离婚时一般都不会选择退保后分割，而是采用折价补偿的方式分割。

专业解释：

商业保险与社会保险（社保）有较大的区别，很多家庭在社会保险的基础上，往往还会购买一份或多份商业保险。有些商业保险除具有人身保险和财产保险功能外，还具有理财的功能。现实中，商业保险的产品花样繁多，但基本可分为三类，即财产保险、人寿保险和健康保险。

夫妻离婚时，要分割商业保险，首先要满足商业保险是使用夫妻共同财产购买，被保险人为夫妻一方，且尚在有效期内三个基本条件。除此以外，还要根据保险合同约定及相关法律规定，确认是否能够依据《保险法》第 15 条退保。一般情况下，除了极个别的保险，如短期内的旅游险、交强险等险种一般不能退保外，大部分商业保险的投保人都可以选择退保。若投保人选择退保，保险公司都需要根据法律规定退还相应的费用，具体如下：

按照《保险法》47 条规定，人寿保险和健康保险退保，若在法定犹豫期内退保，退还的是全额保险费（一般需扣除部分手续费）；若在法定犹豫期后退保，保险公司退还的费用为保单的现金价值。通俗地讲，现金价值就是投保人退保时可以退回来的钱，由保险公司按照相关规定计算得出。夫妻离婚时，退回的保险费或保单的现金价值款项即为可分割的夫妻共同财产。

按照《保险法》第 54 条规定，若财产保险退保，保险公司退还的费用为剩余的保险费，该费用也是由保险公司按照相关规定计算得出，一般是扣除手续费和保险责任开始至解除保险合同期内的保险费后的费用。夫妻离婚时，退还的剩余保险费即为可分割的夫妻共同财产。

因此，不管是人寿保险、健康保险，还是财产保险，只要是使用夫妻共同财产购买，被保险人是夫妻一方且能退保，都可以在离婚时将退保后的现金价值或剩余保险费作为夫妻共同财产进行分割。

当然，上面所述的退保并非是分割保险金的必要条件，并非只有先退保才能进行分割。由于退保会造成很大的损失，故在实务中，夫妻一方往往会选择继续投保，并给予另一方折价补偿。比如，若张男既是投保人，也是被保险人，则可由张男继续投保，给李女补偿；若张男是投保人，李女是被保险人，由于被保险人不能被变更，故可依据《保险法》第 20 条将投保人变更为李女，由李女继续投保，给张男补偿。

注意要点：

1. 在无约定的情况下，夫妻一方作为被保险人，基于合同约定或当保险事故发生后，婚内从保险公司获取的保险收益金或保险赔偿金，原则上都属于《民法典》第1062条规定的夫妻共同财产，在离婚时可予以分割。但获得的具有人身性质的保险金，如意外伤害保险赔偿金等，一般属于个人财产，离婚时不可分割。

2. 夫妻基于正当需要，为子女或父母投保，子女或父母为被保险人，所购买的保险视为对子女或父母的赠与，不管是否能够退保，离婚时一般都不可进行分割。

3. 如果保险合同中指定了夫妻一方，如李女为保险受益人，李女依据人寿保险合同获得的被保险人身故保险赔偿金，也属于其个人财产，这与保单是否使用夫妻共同财产购买无关。如果保险合同中没有指定受益人，保险公司赔付的身故保险金应作为被保险人的遗产，**夫妻一方继承取得的身故保险金可属于夫妻共同财产**[①]。

实务细节：

财产保险在不退保的情况下，一般很难直接得出剩余的保险金，这是实务中的难点。

关联问答：

① 一方可继承的遗产，算夫妻共同财产吗？

张男和李女结婚后，因张男所在单位效益不好，便给了张男一笔赔偿费用，买断了工龄。离婚时，张男认为工龄买断款是其个人财产，不应作为夫妻财产分割。

第108问 买断工龄款能作为夫妻财产分割吗？

概要解答： 暂无明确规定

单位支付给张男的买断工龄款，在本质意义上属于下岗赔偿款，该款项是否属于夫妻共同财产，李女在离婚时是否可以主张分割，目前法律没有明确规定。一般而言，买断工龄款不能完全等同于夫妻财产，又不能完全区别于夫妻财产，实务中是参照军人复员费、自主择业费的处理方式进行处理，即化整为零，将婚内的部分认定为夫妻共同财产。

专业解释：

工龄是具有价值的，职工的许多待遇都和他的工作年限有关。"买断工龄"并不是法律用语，只是一种民间叫法，实际工龄也是买不断的。所谓"买断工龄"，其实就是企业因减负、改制等需要，依据《劳动法》第28条等相关规定，支付高昂的经济补偿金后，与老职工（新职工不会有买断工龄的说法）解除劳动合同。说白了，就是企业一次性给予老职工一笔钱，了断与职工的任何干系，把职工推向社会，自谋出路，也就是俗称的"下岗"了。职工把"工龄卖给企业后"，不能再基于工龄而对公司享有任何权利。下岗员工即可继续择业，缴纳社保，也可不择业，停止缴纳社保。不管是择业与否，其依然可以按照工龄和社保年限享受国家退休待遇。所以，工龄根本不能被买断。

当然，不论"工龄"是否能够买断，职工都会从公司拿到一笔补偿钱款。在夫妻关系存续期间，张男拿到的这笔钱款，是否属于夫妻共同财产呢？对此，目前法律暂无明确规定。

根据《民法典》生效前的主流观点和相关判例，认为"买断工龄款"不完全属于夫妻共同财产。具体分析如下：

张男的工龄买断款是基于张男的工作而产生，与其人身关系不大，但又是婚内所得，与婚姻关系密切相关，故不能一概认定为张男个人财产。同时，工龄买断款并不是工资，其既具有向前的追溯性，又具有向后的延续性，即工龄买断款既含有对张男之前工作贡献的补偿，也含有对张男未来生活的安置和保障，具有双重性，这与军人退伍后的复员费、自主择业费类似，故也不能因是婚内所得而一概认定为夫妻共同财产。可以这么认为，工龄买断款既包括夫妻共同财产部分，又包括张男一方个人财产部分。那么在离婚时，如何有效剥离这两部分的财产呢？

以往通常的做法是参照军人复员费、自主择业费〔现规定在《民法典婚姻家庭编解释（一）》第71条〕的处理方式进行处理。即采用化整为零的办法，将工龄买断款按职工开始工作时的年龄至理论寿命70周岁间的年份数，以年为单位平均分成若干等分。每一等分可视为职工开始工作到70周岁期间每年应当获得的费用，婚内应当获得的部分为夫妻共同财产，婚前和离婚后应当获得的部分为个人财产。

例如，张男入职时20岁，在公司工作15年，其间与李女结婚。后公司买断工龄，支付补偿款100万元。至离婚时，夫妻关系存续期间为4年。那么，属于夫妻共同财产的部分计算公式如下：

$$[100 \div (70-20)] \times 4 = 8 \text{ 万元}。$$

当然，上述分析仅是《民法典》生效前的主流观点。《民法典》生效后，更强调家庭伦理观念，促进家庭和睦发展。《民法典婚姻家庭编解释（一）》第25条也明确将"破产安置费"作为夫妻共同财产予以认定，且未附条件。而"买断工龄款"，及类似的"解除劳动合同一次性补偿金""辞职补偿费""违法解除劳动合同赔偿金"等与"破产安置费"在本质上并未有太多区别，均具有对之前工作的补偿，也具有对未来生活的保障功能。从这一点上讲，基于公平的角度考虑，本书认为，上述这些在婚内取得的赔偿金、补偿金、安置房、工龄款等均可以认定为夫妻共同财产。

注意要点：

除了买断工龄款没有明确规定外，对更为常见的"解除劳动合同补偿金""辞职补偿费""违法解除劳动合同赔偿金""失业救济金"等是否属于夫妻共同财产，目前法律也都没有作出明确规定。相反，对较不常见的退休后才能领取的"基本养老金"、企业破产后的"破产安置费"两项，反而在《民法典婚姻家庭编解释（一）》第25条作出了明确规定。

> 张男和李女结婚后，假设张男因交通事故去世，保险公司支付了一笔死亡赔偿金。李女认为赔偿金是夫妻共同财产，而张男的其他家人认为是所有家人的。

第109问 死亡赔偿金算夫妻共同财产吗？

概要解答： 不算，属于近亲属共有

婚姻关系存续期间，张男因意外事故死亡，李女与张男的婚姻关系自动终止。李女或张男的其他家属取得的死亡赔偿金不是张男和李女婚内所得财产，也不是张男遗留的财产。死亡赔偿金是对在世家属的补偿，为在世家属共有，由在世家属依据与张男的亲疏关系进行合理分割。

专业解释：

张男死亡，其权利能力消灭，不存在遭受财产上的损害，遭受损害的是张男家庭整体预期收入的减少。故死亡赔偿金既非张男在夫妻关系存续期间取得的合法财产，也非张男死亡时已经存在并遗留的合法财产。换言之，死亡赔偿金既不属于《民法典》第1062条规定的夫妻共同财产，也不属于《民法典》第1122条所规定的遗产，它是对张男生在世的近亲属，包括配偶、父母、子女、兄弟姐妹等所支付的赔偿金，而非对张男财产损害的赔偿，这与伤残赔偿金在赔偿对象上有着本质的区别，获得伤残赔偿金的是伤者本人。

那么张男死亡后，张男近亲属取得死亡赔偿金的该怎么分割呢？这首先涉及死亡赔偿金由谁向赔偿义务人主张的问题。按照《民法典》第1181条规定，基于死亡赔偿金的性质，一般可以参照《民法典》继承编第1127条所规定的继承顺序确定请求权人顺序，张男的配偶、父母、子女可以作为第一顺位的请求权人主张死亡赔偿金。

请求权人获得死亡赔偿金后，该款项并非属于请求权人所有，而属于死者在世近亲属共有，应在共有人间进行分割。分割时，共有人可以先行协商，如果协商分割不成，可以请求人民法院依法分割。未请求分割，人民法院不主动予以分割。分割时，应扣除丧葬费和医疗费、交通费、住宿费、律师费等已有损失，并在优先照

顾死者生前被扶养人的利益后，剩余部分由近亲属根据与死者关系的亲疏远近、与死者的经济依赖程度、共同生活的紧密程度、未来损失的大小、生活的来源等因素合理分配。

特别强调的是，这里参照继承顺序只是确定有权向义务人主张死亡赔偿金主体的顺序，并非指请求权是基于有权继承张男遗产取得。

另外，按照相关规定，继承遗产需要清偿死者生前的债务和应当缴纳的税款。而死亡赔偿金不属于遗产，因此，分配死亡赔偿金时，不需要清偿债务和缴纳税款。

实务细节：

1. 张男的配偶、父母、子女为第一顺位的请求权人，诉讼中列为共同原告。没有第一顺位的，第二顺位的继承人为死亡赔偿金请求权人。

2. 分割死亡赔偿金不能以继承纠纷或分割夫妻共同财产纠纷提起诉讼，而应以共有物分割纠纷提起诉讼。

第四章 房产分割

张男和李女为了婚后有安定的居住场所，恋爱期间购买了一套房屋。但是房屋买得了，婚姻却买不了。张男最终和李女分手，双方因恋爱期所购房屋归谁的问题发生了争议。

第110问 恋爱期买房，房屋属于谁？

概要解答： 需综合各种因素确定

恋爱期间购买房屋的归属，有约定的按照约定处理，没有约定，则要具体问题具体分析。一般而言，影响恋爱期间购买房屋的归属因素主要有三个：出资人、产权登记和结婚与否。这些因素相互组合，可产生不同的认定结果。因情况复杂，无法三言两语能够说明清楚，具体可查阅解释部分。

专业解释：

若张男和李女按照《民法典》第1065条进行了约定，或者房屋产证登记了各自的产权份额（即按份共有），原则上按照双方的约定或登记的产权份额处理，自不必做过多讨论。本书主要针对双方没有约定，也未划分房屋产权份额的情形下，讨论如何认定恋爱期间所购房屋谁的问题。

所谓"恋爱期间购房"，是指购房合同签署于恋爱期间，使用个人财产支付房款的购房情形，与领取房产证的时间及支付购房款的时间无关。如果购房合同签订于领证结婚后，或者**购房款使用的是夫妻共同财产，则属于婚内买房**[①]，可跳过本问题，查阅本书有关婚内买房问题的解答。恋爱期间购房，一般可分为如下几种情形：

情形一：恋爱时一人全款买房

比如，张男恋爱时使用个人财产全款 100 万元购房，李女未支付购房款。

1. 若产权登记在张男一人名下

按照《民法典婚姻家庭编解释（一）》第 31 条规定，张男所购房屋为张男个人财产的形态转化，不管张男、李女是分手还是结婚，该房屋都属于张男个人所有，与李女无关。

2. 若产权登记在张男、李女双方名下

这种情形一般是双方为准备结婚而共同购房，二人共同签署购房合同，共同登记为房屋产权人，购房款由张男一人支付。根据《民法典》第 209 条"不动产以登记为准"的原则，即便李女分文未出，因房屋登记了双方的名字，双方在房屋上建立了共同共有关系，共同享有产权份额。换言之，李女在该房屋上也有份。如果二人分手未能结婚，李女能分多少房屋份额由双方协商，若协商不成，由人民法院确定其份额，一般为 10%—30%。如果二人结婚，形成了配偶关系，基于共同购房、双方结婚、共同生活等事实，可以认定婚前一方全款购房系为双方婚后共同所有的目的实现，该房屋应属夫妻双方共同所有，离婚时按照《民法典》第 1087 条夫妻共同财产分割原则分割处理。

3. 若产权登记在李女一人名下

这种情形一般是双方为准备结婚而共同购房，但张男因限购等原因，只能以李女个人名义签署购房合同，张男负责出钱。因产证登记在李女名下，按照《民法典》第 209 条"不动产以登记为准"的原则，李女享有房屋产权自不必多说。那么张男是否也享有房屋产权呢？这得看双方是否能够结婚。

如果双方未能结婚，未形成配偶关系，因购房合同由李女签订，登记地也是李女一人名字，故按照不动产登记原则，张男在房屋上不享有产权份额（注：也有少部分法院基于双方是共同购房行为，而将之认定共同财产，张男享有产权份额）。除特殊约定外，可将张男的 100 万元购房款推定为以结婚和共同生活为目的的赠与，基于赠与目的不能实现，按照《民法典》第 563 条规定，张男可撤销赠与，要求李女返还这 100 万元（也有观点认为李女属于《民法典》第 985 条规定不当得利，应予返还），房屋归李女个人所有。说白了就是婚没有结成，房屋不能退，但钱要退还。

注意，这里未能结婚，张男撤销赠与的是钱，不是房屋。若张男赠与的是房屋本身，并过户给了李女，则张男撤销赠与的才是房屋。不同的法律关系会形成不同的法律后果在这里表现得淋漓尽致。同样，张男出钱购买房屋，直接登记在双方名下，即使双方未婚，分手后李女多少还能享有房屋份额。而若张男赠与的是房屋本身，双方未能结婚，李女则有可能人房两空。

如果双方结婚，形成了配偶关系，此时不应简单地按照不动产登记原则确定房屋归李女个人所有，也不应简单地推定张男的100万元购房款为赠与性质，而应根据双方结婚、共同生活等事实，认定双方婚前共同购房的意愿明确，张男出资也具有与李女婚后共同共有房屋的意愿，故所购房屋虽登记在李女名下，但仍应属夫妻双方共同所有，离婚时按照夫妻共同财产分割原则分割处理。

需要注意的是，如果张男婚前赠与给李女的是房屋本身，不管是全部赠与，还是部分赠与（即"加名"），一旦依照《民法典》第659条完成房屋变更登记，且双方也领取结婚证，则视为赠与完成，赠与目的实现。除《民法典》第663条规定的法定撤销事由外，张男不得主张撤销赠与，要回房屋。**若全部赠与，该房屋应属于李女个人所有，若部分赠与（约定按份共有或者共同共有），该房屋则属于夫妻共有财产**[②]。

恋爱期间一人全款买房情形下的房屋归属表

出资时间	出资人	产权登记	结婚与否	房屋归属
恋爱期间	一方	出资方	未婚	出资人独有
			结婚	
		双方	未婚	一般共同所有
			结婚	夫妻共同所有
		非出资方	未婚	登记人独有
			结婚	夫妻共同所有

情形二：恋爱期间一人首付买房（按揭房）

例如，张男恋爱时首付30万元，贷款70万元买房，李女未付首付。

1. 若产证登记在张男名下

这与情形一张男全款购房，房屋登记在张男一人名下类似，不再赘述。银行贷款为张男的个人债务。**如果婚后李女共同参与还贷，共同还贷的本息及还贷本息所对应的房屋增值应为夫妻共同财产，离婚时，张男应给予李女补偿**[③]。

2. 若产证登记在二人名下

这与情形一张男全款购房，房屋登记在二人名下的处理方式类似，不再赘述。

不过，根据买房和贷款的通行做法，**双方在买房时应共同签署了购房合同与贷款合同，故银行贷款应为双方共同债务**④。

3. 若产权登记在李女名下

这与情形一张男全款购房，房屋登记在李女名下的处理方式类似，不再赘述。如果双方未婚，银行贷款为李女个人债务，双方结婚，银行贷款为夫妻共同债务。

情形三：恋爱期间二人共同全款买房

例如，张男与李女恋爱时分别出资70万元、30万元，共同全款购房。

1. 若产权登记在李女名下。这与情形一中张男全额出资，房屋登记在李女名下的处理方式类似，不再赘述。房屋登记在张男名下亦是如此。

2. 若产权登记在张男、李女二人名下。这种情形一般是双方共同签署购房，共同出资支付房款，共同登记为房屋产权人。按照《民法典》第209条"不动产以登记为准"的原则，该房屋属于二人共有财产无疑。如果二人未能结婚，未能形成配偶关系，按照《民法典》第308条规定，除特殊约定外，一般认定双方按份共有该房屋，恋爱关系终止（分手）分割该房屋时，依据《民法典》第309条，以各自出资比例确定各自份额为宜。如果二人结婚，双方形成配偶关系，基于婚前共同出资购房，婚后共同生活等事实，应将该房屋认定为夫妻共同所有。

恋爱期间二人共同全款买房情形下的房屋归属表

出资时间	出资人	产权登记	结婚与否	房屋归属
恋爱期间	双方	一方	未婚	登记人独有
			结婚	夫妻共同所有
		双方	未婚	双方按出资额按份共有
			结婚	夫妻共同所有

情形四：恋爱期间二人共同首付买房（按揭房）

例如，张男与李女婚前各首付20万元和10万元，贷款70万元买房。

1. 若产权登记在李女名下

这与情形三双方共同全款购房，房屋登记在李女名下的处理方式类似，不再赘述。银行贷款按房屋的产权归属确定还贷的主体。

2. 若产权登记在张男、李女双方名下

这与情形三双方共同全款购房,房屋登记在二人名下的处理方式类似,不再赘述。不过,如果分手,银行贷款对外均为二人的共同债务,对内可按照各自的房屋产权份额确定各自应承担的比例。

注意要点:

1. 上述所列四种情形为恋爱期间一方或者双方购房的常见情形。现实中极为个例的购房情形远多于此,本书无法一一罗列。涉及具体问题时,可基于《民法典》有关物权、不动产登记、夫妻财产、赠与、共有等制度,坚持社会主义核心价值观进行分析评判。

2. 本解答是指恋爱期间买房,而非同居期间买房。恋爱与同居是两个不同的行为,不可混淆。恋爱未同居期间各自财产划分相对清楚,而同居期间往往会形成共同共有财产。如果购房款是男女同居期间共同所得,则相对比较复杂,**具体可查阅本书同居期间财产归属相关问题的解答**⑤。

3. 虽然有"不以结婚为目的的恋爱都是耍流氓"的说法,但恋爱是相对宽泛的概念,并非只要是恋爱关系,一方可以基于结婚目的不能实现而撤销赠与。比如,恋爱双方实属"婚外情人"关系,**一方赠与对方财产多为"讨好"对方,往往就不具备结婚的目的**⑥。

4. 本解答所涉购房款出资均是指房屋买卖合同价款,不包括税款、中介费等费用,尽管这些也属于购房成本。因此,类似张男支付房屋买卖合同全部款项或全部首付款,李女承担了税费、中介费等费用,若双方没有特殊约定,仍应视为张男个人出资购房。税费、中介费根据具体情况确定其性质。

实务细节:

1. 以结婚为目的的赠与需提供双方恋爱关系、恋爱时长、准备结婚事宜等相关证据。

2. 撤销赠与购房款的同时,也可主张相应的利息。

3. 按照《民法典婚姻家庭编解释(一)》第5条规定,在有彩礼习俗的地区,如果恋爱双方已到谈婚论嫁地步,赠与的购房款或者房屋也可视为彩礼,**若双方未能结婚,彩礼也应返还**⑦。

4. 婚前或者婚内，一方依据《民法典婚姻家庭编解释（一）》第 32 条赠与个人房屋给另一方，不管是全部赠与还是部分赠与（共有），可能会涉及契税缴纳问题，同时，再出售时可能涉及高昂的个人所得税问题。具体可查阅相关规定并咨询当地不动产登记和税务部门。

关联问答：

① 婚内用个人财产买房，房屋是夫妻共同的吗？
② 一方把个人的房屋给对方，能反悔吗？
③ 婚前个人房屋婚后共同还贷，离婚时该怎么分？
④ 没在借条上签字，就不算夫妻共同债务？
⑤ 同居期间所得财产，分手时该如何处理？
⑥ 一方给"情人"的财产能要回吗？
⑦ 彩礼要不要退还？

> 张男和李女结婚前，个人就已按揭购买了一套房屋，登记在张男自己名下。结婚后，张男和李女共同使用夫妻财产为该房屋还贷。后双方离婚。

第 111 问　婚前个人房屋婚后共同还贷，离婚时该怎么分？

概要解答： 房屋属个人，共同还贷及对应增值为共有

按照《民法典》第 209 条"不动产以登记为准"的原则，第 214 条不动产登记发生效力时间的规定，以及第 1063 条夫妻个人财产的规定，该房屋应为张男个人婚前财产。即使张男与李女结婚，以及张男使用夫妻共同财产还贷，按照《民法典婚姻家庭编解释（一）》第 31 条规定，该房屋也不会转化为夫妻共同财产，仍属于其个人财产。这相对比较容易理解。

不过，因使用了夫妻共同财产为该房屋还贷，故离婚时该如何处理该部分钱款的问题需要着重分析。按照《民法典婚姻家庭编解释（一）》第 78 条规定，一般而言，对该问题可由双方协商解决，若不能协商一致，则人民法院可以判决该房屋归张男

所有，剩余贷款由张男继续承担；同时，因婚内李女参与了共同还贷，婚内共同还贷的本息依法应属于夫妻共同财产，法院可判决张男给予李女相应补偿；若共同还贷期间房屋有所升值，则共同还贷所对应的升值部分依法也应属于夫妻共同财产，法院也可判决张男就该增值部分给予李女相应补偿。离婚时，共同还贷及对应增值计算公式（设为 A）如下：

$$A = 已共同还贷本息 \div （首付 + 贷款本息总额 + 税费成本） \times 房屋现值$$

在计算得出 A 数据以后，该数据即属于夫妻共同财产，按照夫妻共同财产分割原则分割即可。

注意要点：

1. 若受到市场因素影响，张男、李女二人婚后共同还贷期间，房价不升反降，张男仍应就共同还贷本息部分补偿李女，其不可基于房价的跌落而拒绝补偿，或者要求李女分担房价跌落的差价。

2. 本解答所涉房屋归属及补偿规则只适用婚前一方个人签约，使用个人财产支付首付款，且登记在其个人名下，婚内夫妻共同还贷的情形。其他情形，如房屋登记在双方名下，或者共同支付首付款，或者婚后签约，或者婚后还是使用个人财产还贷等情形，均不能适用解答。

3. 部分案例中，一方个人在婚前签署了购房协议，并以个人财产支付了首付款，但取得房屋产证的时间是在结婚后，该情形是否属于"婚后所得财产"，购买的房屋是否属于夫妻共同房屋？答案是否定的。婚后取得房产证，仅是完成房屋产权登记手续，并不会导致房屋性质发生转化，房屋依然属于张男婚前个人财产。同样，即便李女在婚内共同参与还贷的金额远高于张男的首付款，该房屋的性质也不会发生改变。

实务细节：

1. 法律规定中，判决房屋归首付款支付一方所有的用词是"可以"，并非"应当"。据此，特定情形下，如张男无力继续还贷，而李女实际迫切需要该房居住，且能够一次性偿还剩余贷款本息，法院也可以根据实际情况，判决房屋归李女所有，由李女对张男的首付款，以及婚内共同还贷及增值部分对张男进行补偿。

2. 按照《契税法》第 6 条、《契税法实施后优惠政策衔接公告》第 1 条之规定，一般情况下，夫妻离婚分割共同房屋免征契税。但如果离婚时，张男将个人房屋给予李女，李女需要按照《契税法》第 1 条、第 3 条申报契税，契税比例为 3%—5%。计算契税时需要扣除婚姻关系存续期间共同还贷的部分及对应的增值，即**以一方婚前首付、婚前还贷，以及对应的增值为基数计算需缴纳的契税**[①]。

关联问答：

① 离婚时，拿房一方要缴纳契税吗？

> 张男和李女结婚后，张男使用个人婚前的存款支付首付款购买了一套房屋，并登记在自己名下，贷款由夫妻双方共同偿还。

第 112 问　婚内用个人财产买房，房屋是夫妻共同的吗？

概要解答：除个人全款+登记个人名下外，为共有

婚内购买房屋与婚前购买房屋有很大的不同。张男使用个人财产在婚内购买房屋，若与李女没有特殊约定，一般而言，只要该房屋是张男全款购买，且登记在张男一人名下，那么即使是在婚内购买，也属于张男的个人房产。相反，如果购房款还使用了夫妻共同财产，或者产权登记在李女和张男名下，则房屋应属于夫妻共同所有。

专业解释：

张男使用个人财产全款买房，并且登记在张男个人名下，该房屋即使购买于婚内，也只是张男个人财产形式的转化，按照《民法典婚姻家庭编解释（一）》第 31 条规定，该房屋依然属于张男的个人财产，而不属于夫妻共同财产。据此，一方婚内购买的房屋，若要依据《民法典》第 1063 条认定为个人房屋，应同时符合三个要素，否则即视为夫妻共有房屋。

一、须全款买房

这里的全款指全额房款，不包括全额首付按揭购房。若张男仅支付首付款购房，剩余的贷款由夫妻双方共同偿还，则基于购房行为发生在婚内，可视为张男婚内与李女在共同买房事宜上取得一致意见，且张男使用个人财产首付未与李女有特别约定，所以，不管房屋登记哪一方名下，该房屋作为"婚内所得"，宜依据《民法典》第 1062 条认定为夫妻共同所有。

二、房款须为张男个人财产

只有使用个人财产支付，房屋才有被认定为个人所有的可能。按照《民法典》规定，张男和李女在结婚后，除有特别约定或法律规定的个人特有财产外，任何一方个人所得财产，都属于夫妻共同财产。因此，购房款若含有夫妻共同财产，则房屋难以认定为张男个人的财产。同样，购房款若含有李女的个人特有财产，因购房行为发生在婚内共同生活期间，双方共同出资购房的意愿明确，不管产权登记哪一方名下，除特殊约定外，均应视该房屋为夫妻共同财产。

三、须登记在张男一人名下

按照《民法典》第 209 条"不动产以登记为准"的原则，张男使用个人财产购买房屋，须登记在自己名下才有可能被认定为其个人房屋，而如果登记在李女名下，或者登记双方名下，则不管钱款来源如何，除有特殊约定外，该房屋都应属于夫妻双方共同所有。

婚内购买房屋，房屋产权归属表

购房时间	出资人	出资额	登记权利人	房屋性质
婚后	个人	全款	出资方	出资方个人财产
			对方 + 或双方	夫妻共同财产
		首付	不限	夫妻共同财产
	二人	全款或首付	不限	

实务细节：

1. 在离婚分割确定房屋时，若有个人财产参与购房，应重点举证证明购房款的来源。

2. 婚后以领取结婚证时间为准，购房以签订房地产买卖合同时间为准。

> 张男和李女购买房屋，李女的父亲老李出资100万元帮助购房。双方生活一段时间后，因感情不和准备离婚，李女认为其父的出资是赠送给自己的，自己购房贡献大。

第113问　父母资助买房，资助款是赠与子女吗？

概要解答： 看资助时间及全款与否等因素

父母为男女双方出资购房，有约定的按照约定处理，若没有约定，则要具体问题具体分析。一般而言，老李出资是否是赠与李女的影响因素主要有四个：结婚情况、全款还是部分出资、产权登记情况和签约时间。这几个因素相互组合，可产生多个不同的认定结果。因情况复杂，无法三言两语能够说明清楚，具体可查阅解释部分。

专业解释：

限于房价和收入等因素，很多男女在结婚前后，无力全款购买房屋，甚至无力支付房屋首付款。父母出于对子女的关爱，抱着希望子女未来幸福的美好愿望，往往会出资资助子女购房。父母出资既有财大气粗式的全额出资，也有锦上添花式的部分出资。很多情形下，父母的资助看似对双方的帮助，实质是对自己子女居住条件的帮助。

在我国，民事行为遵循的是自治和自愿原则，如果父母有证据证明事先已与子女，尤其是与子女的配偶明确了出资款是赠与自己的子女或双方，或者出资款不是赠与而是借款，则按照相关的约定或明确的意思表示进行处理，不适用本条解答。

现实中，由于受传统社会婚姻观念的影响，父母在资助买房时，往往碍于情面、担心误会，不会与子女配偶签订书面的协议，甚至不会口头明确资助款项的性质。一旦子女离婚，往往会对此产生很大的争议。司法实践中，当无约定或没有明确意思表示，或者举证不充分的情况下，父母的出资款一般不会被认定为借款，而会被认定为属于《民法典》第657条规定的赠与。但是，父母的出资款到底是赠与给谁往往会各执一词。因此，有必要厘清相关的法律关系，确定父母的出资款是赠与一方还是赠与双方，进而判断所购房屋是属于夫妻共同财产还是属于一方个人财产，并为**离婚分割房屋时是否要考虑一方贡献**[①]提供依据。

一般而言，李女的父亲老李出资款赠与给谁，以及房屋产权属于谁的问题，需要从以下几个维度考虑：婚前还是婚后资助、全款还是部分资助、婚前还是婚后签约、房屋产权登记哪方名下。本书将上述维度综合运用，按照两种情形分析如下：

情形一：婚前资助

我国夫妻法定共同财产制依据的是"婚内所得"，即夫妻共同财产的认定，均是以存在婚姻关系为前提。因此，老李在李女婚前资助李女100万元用于买房，除非老李明确表示是赠与给双方，否则不管是全款资助还是部分资助，该100万元都不属于张男、李女二人的婚内所得，即不属于夫妻共同财产，而是属于李女个人婚前所得财产，老李资助的100万元钱款本身，按照《民法典婚姻家庭编解释（一）》第29条第1款规定应视为对自己子女一人的赠与。李女使用其父赠与的钱款购房，等同于李女使用自己一方的个人钱款购房。

至于李女使用100万元所购房屋的性质，如果购房合同签订在结婚前，可跳过本问题，直接查阅**本书恋爱期间买房**[②]相关问题解答；如果购房合同签订在婚内，则可直接查阅本书使用**个人财产在婚内买房**[③]相关问题解答。

婚前父母出资购房，出资性质认定表

出资时间	出资额	赠与对象	钱款归属	房产归属
婚前	全资	己方子女	子女个人	见本书相关问题解答
	部分			

情形二：婚后资助

张男与李女由恋爱关系变成了配偶关系，夫妻间的权利义务关系形成，同时，双方家庭之间也由毫无任何关系变成了姻亲关系。老李在李女结婚后资助100万元买房，在心态、目的等方面都会与婚前资助有明显差异。此时，不能简单地将老李的出资款一律认定为是对李女一人的赠与。除非老李明确赠与给李女一人所有，否则按照《民法典》第1062条规定"婚内受赠归夫妻所有"的原则，以及《民法典婚姻家庭编解释（一）》第29条第2款规定，老李100万元的资助款可以推定是老李对张男、李女夫妻双方的赠与，为双方婚内所得，属于双方共同所有。

那么，何谓"明确赠与给李女"呢？

一般而言，可以通过赠与前后（非纠纷发生时），老李与李女签订的赠与合同，父女间的沟通记录，与张男达成的协议，向张男进行的告知、说明等，来反映老李明确赠与的对象是否是李女一人。另外，也可以通过购房款金额，以及产权登记情况来推定是否是"明确赠与给李女"。

1. 100万元是全部购房款

该情形比较简单。老李全款出资，房屋有多少钱出多少钱，虽然李女已与张男结婚，但老李只让李女一人签署购房合同，房屋也只登记在李女个人名下。很明显，老李只希望该100万元出资款只被用于李女一人买房，故可视为老李只有赠与李女一人所有的意愿，而没有赠与张男的意愿，故可推定为属于《民法典》第1063条第3项情形。相应地，所购房屋也属于李女个人所有，与张男无关。这与一方婚内使用个人财产全款购房，所购房屋属于个人房屋无异。

相反，若购房合同由张男和李女共同签署，房屋也登记在二人名下，或者购房合同由张男签署，房屋登记在张男个人名下，老李对此没有反对，也没有进行特别说明或约定，则该100万元出资款可视为老李给予夫妻二人共同买房，是对夫妻双方的赠与，相应地，所购房屋也应属于夫妻共同财产。

2. 100万元是部分购房款（如房款为300万元，只出资100万元）

该情形相对比较复杂，不能仅通过产证登记来确定赠与对象。不过首先可以肯定的是，不管出资款赠与给夫妻哪方，不管该房屋登记在夫妻哪方名下，因房屋购买于婚内，且老李也不是全额出资，只要其他购房款乃至房屋贷款是使用夫妻共同财产支付，若无特殊约定，该房屋都属于张男和李女共同所有无疑。

那么，老李部分出资的100万元购房款赠与对象到底是一方还是双方呢？虽然这不影响认定房屋是夫妻共同财产，但关系到离婚分割该共同房屋时，是否需要考虑一方的贡献问题。如果100万元认定为老李对李女的个人赠与，属于李女个人所有，则李女对购房出资的贡献大于张男，李女可以多分房屋份额。相反，如果100万元认定为对老李对夫妻二人的赠与，则属于二人共同所有，不存在李女一方贡献大的说法。

对于该赠与对象确认问题，目前尚存争议。最高人民法院先后出版的有关《民法典婚姻家庭编》和《民法典婚姻家庭编解释（一）》的理解与适用书籍中，对此问题的解答亦相互矛盾。本书认为，不能仅凭产权登记在己方子女名下即认定是对己方子女的赠与，在无法查证系"明确赠与给李女"的情况下，100 万元购房款应系对张男、李女双方的共同赠与。这是因为子女结婚后，父母出资购房往往在心态、目的上与婚前有较大的差异，且夫妻二人婚后购房也多是共同行为，所购房屋也多是夫妻共同所有。此时，父母出资部分购房款给夫妻共同购房，既不签署借款协议，也不明确赠与对象，应视为其将出资款是直接赠与给双方。另外，在离婚率居高不下的当今，将出资的部分购房款认定为对夫妻双方的赠与，也有利于引导父母在为子女出资购房时要有明确的意思表示，以避免离婚时产生不必要的纠纷。

婚后父母出资购房，出资性质认定表

出资时间	出资额	产权登记	赠与对象	钱款归属	房屋归属
婚后	全资	己方子女	己方子女	子女个人	子女独有
		双方或者对方	夫妻二人	夫妻二人	夫妻共有
	部分	己方子女			
		双方或者对方			

> **注意要点：**

1. 本解答只适用于父母出资购房情形，不适用于其他出资。比如，老李出资帮助李女购买汽车，因汽车所有权只能登记在一方名下，故不管老李是全额出资还是部分出资，除明确约定外，该汽车在婚后都属于夫妻共同财产，老李的出资视为对张男、李女二人的赠与。

2. 婚内老李帮助共同还贷，如果房屋是李女的，帮助还贷的钱款就是赠与李女，如果房屋是夫妻共同的，帮助还贷的钱款就是赠与夫妻双方。

3. 如果张男、李女的父母都有出资可参照上述解答认定处理。婚前出资视为对各自子女的赠与；婚后出资，不论产权登记哪方名下，均视为对双方的共同赠与，房屋均为夫妻共同财产。

4. 如果老李将自有房屋赠与给李女，并登记在李女名下，不管是婚前还是婚后，不管夫妻是否共同参与偿还贷款，该房屋本身都应被认定为对李女个人的赠与，属于李女的个人房屋。

实务细节：

1. 老李不能以出资买房时，张男李女夫妻感情已不好，不可能赠与给张男为由，来推定是"明确赠与李女"。

2. 个案中，**会有父母与已方子女共同将出资款说成借款，甚至单方虚构、倒签借条，要求另一方共同偿还借款**[④]。法院对此类借款的审理比较谨慎，若无其他证据佐证，事后只有夫妻一方签字的借条不能得到认可。同样，事后只有一方倒签的赠与协议一般也不能得到法院认可。

3. 婚前婚后的分水岭以领取结婚证为准，购房时间节点以签订购房合同为准。

关联问答：

① 离婚分割财产，会考虑个人贡献吗？
② 恋爱期买房，房屋属于谁？
③ 婚内用个人财产买房，房屋是夫妻共同的吗？
④ 父母资助的购房款，能作为夫妻共同债务要回吗？

> 张男和李女在婚内购买了一套房屋，除了登记有张男和李女二人名字外，还登记有张男父亲的名字。张男和李女现面临离婚。

第114问　有第三人名字的房屋，离婚时可以分吗？

概要解答： 未成年子女名字可分，其他不可分

张男和李女购买的房屋有张男父亲的名字，因涉及第三人的利益问题，故法院在离婚案件中一般不会分割，双方只能在离婚后，基于共有关系消灭提起析产诉讼进行分割。不过，如果房屋上只有未成年子女的名字，基于特定的身份关系，法院在离婚诉讼中可以进行分割，但需要保留子女在房屋上的产权份额。

有第三人名字共同共有房屋的处理方式表

房屋性质	第三人	离婚时	分割方式
共同共有	未成年子女	可以分割	分割夫妻共有份额
	其他成年人	不能分割	离婚后析产分割

专业解释：

夫妻离婚时，往往会涉及房屋的分割问题。对房屋，如果属于夫妻共同所有，不管登记在一方还是双方名下，**在离婚时都可以一并进行分割**[①]，而有些房屋，除了有夫妻一方或者双方名字外，还有其他人的名字。对这类有第三人名字的房屋，能否在离婚时一并进行分割，则要看具体的情况。

情况一：第三人是未成年子女

很多夫妻在婚姻关系存续期间，基于各种目的和因素，会在购买的房屋上同时登记上未成年子女的名字。根据《民法典》第209条不动产登记效力及相关法律规定，该房屋应属于夫妻双方与子女的共有房屋。对于未成年子女，父母既是监护人，也是法定代理人，故在离婚时可以将该房屋进行分割。

如果产权登记中明确了未成年子女和父母各自的份额，则该房屋为按份共有，子女和父母分别按照产证载明的份额享有产权。父母在离婚时只能就自身享有的产权份额进行分割处理。若父母间按照《民法典》第1065条有财产约定，或者在产证上也明确了各自的份额，则按照约定或者登记的份额分割，若没有明确各自份额，则按《民法典》第1087条夫妻共同财产分割原则分割。

如果产权登记中没有明确未成年子女和父母的各自份额，则该房屋为共同共有。在分割该房屋时，因子女没有出资行为，没有贡献，故其在该房屋上享有的份额一般不超过30%。对应地，扣除未成年子女享有的份额外，其余份额即为父母的产权份额，由父母按照夫妻共同财产分割原则进行分割。

需要注意的是，虽然父母可以在离婚时分割此类房屋，但在分割时，应按照《民法典》第34条履行监护职责，保护未成年子女依据《民法典》、第240条享有的对不动产的占有和使用权利，即要保留未成年子女在房屋上的份额。通俗地讲，也就是该房屋不能被拍卖或变卖，同时，也不能将房屋判归夫妻任何一方个人所有，而只能将夫妻一方在房屋上的产权份额确定归另一方所有，另一方支付相应的折价款。分割后，另一方与未成年子女继续共有该房屋。简言之，就是夫妻分割的是夫妻共同份额，不能分割子女的份额。

情况二：第三人是其他人

夫妻离婚时，除了房屋上有未成年子女名字的情形外，还有些房屋上有成年子女的名字，或者有其他人，如夫妻各方父母的名字。对此类房屋，夫妻在离婚时一般不能直接分割。这是因为作为第三人，尤其是成年人，既然在房屋产权登记中有其名字，又没有确定其产权份额，其与夫妻二人就是共享房屋产权。当需要分割此类房屋时，必然涉及第三人的权益，需要第三人进行明确的表态。而夫妻离婚是夫妻二人的事情，尤其是在离婚诉讼中，不能将其他人作为第三人加入诉讼，故在夫妻离婚时，一般不能对此类含有第三人名字的房屋进行直接分割，否则有可能损害第三人利益。夫妻一方只能待离婚后，按照《民法典》第303条、《民法典婚姻家庭编解释（一）》第83条规定，基于夫妻共有关系消灭，提起共有物分割之诉（也称为"析产之诉"）。

当然，若该房屋是各产权人按份共有，则一般可在离婚时对夫妻享有的份额进行分割，按照《民法典》第304条共有物折价分割方式，明确一方的份额归另一方所有，另一方支付相应折价款。

实务细节：

1. 第三人如果不是房屋产权人，只是享有房屋居住使用权，不影响夫妻在离婚中分割该房屋。

2. 除房屋可能涉及第三人利益外，还有民间借贷（非银行房贷）、公司股权等涉及第三人利益，法院在离婚诉讼中一般也不会予以直接处理。

3. 夫妻离婚时，如果共同约定不分割共有房屋，而是将房屋赠与给子女，**离婚后，任何一方不得反悔，不能要求撤销赠与，即不能不给**[2]。

关联问答：

① 离婚时，财产都是均等分割的吗？
② 约定房子归小孩，协议离婚后可以不给吗？

> 张男和李女婚内共同购买了一套期房，到双方离婚时，房屋虽已建好，但未能拿到产证。离婚时，李女提出分割该房屋，张男不同意，认为还没有拿到产证。

第115问 没拿产权证的房屋，离婚时能不能分？

概要解答： 原则上不能处理

对于没有产证的房屋，除非张男和李女自行协商，否则法院在离婚案件中，一般不会分割此类产权不明的房屋。离婚男女双方只有待实际取得产权证后，再通过协商或诉讼的方式进行分割。不过，特定的情况下，如该房屋是全款购买，已经支付了全部价款，履行了全部的手续，只剩领取产证最后一步，法院也有可能会在离婚时分割处理。

专业解释：

夫妻离婚涉及房屋分割，无论是夫妻双方协商确认房屋的价值、归属，还是人民法院根据不同的情形，并通过评估、竞价或拍卖、变卖的方式确定房屋的价值、归属，都必须是以夫妻双方对房屋享有完整所有权为基础前提。

按照《民法典》第209条、第214条、第216条等相关规定，对于房屋而言，不动产登记簿是物权归属的证明，没有产权登记簿，等于没有所有权，或者权利不明。现实中，有夫妻在离婚时，房屋还未建成（期房预售），或者建成后尚未到办证时间，或者房屋建设不符合相关规定无法办理产证，或者双方不相互配合办理产证，等等，导致尚未能拿到产权登记簿的情况发生。

还有一种情况，有些房屋是政策性商品住房，由夫妻一方或双方与国家或者单位按份共有所有权。按照相关房屋政策规定，此类房屋在取得完整所有权前，不得擅自转让，不得擅自赠与他人，甚至不得出租、出借等。因此，此类房屋夫妻虽有产权登记簿，但属于未完整取得所有权的房屋。

对上述没有产权登记簿，或者虽有产权登记簿，但未完全取得所有权的房屋，按照《民法典婚姻家庭编解释（一）》第77条规定，人民法院一般不会在离婚案件中进行分割，即使该房屋已经交付并且被实际居住使用。这是因为，法院分割财产是以财产没有争议、权利清晰、数量明确为前提。由于夫妻双方后续有可能因为违约或其他原因不一定能够取得登记簿，故法院在离婚案件中，不会分割处理此类房屋，否则有越俎代庖、事先确权之嫌，并有侵害他人合法权益的可能。

不过，法院虽然不能直接分割没有产权或没有完全产权的房屋，但可以根据实际情况，参照照顾子女、女性和无过错方的原则，依据上述解释第77条判决房屋由一方居住使用（注：这里的居住使用不属于《民法典》第366条设定的居住权）。夫妻在离婚后取得房屋产权登记簿，或者取得房屋完整产权，可以再行协商分割，或者根据《民法典婚姻家庭编解释（一）》第83条，另行向法院提起诉讼，要求分割。

当然，法院不分割没有产权登记簿或没有完整产权的房屋是相对的。在特定的情况下，如夫妻二人共同在婚内购买商品房、经济适用房、福利房等房屋，已共同签署了购房协议，支付了房屋全部价款（全款购买），办完了绝大部分必要的手续，甚至房屋也都已交付给夫妻二人使用，唯一剩下的就是双方共同办理产权登记手续。此类房屋权利义务很清晰，没有任何过户障碍，过户也不涉及第三人合法和双方的合法利益。通俗地讲，就是房屋非常"干净"，毫无任何法律争议，能做的都已经做了。若离婚时已到可以办理房屋产证的时间，只是因一方故意拖着不办理，人民法院也可进行分割，法院分割此类房屋没有实质障碍。这能节约诉讼资源，又能有效保护夫妻一方的共同财产权益。作者就曾代理过类似案件。法院依法分割后，拿房一方可以依据生效判决，直接申请人民法院执行，将房屋登记在自己的名下。

注意要点：

夫妻一方在婚内行使继承权继承房屋，但在离婚时尚未完成继承分割，未能获得房屋产权登记簿，该情形不属于离婚时未取得房屋产权的情形，法院不能在离婚诉讼中判决由一方居住使用。

实务细节：

虽然农村地区已大力推行不动产确权登记，但有些地方尚未完成不登记手续，对此类房屋，在离婚时也可以进行分割，不受《民法典婚姻家庭编解释（一）》第77条无产证不能分割规定的限制。

> 张男和李女在婚内购买了一套房屋,但并没有登记在双方名下,而是登记在子女一人名下。离婚时,子女归张男抚养,张男认为房屋是赠与子女的,不能分割。

第116问 房屋登记在小孩一人名下,离婚时能分吗?

概要解答: 看是否是赠与子女

张男和李女购买的房屋只登记在小孩一人名下,不代表就一定是赠与给小孩个人所有。这要看张男和李女是否有赠与的意愿,如果确实是赠与给子女,那该房屋就属于小孩个人所有,离婚时不能进行分割。相反,如果没有赠与给小孩的想法,只是因其他原因登记在小孩名下,那就不完全是小孩一人的房屋,离婚时一般就可以进行分割。

专业解释:

现实中,基于各种原因和目的,既有夫妻将购买的房屋直接登记在未成年子女名下,也有夫妻将房屋以买卖或赠与的形式变更登记到未成年子女名下,等等。总之,在夫妻离婚时,房屋的产权人是未成年子女,而不是夫妻一方或者双方。

按照《民法典》第209条"不动产以登记为准"的原则,一般而言,房屋登记是谁的名字,该房屋即属于谁。之所以叫"一般而言",是因为在婚姻家庭关系中,就房屋的产权归属,并不能完全适用不动产以登记为准的原则。比如,张男和李女夫妻二人共同购买一套房屋,产权只登记在张男名下,或者张男再将房屋名字变更到李女名下,如此种种,若无特殊约定,该房屋依然属于《民法典》第1062条规定的夫妻共同财产,即在夫妻关系中,不能因房屋只登记在夫妻一方名下,即认定为一方个人所有。

基于这样的认知,同样是在婚姻家庭关系中的未成年子女,登记在他们一人名下的房屋,并不一定就归他们个人所有。这是因为,未成年子女有无偿受赠房屋的行为能力,却没有购买房屋产权的经济能力,他们名下的房屋一般都是受赠而来。而当父母不是赠与房屋给未成年子女,而只是挂名登记在未成年子女名下,那未成年子女名下的房屋就不是受赠而来，房屋就不一定能归其所有。因此，父母将房屋登记在未成年子女名下，要看父母的真实想法或意愿是否是赠与给子女。

若父母购买房屋直接登记在子女名下，或者将夫妻房屋变更到子女名下，其目的就是赠送给子女，希望子女长大成人后有一个自己的居所，那么该房屋即属于子女的个人财产，而不属于夫妻财产，夫妻离婚时，不得对该房屋进行分割。而且，因房屋已经按照《民法典》第659条完成登记，夫妻任何一方也不得反悔主张撤销赠与，向子女要回房屋。

相反，如果父母目的不是赠与，而是基于其他目的或者原因，则该房屋虽登记在未成年子女名下，也不能认定为子女的个人财产，而应认定为父母与子女的共同财产，子女为挂名产权人。由于子女未成年，夫妻离婚时可以一并将该房屋进行分割。当然，根据物权登记效力，因子女是产权登记人，其在该房屋上必然享有产权份额，故夫妻在离婚分割该房屋时，应履行《民法典》第34条规定监护职责，保留未成年子女在该房屋上的产权份额（一般为30%左右）。即非经夫妻双方一致同意，该房屋不能被拍卖，或者变卖，或者将该房屋判归夫妻任何一方个人单独所有。简而言之，就是夫妻只能分割夫妻共同财产，不能分割子女的财产。

当然，若夫妻离婚时子女已成年，具有独立的民事行为能力，能自主表达自己的意志，因涉及第三成年子女的利益，人民法院在离婚诉讼案件中一般不予处理该房屋。**夫妻双方只能按照《民法典婚姻家庭编解释（一）》第83条规定，待离婚后另行提起诉讼进行析产分割**[1]。

注意要点：

1. 夫妻将房屋变更登记到子女名下，要不就是以赠与的形式，要不就是以买卖的形式进行变更登记。然而，基于婚姻家庭关系及父母与子女的特殊关系，不管是以何种形式完成变更登记，在房屋登记机关备案的合同均不应作为认定赠与与否的直接证据，换句话说，这种合同仅是形式而已。

2. 再婚家庭中，夫妻一方使用夫妻共同财产购买房屋登记在自己一方子女名下，该房屋到底属于子女个人财产还是属于共同财产，也可以参照上述规则进行分析。不过，如果一方擅自使用夫妻共同财产购买房屋，并将房屋产权直接登记在自己一方子女名下的，则另当别论，这需要**根据相关规定分析是否属于恶意转移夫妻共同财产**[2]。

3. 夫妻离婚时，一方擅自将登记在自己名下的夫妻房屋过户给未成年子女，以期待另一方无法分割该房屋。对于该种情形如何处理，尚待第一步探讨。一般而言，一方擅自处分房屋的行为属于无权代理行为，另一方可以要求未成年子女返还房屋，也可以要求擅自处分的一份进行补偿或赔偿。

4. 不管是属于共同房屋，还是属于子女个人房屋，该房屋所形成的债务，仍属于《民法典》第1064条所规定的夫妻共同债务，应由父母负责偿还。

实务细节：

1. 按照相关法律规定，确认是否属于赠与的性质，一般要有明确的表示，若没有明确的表示，或者表示不清晰，则一般不会认定为赠与。这需要根据相关材料，比如微信、短信、证人证言等来佐证，而不能仅凭推断进行确认。

2. 如果确实是要赠与子女的房屋，夫妻之间应该要有明确的意思表示，或者签署相关的协议，以免一方事后反悔。

关联问答：

① 离婚未分的财产，离婚后还能再分吗？
② 侵害夫妻财产的行为有哪些？

张男和李女结婚后，张男名下的老房屋拆迁，分得多套安置房。离婚时，双方对拆迁安置房是否应被作为夫妻共同财产分割的问题产生争议。

第117问　拆迁安置房是夫妻共同财产吗？

概要解答： 比较复杂，要视情况而定

张男在婚内拆迁取得的拆迁安置房，不能因是婚内所得而一律认定为夫妻共同财产。一般而言，能否被认定为夫妻共同财产，要看李女与被拆迁安置的房屋是否有"关联"，这种关联多表现为：李女是被安置人之一，或者被安置的房屋上登记有李女的名字，或者使用了夫妻共同财产购买了安置房，或者李女是公房的同住人，等等。

专业解释：

随着城市化进程的加速，越来越多的旧城被拆迁改造，被拆迁家庭也会依照《房屋征收与补偿条例》第2条获得拆迁补偿。绝大部分家庭在补偿方式上选择的是产权置换的安置方式（俗称"拿房"），然而，由于没有书面约定，夫妻离婚时，往往会涉及婚内拆迁安置房如何分割的问题。

在离婚过程中，处理拆迁安置房的问题往往比较复杂：一来，各地的拆迁政策、标准相差较大；二来，被拆迁的房屋还有公房和私房之分，房屋性质不同，拆迁补偿的规则也不同；三来，拆迁安置还会涉及家庭成员的利益关系，等等。一般而言，婚姻关系中，拆迁安置房的归属往往有以下几种形式：

第一种情形：纯属张男个人财产

如果被拆迁掉的房屋按照《民法典》第1063条是张男婚前的个人房屋（私房或公房），拆迁后，安置的房屋产证上只有张男的名字，没有李女的名字；同时，拆迁安置协议中未将李女作为被拆迁安置对象，也没有将李女计入居住困难人员（居困托底保障，一般出现在"数人头"的补偿方案中），等等。总之，拆迁与李女无关。在此情形下，该拆迁安置房虽是婚内所得，但按照《民法典婚姻家庭编解释（一）》第31条规定，个人财产不因结婚而转变为夫妻共同财产，故安置房依然属于张男个人或其家庭所有，与李女无关，李女在离婚时不可要求分割。

还有一种情况是，被拆迁的房屋是张男父母的房屋，拆迁后，张男父母将安置的房屋只登记在张男一人名下，按照《民法典》第657条赠与的定义，这属于张男父母对张男的个人赠与，为张男的个人财产（**可参照本书父母出资购房相关问题解答**[①]）。

第二种情形：虽属张男个人财产，但有李女贡献

如上述第一种情况，拆迁安置的房屋为张男个人或其家庭所有，与李女无关。但如果李女对安置的房屋有贡献，则可以就贡献部分要求补偿。一般而言，李女的贡献主要可分为三种：

一是购买安置房差价使用了张男和李女的夫妻共同财产。这种情况一般是获得的拆迁补偿款不足以支付选定的安置房价格，使用了夫妻共同财产对差价进行了补足。

二是使用了阳光拆迁款购买了安置房。这种情况主要是指，很多地方实施阳光拆迁政策，给予不是安置对象的李女（如李女是外来媳妇，户口不在被拆迁安置房屋，也不符合同住人标准）一定数量的照顾补偿，该照顾补偿款连同拆迁补偿款一并被用于购买了安置房。

三是使用了夫妻共同财产对被拆迁的老房屋进行了装饰装潢、加层加高等，并在拆迁时得到了对应的补偿，且对应补偿款被用于购买了安置的房屋。

需要注意的是，上述三种情况，即使李女有贡献，或者使用了部分夫妻共同财产出资购买了安置房屋，也不足以导致安置的房屋性质变为夫妻共同财产。但由于有夫妻共同财产的投入，李女对于贡献部分可以要求补偿。至于如何补偿，可以参照《民法典婚姻家庭编解释（一）》第78条婚前房屋，婚内共同还贷[2]的相关规定**进行计算和处理。**

第三种情形：属于夫妻双方共同财产

如果被拆迁掉的房屋原本是张男和李女二人的共同财产。比如，原是使用夫妻共同财产购买的公房，那么，**安置的房屋不管登记在夫妻一方或双方名下，都属于夫妻共同房屋**[3]。若安置房屋还同时登记了其他家庭成员名字，张男和李女在家庭共有房屋上也享有相应的夫妻共同份额。这种情况也相对比较容易理解。

如果被拆迁掉的房屋原本是张男个人或张男家庭的私房，但安置房屋也登记了李女的名字；原本虽是张男个人或张男家庭的公房，但公房拆迁中，李女符合同住人条件，属于被安置对象，则安置的房屋即属于夫妻共同财产；张男、李女在家庭共有的房屋上享有相应的夫妻共同份额。

取得安置房后，若安置房屋直接登记在夫妻一方或双方名下，则在离婚时可以直接进行分割。若安置房属于家庭共同房屋，比如，李女与除张男外的家庭其他成员的名字在同一房屋产证上，或者李女在安置房屋上没有名字（一般发生于李女没有在《家庭房屋分配单》上签字，也没有对安置的房屋如何分配发表意见，甚至不知道安置的房屋如何在家庭内部分配），在此情形下，如果各方无法协商一致，则只能在离婚后，李女提起共有物分割诉讼（也称析产之诉），析出张男、李女在家庭共同房屋上享有的共同份额，并采取适当的分割方式进行分割。

上述三种情况，仅是作者对处理过的多起案件，以及常见的拆迁房分割案件进行了总结概述，现实中的拆迁纠纷远比此复杂得多。但无论如何，在离婚时，对于婚内拆迁安置的房屋，夫妻一方能不能要求分割或要求补偿，要看该方与被拆迁的房屋或取得的安置房屋有没有"连接点"：是否是被拆迁房屋权利人，是否对被拆迁房屋来源有贡献，是否对被拆迁房屋有改扩建，是否属于被拆迁安置人，是否属于同住人，是否属于居困托底保障对象，是否是阳关拆迁被照顾对象，是否对取得的安置房屋由"人头"贡献，是否对取得的安置房屋有夫妻共同财产贡献，是否是安置房屋的产权人，等等。

注意要点：

1. 公房拆迁安置中，选择"数人头"的方式，人头越多，往往获得的补偿利益会更多。但如果对夫妻感情没有足够信心，除配偶符合同住人条件，为法定的安置对象外，一般不建议在公房拆迁中将配偶作为"居困托底保障"对象。作者经历的案件中，就有一方拆迁公房时通过各种手段将配偶作为托底保障对象，把"数砖头"变成"数人头"的拆迁补偿方式，后双方离婚，由于没有事前约定，安置的房屋即属于家庭共有房屋，配偶一方就可以按照"人头数"份额分割安置的房屋。

2. 如果被拆迁掉的老房屋原本只属于张男个人或张男家庭的房屋（私房或者公房），但拆迁安置补偿款被用于他处，实际使用的是夫妻共同财产全款购买安置房，这种情况下，如果双方有约定，按照约定处理，如果没有约定，所购买的安置房也应被认定为夫妻共同财产（注意与使用部分夫妻共同财产补足购买安置房的区别）。当然，在离婚分割此类安置房屋时，要考虑张男享有的优惠购买安置房的贡献。

实务细节：

1. 同住人、居住困难人员的认定，一般针对的是公房（公租房屋）的拆迁，私房（个人所有的房屋）拆迁中，一般只有产权人才是被安置人，不涉及同住人、居住困难人员的认定。

2. 如果采取的是货币补偿的方式（不拿房），也可参照上述解答的相关原则进行认定处理。

关联问答：

① 父母资助买房，资助款是赠与子女吗？
② 婚前个人房屋婚后共同还贷，离婚时该怎么分？
③ 公房在婚后购买，是夫妻共同的吗？

> 张男和李女结婚后，正赶上房改房政策的推行，于是，夫妻双方便使用夫妻共同财产购买了张男名下的公房，使其成为产权房。

第118问　公房在婚后购买，是夫妻共同的吗？

概要解答： 需使用夫妻共同财产购买

张男名下的公房，在婚内购买成私房，购买后的房屋是否属于夫妻共同财产，主要看是否是夫妻使用共同财产购买，如果是使用夫妻共同财产购买，原则上该房屋就属于夫妻共同共有。当然，特殊情况下，如婚后使用个人财产购买公房，也有可能被认定为夫妻共同共有房屋。

专业解释：

公房，是与私房相对的概念。私房是个人所有的房屋，如登记在个人名下的商品房即属于私房。公房则是我国特定时期形成的一种保障性住房，是单位根据职工的职务、身份、工龄等因素给予的住房福利，这类房屋并不属于个人所有，而是属于国家、机关、集体等主体所有，个人（一般为单位职工）根据政策，支付极少租金即可租赁使用公房。随着国家房改政策出台，承租人可以较低的价格购买公房，以使之成为私有房屋。购买后，既可以继续自住，也可在规定期限后（一般5年）转售他人。这就是"房改房"政策。

房改房政策推行后，如果张男在结婚前用个人财产购买的公房为其个人所有争议不大，而在婚姻关系存续期间，张男购买的公房是否属于夫妻共同房屋，则要根据以下几种情形判断：

一、婚后使用共同财产购买张男婚后承租的公房

这类公房购买时使用的是夫妻共同财产，不管产权登记在一方还是双方名下，按照《民法典婚姻家庭编解释（一）》第27条规定，应属于夫妻共同所有的房屋。

二、婚后使共同财产购买张男婚前承租的公房

虽然公房是张男婚前承租，但因张男购买时并未取得该房屋的所有权，同时根据《民法典》第 1062 条规定，夫妻共同财产包括婚姻关系存续期间所得的财产，故婚后使用共同财产购买张男婚前承租的公房，不管产权登记在一方还是双方，都属于夫妻二人共同房屋。

三、婚后张男使用个人财产购买婚前个人承租或婚后共同承租的公房，登记在张男个人名下

对于此类房屋，如何确定其权属，至本书出版时，《民法典》及有关司法解释均未有明确规定。本书认为，在夫妻双方无明确约定的情况下，婚后使用个人财产购买承租的公房，不能简单地以张男个人出资来确定房屋归张男个人所有。这是因为在婚后购买公房，要考虑家庭人口，并按照国家房改政策调整购房价款，且每个家庭只能享受一次，故此类房屋应被认定为夫妻共同财产为宜。

四、使用夫妻共同财产购买张男父母承租的公房，且产权登记在张男父母名下

虽然出资款来源于夫妻财产，但按照《民法典》第 209 条物权登记原则，该房屋不属于夫妻共有，而属于登记权人（即参加房改房的张男父母）所有，故在离婚时不能要求对该房屋进行分割，也不能主张出资增值。

当然，按照《民法典婚姻家庭编解释（一）》第 79 条规定，夫妻为张男父母购买公房出资，登记在张男父母名下，对于出资部分，如果没有特殊约定，也没有证据证明是赠与张男父母，即使与父母间没有明确的借款合意，李女也可以在离婚时，要求将该款项作为债权处理，由法院确定债权张男享有，张男对李女进行补偿。

不过，需要强调的是，要求按照债权处理的情形只适用于公房，并不能适用所有类型的房屋。夫妻双方出资购买的商品房或经济适用房，登记在张男父母名下，除非有明确的借款合意证据，否则李女不能在离婚时对该部分出资要求按照债权性质主张分割。

实务细节：

1. 承租的公房不属于个人财产，在离婚时不能将公房进行分割。

2. 一般而言，购买公房的价款含有了职工的工资差额，故分割婚后购买的公房，除要遵循照顾子女、女方和无过错方的原则外，还要考虑购买价款（一般远低于市场价）是否含有一方的工龄、职务、工资等折扣贡献，如果有，该方可以适当多分。

> 张男和李女离婚分割财产时,李女提出张男名下有一套公房是在婚内取得承租权,李女的户籍也在公房内,要求进行分割,张男表示没有购买成私房,不能分割。

第119问 未购买的公房,离婚时能分割吗?

概要解答: 产权不能分,租赁、补偿等无规定

公房是我国在特定时期形成的一种福利住房类型,这类房屋产权并不属于个人,而是属于国家、集体等主体。按照投资建设和管理单位的不同,公房可分为直管公房(国家投资和管理)与自管公房(机关、集体投资和管理)。国家推行房改政策后,已有大量的公房通过售卖的方式变成职工的私有房屋。但现实生活中,依然有承租人尚未通过交易的方式获得公房产权。

在法律上,公房承租人和实际产权人(国家、集体)之间为房屋租赁关系,是一种债权债务关系。根据《民法典》第726条规定,作为公房承租人,除享有租赁权外,还享有公房出售时的优先购买权,除此以外,不享有其他权利。因此,不管公房是个人承租,还是夫妻共同承租,不管是婚前承租,还是婚后承租,只要没有购买变成私房,夫妻一方或者双方对该公房都不享有所有权。即它不是某一方的个人财产,也不是夫妻双方的共同财产。因此,夫妻离婚时,不能将公房直接作为夫妻共同财产进行分割。

实务细节:

夫妻二人离婚时,往往还会对公房继续使用、承租等问题产生争议。对此类问题如何解决,至本书出版时,《民法典》及相关司法解释均未有明确规定。最高人民法院在1996年曾经发布《关于审理离婚案件中公房使用、承租若干问题的解答》,该解答对在离婚案件中,有关公房的使用、承租问题发生争议时如何解决作出了详细规定。不过,因《民法典》的颁布实施,该解答已经失效。本书认为,虽该解答已经失效,但在新的规定出台前,该解答在司法实践中依然具有较高的参考意义和

价值。离婚时若涉及公房使用和承租的问题，可参照该解答相关处理方式主张权益，这里不再赘述。

> 张男和李女结婚后，共同在张男老家农村宅基地上翻建了一幢别墅。现二人面临离婚，李女要分割该别墅，张男同意分割，但提出李女的户口不在老家，不能拿房。

第120问 农村老家盖的房屋，离婚时该怎么分？

概要解答： 分割有特殊之处

只要房屋是使用夫妻共同财产建设的就可以在离婚时分割。只是分割农村的房屋与分割商品房有所不同，其中最明显的就是在房屋价值和拿房问题上。农村房屋没有公允的市价，只能双方协商或由法院确定。在拿房问题上，没有户口的一方一般也不便拿房。

专业解释：

在本质上，分割农村房屋与分割一般的商品房没有区别，只是在实际处理时，与商品屋有较多特殊处理之处，具体如下：

第一，定性问题

定性问题是指房屋归个人所有还是归夫妻共有。在确定农村房屋是否属于夫妻共同财产时，与一般财产的认定规则无异。它与李女户口是不是农村户口，或者户口在不在房屋所在地，或者有没有宅基地等没有关系，只要房屋是张男、李女使用夫妻共同财产建造，并且不动产确权登记在夫妻一方或双方名下，房屋即应属夫妻共同所有。

当然，如果张男是通过继承或受赠获得的房屋，则要根据《民法典》第1062条条及相关规定确认**是否属于夫妻共同财产**[①]。

第二，定量问题

定量问题是指确定产权份额问题。确定夫妻各方在农村房屋上的产权份额，与夫妻共同财产一致，一般是按照均等原则处理，同时按照《民法典》第1087条适当照顾子女、女方和无过错方。同时，在确定房屋份额时，还要考虑贡献问题，如宅基地原本属于张男父母，则张男家庭贡献较大，可以适当给张男多分份额。

另外，需要注意的是，农村房屋不能进入市场流通，其没有明确的市价，一般也无法通过评估来确定其价值，故不能完全依据《民法典婚姻家庭编解释（一）》第76条规定的夫妻共有房屋分割方式处理，而只能由双方协商，若协商不成，由人民法院根据建造成本、装修成本、使用年限等具体情况来酌情确定。

第三，如何分割问题

我国大部分农村地区实行的还是集体经济，不管是宅基地还是宅基地上的房屋，一般都不能进入市场流通；另外，夫妻离婚时也只能对宅基地上的房屋本身进行分割，而不能直接对宅基地及房前屋后的自留地进行分割，这些都属于集体所有，并由在籍家庭成员享有使用权；同时，农村户口也不能随便迁出迁进，等等。这些因素都决定了在分割农村房屋时，在谁拿房的问题上并不具有平等性，也不能适用照顾女方原则判决房屋归属。一般而言，房随户走，张男是房屋所在地的户口，该房屋应归张男所有，张男给予李女折价补偿款，相反亦然。当然，如果李女也是房屋所在地的户口，则谁拿房由双方协商，若协商不成，由人民法院确定。

注意要点：

1. 涉及农村房屋分割，一般只对房屋有证面积进行分割，对于超出核准建筑面积以外的超面积建筑，法院一般不处理。

2. 除了农村房屋分割以外，现实中还涉及宅基地纠纷问题。比如，张男、李女夫妻二人共同申请到一块宅基地，宅基地使用证载二人为申请人。如此情况下，即便宅基地本身不属于双方的共同财产，但双方都是该宅基地使用权人，离婚时，继续使用宅基地的一方应给予对方相应补偿。

3. 如果宅基地使用权证是夫妻及家庭其他成员共同申请，并共同建造房屋，则只能在离婚后，基于共有关系消灭，提出分家析产诉讼，确定属于夫妻一方个人所有的房屋产权份额。

关联问答：

① 哪些财产属于夫妻共同财产？

> 张男和李女结婚后，共同支付首付，共同贷款购买了一套按揭房，主贷人是张男，次贷人是李女。离婚时，李女要求分割该房屋，并要求拿房，张男不同意。

第121问　按揭贷款的房屋，离婚时该怎么分？

概要解答： 先扣贷款后再分，房屋归主贷人

张男和李女购买的按揭房，只要已经取得房产证，都可以在夫妻离婚时进行分割。只不过为了保障银行的债权利益，需要先从房屋总价中扣除银行剩余的贷款本金，剩下的部分由夫妻进行分割。在分割方式上，一般是由主贷人拿房，并承担剩余的贷款归还责任，拿房一方给予另一方价款补偿。

专业解释：

对按揭房，如果张男和李女有约定，或者产权登记了各自的份额，则按照约定或各自的产权份额进行分割，否则应按照夫妻共同财产分割。分割共同房屋时，应遵循均等原则，并依据《民法典》第1087条适当照顾子女、女方和无过错方。这些与无贷款房屋分割并无不同，只是有三点需要注意：

一、先行扣除银行贷款的问题

离婚分割按揭贷款的房屋，应先行扣除银行剩余的贷款本金（注：不含剩余利息），扣除后剩余的房屋价值才是夫妻所有。比如，一套房屋价值500万元，到离婚时，剩余的银行贷款本金为300万元，则张男和李女只能就200万元的房屋价值进行分割。如果房屋是夫妻按份共有，按照各自的份额进行分割即可；如果房屋是夫妻共同共有，

则按照夫妻共同财产分割的原则进行处理。扣除银行剩余贷款本金 300 万元的目的，是保障银行能够实现抵押物权利益，即房屋不论怎么分割，都不能影响银行的债权实现。换言之，就是拿房一方不还贷款了，银行也能拍卖房屋，收回剩余的贷款本金。

二、房屋归谁的问题

按照《民法典》第 304 条共有物分割方式，离婚分割夫妻共有房屋，一般是采用折价分割的方式，即一方拿房，拿房的一方给予另一方房屋折价款。如果双方都要争取拿房，则要根据具体情况确定合适的拿房人。对于没有贷款、没有抵押，俗称"干净的房屋"，**双方在拿房的概率上基本处于同一起跑线**[①]。而对于张男和李女离婚时尚有银行贷款未还的房屋，则一般是主贷人张男拿房。

这是因为，按揭贷款房屋主贷人只能有一方，由银行在办理房屋贷款时，根据申请审核贷款资格后确定，确定的主贷人就是首要还款义务人，另一方为共同还款人。对于房屋主贷人张男及还贷账户，银行一般不允许变更为另一方李女。因此，房屋的所有权一般只能判给张男，以确保还贷义务人与房屋所有权人为同一人。否则在银行不同意的情况下，房屋产权难以变更登记到李女名下，即使可以变更，张男拒绝还贷时，房屋的产权容易被银行通过诉讼和执行拍卖程序实现债权，反而损害了李女的权益。

当然，如果李女在离婚期间，自愿筹钱提前还完贷款，则不再考虑该因素，与主贷方张男即可处于同一拿房起跑线。不过，若李女不是共同借款人，即购房合同、贷款合同及抵押合同上没有李女名字，购房、贷款手续与李女没有关系，那么大部分银行一般不会接受李女的提前还贷。

三、剩余贷款归还问题

张男离婚取得按揭房屋产权后，在张男和李女二人内部，尚未归还的银行贷款本金和利息视为个人债务，由张男继续偿还，李女代为偿还，张男应给予相应补偿。而对外部的贷款银行而言，不管二人内部怎么约定，剩余的银行贷款依然是夫妻共同债务，银行均有权向张男、李女二人共同主张偿还。不过李女也不必过多担心，因在房屋上设定了抵押权，银行极少会让非拿房一方来偿付剩余银行贷款。

实务细节：

不管是调解离婚，还是协议离婚，对于按揭贷款的房屋，如果双方自愿确定非主贷人的李女拿房，应先行向银行申请变更主贷人为拟拿房的李女，或者确认银行可以凭借法院调解书、离婚协议书变更主贷人为李女，否则，一般难以完成产权变更登记。

关联问答：

① 怎样才能在离婚时争取拿到房？

> 张男和李女在婚内购买的一套房屋，并且在购买登记产权时，明确了各自的产权份额，即该房屋是按份共有的房屋。

第 122 问　按份共有的房屋，离婚时该怎么分？

概要解答： 按登记比例分割

是否为按份共有的房屋，查阅房屋产证的相关记载即可明确。张男和李女购买的房屋是按份共有房屋，即视为双方对该房屋形成了夫妻财产约定，该约定对双方具有约束力。离婚分割该房屋时，按照各自的产权份额分割即可，而不需要考虑其他影响财产分割比例的因素，比如，不需要考虑贡献，不需要考虑婚姻过错，等等。

专业解释：

在我国的不动产登记中，房屋登记有几种形式：一种是登记的产权人是一个人，共有人一栏没有其他人名字；一种是登记的产权人是一个人，共有人一栏注明与某人共同共有；一种是登记的产权人是两个或者两个以上的人，共有人一栏注明"共同共有"或"按份共有，某人几分之几（百分之几），某人几分之几（百分之几）"，等等。

购房人在进行产权登记时，具体采用何种登记方式登记，是登记部门就需要申请登记人明确的事项。一旦登记完成，若非特殊情况，即形成不动产的登记效力。

在婚姻家庭关系中，不动产的登记效力并不能完全适用。如果使用夫妻共同财产购买的房屋，即使是登记在张男名下，该房屋依然属于夫妻共同房屋。对于夫妻共同房屋，任何一方在离婚时都有权要求将该房屋作为夫妻共同财产进行分割。**而涉及第三人名字的房屋，在离婚时是否可以直接分割，可查阅本书相关问题解答**①。

那么，如果产权登记簿中载明为"按份共有"，明确了产权登记人各自的产权份额。比如，张男占有三分之一，李女占有三分之二，离婚时，是按照夫妻共同财产的分割原则进行分割，还是按照登记的产权比例进行分割？答案是后者。

《民法典》规定，夫妻婚内所得的财产，除非有特殊约定，原则上均属于夫妻共同财产。夫妻二人按份共有的房屋，是否属于特殊约定呢？

《民法典》第1065条规定，夫妻可以将婚内所得财产约定为归各自所有、共同所有或部分各自所有、部分共同所有。这就是夫妻财产约定制，也就是夫妻双方通过约定的方式排除适用法定共同财产制，事先明确财产的归属。当张男和李女二人申请产权登记时，在申请书中明确了各自的产权比例，不动产登记部门根据二人申请书将之载入不动产登记簿，即可视为双方对该房屋的份额归属进行明确的"特殊约定"。

对于明确约定了份额的房屋，在无相反证据或另有约定的情况下，双方在离婚时理应按照登记的比例进行分割，而无需按照《民法典》第1087条考虑照顾女方、子女、无过错方，**也无需考虑该房屋的来源、各自的出资贡献等**②。

注意要点：

1. 这里的按比例进行分割只针对已明确按份共有的房屋，而其他婚内所得的财产，如果没有特殊约定，则依然属于夫妻共同财产，离婚时按照夫妻共同财产的分割原则进行分割，同时可以依据《民法典》第1092条适用侵害夫妻财产少分或不分制度。

2. 有观点认为，登记为按份共有的房屋不代表夫妻双方之间进行了财产约定，只是对取得的房屋进行了产权份额明确，并进而认为各自的登记产权份额都属于婚内所得，属于共同财产，应当按照夫妻共同财产的性质进行分割。这种观点有待商榷，实务中按照此观点判决的案例也较鲜见。

3. 基于公司登记制度的特殊性，夫妻双方在公司享有的股权份额，**不能仅凭工商登记资料所载的比例进行认定**③，要注意与按份共有的房屋相区别。

成年人的体面告别： 解析188个离婚常见问题

实务细节：

1. 当夫妻按份共有的房屋没有第三人名字，在离婚时，一般可直接进行分割，分割的方式一般是将一方享有的份额归另一方所有，另一方支付对应的折价款。

2. 由于《民法典》婚姻家庭编对如何分割按份共有的房屋没有作出明确规定，在以往极个别的离婚案例中，也有法院基于结婚时长、对房屋的贡献等，不按照产权登记的份额比例进行分割。所以，建议买房时除了申请登记书上明确外，另外可签署书面的协议进行进一步明确各自比例，以降低风险。

关联问答：

① 有第三人名字的房屋，离婚时可以分吗？
② 离婚分割财产，会考虑个人贡献吗？
③ 工商登记的夫妻股权份额归各自所有吗？

> 张男和李女离婚时，要分割一套共有的房屋，确定由李女拿房，李女给张男折价款。但双方对于房屋的总价值无法达成一致的意见。

第123问　房屋的价值该怎么确定？

概要解答： 协商或评估

按照《民法典婚姻家庭编解释（一）》第76条规定，夫妻离婚分割房屋，如果双方都要拿房，法院可以在双方同意的情况下采用竞价的方式处理；如果双方都不要房，则可以将房屋拍卖或变卖后分割卖房款。这两种情况一般都不需要事先确定房屋的价值，其他情况，如李女要拿房、张男要折价款，就需要事先确定房屋的实际价值。

对于房屋的价值，首先可以由夫妻二人协商确定。夫妻二人可通过走访房屋周边房产中介公司、登录专业的房屋交易网站等方式，准确获取房屋的客观市价，并协商确认。协商确认的价值可直接作为法院折价分割房屋的依据。这种夫妻双方协商确认房屋价值的方式时间短、效率高、成本低。

若张男和李女不愿意对房屋价值进行协商，或者虽然愿意协商，但双方认定的差距较大，比如，不想拿房的张男往往会抬高房价以期获得更多补偿，而想要拿房的李女往往会压低房价以期付出更少补偿。对此，为了能平衡夫妻财产利益，法院就需要委托专业评估机构对房屋在离婚时的价值进行评估。法院启动评估程序，无需经过双方同意，但需一方的申请。申请往往是由原告提出，并由原告预交评估费。一旦房屋评估机构评估出房屋价值，除非有《资产评估法》第14条、第20条导致评估无效的法定情形，否则不管双方是否接受，法院都可参照评估结果，判决由拿房的李女给予张男相应的折价补偿。

注意要点：

1. 虽然通过专业评估可以得到一个公允的房屋价值，但是评估程序复杂、效率低、时间长、成本高。故在有可能的情况下，更建议夫妻双方各退一步，通过协商的方式确定房屋价值。

2. 除了专业评估机构评估以外，有些法院已试行向专业的房产中介机构进行询价，并将该询价作为判案的基础。该方式相对比较简单，费用也较低，只是需要以夫妻双方都同意询价并愿意接受询价的结果为前提。

实务细节：

1. 不论是协商还是评估确定房屋价值，均应要明确包括房屋的装饰装潢部分，否则容易产生新的争议。

2. 如果夫妻双方对房屋价值不能协商一致，也不申请评估，或者都不预交评估费，则法院在离婚案件中可能不会分割该房屋。

3. 有些婚姻案件比较复杂，需要较长时间才能审理完。如果在法院作出离婚判决前，房屋的实际价值发生了较大变化，如高于或低于已经确定的房价20%以上，则可以要求重新协商或重新评估，否则有失公平。

4. 房屋评估费最终由双方共担，具体费用需根据财产价值确定，可查阅相关评估收费标准。

> 张男和李女离婚分割共同共有房屋时，李女提出自己没有地方住，需要拿房，而张男提出该房屋有贷款，且主贷人是自己，应该自己拿房。

第124问　怎样才能在离婚时争取拿到房？

概要解答： 竞价或看条件

张男和李女在离婚时都要争取"拿房"，以实现自己的利益最大化。如果双方不能达成一致的"拿房"意见，则由人民法院根据具体情况确定最终拿房人。一般情况下，如果是按揭贷款房，房屋可以由主贷人所有；如果不是按揭贷款房，则双方可以自愿竞价，价高者得；如果一方不同意竞价，则由人民法院酌情确定"拿房"人。

专业解释：

夫妻离婚时，房屋的分割往往会产生较多争议。这既涉及**房屋是个人财产还是共同财产的认定问题**[①]，也涉及**夫妻共同房屋价值的确定问题**[②]，还涉及**夫妻各方分割的比例问题**[③]。除此以外，因房屋属于家庭生活的重要物资，房屋分割背后牵涉的利益面广，如居住利益、继续升值利益等，且全国多地又有各种限购政策，所以，在夫妻离婚时，往往会上演"房屋争夺战"。本解答即围绕夫妻离婚拿房（房屋归属）的相关问题展开讨论。

一般而言，共同财产的分割属于夫妻双方私人事务，首先应以自愿协商为主。如果张男和李女对房屋的归属能够达成一致意见，则可按照双方的意见处理，这不必过多赘述。当张男和李女无法对房屋的归属达成一致意见，双方都坚持要拿房并愿意给对方折价补偿款，则由人民法院确认拿房的一方。一般而言，法院有三种确认拿房的方式，具体如下：

第一，主贷人拿房

如果房屋是按揭房，主贷人是张男（一般按揭贷款购买的房屋只有一个主贷人），离婚时，尚有银行剩余房贷未还。这种情形下，法院一般会将房屋判决归张男所有，以确保房屋所有权人与主贷人为同一人，否则在银行不同意的情况下，房屋产权难以变更登记到李女个人名下。即使可以变更到李女的名下，当作为主贷人的张男拒绝还贷时，房屋的产权容易被银行通过诉讼和执行拍卖程序实现抵押债权，反而损害了李女的权益。当然，如果在离婚期间，李女自愿筹钱提前还完银行贷款，涤除房屋上的抵押，则不再考虑该房贷因素。

需要注意的是，除了判决离婚以外，不管是以调解的方式还是以协议的方式离婚，对于按揭贷款的房屋，如果夫妻双方协商由非主贷人拿房，应先行向银行申请变更主贷人为拟拿房的一方，或者确认银行可以凭借离婚协议、法院调解书变更主贷人，否则，一般难以完成产权变更登记。

另外，如果房屋抵押不是按揭贷款抵押，而是其他一般的债务抵押，当债务问题无法在离婚案件中处理时，法院一般遵循"房随债走"的原则，也不会在离婚案件中分割处理该房屋。

第二，双方竞价，价高者得

对于"干净无抵押"的房屋，若张男和李女都希望拿房，按照《民法典婚姻家庭编解释（一）》第76条规定，可以采用竞价的方式确定房屋归属，这相对公平合理。竞价就是彼此轮流对房屋的价值进行加价，即使加价后的价格已高于正常的市价，加价方也愿意按照该价格给予对方房屋折价补偿款。一方以高于对方的出价拿房也表明其获取房屋产权的意愿强烈。张男和李女自愿竞价，几轮竞价过后，李女不再继续报价，张男最终的报价高于李女，法院即可将该房屋判归张男所有，张男以最终报价作为房屋的价值给予李女相应的折价补偿款。

不过，需要注意的是，竞价就是看谁对房屋的出价高，遵循的是"价高者得"原则，虽相对公平，但如果双方经济水平悬殊，也会产生实质的不公平，同时竞价也不能体现《民法典》基本的保护子女、女性权益的要求。基于此，竞价得房的方式只有在双方都要拿房，且都同意竞价的情况下才能开展，即竞价需要双方的自愿参与，法院不能自行决定或强制。

第三，法院酌情裁决一方拿房

对于"干净无抵押"的房屋，当一方，如李女不同意竞价时，则人民法院只能根据案件的具体情况，裁决确定房屋归一方所有，该方给予另一方折价补偿款。实务中，法院在坚持照顾子女、女性和无过错方原则的基础上，还要根据"实际需要""各方名下房产"等情形综合考虑，以确定房屋归属。

1. 按照《民法典》第1087条离婚分割财产照顾子女、女方的原则，如果李女无其他住处，离婚后居住困难，或者子女归李女直接抚养，法院可将该房屋判归李女所有。

2. 按照保障未成年子女利益的原则，如果房屋上有未成年子女的名字，不管其份额是多是少，张男和李女离婚时，一般要保留子女在房屋上享有的产权份额。通俗地讲，就是不能去掉子女的名字。因此，小孩判归谁抚养，该房屋一般就可以判给谁所有（与子女共有）。

3. 遵循"审执兼顾"的原则。所谓审执兼顾，是指判决时，要考虑后续是否能够顺利执行，执行是否便捷、经济等。如果该房屋由李女长久居住，而张男长久未居住，则房屋判归李女的概率就高。如果双方都居住该房屋，但李女在离婚诉讼的过程中，自愿将房屋一半的价款预先缴纳至法院账户，以保证拿房后不会"赖账"，这也反映了李女拿房的意愿高，那其拿房的概率也较高。

4. 张男在离婚时，名下还有其他住房，而李女名下没有其他住房，则李女拿房的概率就高。如果李女确实不符合拿房条件，离婚后又没有住处而生活困难，法院可以根据《民法典》第366条和第1090条的规定，确定由拿张男给予帮助，在房屋上设立一定期限的居住权，保障李女的生存权利。双方应当按照《民法典》物权编第368条有关设定居住权的规定，签订居住权合同并办理登记。

上面为常见的影响法院酌情判定因素，实务中，还有其他因素也会影响房屋的最终归属。比如，在某些特定条件下，房屋可以分给离婚后生活非常困难的一方；比如，张男婚内擅自卖房，房屋被李女依据《民法典婚姻家庭编解释（一）》第28条追回后，一般会判决给李女；比如，房屋主要使用李女婚前个人财产购买，李女无其他住房，该房判归李女概率也较大，等等。

注意要点：

1. 户口仅是一人的户籍归属地，由公安户籍部门管理，其与房屋产权没有直接的必然联系。因此，夫妻一方是否能够拿房，与其户口是否落户于该房屋内并无必然关联。同样，户口与房屋的居住权（用益物权的一种）也无必然联系，不能说"有户口就有居住权"。房屋的居住权不以户口登记为标准，而以享有房屋所有权或租赁权为标准。故而，夫妻离婚后，未拿房一方也不能基于户口落户于该房屋内而要求继续要求居住。

2. 夫妻共同购买的房屋，即使登记在一方名下，也应属于夫妻共同所有，故房屋登记在一方名下并非该方拿房的考虑因素。

实务细节：

1. 双方都要拿房的情形下，除非有较大的拿房概率，否则协商房屋价值时，应确保房屋价值不明显低于正常市价，以防止万一拿房不成，也不至于搬石头砸自己脚，少拿折价款。

2. 如果由于某些特殊的原因，房屋只以张男一人名义购买，也以张男一人名义贷款，李女不是合同主体，银行一般不接受李女的提前还贷。在此情形下，李女并不一定能够提前还贷，涤除房屋抵押。

关联问答：

① 婚内用个人财产买房，房屋是夫妻共同的吗？
② 房屋的价值该怎么确定？
③ 离婚时，财产都是均等分割的吗？

> 张男和李女在婚内共同购买了一套房屋。离婚时，双方都觉得自己没有足够的能力支付对方折价款，都提出不要拿房。

第125问　离婚时，双方都不要"拿房"该怎么办？

概要解答： 自行出售或申请法院拍卖、变卖

部分夫妻在离婚时，由于"斗气"，或者都担心没有能力支付折价款，或者房屋存在建筑设计问题等原因，致使双方都不愿意拿房，而希望直接分钱，获取房屋的折价款。

当夫妻各方都不愿意拿房时，可以先行协商，共同挂牌卖房或委托拍卖机构拍卖房屋，房屋出售后再分割卖房款，这相对比较容易操作。

当夫妻双方矛盾激烈，缺乏相互信任基础，无法完成共同卖房事项时，则夫妻

一方或双方可以在离婚诉讼中，按照《民法典婚姻家庭编解释（一）》第76条申请法院委托专业机构拍卖或变卖房屋，然后对所得房款按照夫妻共同财产分割原则进行分割。拍卖或变卖房屋过程中产生的房屋评估费、拍卖佣金、变卖费用等支出的，一般是由一方先行预交，并在案件结束后，由双方按照分割到的房屋价值比例进行分担。

"变卖"是《民法典》新增的房屋处置方式，该方式相对《拍卖法》第4章规定的"拍卖程序"而言，流程更为简便，成本更低，能够快速实现将房屋转变成货币的目的。不过在审判过程中，由法院变卖房屋的情形尚不多见，具体如何操作，还有待实践完善。

注意要点：

本解答针对的是双方明确都不主张房屋所有权（拿房）的情形。如果双方或有一方主张拿房，不管拿房一方是否能够支付折价款，法院都不会基于申请对房屋进行拍卖、变卖。

实务细节：

1. 法院不能主动启动拍卖或变卖房屋程序，只能依据当事人的申请启动。如果双方既不要房，也不提出申请，则人民法院对该房屋可以暂不予分割，或者会根据具体情况，判决房屋归一方所有，由该方支付房屋折价款给另一方。

2. 当双方都不要房，也相互无法拿出折价款给对方时，法院也可能根据双方申请，判决确定双方在房屋上享有的份额比例，而不直接进行分割。

> 张男和李女离婚时，李女认为自己没有能力支付折价款，故提出不要拿房，而要张男支付折价款。

第126问　离婚不拿房，风险有多大？

概要解答： 风险较大

在有可能拿房的情况下，李女不拿房，无疑给自己埋下了风险的火种。虽然在绝大部分情况下，这种风险不会发生，但一旦发生，将会使李女的利益遭受损失。这类风险主要体现在张男没有履行能力或无惧"老赖"后果，如此将会给法院强制执行带来障碍，甚至无法执行，还会导致折价款缩水，尤其是张男外债较多，债权人查封执行该房屋时。

专业解释：

对于绝大部分家庭而言，房屋是最基础，也是最重要的生活保障物资，同时也是份额占比最大的固定资产。大部分夫妻在离婚时，都会争取房屋的所有权归己方所有。一来可以使自己的居住问题得以保障；二来可以对房屋的后续处理，如出租、变卖等占据主动权；三来可以单方获得房屋在离婚后的增值收益。其实，除了上述三点以外，离婚时取得房屋所有权还能有效降低"房款两空"的风险。

何谓"房款两空"？举个例子，离婚时房屋归张男所有，若张男在离婚后确实无力支付折价款或故意不支付折价款给李女，将会导致李女房子没了，折价款也不易拿到。作者在代理的离婚案件中，此类现象时有发生。很多人都"天真"地认为对方不支付房屋折价款，可以申请法院强制执行，若对方坚决不执行，按照《民事诉讼法》第248条要被纳入失信人名单，要被限制高消费。这种观点本身没有错，但并不知道执行背后同样存在各种风险，这种执行风险也可以等同于离婚不要房的风险。

风险一，执行时间长

法院强制执行是一个独立的程序，既然是独立的程序，那就要按照"程序"办事。首先，不是离婚判决（调解）一旦生效，李女就能申请法院强制执行，要等到张男在判决（调解）书规定期限内（一般是15—30天）不支付折价款后才能申请执行；其次，李女申请强制执行后，要经过执行立案，分配执行法官等程序，这个过程一般也要30天左右时间，有些法院的时间甚至更长；第三，执行法官确定后，其要安排时间查控张男名下财产。如果张男确实无能力支付折价款，或者故意隐藏财产而不支付折价款，那么除了那套房屋外，能够查控到其他财产的可能性也可想而知；第四，查控后，执行法官还要安排时间约谈张男申报财产，这也需要一定的时间；第五，在有资产可以拍卖、变卖的情况下，执行法官将依法启动拍卖程序，拍卖对方名下的资产，这时间更是不可掌控。

综上，在张男确实无能力支付折价款，或者不忌失信和限高措施，故意做"老赖"不支付折价款的情况下，根据作者办理案件的经验，整个执行过程所需时间短则一年半载，长则两三年，且执行结果未知。对于李女而言，执行时间越长，不可控因素就越多，风险也就越大。

风险二，执行不能

这是执行结果上的风险。很多人认为，即使需要花费很长时间执行，即使没有其他财产可供执行，但离婚分割的那套房屋在，也可以申请法院查封、拍卖这个房屋，拿回房屋的折价款。这其实也是过于理想化的认知。

殊不知，法院虽然可以查封房屋，但不一定能够拍卖该房屋。既然到了张男名下没有其他财产可供执行的状态，那就说明张男名下只有这套房屋，且是唯一住房。对于唯一住房，尤其是与未成年子女共同生活居住的房屋，按照《关于民事执行中查封、扣押、冻结财产的规定》第6条等相关规定，法院一般不会拍卖或变卖，以保障张男及家庭成员的基本居住权。

当然，如果这套房屋虽是张男唯一住房，但面积较大，价值高，法院也可能依据上述规定第7条及《执行异议和复议案件规定》第20条第1款第3项相关规定，采用"以小换大"的方式执行，即给予以张男一定的宽限期（参照《执行设定抵押房屋的规定》第2条规定，一般为6个月），采取大面积房置换小面积房、高价房置换低价房等方式予以执行。不过，经过"以小换大"的执行方式一折腾，房屋价值必然缩水，是否能够足额拿到房屋折价款不得而知。另外，有未成年名字或者居住的房屋，法院则还要考虑未成年人的利益以决定是否采用该方式。

因此，并非任何执行都能有个好的执行结果，尤其是在张男无能力支付折价款，或者故意不支付折价款，分割的房屋又是唯一一套住房的情形下。如果不能执行，法院常会依据《民事诉讼法》第264条、《民诉法解释》第519条规定终止本次执行，待李女发现张男有新的财产时再申请法院执行（这就是最为麻烦的"终本"）。

当然，如果张男有能力而拒绝执行生效判决、裁定的（不包括调解书），可能涉嫌拒不执行生效判决、裁定罪（《刑法》第213条）。不过，按照《拒不执行判决、裁定刑事案件解释》，适用该罪的条件较为苛刻，离婚案件执行中适用得也较少，即使适用，也需较长时间才能有个结果。

风险三，折价款缩水

除执行问题外，若离婚后多人来分房屋的款项也是非常麻烦的。

按照《民法典》第304条规定的共有物分割方式，夫妻离婚分割共同房屋一般只能采用的是折价分割方式，而无法采用实物分割方式。一旦法院生效判决房屋归张男所有后，按照《民法典》第229条规定，该房屋也就已由夫妻共同财产变成了张男的个人财产，李女的物权变成债权，李女只能要求张男支付法院确定的房屋折价款，而不能再主张房屋份额。换句话说，该房屋已跟李女没有任何关系，李女只能要求张男给钱。

在此情形下，当张男有多笔个人债务被法院判决要偿还，债权人也申请法院查封该房屋，并请求法院拍卖该房屋，以执行生效的裁判文书，这就出现了多人来分款项的局面。如果该房屋因故不能进行拍卖，那所有债权人（包括李女）都无法实现债权，都拿不到钱。如果该房屋可以进行拍卖，按照《民诉法解释》第510条规定，该房屋的拍卖款要在这些债权人和李女之间按照债权比例进行分配，这就有很大可能导致李女不能足额拿到房屋折价款。

例如，房屋拍卖款是600万元，扣除银行贷款本金200万元后，剩余的400万元本来可以足够支付房屋折价款200万元给李女，但张男有额外个人债务300万元，并且债权人也根据生效判决文书要求法院执行拍卖款，由于法院是按照债权比例分配这400万元，故而李女不可能足额拿到200万元折价款。

从本质上说，经过法院判决离婚的案件，当一方不能足额拿到房屋折价款时，这种多人分款项的情形实际是使用夫妻共同房屋来偿还一方的个人债务，这对于另一方而言相对是不公平的。然而，我国目前尚没有夫妻一方对房屋的拍卖款依《民诉法解释》第 508 条享有优先受偿权的法律规定，期待立法机关对此能够作出明确规定。

注意要点：

多人分款项的情形一般发生于通过法院离婚并分割的房屋。若张男和李女是协议离婚，并且在离婚协议中约定房屋归张男所有，则一般不存在多人分款项的情形。因为，按照物权登记效力，**在张男未支付折价款，房屋产权也未变更前，该房屋一般还属于夫妻共同共有房屋**①，即使多人分款项的，也只能分属于张男的部分，即个人债务由张男个人财产偿还。

实务细节：

1. 如果担心自己没有支付能力而不想拿房的，也应争取拿房，可以在拿房后，通过自主变卖房屋或抵押贷款等方式来支付对方折价款。

2. 离婚时确实无法拿房，或者确实不想要房，可以在法院审理阶段，向审理法官说明对方拿房后难以或不会支付折价款，请求法院依据"审执兼顾"的理念，责令对方将房屋一半的房款先行支付到法院。在特定的条件下，也可以尝试请求法院只确认双方在该房屋上的份额，而不进行分割（该方式不是共有分割的方式，司法实践中较少使用）。

3. 如果双方在房屋上都有名字，未拿房一方可以请求法院判决在对方支付房屋折价款后，再协助办理更名手续。在未取得房屋折价款前，未拿房一方还是房屋的所有权人之一，如此，可以在一定程度上起到防止多人分款项的情形发生。

关联问答：

① 协议离婚分割房屋归一方，未过户变更前属于谁的？

> 张男和李女离婚时，约定登记夫妻二人名字的房屋归李女所有，李女向张男支付折价款。李女提出到房管部分办理过户时要缴纳契税，张男应分担一部分。

第127问 离婚时，拿房一方要缴纳契税吗？

概要解答： 视情况

如果房屋本就登记在李女名下，李女不需要到房管部门办理过户登记，不涉及缴纳契税问题。相反，则需要办理过户变更登记，是否要缴纳契税则要根据房屋的性质进行确定。

一、房屋属于夫妻共同财产

契税是房屋交易中最主要的税收。根据2021年8月27日财政部、税务总局共同印发的《关于契税法实施后有关优惠政策衔接问题的公告》第1条规定，夫妻因离婚分割共同财产发生土地、房屋权属变更，免征契税。也就是说，如果房屋是夫妻共同财产（一般是指婚内使用夫妻共同财产购买的房屋），不管是协议离婚分割，还是诉讼离婚分割，李女申请权属变更，去掉张男的名字，或者由张男的名字变更为李女，属于《契税法执行口径公告》第1条规定的情形，免征契税。同样，分割夫妻共有房屋一般也不需要缴纳其他税费。

而非夫妻关系的共有房屋分割，因共有不动产份额发生变化，比如，原是张男和其父二人名字的房屋，后变更为张男父亲一人的名字，或者新增了张男母亲的名字，承受方依然要按照《契税法》第1条缴纳契税。

二、房屋属于一方个人财产

如果房屋属于张男的个人财产（一般是指使用个人财产购买的房屋），在离婚时，张男基于各种原因，如赔偿、补偿，或者赠与，将该房屋给予李女，不管是给予全部份额，还是给予部分份额，李女获得该房屋时不能享受免征契税的优惠政策，应当就所得部分依法缴纳契税（《契税法》第3条规定契税负担在3%至5%，由各地在此幅度内确定）。同时，根据各地政策不同，可能还会涉及其他税费。

注意要点：

1. 按照《民法典》第 1065 条规定，男女双方在婚前或婚后，可以约定婚姻关系存续期间所得的财产，以及婚前财产归各自所有、共同所有或部分各自所有、部分共同所有。《契税法》与《民法典》对应，在第 6 条夫妻二人在婚姻关系存续期间变更土地、房屋等不动产权属，该不动产在变更前不论是个人所有还是夫妻共同所有，不管变更的事由是什么，均免征契税或其他税费。这有别于离婚时将个人房屋给另一方，不可混淆。

2. **一方婚前个人购买，婚内共同还贷的房屋，一方在离婚时将该房屋给另一方，另一方需要缴纳契税，但需要扣除婚姻关系存续期间共同还贷的部分，以及对应的增值**[1]，即以一方婚前首付金额、婚前还贷金额，以及婚前还贷对应的增值金额为基数计算需缴纳的契税。

实务细节：

1. 本解答只针对房屋、土地等不动产，而不涉及汽车、股票、基金等动产。原则上，不管是个人的动产，还是夫妻共有的动产，离婚分割这类财产时，也无需缴纳税费。

2. 免征不是不征，免征依然属于契税征税范围，但给予免税待遇。因此，离婚分割夫妻共同房屋，拿房一方在申请变更登记时需要申报减免契税。申报契税时，应提供离婚证、离婚协议（或者法院判决书、调解书）等资料。申请法院强制执行的话，也应提供相应资料申报契税。

3. 婚内或离婚时将房屋无偿赠与给子女，虽然按照《无偿受赠房屋个税通知》第 1 条规定，子女受赠时可以免征 20% 的个人所得税、增值税、营业税，但依然需要全额缴纳契税及其他税费，如果依据《公证法》第 25 条办理公证的，还需要支付一笔公证费。同时，子女出售该房屋时，按照《个人无偿赠与不动产税收通知》第 2 条规定还要缴纳 20% 的个人所得税。因此，房屋赠与给子女，一般都是采用买卖而非赠与的形式进行。

4. 法定继承人继承房屋也不要缴纳契税。

关联问答：

[1] 婚前个人房屋婚后共同还贷，离婚时该怎么分？

第五章　公司股权分割

> 张男和李女婚内设立了一家有限责任公司，二人共同生产经营。后双方离婚，李女提出要分割公司的资产，把公司账上的钱分割掉。张男不同意，认为不能分资产。

第128问　离婚时，可以直接分公司的资产吗？

概要解答： 公司所有，不能直接分割

有限责任公司是独立的法人，公司资产归公司所有，不属于股东个人所有，股东对公司只享有管理、经营、分红等权利。尽管该公司是张男和李女的"夫妻店"，但双方均不能将公司的资产当成夫妻财产进行分割，只能按照法律规定分割公司的股权。分割的方式既可是折价补偿，也可是实物分割股权。不过，实物分割股权，使不是股东的一方成为股东，要符合相关规定。

专业解释：

夫妻在婚姻关系存续期间，开设、经营企业获取相应的投资收益，已较为普遍。我们经常听到"办企业""开公司"的说法，其实企业和公司不完全是一回事，企业是一个大概念，公司是一个小概念。在我国，企业的形式很多，既有股份有限公司、有限责任公司等公司形式的企业，也有合伙企业、独资企业等非公司形式的企业。不同的企业在设立程序、法律地位、税收标准、责任承担等方面有众多区别，故在离婚分割夫妻财产时，设计企业分割的问题，也有不同的规定，应注意区别。

张男和李女离婚涉及公司分割问题，李女认为"公司账上有钱，可以分""公司有厂房，可以分"，等等，都是不正确的。

按照相关规定，如果一个企业的组织形式是公司（营业执照载明的是"某某公

司"），那么该公司在法律地位上即独立的"法人"，是独立的主体，有独立的财产权。公司账上的钱，公司的厂房等，都是公司的财产，不是张男和李女的夫妻财产，任何一方不能在离婚时要求直接分割，如把企业的电脑、办公座椅等当成夫妻财产进行分割，否则，公司的正常经营难以维系。

同时，张男一旦将夫妻财产以投资入股的方式注入公司，该财产即属于公司的资产，而不再属于夫妻所有了。投资后，张男取得股东身份，股东只能按照出资额、公司章程，以及相关规定享有股东权利。《公司法》第35条规定，若不符合法定条件（比如，依据《公司法》第71条转让股权，依据《公司法》第74条请求公司回购股东出资等），任何人不得擅自抽回对公司的出资。所以，不管是夫妻的公司（俗称"夫妻店"），还是与他人共同投资的公司，或是增资他人的公司，张男、李女将夫妻财产投入公司，即不再对投资款项享有财产权，离婚时，也不能要求分割投资款。

那么对于公司，在离婚时可以分什么，以及怎么分呢？

一、分什么？

就上市股份公司而言，可以分割的是一方或双方持有的股票；就未上市股份公司而言，按照《民法典婚姻家庭编解释（一）》第72条规定，可以分割的是一方或双方持有的股份；就有限责任公司而言，可以分割的是以一方或双方名义在公司的出资额（可简单理解为股权比例）。当然，不管是公司的股票、股份，还是出资额，可以分割的前提都是要属于《民法典》第1062条所规定的夫妻共同财产。

二、怎么分？

《民法典》第304条规定了共有物分割方式有"实物分割"和"折价分割"两种方式。一般而言，对于上市公司的股票，因有公允的股价，且股票具有流通性，所不管是折价分割，还是实物分割股票数量，相对比较容易。对于未上市股份公司的股份，虽没有公允的市价，但具有一定的流通性，若确定市价困难，可以根据数量按比例分割。**对于有限责任公司的出资额，因没有公允价格，也不具有流通性，故分割起来比较复杂，具体可查阅本书相关问题解答**[①]。

注意要点：

除了公司外，其他组织形式的企业，如合伙企业、独资企业，或者其他企业，原则上也都不允许直接分割企业内部的资产。

关联问答：

① 有限责任公司的"股权"该怎么分？

> 张男在婚内与他人开办了一家有限责任公司，张男是股东。后双方离婚，李女提出要分割该公司股权，张男同意，却在如何分割问题上双方产生争议。

第 129 问　有限责任公司的"股权"该怎么分？

概要解答： 折价为主，分股为辅

张男是有限责任公司的股东，且股权又属于夫妻共同财产，李女在离婚时可要求分割。不过在分割方式上，往往以折价分割为准，实物分割为辅。折价分割就是确定张男股权的价值，由张男继续持股，给李女补偿款。而实物分割是将张男名下的股权分割一部分给李女，使原不是股东的李女成为公司的股东，以享有股东权利。不过实务分割股权会受到一定的限制，实务中也比较少见。

专业解释：

对于有限责任公司，不管是不是"夫妻店"，离婚时，都只能分割股权，而不能分割公司的资产。

其实，"分割股权"只是一种习惯性叫法，也是不准确的叫法。因为有限责任公司的"股权"不是财产，它是张男作为股东，对公司享有经营、管理、决策，以及获取分红等权利的统称。这种权利不能被分割，只能由具有股东身份的张男享有。即张男是公司的股东，不能当然地推定李女也是公司的股东，也能享有股权，并享有管理、经营、决策公司的权利。因此，对于有限责任公司，分割股权的叫法并不准确，准确的叫法为"分割出资额"。（注：为便于理解，本书他处仍使用"分割股权"的说法）。

"出资额"一词相对比较抽象，可简单地理解为认缴的公司注册资金。比如 A 公司注册资金是 100 万元，张男在婚内认缴出资 20 万元，其他股东认缴出资 80 万元。

相较其他股东认缴的出资，张男认缴的 20 万元就属于张男对 A 公司的出资额。不论张男认缴的 20 万元出资额是否已全部实际缴纳，但只要是在婚内取得，一般都可认定为属于《民法典》第 1062 条所规定的夫妻共同财产，可在离婚时予以分割。

需要特别强调的是，张男与李女离婚时，分割的是出资额，不是出资。张男不能从公司提取 20 万元与李女进行分割，而只能对 20 万元的出资额进行分割。即张男如果实缴了 20 万元出资，该出资就是公司资产了，不存在提取出来分割的说法；而如果张男没有实缴 20 万元出资，也不代表李女不能要求分割出资额。通俗地讲，李女能不能分割出资额，与张男是否真金实银实缴了出资没有关系，只与是否在婚内进行了公司登记有关。

基于有限责任公司的特殊性，分割出资额有两种方式：一种是折价分割，另一种是实物分割。

一、折价分割

这是最常见的出资额分割方式，尤其是张男持股、李女不持股，一般由持股的张男继续持股，张男按李女应享有的出资额，支付相应折价款给李女。折价补偿分割出资额的难点在于出资额价值的确定。若张男和李女二人对折价款能够协商一致，以协商一致的折价款为准；若二人不能协商一致，则由法院委托专业评估机构按照《资产评估法》，对公司的净资产（也就是公司值多少钱）进行评估，以确定出资额在离婚时的实际价值。根据公司运营情况不同，实际价值可高可低，甚至为负数。

二、实物分割

这种分割出资额的方式比较少见。《民法典婚姻家庭编解释（一）》第 73 条对此有明确规定。所谓实物分割，也就是将张男名下的出资额直接分割一部分给李女。直接分割出资额的情形一般是公司经营良好，李女希望成为公司的股东，或者公司的经营不好，张男不希望折价补偿李女，只愿意分割出资额给李女。

不过，直接分割有限公司出资额，如果夫妻双方原都是公司的股东，处理起来相对容易，直接调整各自的出资额数量就好；如果原先一方是股东，另一方不是股东的，则涉及能不能成为新股东的问题，**处理起来相对复杂，具体可查阅本书相关问题解答**[1]。

实务细节：

直接分割有限公司出资额，往往会对公司产生不利影响，如公司难以决策、上市受阻、陷入经营僵局等，故夫妻二人可通过书面约定各自的份额，或者可将股权通过信托分别持有，以降低股权变动对公司的影响。

关联问答：

① 离婚时可以成为有限公司的股东吗？

> 张男在婚内与他人创办了一家有限责任公司，张男是股东。后双方离婚，李女认为公司效益比较好，故不同意折价补偿，而要直接分割张男名下股权，成为公司的股东。

第130问 离婚时可以成为有限公司的股东吗？

概要解答： 视情况而定

若李女和张男在离婚前就是公司股东，那么按照共同财产分割原则，在他们内部调整各自股权比例即可，离婚后，李女还是公司股东。如果李女原非公司股东，那其要想在离婚时成为股东并不容易。首先，得要张男同意，如果张男不同意，则没有可能成为股东；其次，还要其他大部分股东同意，如果大部分股东不同意，且行使了优先购买权，则李女也无可能成为股东。

李女成为有限责任公司股东条件表

公司性质	股东情况	张男同意	其他股东意见	其他股东优先购买权	公司已有股东人数
有限公司	张男、李女均是股东	不需要	不需要	/	/
	只有张男是股东	需要	过一半人数同意	不行使优先购买权	50人（不含）以下
			一半以上人数不同意	不愿同等条件购买	50人（不含）以下

专业解释：

对张男在有限公司的夫妻共同股权（注：准确表述应为"出资额"，本书表述股权是为了便于理解）进行分割，按照《民法典》第 304 条分割方式规定，除折价分割外，还可直接分割股权数量。李女在离婚时，认为公司经营良好，分红颇丰，故不要折价款，而要张男分割转让一定的股权数量给她，进而希望成为公司的股东。然而，转让股权数量不仅仅是夫妻两个人之间的事，还要受到《公司法》、公司章程等制度约束，故而需根据不同情形进行确定，具体如下：

一、夫妻双方都是有限公司的股东

在张男、李女都持有公司股权，都是公司股东的情况下，二人间分割转让股权转让不存在《公司法》上"人合性"的障碍。即不论是双方继续保留股东身份，仅在数量上进行内部分割调整，还是张男退出股东身份，将其名下股权全部转给李女，这些都不繁琐，也不需要得到其他股东的同意，其他股东也不享有优先购买权。

当然，如果公司只有张男、李女两个股东，张男退出股东身份的话，公司即变成了一人有限公司，需要按照《公司法》第 58 条及有关规定变更营业执照等手续。

二、只有张男一方是有限公司的股东

因公司是有限责任公司，除张男股东外，还有其他股东，这些股东不但是资本的结合（即资合性），还有彼此间的信任与合作（即人合性）。通俗地讲，对于有限公司，不是李女想要成为股东就能成为股东的。李女原不是公司股东，离婚时若想成为公司股东，按照《公司法》及《民法典婚姻家庭编解释（一）》第 73 条规定，需满足一定的条件才行。

1. 李女和张男必须要先能协商一致

张男愿意将全部或部分股权数量转让给李女。这是李女离婚能否成为公司股东的前提条件。如果二人内部不能协商一致，则李女在离婚时难以成为公司的股东。当二人对李女成为公司股东达成一致意见后，还需要进一步征询其他股东的意见。

2. 其他股东的意见

除张男个人要同意以外，还要公司超过一半人数的其他股东也要同意接纳李女成为公司股东，并且其他股东均明确表示不按照《公司法》第 71 条规定，行使股东的优先购买权，不购买张男拟转让给李女的股权，则李女在离婚后可以成为公司的股东。这对李女是利好的理想状态。

当然，也不排除同意的股东人数无法超过一半，即公司有一半（含一半）以上的股东不同意李女成为公司股东。在此情况下，李女是不是就不能成为公司股东呢？不一定。按照法律规定，不同意的股东不能仅表示不同意就行，还要以同等条件（注：该条件包括转让数量和转让对价等，由张男和李女事先协商确定）购买张男拟转让给李女的全部股权。若不同意的股东购买并支付了同等对价，则李女不能成为公司股东，只能要求分割其他股东支付的购买股权对价款。而如果没有人愿意购买，则不同意的意见无效，视为他们均同意李女成为公司股东。

除了上面两个条件外，按照《公司法》第 24 条规定，有限责任公司的股东人数上限是 50 人。如果张男和李女在离婚时，公司的股东人数已达上限，则李女不能成为公司的股东，只能要求折价补偿。

注意要点：

1. 如果张男是认缴注册资金获得的股权份额，李女在成为有限公司股东后，在所分得出股权幅度内要以个人财产承担实缴义务。

2. 婚姻关系存续期间，张男和李女在工商登记的股权份额都属于夫妻共同所有，不能认为双方事前已约定了各自股权份额归各自所有，这点要注意与夫妻按份共有的房屋相区别。

实务细节：

1. 在不符合成为公司股东条件的情况下，李女坚持要求成为股东，拒绝股权折价，法院一般会驳回李女的诉求。

2. 在离婚案中，部分法院可能会认为涉及第三人利益，不予分割夫妻股权，夫妻任何一方可在离婚后，按照《民法典婚姻家庭编解释（一）》第 83 条规定继续主张分割。

3. 其他股东同意、反对、优先购买等意见既可以是股东会议材料，也可以是股东出具的书面意见，还可以是法院询问笔录等相关材料。

4. 如果张男和李女达成一致意见，同意李女成为股东，但李女因其他原因不能直接成为公司股东，双方可以通过签署代持协议和一致行动人协议，确认张男持有的股权中含有李女的股权份额，由张男作为一致行动人行使股东权利。

> 张男和李女婚内成立了有限公司，张男股权占比70%，李女股权占比30%。后双方准备离婚，张男认为双方明确了各自股权份额，已归各自所有，不需要分割，李女不同意。

第131问　工商登记的夫妻股权份额归各自所有吗？

概要解答： 各自份额依然属于夫妻共有

很多夫妻公司一方虽也是股东，但往往是"充人头"，以满足公司最低人数的要求；同时，基于公司的治理需要，一方登记的股权比例往往要高于另一方；且在工商登记时，甚至不需要夫妻双方本人到场确认，而由代理公司代办，等等。这些都决定了张男和李女在工商登记的股权比例具有随意性，不能代表真实的意思，不能认为双方约定了各自份额归各自所有。

专业解释：

大众创业，万众创新。现实生活中，夫妻使用共同财产出资，持有公司、企业的股权已不鲜见。在进行工商登记时，既有登记夫妻一方为股东的情况，也有登记夫妻双方为股东的情况。

如果登记张男一方为股东，张男名下的股权份额不是其个人财产，而应属于夫妻共同财产，在离婚时应作为夫妻共同财产分割，这并无太多争议。那么，如果张男和李女均为公司的股东，但登记的股权份额不对等，彼此存在差异。此等情况下，是否表明双方按照《民法典》第1065条对股权份额进行了事先约定，各自名下的股权份额就属于《民法典》第298条的按份共有，归各自所有了呢？

在解释该问题前，首先需要明确的是，基于《公司法》第28条所规定的注册资本认缴制，只要股东取得公司的股权份额，即使没有实缴一分钱资本，也不影响股权份额是一种财产的属性认定。简而言之，就是股权份额也是一种财产，与股东是否实际出资没有关系，这如同汽车、房屋等，即使没有出钱购买，其也照样是财产一样。

回到上述问题，虽然张男和李女的股权份额不均等，但除有特殊约定外，夫妻各自名下的股权份额都应属于夫妻共同财产，**离婚时应按照夫妻共同财产进行分割**[①]。换句话说，即100%（70%+30%）的股权份额为张男、李女的夫妻共同财产。这与夫妻按份共有的房屋有明显区别。

按照《民法典》第1065条所规定的夫妻财产约定制，夫妻将房屋登记为按份共有，可视为双方对房屋进行了产权份额约定，**不动产登记簿登记的产权份额即为各自的产权份额**[②]。那么，为何股权份额登记不能适用《民法典》第1065条规定，认定为夫妻间也进行了财产份额约定呢？

这是因为，公司登记制度与一般的财产登记制度有明显区别，其受《公司法》、公司章程等相关规定调整。按照《公司法》规定，设立有限责任公司必须要有两名以上股东，基于这样的规定，很多"夫妻店"，夫妻一方的股东身份或股权份额实际只是"充数"而已，并不是双方真正意义上达成财产约定。另外，在工商登记时，夫妻之间的股权份额确定具有很大的随意性，甚至都不需要本人亲自前往工商部门办理，而是委托他人代为办理。再加之，现在是注册资本认缴制，不是实缴制，"反正刚开始不出钱"，夫妻双方登记股权比例时更具有了随意性的可能。最后，房屋可以登记为共同共有形式，但公司股权不能登记为共同共有，只能登记各自的比例。有些夫妻为管理公司需要，往往不会登记为同等比例股权。

因此，工商登记中载明的夫妻各自股权份额并不能反映双方的真实意思表示，不能简单地据此认定登记的股权份额归各自所有。当然，《公司登记管理规定》（已废止）第23条曾规定，如果张男和李女有约定财产的想法，可在工商部门办理登记时，提交财产分割证明。若提交了该证明文件，则在工商部门各自登记的股权份额就归各自所有。

> **注意要点：**

1. 夫妻离婚分割股权后，对于尚未足额出资的部分，是否由二人继续共同承担按期缴足的义务，目前尚无明确的法律规定，且实务中也鲜有相关案例。部分观点认为，尚未足额出资的部分应为夫妻共同债务，应由双方共同承担，此观点有待商榷。不过，在有可能的情况下，可以在离婚前，先降低公司注册资本（减资）再分割，以降低需继续实缴的风险。

2. 就夫妻财产而言，有限公司中的夫妻财产叫出资额，未上市股份公司中的夫妻财产叫股份，合伙企业中的夫妻财产叫合伙财产。为了便于理解，本解答依然采用股权份额的通行说法。同时，本解答适用这些类型的公司、企业。

第五篇 财产分割／第五章 公司股权分割／285

关联问答：

① 离婚时，财产都是均等分割的吗？
② 按份共有的房屋，离婚时该怎么分？

> 张男在与李女结婚前，就认缴资本注册了一家公司。婚后张男使用夫妻共同财产实缴了注册资本。现双方离婚，李女认为是婚后实缴的注册资本，张男股权应该属于夫妻共同财产。

第132问　婚前认缴婚后实缴的股权，算夫妻共同财产吗？

概要解答： 暂无法律规定，一般不算

张男在公司的股权，因是在婚前已认缴取得，按照法律规定，该股权只能算为张男的个人财产，与婚内是否使用夫妻共同财产实缴没有关系。李女和张男离婚时，也不能直接要求分割该股权，同时也不能直接要求分割实缴、增资的钱款，而只能要求分割股权在婚内形成的收益，以及股权在婚内的增值。这与婚前房屋婚内共同还贷类似。另外，婚内增资婚前公司也可按此方式处理。

婚前股权婚后实缴、增资离婚可分财产情形表

公司性质	股权取得	股权性质	婚内行为	投资款归属	离婚可分财产1	离婚可分财产2	离婚可分财产3	可分财产例外
有限公司	婚前	个人	实缴	公司	婚内收益（分红）	股权增值	/	股权的自然增值和孳息
			增资	公司	婚内收益（分红）	股权增值	认缴增资的股权	

专业解释：

随着工商登记制度改革，如今设立公司，施行的是认缴制，而非实缴制，"一

元钱成立一个亿的公司"已司空见惯。

在认缴制下,很多公司章程规定股东实缴出资的时间可以是 10 年、20 年、30 年,甚至更长时间。于是,在现实中就存在类似张男和李女这样的现象,注册资本是在婚内完成的实缴。这种婚前认缴注册资本婚后完成实缴,股权是否属于夫妻共同财产呢?对该问题,目前暂无明确法律规定。本书认为可以参照婚前个人房屋,婚后共同还贷的情形进行认定。

根据相关法律规定,出资额(俗称"股权")是财产的一种形式。在有限责任公司,夫妻只能对公司的出资额享有财产权益,而**出资额可以理解为认缴的注册资本份额**[1]。一般而言,只有当获得公司出资额的时间是在婚姻关系存续期间,或者是使用了夫妻共同财产获得公司的出资额,该出资额才属于《民法典》第 1062 条规定的夫妻共同财产,并可在离婚时予以分割。

而张男与李女结婚前,已完成公司注册、章程确定、股东名册等一系列设立公司的必备流程,张男在婚前也已认缴了出资额,并取得公司的股东身份。据此,张男在婚前未曾实缴出资,但该出资额按照《民法典》第 1063 条规定,依然属于张男的个人婚前财产。婚后,张男使用夫妻共同财产实缴资本的行为,不能改变出资额的权属属性。即不因使用夫妻共同财产实缴而使原本属于个人财产的出资额变成夫妻共同财产。

那么离婚时,李女可以要求分割什么呢?

首先可以明确的是,张男婚内实缴的钱款原本属于夫妻共同财产,投入公司后即为公司的资产,不再属于夫妻共同财产,李女不能要求分割该款项。当然,张男自愿补偿除外。不过,按照《民法典婚姻家庭编解释(一)》第 26 条规定,若该公司在婚后一直处于实际经营中,且张男也参与了经营,按照相关规定,婚后张男从公司获取的收益,除自然增值和孳息外,均属于夫妻共同财产,李女在离婚时可以要求分割婚内取得的收益(如分红等),以及分割张男出资额的婚内增值部分。

其中,张男出资额的增值部分,需要根据公司的净资产在婚内的增值来予以确定。而**公司的净资产一般需要通过审计评估确定**[2]。此时,从表面上看,出资额增值与婚内实缴的钱款没有关系,实则根据财务制度,实缴的钱款已纳入公司的净资产之中。换句话说,即如果没有实缴,公司的净资产增值为 300 万元,如果实缴了 80 万元,则 A 的净资产增值为 380 万元。不过,有一种比较糟糕的情况,就是公司出现大幅亏损,资不抵债,即使实缴了 80 万元后也无济于事。在此情形下,公司并没有增值,李女可能就什么都分不到了。

不过，如果张男未经李女同意，擅自使用夫妻共同财产实缴个人婚前股权出资，李女可以依据《民法典》第 1092 条规定，以"损害夫妻共同财产权益"为由要求张男补偿。

除了婚前认缴婚后实缴情形外，还有一种情形是婚内增资。比如，张男和李女结婚前，A 有限公司注册资本为 100 万元，张男有 20% 的股权。张男与李女结婚后，A 公司增资 100 万元，变成 200 万元的注册资本，如果张男不认缴增资部分，则其股权份额被稀释到 10%。虽然被稀释，但张男享有的财产利益未发生变化，且依然属于其个人财产，李女只能主张婚内的净资产增值。如果张男认缴 10 万元的增资，其股权份额为 15%，则认缴部分的出资额 10 万元（即股权份额的 5%）属于夫妻共同财产，在离婚时，李女除可以分割张男婚前 10% 股权份额增值外，还可以分割婚内共有的 5% 股权份额。

总之，不管张男是否婚内实缴资本，不管公司是否在婚内增资减资，对于有限责任公司而言，分割婚内共同股权与婚前个人股权的唯一区别是，分割张男和李女婚内共同股权，直接计算出离婚时的公司净资产即可。而分割张男婚前个人股权，除计算出离婚时的公司净资产外，还需要计算出结婚时的净资产，两者相减方能得出张男婚前股权在婚内的增值额。例如，张男婚前认缴投资 A 公司占股 20% 股权，经评估，张男结婚时该公司净资产是 100 万元，离婚时该公司净资产达 1000 万元。由此可知婚姻关系存续期间，A 公司净资产增值额为 900 万元。那么张男婚前股权婚后的增值收益即为 900 万元 ×20%=180 万元，为夫妻共同财产。

注意要点：

如果张男公司在婚姻关系存续期间并没有开展经营，其净资产虽有增值，但该增值完全来源于公司土地、厂房等自然增值，该自然增值与张男没有关系，张男获得的增值收益也不应认定为夫妻共同财产。不过，因公司未经营，实缴的钱款仍在公司账面，张男享有对应的所有者权益，张男在离婚时应给予李女适当补偿。

关联问答：

① 有限责任公司的"股权"该怎么分？
② 公司的净资产无法评估该怎么办？

> 张男和李女离婚分割公司股权时，双方约定张男继续持股，给李女折价补偿。然双方对公司净资产无法达成一致意见，李女诉至法院，法院委托专业机构也无法评估。

第133问　公司的净资产无法评估该怎么办？

概要解答： 实务难点，暂无法律明确规定

当以折价方式分割股权，需要先行明确公司在离婚时的净资产，然后才能予以分割。所谓"净资产"，即所有者权益，简单地讲，就是公司值多少钱。只有确定公司净资产后，才能进一步确定夫妻在企业的财产权益价值几何。

对于公司的净资产，可由张男和李女协商，若无法协商，则由法院委托专业机构依据《资产评估法》等规定进行评估。然评估公司净资产是实务难点，主要包括：第一，有些企业的财务账册不全，不具备评估的条件；第二，有些企业内部有多本"账册"，一方只拿出基本账册，凭借基本账册往往不能评估出企业的真实价值，甚至有些企业已"被亏损"；第三，因没有强制评估的法律规定，有些案件当事人往往以其他股东不同意为借口，拒绝提供企业账册，导致评估工作无法进行，等等。

当无法完成评估，不能进行折价补偿时，该如何处理的问题，目前《民法典》尚无明确法律规定。本书认为，夫妻离婚时，共有关系消灭，如果不能实现对公司、企业中的财产权益进行分割，夫妻的财产权利将成为一纸空谈，期待立法部门对此能够作出针对性规定。

注意要点：

当一方要求拿折价款而不希望成为股东，但又无法完成评估时，实务中，有法院以无法完成评估，不能确定公司净资产为由，驳回该方的分割请求；也有征询其他股东意见，当其他股东都同意接纳时，直接判决该方成为公司的股东。本书认为，这些处理方式似有不当，有违背"法院不得拒绝裁判"或违背"当事人诉求"之嫌。

实务细节：

1. 当申请评估企业净资产时，申请书应明确具体的评估事项和评估的基准时间。若涉及一方婚前股权婚后有增值，还应同时申请评估结婚时的企业净资产。

2. 申请评估需要由申请方预交评估费。该费用在案件结束时，由双方分担。评估费用一般较高，尤其是评估多层股权架构的企业。

3. 未实缴出资并不会影响股权价值评估，股权价值的高低取决于企业净资产的多寡，尚未出资钱款不计入公司的所有者权益，也即不计入企业的净资产。

> 张男和李女结婚后，一直热衷炒股。离婚时，张男证券账户上尚持仓数只股票。李女要求分割一部分股票给自己，张男不同意，认为这是自己辛苦挑选的。

第134问 上市公司的股票，可直接分割数量吗？

概要解答： 可以

近年来，随着家庭投资形式的日益多元化，夫妻共同生活期间往往会进行期货、股票、债券等金融投资，并期待获得资本收益。作为夫妻共同财产，这些金融投资产品如果没有限售的客观原因，在离婚时均应按照《民法典》第1087条及相关财产分割规定予以分割。

不过，考虑到炒股风险和机遇并存，同时，上市公司的股票的价值具有不确定性，会随时间的变化而上下浮动，不同的人、不同的时机、不同的操作标准，都会直接影响到股权价值的增多或变少。所以，人民法院在处理股票分割问题时，往往会争取夫妻双方能够通过协商的方式解决，由双方自行决定把控。

如果张男和李女能够协商，则法院根据双方的共同意思进行处理。如果双方无法达成协商，则由法院依法分割。按照《民法典》第304条规定，法院一般是采用折价分割的方式进行，即由张男继续持股，给李女折款。但如果张男提出股票价格变化很大，不同意按照某一天的股价计算持股价值，或者其他原因导致按照市价分配有困难，则法院也可不折价分割，而根据《民法典婚姻家庭编解释（一）》第72条规定，直接分割一部分股票数量给李女（实物分割）。

法院按照股票数量分割，张男和李女所持有的数量是固定的，不会随股价的变动而波动，具有一定的公平性。李女获得股票后，是否继续持有，何时操作买卖，将由其自行决定。

> **注意要点：**

1. 证券账户资金部分一般包括两个部分：第一部分是持仓股票的股金，该部分会随股价的变动而波动；第二部分是尚未购买股票的资金。对于第二部分的资金，属于存款的一种形式，可以在离婚时作为夫妻共同财产直接分割。

2. 除上市公司的股票以外，按照《民法典婚姻家庭编解释（一）》第72条规定，未上市股份公司的股份、金融债券、投资的基金份额等，也都可以按照上述方式进行实物分割。

> **实务细节：**

1. 若需要实物分割股票，应根据《民法典婚姻家庭编解释（一）》第85条规定，在离婚诉讼时申请财产保全，禁止相对方进行交易或转让。

2. 律师可以持人民法院调查令，前往证券交易所调取个人证券账户持股情况、资金信息等。

> 张男在婚内跟朋友合伙创办了一家合伙企业，效益良好。离婚时，李女要求张男分割部分合伙份额给自己，以能成为合伙人，并能享受持续的分红利益。

第135问　合伙企业的合伙人好加入吗？

概要解答： 视情况而定

若李女和张男在离婚前就是合伙企业合伙人，那么按照共同财产分割原则，在他们内部调整各自在合伙企业的财产份额比例即可。而若李女原非合伙人，那其要想在离婚时成为合伙人，首先得要张男同意，如果张男不同意，则没有可能成为股东，其次还要其他全部合伙人同意，如果有合伙人不同意，且行使了优先购买权，则李女也无可能成为股东。

专业解释：

合伙企业也是一种企业形式。合伙企业的投资人叫合伙人，不叫股东。合伙企业不以公司形式出现，与公司也有诸多区别。比如，合伙企业不具备独立法人资格（公司是独立法人），合伙人对合伙企业债务承担无限责任（公司股东在出资范围内承担责任），合伙财产（包括投资和盈利）为全体合伙人共同所有（公司财产归公司而不归股东所有），等等。通俗地讲，相较于公司，合伙企业就是轻装上阵，合伙人把钱放在一起做生意，共享收益，共担风险。

若张男在合伙企业的合伙财产属于《民法典》第1062条所规定的夫妻共同财产的，张男和李女离婚时，以折价分割方式分割张男享有的合伙财产，跟分割有限责任公司出资额的方式基本一致，**具体可查阅有限责任公司出资额分割相关问题解答**[①]，这里不再赘述。若以实物分割方式（即李女入伙）分割张男享有的合伙财产，因李女不是合伙企业的合伙人，故在离婚时也不能随便要求成为合伙人，这与有限责任公司不能随便成为股东也基本一致。只是相比有限责任公司，合伙企业更突出"人合性"，故若李女要想"入伙"成为合伙人，《民法典婚姻家庭编解释（一）》74条的规定要求更为严格：

第一，成为合伙人的基本前提是张男和李女先要协商一致，张男愿意按照《合伙企业法》第22条规定，将在合伙企业中的财产份额全部或部分转让给李女。这与有限责任公司要求基本一致。

第二，在双方协商一致的前提下，合伙企业的其他合伙人要全部一致同意接纳李女成为合伙人才行。而有限责任公司只需要过半数以上的股东同意即可。

当然，在有合伙人不同意张男转让财产份额给李女的情况下，李女也并非不能成为合伙人。不同意转让的合伙人不能仅表达不同意的意见就行，得要按照《合伙企业法》第23条规定，以同等条件购买张男拟转让给李女的财产份额。或者不购买也行，但需要按照《合伙企业法》第42条、第45条、46条、第51条等相关规定，同意张男退伙或削减张男的部分财产份额（以张男拟给李女的份额为限）。如此，李女不能成为合伙人，只能对其他合伙人购买财产份额支付的价款，或者张男退伙结算的价款，或者削减张男财产份额结算的价款进行分割。一般情况下，张男离婚时转让合伙财产份额（不管全部还是部分）给李女，其他股东为优先购买该部分财产份额而支付的价款应归李女个人所有。

若不同意的合伙人既不购买，也不同意张男退伙或削减财产份额，则视为全体合伙人同意转让，人民法院可以判决李女"入伙"成为该企业的合伙人。在合伙人拒绝按照法院生效判决并按《合伙企业法》第24条为李女办理入伙的情况下，可以通过强制执行程序进行强制入伙登记。

以上针对的是李女不是合伙企业合伙人的情况。如果李女原就是合伙企业的合伙人，则分割夫妻共同享有的财产份额比较简单，一般只要张男和李女达成一致意见就好，与其他合伙人无关。即使双方不能协商一致，人民法院也可以判决双方继续保留合伙人身份，并根据共同财产分割原则分配各自在合伙企业的财产份额。

注意要点：

1. 合伙企业退伙有严格限制，婚姻关系解除不是合伙人可以退伙的法定理由，除非合伙合同中明确有合伙人婚姻关系终止可以退伙的约定条款。因此，不能因为要离婚而要求张男退伙。

2. 李女入伙需谨慎，除非有明确约定，否则入伙合伙企业后，需要对入伙前合伙企业的债务，与原合伙人一同承担连带责任。

实务细节：

1. 在不符合成为合伙人条件的情况下，李女坚持要求成为合伙人，拒绝折价分割的，法院一般会驳回李女的诉求。

2. 合伙企业退伙结算时，如果因合伙企业相关事务未了不能结算，法院在离婚诉讼案件中一般不予处理合伙财产分割事宜。夫妻双方可在离婚后，待未了结事务了结完再行处理。

关联问答：

① 有限责任公司的"股权"该怎么分？

> 张男和李女婚后，使用夫妻财产设立了一家个人独资企业，登记在张男名下。离婚时，李女要求分割该企业，张男同意，但在如何分割问题上产生争议。

第136问　个人独资企业在离婚时该怎么分？

概要解答： 视情况

个人独资企业比较特殊，它虽是企业，但与其他企业不同，独资企业的资产就是夫妻的财产，类似于房产、汽车等。只不过，为了保持企业经营需要，在离婚时一般不能直接分割企业的财产，而由一方继续经营企业，并给另一方折价补偿。如果无人愿意经营，则关门清算，分割清算后的财产。另外，如果是个人婚前设立的独资企业，则婚内的增值和收益属于夫妻共同财产。

专业解释：

《个人独资企业法》第2条对独资企业的进行了定义。个人独资企业与合伙企业很相似，不同之处就是独资企业是"个人单干"，合伙企业是"合伙群干"。它与一人有限公司也很相似，不同之处就是按照《个人独资企业法》第17条规定，独资企业仅是经营外壳，它的所有资产，大到企业房产，小到办公桌椅都属于投资者个人所有，而一人有限公司的资产一般属于公司所有。

张男和李女离婚时，对于独资企业财产性质的认定及分割，主要有以下几种情况：

第一种情况：企业是张男、李女使用夫妻共同财产投资设立

该企业形式上虽然登记在张男名下，但其本质上属于张男和李女共同所有，它是张男和李女共同生活的一部分，故该企业的所有资产，包括投资本金和收益等均属于夫妻二人的共同财产。当然，夫妻共同的独资企业债务，按照《民法典》第1064条规定也属夫妻二人共同债务，都由双方共同承担无限连带责任。这符合夫妻同甘共苦、共同投资、共担风险的家庭伦理要求。张男和李女离婚时，按照《民法典》第304条共有物分割方式，以及一般夫妻共同财产的分割制度和原则进行分割即可。

当然，考虑到企业实际生产、经营的需要，一般不能直接对企业的内部资产直接进行实物分割。对于此类个人独资企业，按照《民法典婚姻家庭编解释（一）》第75条规定，常见的分割方式有以下几种：

1. 只有一方主张经营，则在协商一致或评估资产后，由取得资产所有权的一方（经营方）给予另一方折价补偿。

2. 双方均主张经营，则一般由法院组织双方竞价，根据价高者得原则确定继续经营方，由取得资产所有权的一方（经营方）根据最高竞价款给予另一方相应补偿。但竞价需要双方都同意，如果一方不同意竞价，法院一般会按照当事人对企业的实际需要程度、经营能力等因素进行裁决。

3. 双方都不愿继续经营，则关门大吉，按照《个人独资企业法》第四章相关规定解散企业。清算债务后有资产结余的话，可以对结余部分进行分割。

第二种情况：企业是张男以个人财产投资设立

张男以个人财产投资设立个人独资企业，不管婚前设立还是婚后设立，也不管李女是否参与实际经营，该企业的财产按照《民法典》1063条的规定，都应属张男个人所有。不过，按照《民法典》第1062条及《民法典婚姻家庭编解释（一）》第25条规定，在无特别约定的情况下，张男个人所有的独资企业婚内产生的收益属于夫妻共同财产，**离婚时李女可以要求分割剩余的收益**[①]。同样，如果婚后企业做大做强，有所升值，则升值部分也可以作为夫妻共同财产在离婚时进行分割。具体可按照如下方式分割：

1. 如果独资企业是张男婚前设立，产生的婚内增值收益一般为离婚时企业总资产价值减去结婚时的资产总价值。

2. 如果独资企业是张男婚内使用个人财产设立，产生的婚内增值收益一般为企业总资产价值减去张男投资的个人财产。

另外，对此类独资企业的债务问题，按照《个人独资企业法》第18条规定，原则上是投资人张男的个人债务，由张男以个人财产对外承担无限连带责任。不过，如果李女也实际参与经营，经营的收益也实际用于家庭开支，基于权利义务对等原则，李女参与经营过程中形成的独资企业债务，一般可以认定为夫妻共同债务，离婚时按照《民法典》第1089条规定的共同债务偿还规则偿还。

但如果李女经营不多，收益很少，或者不赚反亏，对于企业的债务如何承担的问题，目前尚无明确法律规定。

实务细节：

1. 一方按照《民法典婚姻家庭编解释（一）》第 82 条借用夫妻共同财产设立非公司形式的企业（如个人独资企业），因该借款发生后，即属于借款方个人财产，故企业不应被认为是夫妻财产共同投资，而应是一方个人投资。

2.《工商户条例》第 2 条规定个体工商户虽不是企业形式，但其与个人独资企业类似，在离婚处理个体工商户资产分割时，也可参照个人独资企业资产处理方式处理。

关联问答：

① 婚前财产婚后产生的收益，是夫妻共同财产吗？

> 张男和李女结婚后，张男使用夫妻共同财产投资了一家公司，但股权代持在别人名下。离婚时，李女提出要分割该代持股权，张男认为股权不在自己名下，不能分割。

第 137 问　代持股权在离婚时能分吗？

概要解答： 无明确规定，举证困难

按照《公司法若干问题规定（三）》第 25 条等相关规定，所谓代持，就是实际投资人作为隐名股东，将其出资份额挂在他人名下，并由他人作为显名股东，登记在工商资料中。其中有的有书面代持协议，有的只有口头协议。由于实际投资人不是显名股东，故在夫妻离婚时，往往对代持股权产生争议，这既涉及举证的问题，也涉及法律空白问题等。

一、他人代持夫妻一方的股权

如果李女有证据证明张男的股权代持在别人名下，且是以夫妻共同财产出资，那么该股权份额属于夫妻共同财产无疑。但如何处理，目前无法律明确规定。实务中，

由于代持股权的特殊性，且涉及显名股东的权益，若夫妻双方不能协商一致，法院在离婚案件中往往会以涉及案外人利益为由而不处理。李女只能在离婚后，根据《合同法》《公司法》《民事诉讼法》等相关规定另案主张。

二、夫妻一方代持他人股权

若张男主张是帮别人代持股权，其名下的股权实际是别人的，并能够提供相关证据证明代持事实，则其名下的代持股权不能被分割。相反，如果张男没有充分、直接的证据证明代持的事实，根据《民诉法》67条、《民诉法解释》第90条谁主张谁举证，不能举证承担不利后果的原则，张男所谓"代持他人股权"的主张不能成立，在离婚时即有可能被法院依据《公司法》第32条公司工商注册登记效力相关规定，认定为夫妻共同财产而被分割。

实务细节：

1. 证明代持的证据有原始代持协议、原始沟通记录、出资记录来源、股权分红流向、代持人承认和被代持人自认，等等。

2. 在离婚过程中，对于代持股分割问题，建议以协商为主，通过法院诉讼的方式处理效果不好。

> 张男和李女结婚后，张男因帮助一家公司渡过难关，该公司给予张男部分干股，但未在工商部门登记。离婚时，李女要求分割该部分干股，张男认为不能分割。

第138问　干股在离婚时能分吗？

概要解答： 显名可分，隐名难分

干股不是法律术语，只是民间习惯叫法，《办理受贿刑事案件适用法律意见》第2条曾有简单介绍。一般而言，干股是指基于各种合法或不合法的事由，未出钱而获得了公司的股权份额，包括进行了实际转让并经工商登记的干股（显名干股），也包括未进行转让和工商登记，只拿分红的干股（隐名干股）。简言之，干股就是无偿受赠的股权，分为不出钱的注册股和只分红的虚拟股两种。

离婚时，就张男婚内获得的干股如何分割的问题，法律暂无明确法律规定。不过，基于干股是受赠而来，根据《民法典》第 1062 条、第 1063 条有关"受赠财产"是否属于夫妻共同财产的认定标准，若干股赠与合同中明确赠与给张男个人，则该干股属于张男的个人财产，相反，若没有明确赠与给张男个人，或者赠与对象不明确，则可属于夫妻共同财产。

在认定干股属于夫妻共同财产后，若干股是按照《公司法》第 32 条进行了显名登记，则可以在离婚时按照夫妻共同财产分割原则进行分割；如果干股隐名登记的（类似代持股性质），除非双方协商一致，否则在离婚诉讼中，法院不会处理。李女只能在离婚后，根据《合同法》《公司法》《民事诉讼法》等相关规定另案处理。

注意要点：

现实中还存在因受贿、行贿等违法犯罪行为的受赠干股，这类干股因属于违法所得，故不能被作为夫妻共同财产分割。

张男与李女结婚后，持有了一家未上市公司的股份期权，其中有部分已兑现给张男，但尚处于限售期，而有部分还未兑现给张男。

第 139 问　限制性股份、"期权"在离婚时能分吗？

概要解答： 未取得完整权利，离婚不能分

张男持有的限制性股份或公司"期权"，在本质意义上都是财产的一种类型，分割时与其他财产无异。只不过在离婚时，如果限制性股份还不能变现，或者期权还未拿到手，除非双方能够协议一致，否则法院在离婚案件中不会分割。但不会分割不代表不能分割，离婚后，如果张男完成变现或拿到手，则李女可与张男再次协商分割或通过法院诉讼分割。

> 专业解释：

一般而言，不论是上市公司的股票，还是未上市股份公司的股份，只要能够通过正常渠道进行交易和买卖，就可以在离婚时进行分割。具体如何分割由双方协商，若协商不了，则由人民法院进行处理。

按照《民法典婚姻家庭编解释（一）》第72条规定，法院处理时，如果能够确定股票、股份在某一时点的市价，且双方都无异议并愿意按照该时点的市价分割，则按照市价判决张男给付相应折价款给李女（折价分割）；如果确定市价有困难，或者张男（考虑价格波动太大）不同意按照市价分割，则法院一般会按照数量根据各自比例进行实物分割。

以上正常可以分割的情形，还有一些股票、股份在离婚时存在不能正常分割的情形，具体如下：

一、限制性股份（限售股）

张男虽在婚内取得上市公司的股票和未上市公司的股份，但按照约定或《公司法》第141条、《证券法》第36条等规定，张男在持有一定期限内，如1年内不能进行交易、买卖，专业术语叫"限制性权益"。说白了，就是张男在取得1年后才能变现。虽然这些限售股是张男婚内所得，按照《民法典》第1062条应属于夫妻共同财产，但张男未获得完整权利，故在限售期内，李女跟张男离婚的话，法院无法分割这部分限售股。

当然，法院无法分割主要是指无法按照《民法典》第304条进行实物分割，这是因为按照有关法规不能办理转让登记手续而不能分割，若张男自愿对李女进行折价补偿，李女也愿意接受，则法院可以按照双方意见处理。

不过，在离婚时未能处理的"限制性股份"，李女在离婚后，待限制交易的事由消失，也可以依据《民法典婚姻家庭编解释（一）》第83条，向人民法院提起离婚后财产纠纷诉讼要求分割。

二、期权

如果说"限制性股份"是已经拿到手的权益，那么"期权"则是未拿到手的权益。

期权是指公司，尤其是高科技公司、上市公司，为了激励和奖赏员工而设置的股权激励措施，本质上是合同关系。

各类公司的措施可谓是五花八门，无统一标准。但不管如何，既然是激励措施，张男肯定是一开始拿不到的，也就是说，要拿到这类股权需要一定的条件，如工作年限、公司效益等。当符合条件时，张男才被允许无偿获得或低价获得合同约定的股票、股份。一旦获得，即属于张男所有，这个过程专业术语叫做"行权"。

根据夫妻共同财产的认定标准，婚姻关系存续期间已完成行权的股份，属于夫妻共同财产并无太多争议。而对已在婚内签订了股权激励合同，离婚后才行权的股份是否属于夫妻共同财产的问题，我国《民法典》尚无明确法律规定，司法实践中也存在不同的处置方式。通说认为，婚内已明确的股份期权，虽未行权，但依然属于夫妻共同财产。

当然，股份期权是可期待权利，并不是现实已存在的财产权益，法院在离婚案件中，不会处理这类没有实际价值或没有明确利益的"财产"权利。李女只能在离婚后，待股票、股份行权完成再次要求分割。

注意要点：

1. 有些股票、股份行权后，也会受到一定期限的"交易限制"，并不能直接变现，张男需要等待开放"交易窗口"才能变现。

2. 分割已行权的股票、股份期权时，除按照《民法典》第1087条遵循照顾子女、女方、无过错方原则外，还要考虑张男个人工龄的贡献，以进行公平合理的分割。

第六章 知识产权分割

> 张男和李女结婚后，专心搞文学创作，并先后出版了几部小说，收益良好。离婚时，李女提出小说是婚内创作的，应该分割，张男认为小说是知识产权，不能分割。

第140问 什么是知识产权？

概要解答： 智力成果权

《民法典婚姻家庭编解释（一）》第24条规定了知识产权收益属于夫妻共同财产。很多人对"知识产权"一词比较陌生。所谓知识产权（简称"知产"），是与我们常见的房屋、汽车、电脑等"物权"相对的权利，它是通过智力劳动创作形成的一种成果权利。换句话说，知识产权是相对有形财产而言的一种无形权利，它不是某个具体的物品，而是智力成果。

我们日常生活中常见的小说、电影、论文、商标、发明创造等都属于知识产权范畴，而这些知识产权的载体属于物权范畴，如书本、胶片、商标证等，载体本身是有形财产，并不值多少钱，具有价值的是这些载体上所载的内容。这就好比我们购买张男创作的小说，买的是书籍本身，而不是买的小说里面的情节内容，情节内容还是属于作者本人。

知识产权与有形财产还有一个明显差异的地方，那就是知识产权具有人身属性。因为知识产权是人的智力成果，它是人智力的对外延伸，属于精神财富，某种意义上讲是人身体的一部分。而有形财产有些虽也由人创造，但往往只具有财产性，不具有人身性。知识产权受到侵害，如同身体受到侵害，权利人不但可以要求侵权人赔偿经济损失，还可根据情况要求侵权人赔礼道歉，消除影响等，而有形财产受到侵害，权利人一般只能要求经济赔偿。

成年人的体面告别： 解析188个离婚常见问题

法律保护知识产权，最终保护的是知识产权所有人的独有知识、经验和能力。侵害他人知识产权，一般要承担民事责任，情节严重的，要承担刑事责任。

> 张男和李女结婚后，专心搞文学创作，并先后出版了几部小说，收益良好。离婚时，李女提出小说是婚内创作的，是夫妻财产，张男认为小说是知识产权，不是夫妻财产。

第141问　知识产权是夫妻共同财产吗？

概要解答： 不是，限已得收益是

张男个人在婚内创作完成的小说，它们本身只是张男个人智力输出形成的成果，并非财产。比如，张男出版了2部长篇小说，李女不能将2部小说作为夫妻共同财产，要求分1部小说归自己所有。只有当张男的小说在婚内产生明确的收益时，该收益才能作为夫妻共同财产，并在离婚时进行分割。

专业解释：

张男创作的小说属于知识产权的一种。在法律上，知识产权具有人身权和财产权两种特性。其中人身权是指署名权、修改权等与人身密不可分的权利，而财产权是指复制、改编、信息网络传播等与财产有关的权利。

由于知识产权的特性，决定了张男的配偶不可能同等享有决定是否发表、是否署名、是否修改等权利，这些权利为创作者张男个人专有。另外，虽然知识产权含有财产权，但在未"变现"前，它只是以一种权利形式存在，而不是以财产形式存在。也就是说知识产权并不是财产，不具备《民法典》第1062条所规定的"婚内所得财产"的条件，也就无从谈起是不是夫妻财产了。

知识产权不是夫妻共同财产，李女就不享有权利了呢？答案是否定的。《民法典婚姻家庭编解释（一）》第24条明确规定：夫妻一方婚内取得的知识产权，在离婚时，另一方可以享有已实际获得或已明确可以获得的收益。也就是说，对于知识产权而言，属于夫妻共同财产的只是其已形成的收益部分。

因此，不能将知识产权作为夫妻共同财产进行对价分割或实物分割，可以分割的只是知识产权的"变现"收益，如小说出版的稿费，电影上映的票房分红，专利转让的转让费，商标许可的授权费，等等。上述收益如果是在婚内已经实际获得，或者在婚内已明确可以获得，则属于婚内所得财产，应作为夫妻共同财产，在离婚时或离婚后实际获得时进行分割。相反，如果婚内没有获得或没有明确可以获得收益，如张男的小说尚未出版或投入市场，即使李女认为价值不菲，也不能在离婚时要求分割。

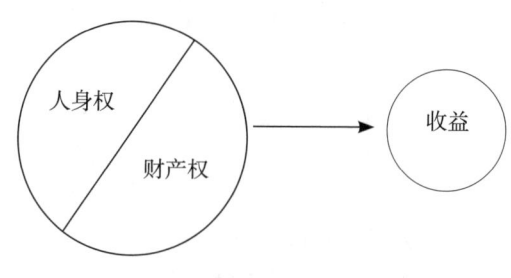

知识产权和收益之间关系

注意要点：

1. 离婚后张男才获得的知识产权收益，按照《民法典》第 1063 条规定，原则上也应属张男的个人财产，李女也不能要求分割。当然，对这种情况，考虑到张男埋头创作时，李女承担了更多的家庭义务，给予了张男实际的支持和付出，人民法院在分割财产时，可以根据具体的情况，给予李女适当的照顾。

2. 法院分割财产的一个基本前提是财产价值明确且无争议，法院不能对价值不确定的财产进行分割。对于价值不确定的财产，一般可以通过双方协商、评估、鉴定等方式确定。不可否认，知识产权虽不是财产，但很多知识产权确实具有很高的价值，似乎可以通过评估的方式进行确定，并基于评估价进行分割。然而，评估知识产权的价值非常复杂，且最终能否实现收益、何时获得收益具有不确定性，所以在离婚案件中，一般不会以价值评估的方式来确定知识产权价值并据此分割。

实务细节：

离婚时，对在婚内明确但尚未取得的知识产权收益，如果张男考虑收益未取得，不同意先行垫付或垫付有困难，法院在作出离婚判决时，可以判决张男在实际取得收益后即应支付多少分割款给李女，以减少李女另案再诉的诉累。

> 张男和李女结婚后，专心搞文学创作，并已与电影公司签署许可合同，但尚未取得收益。离婚时，李女要求分割已明确的收益，但张男认为还没有拿到收益，不同意分割。

第 142 问　离婚后取得的知产收益，可要求分割吗？

概要解答： 看是否是婚内已明确的收益

知识产权本身的获得与知识产权价值的实现往往并不同步，绝大部分情况下，都是先有知识产权，然后才会变现取得收益。知识产权在离婚后取得的收益，能否被作为夫妻共同财产进行分割，主要分以下两种情形：

情形一：婚内已明确可以取得的收益

张男婚内创作完成的小说，已与影视公司签署许可合同，协议中明确了具体的授权价格，这属于法律上明确可期待的收益。在离婚时，影视公司虽尚未支付协议价款，但该款项是婚内已明确可取得的财产，按照《民法典婚姻家庭编解释（一）》第 24 条规定，应属于夫妻共同财产，李女可以在离婚时要求张男进行对价补偿，也可以在离婚后张男拿到钱款时要求分割。

另外，有些知识产权的收益在婚内已经确定，然而，是一种分成收益，离婚时具体金额不能确定，如电影上映后的分成比例收益，张男在结算后才能实际获得。该收益实际也属于夫妻共同财产，李女在张男结算完成后也可以要求主张分割。

情形二：离婚后才明确取得的财产收益

理论上，知识产权收益是否属于夫妻共同财产，依据的不是知识产权本身的取得时间，而是财产性权益实际（明确）获得的时间。假设张男在离婚时并没有与影视公司签订授权改编协议，而是在离婚以后签订，即在收益是在离婚以后才明确和产生。对于这种离婚后的财产收益，按照《民法典》第 1062 条及第 1063 条规定，应属于张男的个人财产，而不属于夫妻共同财产，李女无权要求分割。

当然，如果婚内张男创作时，李女付出了相应配合、协助、支持，可以根据具体的情况，在离婚时给予李女适当的经济补偿照顾。

注意要点：

张男在结婚前，已经通过各种形式，如通过创作、买卖的形式取得了某些知识产权，在婚姻关系存续期间，这些知识产权产生收益，应属于张男个人财产。不过**类似个人财产婚后收益**[1]，如果李女对这些知识产权的收益付出了较多的努力，或者提供了一定协助配合，此等情况下，在离婚分割收益时，应考虑对李女进行相应的补偿。

关联问答：

① 婚前财产婚后产生的收益，是夫妻共同财产吗？

成年人的体面告别： 解析188个离婚常见问题

第七章 彩礼、嫁妆处理

> 张男和李女结婚时，张男父母向李女父母给付彩礼20万元，并为李女购买了三金。然而，双方结婚没有多久便离婚，张男提出，彩礼20万和三金李女要退还。

第143问 彩礼要不要退还？

概要解答： 三种情形应返还

一般而言，如果当地有给付彩礼的习俗，张男一方为结婚而给付李女的钱款，可以认定为彩礼性质，而如果当地没有彩礼习俗，则只属于一般意义上的赠与。当构成彩礼性质，若男女双方没有结婚，或者结婚后没有共同生活，或者给付彩礼导致张男一方生活严重困难，则李女应予返还。至于返还多少，要看彩礼被男女双方实际消耗的情况，并不一定是全部返还。

婚前已完成给付的彩礼与赠与情形对照表

性质	有无习俗	给付目的	返还情形1	返还情形2	返还情形3	返还数额	说明
彩礼	有	为结婚	未能结婚	婚后未共同生活	给付人生活困难	视双方共同消耗情况	若已结婚，只能在离婚时要求返还彩礼
赠与	无	为结婚	未能结婚	符合法定撤销条件	/	若未同居，全额返还	/

专业解释：

在中国，结婚给付彩礼已沿袭数千年。彩礼又称订亲彩礼、聘金、聘礼、聘财等，各地叫法不一。随着时代的发展，在一些经济发展较好的地区，基本已不存在给付彩礼的习俗，但在一些欠发达地区，多数家庭依然保留了在迎亲嫁娶时给付彩礼的民风习俗。因彩礼具有民间性，各地彩礼习俗不同，给付彩礼的目的不同，甚至还有借婚姻索要财物的情形，这导致在处理彩礼纠纷问题上具有一定的复杂性。正确处理彩礼纠纷有关问题，应从以下几个方面着手：

一、认定是否属于彩礼

彩礼是我国民间特有的风俗，但并不是所有的地区都存在该风俗。因此，不能将所有地区婚前给予财产的行为都认定为彩礼。只有认定属于彩礼后，才能适用彩礼规则进行处理。

1. 要看当地有无彩礼习俗

看彩礼习俗，尤其是看李女当地是否有结婚给付彩礼的习俗。如果当地没有此种习俗存在，就谈不上给付彩礼的问题。没有彩礼风俗的地区收取高额财物，容易构成《民法典》第1042条所禁止的"借婚姻索取财物"行为。

2. 要看给付的时间

一般而言，给付彩礼大多发生在准备结婚事宜、办理定亲仪式、举办婚礼，以及领取结婚证时。在上述期间，按照当地的风俗习惯，张男和李女之间为了结婚而发生的财物给付，一般都可视为彩礼。因此，是不是彩礼，要看给付财物的时间是不是从准备结婚开始。如果张男和李女还未到谈婚论嫁的地步，除有相反证据，否则，张男给付的财物会被法院按照《民法典》第657条认定为恋爱期间的赠与，而不会作为婚前彩礼对待和处理。若属于赠与性质，要按照《民法典》第658条、第663条等相关规则处理。

3. 要看给付的主体与对象

结婚不但是男女二人之间的事情，也是双方家庭的事情。按照给付彩礼的习俗，彩礼的给付方和接受方，既有准备结婚的男女双方，也有男女双方的父母，甚至还有男女双方的其他近亲属，包括兄姐等。因此，因彩礼问题发生纠纷时，这些人都有可能成为返还彩礼诉讼的主体方。如果给付财物的主体是普通的亲戚朋友，多数情况下会被认定为"份子钱"，而非彩礼（"份子钱"根据习俗的不同，一般给父母的就归父母所有，给男女一方的就归夫妻共同所有）。

4. 要看财产的价值

作为彩礼，一般是大额金钱（如数万至数十万元带有吉祥意义的现金）和贵重物品（如金银首饰、三金五金、汽车，甚至房屋等）。偏低价值的财物，如张男结婚前多次给付李女的小额现金、小额转账或非贵重物品，即使加起来金额很高，一般也只作为恋爱期间的赠与，而不作为婚前彩礼对待和处理。另外，结婚过程中发生的"改口费""上轿费""开门费"等小额费用，也不属于彩礼。对于此类非彩礼性质的费用，如果张男和李女结婚了，该部分费用一般属于夫妻共同财产；如果双方未能结婚，由法院酌情考虑是否返还及返还多少。

总而言之，认定张男给李女的财物是否属于彩礼，要看当地是否存在彩礼习俗，是否是准备结婚的双方或双方的近亲属，是否是在张男和李女协商结婚事宜开始到正式登记结婚期间支付，支付给李女或者李女近亲属的是否是大额金钱或贵重物品。

需要强调的是，《民法典》第1042条禁止借婚姻索取财物，禁止因彩礼而一朝返贫。如果李女明知对方家庭经济状况不佳，依然索取高额彩礼并给张男家庭生活造成严重影响，实际上是把婚姻作为牟取财物的手段和工具，则会被认定为借婚姻索取财物，而非正常的民间彩礼。

二、哪些情形下应予返还

当给付的财物被认定为彩礼后，《民法典婚姻家庭编解释（一）》第5条明确规定了三种应返还彩礼的情形：

1. 男女未办理结婚登记手续

给付彩礼的目的是结婚，若张男和李女最终未能在民政局登记结婚，给付张男彩礼的目的落空，李女理应返还。如果收取方李女收取彩礼后便不再展开结婚的准备，这种行为很可能被认定为"借婚姻索取财物"，甚至是骗婚行为。当然，在我国少部分地区，人们习惯以"办了结婚酒席"作为结婚的标志。在这些地区，如果双方虽未办理结婚登记，但办完结婚仪式后就已实际居住一起共同生活，此时是否需要返还彩礼要结合男女共同生活时间的长短、彩礼消耗的情况等因素由人民法院来确定。

2. 双方领证结婚后未共同生活

所谓未共同生活，是指张男和李女结婚后，没有实质组建家庭、未在一起过日子、吃住不在一起、没有夫妻生活、没有履行夫妻义务、经济相互独立等。法律意义上的婚姻关系虽已成立，但实质意义上的共同生活还没有开始。此时双方如果离婚，由于在事实上没能实现缔结婚姻的目的，故李女收取的彩礼应予返还。需要注意的是，此种情形下彩礼的返应以张男和李女离婚为前提。

3. 给付彩礼导致给付人生活困难

现实生活中,"高价彩礼"屡见不鲜。若张男家庭为了凑齐彩礼而四处举债,张男结婚后生活困难,吃糠咽菜辛苦还债,这种趴在张男家庭上"吸血"的做法与彩礼这一习俗的目的相悖,不应提倡。当然,所谓生活困难,不是与给付彩礼之前的经济能力相比,由于给付造成了前后经济相差悬殊,而是实实在在的困难,靠张男家庭的力量已经无法维持当地最基本的生活水平。需要注意的是,此种情形下返还彩礼也应以离婚为前提。

三、应返回多少彩礼

在符合应当返还彩礼的前提下,应归还多少彩礼要根据具体的情况确定,既非全部都要返还,也并非全部都不返还。对于实物彩礼而言,一般是原物返还,不论新旧。对于金钱彩礼,区别两种情形:一是金钱彩礼是交付李女父母,应全额返还;二是金钱彩礼是直接给李女一方,或者李女父母收到彩礼后给李女,则要根据双方共同生活及金钱彩礼的消耗情况来确定应返还的数额。现实中,也存在男女双方没有领取结婚证,但一直共同居住生活,甚至育有子女的情形,金钱彩礼已被用于双方的共同生活之中,此时如果要求全额返还也有悖常理。

总之,返还彩礼的数额要结合彩礼的形式、彩礼的实际使用情况、是否用于筹办婚事、是否购置共同生活的物品等不同情况进行综合考量确定。

实务细节:

1. 返还彩礼纠纷中,根据彩礼的发生对象不同,起诉方可为张男,或者张男父母,或者张男近亲属,被诉方可为李女、或者李女父母、或者李女近亲属。

2. 主张返还彩礼,尤其是现金彩礼时,若李女否认收到彩礼,应提供相应的交付证据,如微信记录、转账记录、人证等。

> 成年人的体面告别： 解析188个离婚常见问题

> 李女父母心疼女儿，在李女结婚时为其置办了不少嫁妆。然结婚后不久，张男和李女离婚，张男提出嫁妆是夫妻共同财产，应该分割，而李女则认为是个人财产，不应分割。

第144问 嫁妆是属于女方个人财产吗？

概要解答： 看婚前或婚后给，以及有无约定

嫁妆在本质上属于赠与性质，是李女父母对李女的赠与。因此，按照《民法典》有关赠与及夫妻共同财产认定标准即可处理。如果嫁妆是在领证结婚前完成，则属于李女的个人财产；如果陪嫁物是在领证结婚后完成，若李女父母明确是赠给李女个人，则属于李女的个人财产，若没有明确，则一般认定为夫妻共同财产。

专业解释：

嫁妆在现实生活中的表现形式多种多样，有陪嫁款、压箱底钱、生活启动金等。不管当地是否有彩礼习俗，不管家庭是否富裕，不管当地是否发达，女儿出嫁（有时是儿子出赘）时，其父母一般都会为其准备嫁妆，既可能是现金形式，也可能是家庭基本生活物资（冰箱、彩电、洗衣机等），还有可能是汽车，甚至房屋等。

父母为李女准备嫁妆，除了面子工程及提升李女在婆家的地位外，更多的是对李女未来美好生活的祝福和给李女婚后小日子的生活保障。父母为李女准备嫁妆，没有对价，完全是自愿行为。那么，嫁妆在法律上如何定性？是属于李女个人特有财产还是夫妻的共同财产，这是本问题讨论的重点。

我国《民法典婚姻家庭编解释（一）》第5条对彩礼在离婚时如何处理有明确的规定，而对嫁妆却没有直接的规定，甚至在法律上都没有"嫁妆"一说。之所以如此，是因为彩礼比较特殊，是一种民间习俗，是基于两个毫不相干的家庭因缔结姻亲关系而形成，具有很强的目的性，"无彩礼不结婚"也时有发生。有些地方甚至出现"高价彩礼"和"骗取彩礼"的现象。另外，彩礼也不是简单的赠与，不能完全适用一般的赠与合同处理，故对彩礼问题作出了特别规定。

而嫁妆则相对比较简单，其完全就是父母对出嫁子女的一片心意，只发生在父

母与子女之间。是否陪嫁、陪嫁多少与婆家没有关系，也无须取得婆家的同意。当然，陪嫁的款项有可能来自彩礼，但彩礼发生纠纷时，按照相关规定处理即可，与是否用于购买嫁妆没有关系，分属两种独立的处理方式。在法律上，嫁妆属于《民法典》第657条规定的赠与性质，当发生纠纷时，按照赠与合同及夫妻共同财产认定原则处理即可，故无需针对嫁妆作出特别规定。

基于此，一旦赠与完成，李女带着陪嫁财物至张男家生活，当双方离婚，对嫁妆性质发生纠纷，又无法协商一致，则可以按照以下方式处理：

一、如果是在李女和张男登记结婚前，即领证前李女获赠嫁妆。该陪嫁财物属于李女婚前受赠财产，应为其个人所有。同时，按照《民法典婚姻家庭编解释（一）》第31条规定，个人财产不因结婚而转化为夫妻共同财产。因此，不管李女最终是否和张男完成结婚登记，该财产依据《民法典》第1063条都属于李女个人财产，即使财物已放置张男家，李女也完全可以索回。

二、如果是在李女和张男登记结婚后，即领证后李女获赠嫁妆。此时，虽然李女父母给付的对象是李女，但依然属于李女和张男的婚内所得。对婚内所得，按照《民法典》第1062条夫妻共同财产的认定原则，应属于夫妻共同所有，为夫妻共同财产。除非有证据表明给付陪嫁财物时，李女父母已明确赠与给李女一人，或者张男和李女依据《民法典》第1065条实施的夫妻财产AA制，嫁妆才属于李女的个人财产。当然，对于家产颇丰的李女父母，如果在李女结婚后购买房屋作为陪嫁，则问题相对比较复杂，**具体可查阅本书有关父母出资为子女买房的相关问题解答**[①]，这里不再赘述。

注意要点：

1. 在无特别约定或非财产AA制的情况下，区分陪嫁物品性质的主要分界线是以结婚作为时间节点，而结婚是法律事实，以至完成结婚登记，领取结婚证为唯一标志。因此，如果没有领取结婚证，张男和李女只是办理了结婚酒席，即便已经共同居住一起生活，乃至生育了子女，都不能产生结婚的法律事实，陪嫁物品依然属于李女个人财产。

2. 如果婚前同居或婚后生活期间，属于李女个人财产的嫁妆已被用于共同生活而消耗掉的，属于自愿行为，李女也不能在分手或离婚时要求张男进行任何补偿。

3. 如果部分陪嫁物是李女的个人生活特有用品，不管是婚前还是婚后受赠，不管李女父母有无明确赠与李女，该部分陪嫁物品都属于李女个人财产。

实务细节：

1. 在婚前将陪嫁物给子女，应保留相关给予信息。

2. 在婚后将陪嫁物品给予子女，如果只想给子女一人，应在给予时进行书面明确，并最好是向子女配偶明确，且明确的时间应是给予陪嫁物时，而不是纠纷发生时。

关联问答：

① 父母资助买房，资助款是赠与子女吗？

第六篇　婚内财产约定、赠与及借款

　　夫妻之间除了按照法律规定确定财产关系外，还可以通过约定的形式确定财产关系，这就是"夫妻财产约定制"。本篇将主要围绕夫妻财产约定制相关内容展开分析，同时将之与夫妻间的赠与行为进行了对比分析，以便读者进一步了解二者之间的区别。另外，本编还介绍了夫妻之间借款的有关内容。

> 张男和李女结婚后，约定各自收入归各自所有，财务上互不干涉。之后，双方决定离婚，张男要求分割李女名下的财产，李女不同意，认为双方是约定财产制，不需要分割。

第145问　什么叫夫妻约定财产制？

概要解答： 对财产关系的约定

约定财产制是与法定财产制相对的财产制度形式，指男女在结婚前后，不根据法律规定，而是通过约定确定夫妻间的财产关系。通俗地讲，就是张男和李女结婚前后，约定哪些财产归张男所有，哪些财产归李女所有，哪些财产归双方共有。在我国，受传统观念影响，采用约定财产制的夫妻比例极少，但不影响其存在的合理性。

夫妻约定财产制适用情形表

财产关系	财产范围	确认方式	生效时间	约定形式1	约定形式2	约定形式3	说明
约定财产制	婚前或婚后	约定	结婚后	各自所有 AA制	共同所有 大锅饭	各自所有+共同所有 AA制+大锅饭	将个人财产约定给另一方，属赠与

专业解释：

我国夫妻财产制度包含法定共同财产制、约定财产制、个人特有财产制三种类型。正常情况下，男女婚前、婚后所得财产属于个人单方所有还是属于夫妻共同所有，法律都已有明确规定。

比如，《民法典》第1062条、第1063条规定的夫妻财产关系为个人婚前财产，以及婚内所得属于个人特有的财产归个人所有（可比喻为个人小框），除此以外的其他婚内所得财产，不管是一方取得，还是共同取得，都视为夫妻共同共有（可比喻为夫妻大框），这就是典型的法定财产制，即由法律来确定夫妻间的财产关系。

在我国，绝大部分夫妻都是按照法定财产制来确定财产关系，法律怎么规定怎么来。当然，法定财产制并不是强制的，男女双方也不是必须遵照执行。毕竟，不管是一方个人的财产，还是夫妻双方的财产，本质上还是私有权利（简称"私权"）。对于私权，权利人在不损害他人利益的情况下，均有充分的自由处置决定权。

基于此，张男和李女二人可以通过自愿协商，共同约定的方式，对结婚后的财产关系作出安排。通俗地讲，就是张男和李女不按照法律规定来，而是私人定制财产规则，自行确定哪些财产放入各自的小框，哪些财产放入夫妻的大框。一旦达成财产约定，即代表双方是以约定财产制排除适用法定财产制。

张男和李女结婚后，财产约定即发生效力，对双方具有约束力。当发生纠纷时，要优先适用约定财产制，即先要看张男和李女是怎么约定的，而不看法律是怎么规定的。如果财产约定事项不明确，或者约定未涉及的财产，才能适用法定财产制规则处理。

《民法典》婚姻家庭编第1065条规定了约定财产制。该规定明确，男女双方（注：之所以不表述"夫妻双方"，是因结婚前双方也可约定）可以通过书面约定的形式，将婚前个人财产及婚内所得财产约定归各自所有、夫妻共同所有，或者部分各自所有、部分共同所有。由此可知：①约定的财产范围不但包括婚内所得财产，还可以包括婚前个人财产；②约定的财产关系有三种形式，既可以约定财产各自归各自所有（典型的财产AA制），也可以约定财产全部共同所有（大锅饭），还可以约定财产一部分归各自所有，一部分归共同所有（AA制＋大锅饭）。

"各自所有"好理解，就是张男和李女约定单方取得的财产，不管是婚前所得，还是婚内所得，全部归取得方，也就是各赚各的钱、获得的财产全部放到个人的小框里，个人主义，区分你我，由各自独有，所以称之为"AA制"。

"共同所有"也比较好理解，就是张男和李女约定把财产（也可以包括婚前个人财产）装到夫妻的大框里，共产主义，不分你我，由夫妻共同所有，所以称之为"大锅饭"。

"部分共同所有，部分各自所有"则是张男和李女约定将各自所有或所得财产的一部分装到自己的小框里，一部分装到夫妻的大框里，所以称之为"AA制＋大锅饭"。

一般而言，对财产关系进行约定，也就只能是这三种形式了。仔细推敲就可以发现，我国法律所允许的约定财产制里没有第4种形式，即没有张男和李女可以约定将各自所得财产约定归另一方个人所有的财产形式，即约定财产制里面不存在无私主义，将自己框里的财产直接放到对方框里的财产约定模式。

之所以如此，是因为：①夫妻约定财产制本就是一种"财产防御"，男女采用约定财产制的数量本来就少，而约定将自己财产归另一方的就更是少之又少；②即便有此约定，在本质上不属于财产约定，而属于一方对另一方的赠与，要根据《民法典》合同编有关赠与的规定和物权编有关登记制度来进行调整，即需要通过这些规定、制度来确定财产的最终归属，而不能仅凭双方间的约定。

注意要点：

1. 除财产关系可以约定外，也可以约定婚姻关系存续期间的债务承担方式，比如，约定"各自债务归各自承担"等。

2. 不管是财产约定还是债务约定，只能在男女结婚后生效，其职能只在夫妻内部生效，对双方具有约束力，对外不产生效力，除非债权人在取得对债权时，**知道夫妻有财产 AA 制约定**①。

实务细节：

1. 财产约定虽也可以是口头约定，但在一方否认时，口头约定存在举证难的问题，所以，普遍建议采用书面形式。如果没有约定，凭借双方客观上的财产独立不能推定为双方施行的是约定财产 AA 制。

2. 财产约定是否需要公证根据各自所需，此处公证只能起到签字真实的证明作用。

关联问答：

① 夫妻间财产约定对外有效力吗？

成年人的体面告别： 解析188个离婚常见问题

> 张男和李女结婚时，约定了财产AA制。婚后，张男向朋友借了30万元款项，到期未还，朋友起诉张男和李女要求共同还款。李女提出，与张男有财产约定，不能向她要钱。

第146问 夫妻间财产约定对外有效力吗？

概要解答： 原则上无效力，除非他人知道约定

按照《民法典》第1065条规定，男女双方在结婚前后可以通过约定，将个人婚前财产、婚内财产等约定为归各自所有、共同所有，或者部分各自所有、部分共同所有。当然，约定不得规避养老育幼、清偿债务等法律义务。

张男和李女的AA制约定是民事法律行为，受法律保护，在他们内部产生效力。那么，这种财产约定对外是否同样具有效力呢？

所谓对外效力，是指除张男、李女以外的第三人和交易相对人，是否受二人间的财产约定约束。

因夫妻间的财产约定无需经过行政登记、备案或公示，具有很强的隐蔽性，只要他们不对外披露财产约定内容，其他人无从知晓。按照协议相对性理论，在第三人和交易相对人在不知道约定的情况下，无需遵循该约定。也就是说，张男和李女之间不管怎么约定，比如，约定张男借款时必须披露AA制约定，但只要出借人不知道该约定，出借人也可以向李女要求还款。当然，李女最终是否需要承担还款责任，则还要依据《民法典》第1064条认定是否属于夫妻共同债务。

按照《民法典》第1065条第3款规定，对外产生效力的唯一情形是，某人知道张男和李女有财产AA制约定，在此情况下，依然将金钱出借给张男。此时，因该人清楚地知道张男和李女间的财产约定，以及这种约定所带来的相应法律后果，不管张男将钱款用在何处，该人都只能向张男主张还款，而不能向李女主张还款，也不能依据《民法典》第1089条规定的共同债务偿还规则一并向二人主张连带还款。

注意要点：

只有张男和李女约定的是婚内各自所得归各自所有，即AA制时，才需要考虑

第三人是否事先知道的问题。如果约定的是共同所有，或者部分共同所有、部分各自所有的，则不管第三人是否知道，均不对其产生效力。

实务细节：

1. 按照《民法典婚姻家庭编解释（一）》第37条规定，相对人知道夫妻约定，应由夫妻一方举证证明相对人作出法律行为前，或者作出法律行为时即已知道夫妻约定，且知道约定的具体内容之事实。

2. 夫妻约定财产制，不意味着双方之间没有扶养对方的义务。当一方生病需要被扶养时，另一方仍有义务照顾，并提供医疗费用。

> 张男和李女结婚时，表示要将部分婚前个人财产给李女，但一直未履行承诺。离婚时，李女认为张男的承诺是财产约定，张男不能反悔，张男认为是赠与，没给之前都可反悔。

第147问　如何区分是"财产约定"还是"财产赠与"？

概要解答： 看财产性质及约定目的

财产赠与和财产约定是两个不同的法律行为。一般而言，赠与针对的是特定的个人财产，目的是让李女财富增值，属于单次无偿给予行为，而财产约定是非特定的已有财产，还包括未来财产，目的是划清张男和李女的财产界限，属于长期、重复性的概括约定行为。根据约定目的，看似赠与行为也会被认定为财产约定行为。

财产约定和财产赠与区分表

行为分类	约定特点	行为对象	行为性质	实施目的	目标对象	持续效果	结束标志	反悔时间
财产约定	概括性	个人财产及婚内所得	明确财产关系	划清财产界限	已有乃至未来财产	长期有效	离婚	结婚前
财产赠与	针对性	个人财产	无偿给予	受赠人财富增加	个别的已有财产	单次行为	交付或撤销	交付前

专业解释：

夫妻财产约定和赠与财产是两个不同的法律行为。按照《民法典》第1065条第2款规定，夫妻财产约定对双方具有约束力，不能轻易反悔。而《民法典》第657条所规定的赠与是无偿将个人财产给付他人的行为。在完成赠与前，赠与人一般都可以反悔，完成赠与后，除符合《民法典》第663条规定外，赠与人不可以反悔撤销赠与，要求返还财物。

比如，张男按照《民法典婚姻家庭编解释（一）》第32条规定，将婚前的个人房屋赠与李女所有，结婚后也交付了房屋钥匙，但没有进行产权变更登记，按照《民法典》物权编物第209条的规定，没有登记即没有生效，张男可以按照《民法典》第658条撤销赠与。同样，李女也不可以基于约定要求张男将房屋过户自己。

不过，这是将婚前个人财产赠与给另一方的情形，要注意与婚内一方将婚内所得财产约定归另一方个人所有的情形。比如，张男和李女达成财产约定，张男将在婚内购买并登记在自己名下的房屋约定归李女个人所有。这种情形下，不应完全按照赠与性质处理，要分以下两种情形区别对待：

1. 如果该房屋是张男使用其个人财产购买，原本就属于张男个人框里[①]的房屋，为其个人所有。张男将该房屋约定给李女所有，则属于赠与财产性质。

2. 如果该房屋是张男使用夫妻共同财产购买，原本就属于夫妻大框里的房屋，为夫妻共同所有。那其将该房屋约定给李女所有，则属于夫妻财产约定性质，即二人将部分共同财产约定归李女单方个人财产，形成"AA制+大锅饭"的模式。

准确把握是财产约定还是赠与约定，对双方的权利义务关系影响重大。发生纠纷时，可以从如下角度区分：

赠与是一种行为关系，是将个人财产无偿给予他人。赠与一般针对的是特定的已有财产，目的不是划清财产界限，而是使他人财富增值，完成赠与或赠与被撤销即告关系结束，不具有持续性和长期性。而约定财产制是一种制度，是男女双方对结婚后采用何种模式确定财产归谁的方式。作为一种制度，它具有一定的高度。一般情况下，约定财产制不是针对某个特定的财产进行的特别约定，而是对已有财产及未来全部，或者部分财产进行的概括性总体约定，约定的目的是划清财产界限，同时约定具有持续性和长期性。

因此，并不是协议标题写的是"赠与协议"就认定为赠与财产，也不是标题写的是"夫妻财产约定"就认定为约定财产制，而是需要根据协议内容和协议目的进行确定。比如，张男和李女除约定张男婚前个人所有的财产归李女外，还约定了婚内所得财产一部分归张男，一部分归李女，一部分归双方共同所有。从协议内容上看，不管是张男婚前的财产，还是双方婚内的财产，都体现在协议中，各财产约定条款彼此存在牵连。协议反映的是双方对相关财产进行的整体性归属约定，并不能反映张男赠与财产的意愿。在此情形下，双方对财产关系进行约定的目的很明确，是双方经过利弊权衡后的结果，故应当将该约定整体认定为夫妻财产约定，张男不能将约定给李女的个人财产独立出来，以赠与性质对待。

注意要点：

夫妻间相互赠与个人财产，不管赠与的是房屋还是其他，不管是在婚前赠与，还是婚后赠与，均不属于《民法典》第658条所规定的道德性赠与。

实务细节：

1. 实行夫妻约定财产制，除了确有赠与意思表示外，应避免出现"赠与"字样。即使需要赠与，也应约定赠与人放弃赠与撤销权。同时，赠与房屋应当及时办理变更登记手续。

2. 恋爱期间以结婚为目的赠送价值较高的财物，若双方最终未能结婚，一般而言，赠送方都可以按照《民法典》第563条，基于赠与目的不能实现要求撤销赠与返还财物。至于如何返还及返还多少，则要根据财物的状态、性质及双方恋爱期间的使用情况确定。比如，赠送金银首饰则直接返还即可，不能返还的则折价补偿，而赠送钱款则要看钱款被双方共同使用，或者经赠与方授意使用的情况而定，**具体可查阅恋爱期间购房相关问题解答**[②]。

关联问答：

① 什么叫夫妻约定财产制？
② 恋爱期买房，房屋属于谁？

> 成年人的体面告别：解析188个离婚常见问题

> 婚后，张男表示将共同购买的汽车给李女，但一直未办理更名。离婚时，张男认为是赠与汽车，没有更名就还是夫妻财产，李女认为是财产约定，没有更名也是其个人财产。

第148问　夫妻间有赠与共同财产的说法吗？

概要解答： 没有

夫妻之间，除非赠与的是个人财产，一般不存在赠与夫妻共同财产的说法。

按照《民法典》第657条赠与的定义，赠与是无偿赠与他人财产的行为，且是个人财产。依据《民法典》第1062条、第1063条规定，该汽车不是张男的个人财产，而是张男和李女共同所有的财产，夫妻双方共享权利、共担义务。在离婚分割财产前，张男所享有的份额不能确定，其无权单独处置，所以并不能说是张男将共同所有的汽车赠送给李女，而应是双方约定汽车归李女个人所有，这是夫妻财产约定的一种形式。

夫妻财产约定[①]是指夫妻或即将成为夫妻的男女，按照《民法典》第1065条规定，通过约定的形式，将一方婚前财产及婚内所得财产约定归各自所有（典型AA制度），夫妻共同所有（大锅饭制），部分各自所有、部分共同所有（非典型AA制）。这种约定对夫妻双方具有约束力。

其实，《民法典》婚姻家庭编也没有规定夫妻间的"赠与共同财产行为"，与《民法典》同日颁布生效的《民法典婚姻家庭编解释（一）》也只规定了夫妻一方将个人房屋赠与另一方的情形。《民法典》之所以没有规定，既不是《民法典》认为夫妻之间没有赠与行为，也不是《民法典》遗漏了夫妻之间的赠与行为，而是将"夫妻赠与共同财产"行为确定为夫妻财产约定。

注意要点：

部分观点认为，张男是将婚内个人享有的汽车份额赠送给李女，本书认为值得商榷。因为在未离婚的状态下，夫妻双方是共同体，张男对该汽车享有的份额是100%，李女该汽车享有的份额也是100%，双方是共同共有关系。该汽车不是张男自己的个人财产，张男的份额也没有明确，不存在张男把自己的份额赠送给李女一说。这与遗产法定继承类似，遗产未开始处理前，各法定继承人共有遗产份额，继承人按照《民法典》第1124条所规定只可放弃继承，而不可转增继承份额。

关联问答：

① 什么叫夫妻约定财产制？

> 张男和李女结婚后共同购买了一处房屋，登记在张男和李女二人名下。张男为表爱意，表示房子是李女一个人的，并写了书面承诺交给李女。但后来张男反悔了。

第149问　把夫妻共同房屋给一方，可以反悔吗？

概要解答： 不可以

夫妻婚内使用夫妻共同财产购买的房屋，按照《民法典》第1062条规定，一般均属于婚内所得。对于婚内所得财产，双方可按照《民法典》第1065条，通过书面的形式约定归一方所有。这种约定对双方具有约束力。

对于张男的承诺，有观点认为是张男将自己在该房屋上享有的份额赠与给李女，属于《民法典》第657条所规定的赠与情形，这是错误的。张男的承诺实质是张男与李女达成的部分共同财产归李女个人所有的财产约定。

按照《民法典》第1065条规定，男女在结婚前和结婚后都可以对婚前、婚内财产的归属进行约定，既可以约定为各自所有，也可以约定为共同所有，还可以约定为部分各自所有，部分共同所有。一旦双方对财产达成书面约定，即具有法律效力，对双方具有约束力，双方都要遵照执行。

张男书面承诺共同房屋归李女个人所有，即属于双方约定部分各自所有，部分共同所有的情形。说白了，就是张男同意将原本夫妻大框里的房屋放到李女个人小框里，为李女个人所有，大框里的其他财产还是夫妻共同所有。

基于此，即使到离婚时，张男都没有去掉自己的名字，也不影响李女要求张男

第六篇　婚内财产约定、赠与及借款／323

履行承诺的权利。张男若对财产约定反悔，李女可以向人民法院提起诉讼，要求张男履行协助办理去报名登记手续。

注意要点：

本解答涉及的是婚内夫妻双方共同所有的房屋。如果房屋是张男个人财产，只有张男一人名字，其承诺将房屋应给李女，这属于法律意义上的赠与行为，这种赠与具有令李女财富增加的目的，且是无偿的。按照《民法典婚姻家庭编解释（一）》第32条规定，如果房屋已经按照《民法典》第659条赠与财产登记的要求过户给李女，张男一般不能撤销赠与，相反，如果没有过户给李女，张男可以依据《民法典》第658条撤销赠与。

> 张男在婚内为向李女表达爱意，将个人的房屋送给李女，李女欣然接受。但是双方未能走得长远，最后因离婚问题对簿公堂。对该房屋的处理，双方产生了很大的争议。

第150问　一方把个人的房屋给对方，能反悔吗？

概要解答： 看是否公证或登记完成

张男把自己个人的房屋给李女，一般不属于夫妻财产约定，而属于法律意义上的赠与。对赠与行为，如果经过公证，张男不能反悔；如果房屋已经过户到李女名下，张男一般也不能反悔，除非张男有证据证明符合法定的撤销赠与条件；而如果尚未过户到李女名下，则张男可以反悔不给李女房屋。

专业解释：

张男能否反悔将房屋赠与给李女，要看是否办理了赠与公证，或者房屋是否已经过户登记到李女名下。具体分析如下：

一、办理了赠与公证

按照《民法典》第 658 条、第 660 条规定，经过公证的赠与协议不能被撤销，若张男拒不办理房屋过户手续，李女可以通过诉讼的方式要求张男协助过户。之所以经公证的赠与不能被撤销，是因为公证由双方共同启动，双方付费并在公证处签署确认，这足以表明作为赠与人的张男已经过慎重考虑和全面衡量，把房屋赠与李女的意愿强烈，故为保证公证赠与合同的严肃性，法律明确规定赠与人无权撤销经公证的赠与。可以这么认为，一经公证，房屋即属于李女个人所有，只剩形式上的转移登记而已。

当然，除了公证赠与外，如果张男在赠与协议中明确放弃撤销权，也是其自愿弃权行为，一般不能再任意撤销赠与。

二、房屋尚未过户至李女名下

法律上，除《民法典》第 660 条规定的具有救灾、扶贫、助残等公益、道德义务性质的赠与外，在房屋未过户给李女前，张男依据《民法典》第 658 条享有任意撤销权，撤销对李女的赠与，也就是张男可以不兑现承诺，即使李女已经拿到房屋钥匙，或者即使已实际居住。《民法典婚姻家庭编解释（一）》第 32 条对此也有明确的规定。（注意：夫妻间纯粹的赠与个人财产一般不认为具有公益、道德义务性质。）

特别需要说明的是，张男与李女达成的赠与房屋协议，虽是婚内形成的与财产有关的协议，但不属于《民法典》第 1065 条的夫妻财产约定。按照该条规定，夫妻一旦达成财产约定即对双方具有约束力。而将婚前个人房屋（注：非婚内夫妻共同房屋）的给另一方较为特殊，不是双方达成了协议就对双方产生了约束力。因为房屋是张男婚前个人房屋，是特定的财产，张男具有明显的赠与目的，且这种赠与和夫妻之间的人身关系不大，故法律将之等同于一般群体间的房屋赠与行为，而不考虑夫妻关系对这类协议的影响。一般群体间的房屋赠与，须按照《民法典》物权编第 209 条的规定，通过产权过户登记以确认赠与效力，否则赠与没有完成，赠与人有权撤销赠与。

三、房屋已过户至李女名下

张男兑现了自己的承诺，将房屋登记到李女名下。送出去的东西不好随便要回来，尤其是完成了房屋产权登记。因此，非法定理由，张男不能要回该房屋。有观点基于婚内所得为夫妻共同财产的规定，认为李女是在婚内获得张男的赠与，李女受赠后，该房屋应属于夫妻共同共有，对此观点，本书不敢苟同。

张男可以要回房屋的法定理由是《民法典》第663条所规定的情形。例如，李女获得房屋产权后，不知感恩，反而严重伤害张男或张男父母等人；张男因重大疾病需要李女扶养，李女既不付医疗钱也不照料，不履行扶养义务；赠与房屋时，李女答应张男要履行某种义务，但李女拿房后翻脸不认账。除这三点外，张某不能以其他理由要回房屋。

因此，夫妻之间赠与婚前个人房屋，受赠方要及时办理过户登记或"加名"登记手续，以免夜长梦多；实在不行，也要进行及时公证；再不济，至少也要约定赠与方放弃任意撤销权。若都不行，那这份承诺就只是井中月了。

注意要点：

1. 假设张男死亡，其生前已将个人房屋以书面的约定赠与给李女，但未过户，张男生前也没有撤销赠与。这种情况下，赠与协议依然属于有效协议，是张男对李女的赠与之债，该房屋应属李女的个人财产。按照《民法典》第664条规定，除非有证据证明张男的死亡是李女造成的，否则张男的其他继承人无权撤销该赠与协议，也无权继承该房屋。即使继承了，李女也可要求继承人协助办理房屋过户登记手续。

2. 如果张男不是单纯就个人房屋进行赠与，也没有明确的赠与意愿，而是在婚内财产协议中一并明确该房屋为夫妻共有，或者归李女个人所有。此种情况下，不能简单地认定为赠与性质，而要根据协议的具体内容确定。

3. 因《民法典婚姻家庭编解释（一）》第32条新增加了房屋"共有"的赠与也可撤销的规定，而2021年1月1日前的相关司法解释对此没有规定。因此，夫妻双方在2021年1月1日前的房屋"共有"赠与约定是否适用《民法典婚姻家庭编解释（一）》第32条规定尚有待探讨，理论上属于可撤销的范畴。

实务细节：

按照《民法典》第225条规定，虽然汽车也需要登记，但登记只产生对抗善意第三人的效力，不是汽车产权变动的必要条件。因此，张男将个人汽车赠与给李女，只要交付了汽车，即使没有变更登记，张男也不得要回汽车，不得拒绝过户。

> 张男要将个人房屋加上李女的名字,但一直未加。后来张男反悔不愿加名,认为是赠与,没有加名前可以撤销赠与,李女认为是夫妻的财产约定,张男不能反悔。

第151问 个人房产上"加老婆名",是赠与吗?

概要解答: 依双方真实意思或协议内容

张男单纯将个人房屋约定加上李女的名字,实质是将个人房屋中的份额赠与给李女。如果约定是赠与份额,就属于约定按份共有,而如果没有约定份额,就属于共同所有。在没有更名前,张男可以反悔并撤销赠与。不过,如果协议不是单纯"加名",而是还约定了其他财产的归属,一般就不是赠与,应是夫妻财产约定。

专业解释:

就如同"订金"和"定金"一样,夫妻"**财产赠与**"和"**财产约定**"是两个不同的法律概念,对当事人往往会产生重大的利益影响,要注意区分[1]。

之所以张男、李女对"加名"会有不同的认知,是因为:《民法典婚姻家庭编解释(一)》第32条在原《婚姻法司法解释(三)》(已失效)第6条将个人房屋"赠与另一方"的基础之上,新增加一种"约定共有"的情形。而在《民法典》婚姻家庭编第1065条"夫妻约定财产制"条款中,也有"可以将一方婚前财产约定为共有"的规定。因此,如果按照《民法典婚姻家庭编解释(一)》第32条"赠与房产"的规定,房屋产证还没有变更登记为与李女"共有",张男就可以反悔,李女在该房屋上将不享有产权。而如果按照《民法典》第1065条"夫妻财产约定"的制度,即便房屋产证没有变更登记为与李女"共有",张男也不可以反悔,李女在该房屋上也可以享有产权。

上述两条规定看似存在冲突,实则不然。赠与和财产约定适用的生活场景不同,目的也不同。赠与一般是对具体单项财产的个别处置,而财产约定多是对各类财产的整体安排;赠与主要是针对现有的财产,而财产约定主要针对的是未来财产;赠与一般是单次不重复行为,而财产约定是长期的具有持续约束力的约定;赠与是为了对方财产增值,而财产约定是为了划清财产界限,等等。

因此,张男将个人房屋约定与李女共有(加名)是赠与,还是财产约定,需要根据具体的场景以及双方的目的判断。

1. 若协议仅涉及张男个人房屋,并将之约定为共有,则一般认定是张男赠与个人房屋行为。

2. 若协议中除了张男的个人房屋外,还约定其他财产,甚至未来财产的归属方式,张男也没有明确的赠与目的,则表明张男和李女对多项财产进行了统一安排和取舍,则一般可以认为是夫妻进行的财产约定。

实务细节:

如果张男为了结婚而"加名",但在完成房屋加名后,没有能够结婚,张男有权基于赠与目的未能实现而撤销赠与,去除李女名字。

关联问答:

① 如何区分是"财产约定"还是"财产赠与"?

张男因弟弟治病需要钱,向李女借款10万元,双方签订了借款协议,约定3年内还清。离婚时,张男认为10万元是夫妻共同借款,不存在相互借款的说法,故不需要偿还。

第152问 夫妻之间可以相互借款吗?

概要解答: 可借个人财产,也可借夫妻财产

张男和李女夫妻虽属共同体,但这不妨碍夫妻之间可以相互借款。张男向李女借款10万元,之间形成的借贷关系受法律保护。只不过,如果10万元是夫妻财产,那离婚时,张男一般只需要以分得的财产归还5万元给李女,为李女个人所有;而如果10万元是李女个人财产,则离婚时,张男需要以分得的财产归还李女10万元。

> 专业解释：

涉及夫妻之间的借贷关系，除适用《民法典》婚姻家庭编外，还需要适用《民法典》合同编自然人间借款相关规定。根据财产的来源、双方之间的财产关系，这10万元借款的性质可分为以下两种情况：

第一种：10万元纯属李女的个人财产

按照我国《民法典》第1062条、第1063条规定的夫妻财产制度，张男和李女结婚后，除共同财产外，李女婚前的财产，李女婚内所得但属于其个人特有的财产（如李女被指定为财产受赠方），以及按照《民法典》第1065条，李女基于约定财产制（AA制）所得的财产，均为李女一方个人的财产。

作为财产的所有人，李女婚内可以依据《民法典》第667条将个人财产出借给张男，这跟普通朋友间的借款没有任何区别。张男应该按照借款协议约定的还款时间向李女归还10万元借款，若逾期归还，需要按照《民法典》第577条规定承担违约责任。

不过需要强调的是，李女将个人钱款借给张男，主要是用于张男的个人事务，与夫妻共同生活无关。如果张男将借款用于夫妻共同生活，该借款是否需要归还以及如何归还尚无明确法律规定，本书认为可以参考《民法典》第1064条，**适用夫妻共同债务的认定标准予以解决**[①]。

另外，张男在偿还借款时，也应以个人财产偿还，若以夫妻共同财产偿还，则只能视为偿还了5万元。偿还后的钱款依然属于李女的个人财产。

第二种：10万元属于张男、李女的夫妻共同财产

共同财产也可以借款给夫妻一方？是的，可以借。按照《民法典婚姻家庭编解释（一）》第82条规定，当张男因个人的事务或个人的生产经营活动需要使用夫妻共同财产时，可以与李女签署借款协议，以借款的形式使用夫妻共同财产。本质意义上，这依然属于普通的民事借贷关系，只是所借款项来源于夫妻共同财产而已。此类借款视为双方对共同财产的处分，款项一旦借出即属于借款方张男的个人财产了。

这里需要强调的是，张男借"共同财产"的用途是用于个人事务，而非用于与李女的夫妻共同生活、生产需要。**如果用于夫妻共同生活需要，一般适用《民法典》第1060条所规定的家事代理制度**[②]，不存在借贷夫妻共同财产用于夫妻共同生活一说。

而所谓个人事务或个人生产经营，是指独立于夫妻共同生活、共同生产以外的事项，这些事项与夫妻共同生活、共同收益没有关系，或者不属于夫妻应当履行的法定义务。比如，张男的个人生产经营，经营收益未与家庭财产混同，也未用于夫妻生活；比如，张男救助与夫妻任何一方没有法定抚养义务的小孩等。

同样，张男婚内还款时，一般不能以夫妻共同偿还，只能以个人财产偿还，偿还后的钱款依然属于夫妻共同财产，离婚时按照夫妻共同财产分割的原则进行处理。张男离婚时还款可以先扣除10万元的夫妻财产给李女，并作为李女的个人财产，再对剩余的财产进行分割。

注意要点：

夫妻间借款与夫妻间财产约定不是一回事情。**夫妻财产约定是指男女在婚前或者婚后对财产归属作出约定，形成特定的财产关系**[3]，而夫妻间借款则是一方向另一方出借款项，形成债权债务关系。

实务细节：

1. 即使夫妻之间，约定的借款利息也不得高于国家规定的标准上限（《民法典》第680条明确规定禁止高利贷），高出部分不受法律保护。

2. 夫妻间借款原则上应采用书面形式，但书面形式以外的只要能够证明借贷关系存在的证据，或者另一方对债务的确认也可以作为认定夫妻借款关系成立的证据形式。

3. 出借的10万元不管是李女个人财产，还是夫妻共同财产，作为一种民事借贷活动，李女索要10万元的借款依然受3年诉讼时效的约束，即按照《民法典》第188条、第189条、第195条等诉讼时效规定，李女如果在应还款日往后3年内未向张男主张还款，除张男自愿偿还外，张男若依据《民法典》第192条提起诉讼时效抗辩的，即可不再需要偿还借款。

关联问答：

① 借债用于"日常生活"是指哪些？
② 单方卖房是否适用家事代理制度？
③ 什么叫夫妻约定财产制？

第七篇　夫妻共同债务

夫妻共同债务的认定和处理问题，历来争议较多。实务中也常发生伪造夫妻共同债务，试图侵害另一方财产权益的行为。《民法典》颁布后，明确规定了"共债共签""日常生活、共同经营之用"，以及"债权人的证明责任"等，相信未来伪造夫妻共同债务的现象会大幅降低。本篇主要介绍夫妻共同债务的认定原则，日常生活、共同经营的认定方式，分居期间的债务承担，个人债务的承担，债务归还顺序、虚假债务的认定等。

> 张男和李女在法院诉讼离婚时，张男拿出一张借条，要求李女共同偿还。李女事先不知道存在该债务，也不知道用途何在，故不同意法院处理。

第153问　离婚时，法院会处理夫妻共同债务吗？

概要解答： 看债务是否明确或双方是否认同

一般而言，如果夫妻所举债务比较明确，双方也都不予否认，且也有一定的证据证明，则法院可以在离婚诉讼中进行处理，判决给予一方与债务对等的夫妻财产，由一方承担后续偿还责任。相反，如果债务不明确，或者一方明确表示不认同，此时，法院常会以债务涉及第三人利益为由，在离婚诉讼不处理该债务。债权人需另行主张债权。

专业解释：

按照《民法典》第1064条规定，夫妻共同债务，是指夫妻双方在婚姻关系存续期间，为日常生活、共同生产，以及为履行法定抚养子女、赡养老人的义务而形成的债务。离婚时，夫妻共同债务应由夫妻双方按照《民法典》第1089条规定共同承担。但并非任何夫妻共同债务都能在离婚案件中得以处理，具体分析如下：

一、双方认可，相对明确的债务

实务中，对于相对比较明确的夫妻共同债务，如张男和李女按揭房屋的银行剩余贷款，一般可以直接在离婚案件中进行处理。除了银行贷款外的其他债务，如张男和李女都认可的向张男父母所借的购房款，若双方对借贷事实和债务性质都无异议，也同意在离婚案件中一并处理，人民法院可以根据双方的主张及证据进行认定和处理。

法院在离婚案件中处理夫妻共同债务时，一般是从夫妻共同财产中预先扣除与借款金额等额的财产给一方，并判决由该方向债权人承担偿还责任。当然，法院即使在离婚案件中判决了债务由一方承担，债权人依然有权要求双方共同承担。

二、一方不认可，相对不明确的债务

而对于债权债务关系不明确，或者有一方不认可的债务，比如，李女对张男所举债务的形成、债务的性质、债务的用途等不予确认，或者剩余的借款金额不清晰，等等，则法院在离婚案件中无法处理。因为这些债务问题需要债权人的参与方能查清，而离婚案件是处理夫妻二人身份关系的诉讼，不允许债权人作为案件的当事人或第三人加入离婚案件中。对离婚案件中未处理的债务，债权人只能另行诉讼主张权利。

当然，法院在离婚案件中分割夫妻财产时，不处理夫妻共同债务不会侵害债权人利益，不对债权人的权益产生实质性影响。这是因为：如果债务本就属于张男的个人债务，则由张男以个人财产承担偿还责任，这自不必多说，它与夫妻是否离婚、财产是否分割没有关系。而按照《民法典婚姻家庭编解释（一）》第35条规定，若债务属于夫妻共同债务，则即使张男和李女已离婚，夫妻财产已被分割，也不能免除二人对债权人承担的共同偿还责任。即使离婚时，不管是协议分割财产，还是由法院分割财产，都不对债权人产生效力，债权人依然有权依据《民法典》第178条，向张男和李女二人主张共同连带偿还责任，张男和李女二人也有以各自个人全部财产清偿共同债务的义务。

实务细节：

债权人向张男和李女二人主张债权，既可以在夫妻离婚前，也可以在离婚后。

> 张男和李女离婚时，张男拿出一张30万元借条，说借款用于购车，要求李女共同偿还。李女认为虽借款的事情自己事先知道，但自己没有签字，不需要承担责任。

第154问 没在借条上签字，就不算夫妻共同债务？

概要解答： 不一定

李女没有在借条上签字，就无需承担偿还责任吗？答案是否定的。按照《民法典》

规定，除可以通过签字行为认定夫妻共同债务外，如果张男有证据证明 30 万元被实际用于夫妻日常生活，则该 30 万元也属于夫妻共同债务；或者债权人能够举证证明双方有共同举债意思，或者证明 30 万元被用于二人日常生活、共同生产，也可将之认定为夫妻共同债务，李女应共同偿还。

夫妻共同债务认定及偿还原则表

债务性质	基本前提	认定需要	认定方式1	认方方式2	认定方式3	偿还原则	偿还顺序
夫妻共同债务	真实有效债务	一方不愿承担	共债共签	另一方证明用于日常生活、共同经营	债权人证明共同举债，或用于共同生活、共同经营	共债共担	先共同财产，后个人财产

专业解释：

对于婚前个人形成的债务，按照《民法典婚姻家庭编解释（一）》第 33 条规定，一般均由借款人自行承担。而对于婚内形成的债务，按照《民法典》第 1064 条规定，除特殊约定外，以下 3 种情形均可以认定为夫妻共同债务，由夫妻双方共同偿还：

第一种：共同举债，共签借条

这就是"共债共签"制度。我国《民法典》首次明确了夫妻"共债共签"的制度。所谓共债共签，通俗地说，就是对于 30 万元借款，一般需要由张男和李女共同在借条上签字确认，只要双方签字确认，不管钱怎么用，哪怕是被张男用于个人挥霍，对外都属于夫妻共同债务。否则，先行推定为借款人的个人债务。

共同在借条上签字是典型的、直接的"共债共签"行为，自不必多说。除了共债共签外，如果李女也共同参与了借款的过程，或者李女事后追认愿意共担该债务等情况下，都可以认定是共同举债，由张男和李女共同承担偿还责任。

"共债共签"制度，一来是对债权人（即债权人）提出了风险控制要求，债权人出借款项，尤其是较高额款项时，负有审慎义务，要确保张男配偶李女知情和同意；二来能够有效保护李女避免因恶意串通"被债务"而遭受利益损失；三来能够降低虚假债务诉讼行为。

不过，若债务是"共债共签"，一般不会发生太多纠纷。

第二种：债务用于日常生活、共同生产

若李女没有签字或共同举债意愿，只是张男以个人名义举债，原则上该债务应被认定为张男的个人债务。但是，如果张男所借债务被实际用于夫妻日常生活或共同生产经营，则应认定为夫妻共同债务。

张男借款30万元，李女虽然不知道，也没有在借条上签字，事后也拒绝追认，但若张男有证据证明该30万元确实用于购买夫妻共同汽车，李女享受了该30万元所带来的利益。这属于张男依据《民法典》第1060条规定，行使日常家事代理权所产生的夫妻共同债务，基于权利义务相一致原则，李女自然也需要对该债务与张男共同承担偿还责任。

相反，如果张男所借30万元名义上是"用于购车"，但实际未用于（或者未全部用于）购车，而被张男用于个人挥霍、赌博、吸毒，或者资助没有抚养义务的人等，这种情形下，按照《民法典婚姻家庭编解释（一）》第34条规定，未用于购车的借款一般认定为张男的个人债务，由张男以个人财产自行承担。张男擅自使用夫妻共同财产偿还，李女在离婚时可向张男主张补偿。如此能有效避免李女在离婚时被高额负债。

因此，对于李女未签字，也不认同的30万元借款，张男若要主张是夫妻共同债务，应由张男承担证明借款已用于夫妻日常生活、共同生产的举证责任。张男只有借条没有流水，只有流水没有借条，或者虽有借条、有流水，但不能证明用于夫妻生活、生产的话，都不能认定为夫妻共同债务。

第三种，债权人能够证明是夫妻共同债务

第一种和第二种情形是从夫妻内部角度出发，认定是否是夫妻共同债务的情形。从外部角度，即从债权人角度出发，为了避免张男和李女二人串通"假离婚，真逃债"，损害债权人利益的现象发生，《民法典》第1064条还规定，当李女否认30万元是夫妻共同债务，只要债权人有证据证明借款是双方的共同意思，或者借款实际被用于夫妻日常生活、共同生产，该30万元借款也可被认定为夫妻共同债务。当然，如果债权人与张男明确约定属于张男个人债务，那不管该30万元是否用于夫妻生活或生产，其均属于张男个人债务。

债权人向张男和李女主张要求共同承担偿还责任，要举证证明三项内容：①要证明是借款，而不是赠与、业务结算等，常见证据为书面的借条、借款协议等；②要证明债务实际发生了，也即确实交付了借款，常见证据为银行转账记录（大额借款）、收款收据（小额借款）等；③要证明夫妻双方有共同举债的行为，或者款项实际被用于共同生活、共同生产经营。在以上 3 点举证证明内容均能同时满足的情况下，债权人的主张才有可能被人民法院支持。当然，按照《民法典》第 188 条、第 189 条、第 195 条等诉讼时效规定，债权人还要在诉讼时效内（应还款日往后推 3 年）及时主张，否则，债务人按照《民法典》第 192 条提出诉讼时效届满抗辩，债权人的钱一般就很难再要回。

上述认定夫妻共同债务的标准由《民法典》第 1064 条明确规定。相较于之前规定，《民法典》对个人举债是否是夫妻共同债务的认定标准相对偏严。这是因为现实中虚假债务诉讼时有发生，未参与举债方又难以举证不是夫妻共同债务，且一旦个人举债被认定为夫妻共同债务，按照《民法典》第 1089 条共同债务偿还规定，当夫妻共同财产不足以偿还债务时，**夫妻各方都需要以个人财产继续偿还，即共债共担**[①]。故《民法典》第 1064 条作此标准规定来分配各方的举证责任，以切割债务风险，维护各方权益。

注意要点：

涉及夫妻共同债务认定的前提是案涉款项确实属于债权债务关系（即款项是借款性质）。只有款项是借款，符合《民法典》第 667 条借款的定义，才有讨论是否是夫妻共同债务的基础。例如，款项虽是被用于夫妻日常生活、共同生产经营，但款项并不是借款所得，而是其他性质，如是别人的还款、他人的赠与等，则不能认定款项为债务。按照《民间借贷案件适用法律规定》第 2 条规定，认定案涉款项是债务性质，必须要"借据 + 交付款项"同时具备。有借据但未交付款项，或交付款项但无借据，均难以认定为借款。

实务细节：

1. 事后追认的形式多样，并不完全限于书面，短信、微信、邮件，甚至电话录音等都可以作为事后追认的形式和依据。

2. 用于证明债权债务关系的"借据"不仅仅是指借条，也可以包括收据、欠条等能够证明借贷关系存在的债权凭证，以及其他能够证明借贷关系存在的证据，如微信沟通记录等。

3. 举证证明借款用于日常生活，均是指要证明借款被实际用于日常生活，而不是借据中的"借款用途"所载用于日常生活，即借据中所写借款用途不能起到证明作用。

4. 夫妻一方依据《民法典》第1063条单方获赠，或者继承财产过程中所形成的债务，因另一方未享受利益，故相应债务仍属于该方个人债务。

关联问答：

① 个人财产会被用来还夫妻共同债务吗？

> 张男和李女离婚时，张男拿出一张30万元借条，要求李女共同偿还。李女询问张男钱用在哪儿了，张男告知钱用在平时的夫妻日常生活中了。

第155问　借债用于"日常生活"是指哪些？

概要解答： 常规、必要的开支

按照法律规定，夫妻一方因日常生活需要所借的钱，即使未告知另一方，或者即使未经另一方同意，也应认定为夫妻共同债务。

"日常生活需要"是一个相对宽泛的概念。《民法典》婚姻家庭编中，第1060条有关家事代理和第1064条夫妻共同债务认定条文，均涉及"日常生活需要"的表述。这两处的"日常生活需要"含义一致。

所谓的日常生活所需，是夫妻或家庭生活中常规且必须发生的各类开支。比如，夫妻一方或双方的衣物、食品、家电家具、医疗、教育等开支，以及适当的娱乐消费、合理的礼尚往来、必要的人情世故，等等。日常生活需要含有必须性和常规性两点，即使夫妻双方分居，甚至是离婚期间，因个人生活日常所需形成的债务，一般也应认定为夫妻共同债务。而按照《民法典婚姻家庭编解释（一）》第34条规定，类似赌博、吸毒、擅自资助没有抚养义务的小孩等显然不属于日常生活所需。

还有一种债比较特殊，就是赡养之债。例如，按照《民法典》第1067条规定，李女父母应由李女赡养，张男不负有赡养义务，但夫妻双方作为共同体，张男对李女赡养父母承担协助责任，其中就包括同意李女使用共同财产支付赡养费。如果没有协助责任，已婚的李女无法使用夫妻共同财产赡养父母，那其对父母的赡养义务也将成为空谈，不利于家庭和谐与社会稳定。因此，不管是支付李女父母还是张男父母的赡养费，都属于日常家庭生活需要，因履行赡养义务所负债务也应属于夫妻共同债务。

注意要点：

日常生活中，婚内购买房产往往不属于家事代理范畴，但从保护债权人角度出发，在认定夫妻共同债务时，日常生活应扩大到买房行为。当债权人有证据证明存在债权债务关系，且所借款项实际用于购买夫妻共同房屋，就可认定为夫妻共同债务。

> 张男和李女离婚时，张男拿出一张30万元借条，要求李女共同偿还。李女询问张男钱用在哪儿了，张男告知共同经营的公司缺钱，钱用在公司的生产经营中了。

第156问　借债用于"共同生产经营"是指哪些？

概要解答： 收益用于共同生活的生产经营

按照《民法典》第1064条规定，在李女未参与举债，30万元也未有用于日常生活的情况下，若张男或者债权人能够证明被用于夫妻共同生产经营，该债务也应属于夫妻共同债务，由双方按照《民法典》第1089条规定的共同债务偿还规则偿还。

所谓生产经营，本书在其他问题中已作详细阐述[①]，这里不再赘述，可查阅本书相关问题解答。此处主要分析的是何谓"共同生产经营"？

按照《民法典》第1062条规定，婚内投资行为属于夫妻生活的一部分，不管是夫妻婚内共同投资经营，还是一方使用个人财产在婚内投资经营，或是婚内一方从事个体经营、承包经营，等等。在双方没有特殊约定的情况下，生产经营产生的收益一般均属于夫妻共同财产。据此，在认定是否是"共同生产经营"行为时，不能仅以夫妻双方共同参与了生产经营为标准，即使李女未参与实际经营，但只要张男婚内从事经营，尤其是经营收益用于夫妻共同生活，则即可认定为共同生产经营。

认定"共同生产经营"，应以"是否在婚内"，以及"收益是否用于夫妻共同生活"

为标准。当张男在婚内为生产经营形成债务，且生产经营收益被用于夫妻共同生活，则可以视为李女也享受了债务利益，基于权利义务相统一原则，此债务应属于夫妻共同债务，否则，债务应属于张男个人债务。

注意要点：

如果张男个人的投资经营亏损远高于收益，需要承担巨额债务，或者张男的投资尚未产生收益，即没有收益用于夫妻共同生活，此时，对于张男以个人名义所形成的经营债务，是否需要李女共担，目前尚无明确法律规定。

实务细节：

1. 按照法律规定，债权人对经营收益被用于夫妻共同生活的事实承担举证责任。
2. 夫妻一方生产经营过程中的交易、收益等与家庭财产发生混同，无法区分性质的，一般可以认定为收益被用于夫妻共同生活。

关联问答：

① 婚前财产婚后产生的收益，是夫妻共同财产吗？

> 张男和李女书面约定"婚后财产独立，各自所得归各自所有"。离婚时，张男拿出一张30万元借条，要求李女共同偿还。李女认为是财产AA制，不应存在夫妻共同债务。

第157问 财产AA制，会形成夫妻共同债务吗？

概要解答： 会，但债权人知道约定的除外

夫妻财产AA制，仅是针对财产的约定，不是针对生活的约定，双方仍有共同生活。基于日常共同生活，夫妻双方就有可能形成夫妻共同债务，故夫妻财产约定不是认定债务是否是夫妻共同债务的因素。同时，夫妻财产约定对债权人也不产生效力，

除非债权人在借款前后即已知道财产 AA 制约定。若债权人事先知道约定，则不管钱款用途如何，都属于举债人个人债务。

专业解释：

根据《民法典》第 1065 条规定，夫妻双方在婚姻关系存续期间可以约定婚内所得财产归各自所有，即俗称的财产 AA 制。在各自所得归各自所有的财产 AA 制下，夫妻之间一般不会形成夫妻共同财产，但不代表不会形成夫妻共同债务。在财产 AA 制下，张男对外所负的债务不能当然地认为是张男个人债务。

张男和李女实行的是财产 AA 制，并不是生活 AA 制，即在夫妻的其他生活方面依然是共同的，否则张男和李女难以称之为"夫妻"。基于此，根据我国《民法典》第 1064 条规定，在认定夫妻共同债务时，并不考虑夫妻间的财产关系是法定共同制，还是约定 AA 制，只要是双方有共同借款的合意，或者借款被实际用于了夫妻日常共同生活，一般均属于夫妻共同债务。

对于夫妻共同债务，即使张男和李女是财产 AA 制，各自依然需要按照《民法典》第 1089 条规定，以各自财产偿还夫妻共同债务，即夫妻财产约定对债权人一般不会产生效力。产生效力的唯一例外情形是，张男单方向他人借款时，债权人知道张男和李女间有"各自所得财产归各自所有"的约定，仍出借钱款给张男单方。此时，按照《民法典》第 1065 条第 3 款规定，该借款应认定为张男的个人债务，债权人不得向李女主张共同归还借款。

不过，如果债权人向李女主张共同归还借款，而李女以与张男约定了财产 AA 制为由拒绝还款，按照《民法典婚姻家庭编解释（一）》第 37 条规定，李女应根据《民事诉讼法》相关举证规则，承担证明债权人在借款时知道有此财产 AA 制约定的举证责任。只要李女能够证明债权人事先知道，即使张男实际将借款用于与李女的日常生活或共同生产，李女也实际获益，该借款依然属于张男的个人债务。这是因为，债权人知道夫妻财产 AA 制的约定后，未征询李女意见，将款项直接借给张男一方，视为其与张男达成了债务与李女无关，由张男一人归还的约定。这正是《民法典》第 1065 条的第 3 款规定的立法本意，该规定是《民法典》第 1064 条认定夫妻共同债务的例外情形之一。换句话说，夫妻财产 AA 制下，认定个人借款是否为夫妻共同债务，以债权人是否知道为依据，不以钱款用途为依据。

相反，李女若不能举证证明债权人事先知道约定，不代表李女就一定需要偿还该债务，也不代表可以直接将该债务推定为夫妻共同债务，而是不再考虑财产 AA 制对债务性质认定的影响。该债务进入正常的夫妻共同债务认定范畴，债权人主张共同还款，仍有义务根据《民法典》第 1064 条规定，举证证明张男单方借款实际被用于夫妻共同生活、共同生产，或者是夫妻共同举债。

当然，夫妻财产 AA 制下，一旦债务被认定为夫妻共同债务，则按照《民法典》第 1089 条规定，由夫妻使用各自财产连带偿还该债务。而双方的财产约定只是内部各自应分担多少债务的依据。如李女主动或被动（如被法院强制执行）替代张男偿付了张男应承担的部分，其可基于双方的财产约定而向张男进行追偿。

注意要点：

债权人是否知道财产约定，仅限"各自所得财产归各自所有""一方所得财产归另一方个人所有"类似 AA 制约定。如果夫妻双方对婚内所得财产约定的是"共同共有"或"部分共同共有、部分各自所有"，则不能适用《民法典》第 1065 条第 3 款的规定，即使债权人事先知道夫妻有类似约定，其也可以基于借款被实际用于"共同生活、共同生产"之事实而主张个人借款为夫妻共同债务。

实务细节：

债权人知道是指在借款前或借款时已知道，且知道约定的具体内容。知道的证据可以是借款前已告知的证据，也可以是债权人见证了夫妻约定的证据，等等。

> 张男和李女结婚后，经营了一家个人独资企业，且形成了 30 万元的企业债务。离婚时，张男要求李女共同偿还，李女不同意，认为企业形成的债务不能算夫妻共同债务。

第 158 问　个人独资企业的债务，算夫妻共同债务吗？

概要解答：　视企业是否为夫妻共同经营

企业既有公司形式，也有非公司形式。公司和非公司形式的企业债务，对夫妻财产的影响有很大差别。公司是独立法人，股东只要出资到位，公司债务再高，都与股东无关。而非公司形式的企业不是独立法人，它是个人出资经营、资产归个人所有和控制的企业，当产生企业债务时，经营的一方对债务要承担无限连带责任。那么，另一方是否也要承担这种责任呢？这里以个人独资企业为例，分以下两种情况分析：

第一种，如果独资企业是张男、李女结婚后使用夫妻共同财产投资设立，该企业虽然登记在张男一方名义下，形式上属于张男个人的独资企业，但本质上属于张男和李女共同所有的企业，它是二人共同生活的一部分。夫妻二人共同投资、共担风险，企业的资产属于夫妻共同财产，按照《民法典》第1064条夫妻共同债务的认定标准，企业的债务也属夫妻二人共同债务，由双方按照《民法典》第1089条规定进行共同偿还。

第二种，如果企业是张男以个人财产投资设立，那么该企业当属投资人张男个人所有。按照《个人独资企业法》第18条，该独资企业的债务，原则上属于张男的个人债务，尤其是张男一个人独自经营。

不过，按照《民法典》第1062条及《民法典婚姻家庭编解释（一）》第25条规定，个人财产婚内投资收益在无特别约定的情况下，应属于夫妻共同财产。基于此规定，如果李女婚后也实际参与经营，收益被用于家庭生活，则在李女参与经营期间，独资企业形成的债务，一般可以认定为夫妻共同债务，这符合权利与义务对等的原则。

注意要点：

1. 按照《民法典婚姻家庭编解释（一）》第82条规定，夫妻一方借用夫妻共同财产设立非公司形式的企业，如个人独资企业，因该借款发生后，即属于借款方个人财产，故企业不应被认为是夫妻共同投资，而应是一方个人投资。

2. 张男个人经营的独资企业，李女虽有参与，但参与程度很低，或者收益很少，或者不赚反亏，李女是否需要承担企业债务，目前尚无明确法律规定。

实务细节：

1. 合伙企业，与个人独资企业类似，其资产为全体合伙人所有，按照《合伙企业法》第39条规定，全体合伙人对合伙企业的债务承担无限连带责任。合伙企业的债务首先应由合伙企业资产清偿，当资产不足以清偿合伙债务时，才由各合伙人承担连带偿还责任。这种连带责任仅是一种补充清偿责任，不能反推合伙企业的债务为合伙人的个人债务。合伙人补充承担合伙债务时，应按照约定或实缴出资比例分担。夫妻一方分担部分合伙债务后，该债务是否属于夫妻共同债务，另一方是否也需一并承担偿还责任，则可参照独资企业的债务认定方式进行处理。

2. 一人有限公司，虽与个人独资企业不同，但按照《公司法》第63条规定，如果公司的资产、收益等与夫妻共同财产发生混同，在处理企业债务时，也可参照个人独资企业债务处理方式处理。

3. 按照《工商户条例》第2条对个体工商户的定义，个体工商户虽不是企业形式，但其与个人独资企业类似，在处理个体工商户债务时，也可参照个人独资企业债务处理方式处理。

> 张男和李女结婚后，投资做生意失败，亏空300万元外债。欠债还钱，天经地义。但张男和李女的夫妻共同财产只有100万元，还有200万元的还款空缺。

第159问　个人财产会被用来还夫妻共同债务吗？

概要解答： 共同财产不足时，会

夫妻共同债务不是只能由夫妻财产来偿还。当300万元的债务被认定为夫妻共同债务后，即属于连带债务，除债权人与张男、李女有约定外，张男、李女都要以夫妻共同财产偿还债务，若共同财产不足，再要以各自的全部个人财产继续偿还债务。如此能有效防止夫妻"假离婚"以逃避债务。也正因如此，《民法典》制定的夫妻共同债务认定规则较为严格。

专业解释：

依据《民法典》第1064条及相关规定，夫妻关系存续期间，基于"共同性"而产生的债务，属于夫妻共同债务，应由双方共同偿还，但夫妻双方偿还"共债"并不仅限于夫妻共同财产。按照《民法典》第1089条规定的共同债务偿还规则，偿还夫妻共同债务有一定的顺序——首先是以夫妻共同财产偿还债务，当共同财产不足以偿还债务，或夫妻双方按照《民法典》第1065条实施的是财产AA制，没有共同财产偿还债务时，应当用夫妻各方的个人财产偿还债务。

婚内夫妻使用夫妻共同财产偿还夫妻共同债务，这比较好理解。离婚后，男女双方使用各自离婚时分割到的财产偿还共同债务，也不难理解。即使夫妻是财产AA制的，各自以各自婚内所得财产偿还共同债务，也可以接受。令人费解的是，若共同财产，或者离婚各自分得的财产，或者AA制下各自婚内所得财产不足以偿还共同债务，为什么还要用原本属于个人的财产偿还债务呢？

这是因为对债权人而言，只要被认定为夫妻共同债务，除张男、李女已与自己约定只以夫妻财产还债外，张男、李女都要以全部财产对夫妻共同债务承担连带还款责任，债权人有权向二人连带追偿。

虽然《民法典》婚姻家庭编未涉及"连带债务"的表述，但按照《民法典》第178条之规定，债务人对共同债务承担就是连带偿还责任。所谓"连带"，是指对于共同债务，每个债务人都要以自己的全部财产对全部债务承担偿还责任和义务，债权人既可以要求一方偿还，也可以要求双方共同偿还，还可以要求双方按照约定的比例偿还。《民法典婚姻家庭编解释（一）》第36条规定，即使债务人之一死亡，债权人仍然有权要求其他债务人继续偿还，并一直到偿还完毕。

因此，对于连带债务，当张男和李女的夫妻共同财产不能完全偿还时，债权人就有权要求他们使用各自的财产偿还。若共同财产不足以偿还债务，就能免除二人对剩余债务的履行义务，对债权人显然不公平，其合法权益无法得到保护，同时还会诱发二人为了逃避债务而"假离婚"，将财产的全部或大部分归属一方，并约定该方不承担或少承担债务。

当然，在内部关系上，使用各自的财产来归还债务时，还需要考虑张男和李女各自对债务的分担比例，并非一定是完全均担。该比例由双方协商确定，达成的协议对双方具有约束力。如双方不能协商一致，则由人民法院参照《民法典》第1087条规定的离婚财产分割原则，并综合案件实际情况、各方经济能力、债务的形成、使用等情况进行确定各自应承担比例。若李女先以个人财产偿还了全部夫妻共同债务，也可以向张男主张其应当承担的部分，具体也是由双方协商处理，若协商不成，由人民法院审理确认。

由上述分析可知，正因夫妻各方需要以各自财产对夫妻共同债务承担连带偿还责任，故我国《民法典》对于夫妻共同债务的认定标准相对偏严，以保护未举债的夫妻一方不因另一方的恶意而遭受利益损害。

> 张男和李女离婚时，张男拿出一张30万元的借条，要求李女承担15万元的还款责任。李女没有听说过该笔债务，家里日常也没有举债需要，故认为张男是虚构债务。

第160问　一方倒签借条、虚构夫妻共同债务该怎么办？

概要解答：不必过多担心

《民法典》施行前，夫妻一方与第三人恶意串通，虚构债务的现象时有发生。《民法典》施行后，因推出了"共债共签""日常生活、共同生产"的制度，在源头上最大程度杜绝了夫妻一方"被债务"。一旦被法院认定为伪造借条、倒签借条虚构债务，不但李女有权在离婚时要求张男少分或不分相应财产，若情节严重，张男还有可能构成虚假诉讼罪。

专业解释：

虚构债务的方式主要有虚构合同、伪造借条、倒签借条等，第三人主要以夫妻一方的父母、兄弟姐妹，或者较为亲密的朋友为主，虚构债务的时间主要发生在分居和离婚期间，虚构债务的意图是使用夫妻财产偿还虚假债务的方式以实现变相多分财产。

根据《民法典》第1064条对夫妻共同债务的认定标准，如果李女不知道债务的形成，也没有同意借债，张男或债权人若要主张李女共同承担偿还责任，则要举证证明债务被实际用于夫妻共同生活、共同生产经营。若不能证明，则李女不需要为之承担偿还责任。如果没有真实债务而伪造借条虚构债务，一旦被法院认定，不但李女有权在离婚时按照《民法典》第1092条，要求张男少分或不分相应财产，若情节严重，张男还有可能构成《民事诉讼法》第114条的干扰诉讼秩序行为，甚至构成《刑法》第307条的虚假诉讼罪。

现实中还存在一种情形，即"倒签借条"，或者叫"补借条"。离婚时，有些夫妻一方往往绞尽脑汁希望对方少分财产，通过各种手段来伪造、虚构债务，其中"倒签借条"便是常见的一种手段。

倒签借条往往发生于"有走账，无借条"的情况下，比如，张男父母为资助张男买房，曾经向张男名下账户打款30万元，但当时未明确款项的性质，也没有签过书面协议。离婚时，为了使这30万元不被对方"白占"，张男与父母联手，瞒着李女私下倒签借条，制造借款假象，将购房出资款说成是借款，并要求使用夫妻共同财产偿还。这就是典型的"倒签借条"行为。为什么要"倒签借条"呢？这是因为人与人之间的钱款往来存在很多可能性，既有可能是借款，也有可能是赠与，还有可能是还款，等等。因此，按照《民间借贷案件适用法律规定》第2条规定，如果张男要主张30万元往来钱款是借款，必须要提供证据证明这30万元是借款，而最常见的证据就是借条，或者借款协议。

那么，"倒签借条"是否就能起到证明夫妻共同债务的效果呢？答案是否定的。首先，对于倒签的借条，尤其是往前倒签时间较长的借条，通过专业技术鉴定即可鉴定出其是否形成于落款的时间段。其次，基于"共债共签原则"，人民法院对李女未曾签字的借条，在李女不认同时，往往会要求张男提供其他材料，如微信记录、支付利息记录等，以佐证当初确实具有向父母借款的意思表示。若无证据佐证，绝大部分情况下，人民法院会认为该借款可能存在《民法典》第154条及《民法典婚姻家庭编解释（一）》第34条规定的"恶意串通"情形，而难以将之认定为夫妻共同债务。

夫妻任何一方在任何时候都不应伪造借条、倒签借条、虚构债务，否则有可能搬石头砸自己脚。夫妻另一方也不必过多担心"被债务"。

实务细节：

李女认为是虚假债务的情况下，可以请求法院在离婚案件中不予处理，由债权人本人另外起诉。大部分情况下，慑于法律规定，虚假债权人不敢提起诉讼，即使提起了，李女请求法院按照民间债务的认定标准对相应证据进行审查即可。

> 张男和李女结婚前,已同居一起。期间,张男以个人名义借款30万元用于与李女的日常生活。结婚后不久双方离婚,债权人要求李女共担该30万元债务。

第161问　婚前一方举的债,另一方要承担吗?

概要解答: 用于共同生活并结婚的,要承担

按照"债"的相对性理论,张男在婚前以个人名义所负的债务,不因结婚事实发生变化,原则上均由张男个人自行承担,债权人无权向李女要求偿还。如果张男擅自使用夫妻共同财产偿付个人债务,在离婚时,李女可要求对方补偿。不过,按照《民法典》第1064条及《民法典婚姻家庭编解释(一)》第33条规定,以下几种情况下的婚前债务,可以认定为共同债务,由夫妻双方共同偿还:

一、婚前,双方有共同举债的意思表示。这个比较好理解,类似于夫妻共债共签的情形。

二、婚后,李女对张男个人债务自愿加入成为债务人(《民法典》第552条债的加入规定),通俗地讲,就是结婚后,李女对张男的个人债务向债权人表示愿意共同归还。

三、同居期间张男举债用于共同生活,后双方正式结婚。基于双方生活的共同性,且实际双方关系由同居关系发展为婚姻关系,若没有特殊约定,该债务可以认定为夫妻共同债务。

四、婚前张男举债购买结婚用品、装修婚房、购买房产等,婚后夫妻双方共同使用或依法被认定为夫妻共同财产。

上述第三种和第四种情形,张男个人借款因缔结婚姻关系而演变为夫妻共同债务,是由于李女对所借债务享受了相应利益,按照权利义务对等原则,理应在结婚后将相应债务视为夫妻共同债务,由双方共同偿还。

注意要点:

1. 张男个人在婚前举债被认定为夫妻共同债务后,基于债务发生在婚前而非在

婚内之事实，以及权利义务相对等原则，李女可在实际拿到的借款或获得的收益范围内，使用夫妻共同财产承担偿还责任，超出部分由张男自行承担。

2.现实中，除了常见的婚前个人债务外，还存在夫妻一方婚内因侵权、个人违约、不当得利等对外形成的金钱债务，此类债务是否属于夫妻共同债务，目前尚无明确法律规定。不过，婚姻关系存续期间双方已使用夫妻共同财产完成偿付，除有特殊约定外，另一方不应在离婚时要求补偿。

实务细节：

对于夫妻一方婚前的债务，债权人向夫妻另一方要求偿还，须承担举证证明属于夫妻共同债务的责任。

> 张男和李女因感情不合分居数年，后双方离婚。离婚时，张男拿出分居期间的一张30万元的借条，要求李女共同偿还。李女提出这是分居期间的债务，自己不应承担。

第162问　分居期间一方形成的债务，另一方要承担吗？

概要解答： 除日常生活所需的外，不要承担

夫妻内部对债务性质发生争议，多是发生于分居或离婚期间形成的债务。在夫妻感情正常时，即便形成债务，基于生活的共同性，一般很少产生争议。

分居期间债务形成的原因很多，既有一方无力承受家庭开支而善意举债，也有一方为多分财产而恶意举债，甚至还有伪造债务、倒签借条的现象发生。

我国《民法典》第1064条首次确立了"共债共签"制度，适用场景之一就是夫妻分居或离婚期间形成的债务。此时双方感情不和甚至破裂，各自处于经济和生活相互独立的状态，实际不具有共同举债的可能，且所借债务往往也较少被用于共同生活当中。所以，对该期间张男所负债务是否属于夫妻共同债务，往往要按照"共债共签"制度确定。如果李女没有在借据上签字，则原则上不能认定为夫妻共同债务，应由张男个人偿还。"共债共签"制度能够有效避免在特殊时期，夫妻一方与第三

人恶意串通损害另一方的合法权益，同时也能够有效降低虚假债务诉讼的发生率。

当然，如果张男有证据证明确有举债必要，且所借款项确实用于生活所需，如个人生活、抚养小孩、医疗等；或者支付双方共同债务，如支付房贷、车贷等，则根据夫妻共同债务认定标准，这种以个人名义形成的债务应属于夫妻共同债务。

注意要点：

因离婚案件中不允许追加"债权人"为案件当事人或第三人，所以，一旦夫妻双方对债务的性质等产生争议，法院在离婚案件中一般不予处理。债权人需另行起诉，向夫妻一方或双方主张。债权人向双方主张，应按照《民法典》第1064条规定，举证证明债务被实际用于夫妻共同生活、共同生产经营。

> 张男和李女结婚后，张男瞒着妻子李女，帮朋友的一笔30万元的借款向债权人提供了担保。后朋友无法归还债务，张男需要承担担保责任，代为偿还债务。

第163问　一方擅自对外担保，另一方也要承担吗？

概要解答： 视情况

现实生活中，夫妻一方瞒着另一方替别人债务提供担保的情形时有发生。按照《民法典》第681条规定，在法律上，这种担保也是一种债务，叫"担保之债"。按照担保方式不同，《民法典》第686条将担保又分为一般担保和连带担保。担保问题相对比较复杂，无需过多了解，只要记住，一旦朋友无法偿还该30万元债务，张男就需要承担担保责任，替张男还钱。

在李女不清楚张男对外担保的情况下，对于张男的担保责任，李女是否需要承担？即债权人要求张男承担担保责任时，是否可以一并向李女主张共同承担担保责任？对该问题，目前尚无法律明确规定。《夫妻一方对外担保之债复函》曾对此作出相应规定，但该复函已经失效。

本书认为，担保与一般借款不同，担保人不会直接拿到钱款，不会在担保行为中直接受益。对这种债务，认定其是否属于《民法典》第1064条规定的夫妻共同债务，可以参照一般债务的认定方式进行认定。一般而言，单方对外担保，不属于《民法典》第1060条规定的家事代理范畴，如果李女事前不知道，事后没有追认，又因张男的担保并不会使李女产生收益，故原则上该担保债务不属于夫妻共同债务，李女不需要承担共同担保责任。

不过，在婚姻关系存续期间，如果张男使用夫妻共同财产偿还了担保之债，李女没有反对，李女在离婚时一般也不可以要求张男进行补偿。另，按照法律规定，张男婚内使用夫妻共同财产承担了担保责任后，夫妻二人可向张男朋友追偿，追偿回的钱款依然是夫妻共同财产。

> 张男婚内借30万元钱款用于购买房屋，该债务属于夫妻共同债务。张男与李女离婚时，没有处理该债务。离婚后，债权人直接起诉张男一人，要求其还款。

第164问　债权人只起诉一方，是免除另一方责任吗？

概要解答： 不代表，除非明确免除

我们知道，一旦债务被认定属于《民法典》第1064条的夫妻共同债务，对债权人而言，张男和李女所欠的30万元属于连带债务。按照《民法典》第178条所规定的连带债务承担规则，债权人既可以选择要求张男偿还，也可以选择要求李女偿还，还可以选择要求张男和李女双方共同偿还。债权人要求哪一方偿还，是其自由选择实现债权的方式。当债权人选择向张男要钱时，该选择不对李女连带偿还债务的责任产生否定，不产生免除李女偿还债务的效果。

因此，即使张男朋友只向张男一人主张偿还30万元债务，李女同样也需承担偿还这笔债务的义务。如果张男实际全部履行了该债务，二人对外的债务即消灭，同时在张男和李女之间形成了新的债权债务关系，张男可以向李女主张其应当承担的部分。

不过，若债权人明确免除李女的偿还责任，即明确表示不要李女偿还30万元债务。

此时，按照《民法典》第 520 条规定，李女应当承担的份额范围内，张男也不需要承担偿还责任。举例来讲，这 30 万元的夫妻共同债务，李女在离婚时按照约定或法院判决，应当承担 20 万元的还款责任，这 20 万元就是其应当承担的债务份额范围。但按照《民法典婚姻家庭编解释（一）》第 35 条规定，因离婚协议或离婚判决对债权人没有约束力，债权人可以要求李女和张男连带偿还这 30 万元债务，而如果债权人明确不要李女偿还，则张男只需偿付 10 万元，另 20 万元被免除还款义务。

> 张男与李女结婚后，张男以个人名义借款 30 万元用于购房，房屋登记在张男、李女名下。二人离婚时，财产均分，同时约定张男承担夫妻共同债务。

第 165 问　可以约定离婚后由一方承担夫妻共同债务吗？

概要解答： 可以，但对债权人不生效

夫妻共同生活期间内部不分彼此，但对外是作为一个整体。因此，只要债务被认定为属于《民法典》第 1064 条规定的夫妻共同债务，按照《民法典》第 1089 条规定，张男和李女二人在婚姻关系存续期间，要共同承担偿还之责，即**需要以夫妻共同财产来偿还债务，若夫妻财产不足以偿还，还要以各自的个人财产来偿还**[①]。然而，尽管夫妻要共同偿还夫妻共同债务，这不影响张男和李女离婚时，可以将夫妻共同债务约定由张男一方承担。只是按照《民法典婚姻家庭编解释（一）》第 35 条规定，该约定是内部约定，对债权人不产生效力。

张男和李女对夫妻共同债务的共同偿还责任，并不因二人婚姻关系的解除而发生改变，不因二人的共同财产已被分割而发生变化，也不因二人约定由张男承担而发生变化。换句话说，从债权人的角度看，不管张男、李女的身份关系如何变化，不管张男、李女的财产怎么分割，债务承担怎么约定，那只是张男和李女两个人之间的事（对内有效力），对自己没有约束力（对外无效力）。只要张男、李女没有与自己达成特殊约定，债权人都可以向他们二人或其中一人要求还钱。

这就是夫妻约定在对内效力和对外效力上的不同。这种内外效力有别的处理方

式，有利于保护债权的债权利益，避免男女双方为逃避债务，以"假离婚"的方式将财产全部或大部分给一方，并约定该方不担或少担债务。

注意要点：

因内部有债务承担约定，那张男向债权人偿还后，不能再向李女要求分担。如果实际是李女向债权人偿还了30万元，则其可以以《民法典婚姻家庭编解释（一）》第35条第2款向张男索要。

实务细节：

1. 按照《民法典》第188条规定，债权人应在诉讼时效内及时主张债权。债权债务的诉讼时效一般是从应还款日往后推3年，同时适用中断情形。

2. 不管是离婚前，还是离婚后，债权人主张债务为夫妻共同债务，应列男女二人为共同被告。

关联问答：

① 个人财产会被用来还夫妻共同债务吗？

> 张男与李女结婚后，张男以个人名义借款30万元用于购房，房屋登记在张男、李女名下。二人离婚时，财产均分，但没有约定30万元由谁还。离婚后李女偿还了该债务。

第166问　离婚后一方归还了夫妻共同债务，能向另一方主张吗？

概要解答： 可以，除非有约定

张男和李女离婚后，李女不管是主动偿还了这30万元债务，还是被动（如被法院执行）偿还了这30万元债务，其有权在承担30万元夫妻共同债务后，再向张男主张应当由张男承担的份额。如果离婚协议或离婚判决确定了张男应承担的份额，则张男应向李女支付对应的款项。如果没有确定份额，则由双方协商，若协商不成，由法院根据具体情况确定张男应支付的款项。

专业解释：

本问题中的债务特指夫妻共同债务（《民法典》第1064条夫妻债务的认定），如果债务是张男的个人债务，李女自然无需承担偿还责任，即使代为偿还了，还可以主张张男全额向己方偿还。

当债务发生争议时，首先需要对债务的性质进行认定。一旦属于夫妻共同债务，作为婚姻共同体，除有特殊约定外，不能免除各方的偿还责任。这就是《民法典》第178条所规定的"连带债务之连带偿还责任"。基于此，李女婚后偿还债务后，处理方式有以下几种情形：

情形一：双方协议离婚，离婚时对共同债务约定了处理

张男和李女协议离婚时，在离婚协议中约定了"以各自名义所借债务由各自负责偿还"。该约定虽然不对债权人生效，但在二人内部具有约束力。离婚后，如果李女偿还了债权人30万元（包括利息）的夫妻共同债务，双方对外的债权债务关系消灭，二人内部形成了新的债权债务关系，李女可以根据《民法典婚姻家庭编解释（一）》第35条第2款规定，依据该离婚协议约定向张男全额主张这30万元（包括利息）。

当然，除离婚协议外，其他协议中如果涉及夫妻共同债务处理的约定，李女也可按照此类协议中的约定要求张男承担。

情形二：双方诉讼离婚，法院对共同债务作出了处理

离婚诉讼案件中，虽然债权人不能作为离婚案件当事人主张债权，但这不影响法院对相对比较明确的30万元债务，在扣除等额夫妻财产给张男后，判决由张男个人承担。法院的离婚判决书对张男、李女具有既判力，张男应按照判决履行义务。如果李女偿还了应由张男偿还的30万元债务，其可以根据《民法典婚姻家庭编解释（一）》第35条第2款规定，依据相应判决向张男主张这30万元。

情形三：不管何种方式离婚，都未涉及共同债务的处理

张男、李女离婚时，虽然对夫妻共同财产进行了分割，但基于各种原因，没有对30万元的夫妻共同债务进行处理。离婚时没有处理债务不代表免除了债务，债权

人依然可以要求张男、李女二人共同偿还。若李女单方偿还了该30万债务，其可以根据《民法典》第1089条规定的"共同债务、共同偿还"之原则，向张男主张其应承担的份额。

至于张男应该承担多少份额，则可根据《民法典》第178条规定进行确认处理。双方能够协商，由双方协商，若协商不成，由人民法院根据具体情况确定各自应承担的债务份额。

注意要点：

即使法院离婚判决确定由张男来偿还夫妻共同债务，或者确定了张男和李女的债务分担比例，债权人仍有权再以张男和李女为被告提起诉讼，要求二人承担偿还责任。张男、李女任何一方均不能以此类判决对抗债权人。

> 张男的父母为张男结婚购房出资，房屋登记在张男和李女名下。张男和李女离婚时，张男父母以借款为由要求张男和李女返还出资款，李女不同意，产生争议。

第167问 父母资助的购房款，能作为夫妻共同债务要回吗？

概要解答： 要看出资款的性质

一般而言，父母为子女购房出资的性质不外乎两种形式：一种是借款，另一种是赠与。父母要求返还购房出资款，一般都是基于借款。这需要父母能够提供充分的证据证明事前有借贷合意，形成了债权债务关系。如果不能证明，法院一般会将出资款认定为赠与。因赠与已经完成，父母不能要求返还出资款。

专业解释：

现实生活中，男女在结婚前后，由于刚参加工作缺乏经济能力，父母为子女购房出资的情形十分常见。《民法典婚姻家庭编解释（一）》第29条对父母出资的性质已作出明确规定，**本书也对父母出资的各种情形做了详细分析**[①]，这里不再赘述。

按照相关规定，如果按照《民法典》第1063条规定，父母出资所购买的房屋属于其子女的个人房屋，除非父母与子女关系不和，否则一般不会发生父母向子女索要出资款的纠纷。而当出资所购房屋属于《民法典》第1062条所规定的夫妻共同财产，子女准备离婚时，往往会发生索要出资款的纠纷。

在司法实践中，父母请求法院判决返还购房出资，往往是基于借贷关系，即认为购房出资是借给夫妻二人，而不是赠与给二人。在此情形下，是否需要返还出资款，就要确认出资款是否是借款性质。如果属于借款，理应予以返还，如果属于赠与，因赠与已经完成，故无需返还。实务中，出资款属于借款性质还是赠与性质，一般要从以下几个方面考虑：

一、遵循双方的意思表示

如果张男父母在出资时，向张男和李女都明确表示是赠与，或者李女有证据证明出资款是赠与，符合《民法典》第657条规定的赠与合同性质，那张男父母要求返还出资款的主张就得不到法院的支持，除非具有《民法典》第658条、第663条规定的可撤销赠与情形。

如果张男父母在出资时，明确了出资款是借款，且也有借条或相关证据佐证，则夫妻双方应予以返还。当然，如果借款超过《民法典》第188条规定的3年诉讼时效，李女依据《民法典》第192条提出诉讼时效抗辩，则该出资款一般无需再返还。

一般而言，在离婚案件中，如果张男、李女对返还出资款给张男父母均没有异议，则可对该出资款予以直接处理，处理方式一般为扣除等额的夫妻共同财产归张男，由张男在离婚后自行偿还该债务。如果双方有异议，则法院在离婚案件中一般不会处理返还事宜，由张男父母另行提起诉讼主张。

二、遵循举证规则

如果张男父母基于特殊的身份关系，或者碍于情面，出资时没有明确是赠与还是借款，也没有形成书面的约定。此时，张男父母在张男和李女离婚时，如果主张返还出资款，则应遵循《民事诉讼法》67条"谁主张谁举证"的原则，提供充分的证据证明是借款，如果无法举证或举证不充分，则应根据《民诉法解释》第90条承担举证不能的后果，即要求返还出资款的诉求无法得到法院的支持。

这主要是防止父母在子女婚姻关系有变，违反诚信原则以借款为由主张返还出资，使子女在分割夫妻财产时获得实际上的多分。如果张男父母举证不充分，则法院会认定该出资属于赠与行为。至于是对张男个人的赠与，还是对张男和李女二人的赠与，则要根据具体的情况分析。

注意要点：

司法实践中，往往发生在夫妻离婚时，一方为将父母的购房出资款说成是借款，单方与父母倒签借款协议，并在离婚时要求夫妻共同承担该"债务"，甚至与父母串通，由父母另行以夫妻二人为被告提起偿还借款的诉讼。这种做法不可取。

一来，对于倒签的借款协议，可以通过专业鉴定机构鉴定出其形成时间，如果确认是新形成的借款协议，则不但无法得到法院的支持，还有可能被认定为伪造夫妻共同债务而被少分财产（《民法典》第1092条规定），若情节严重还可能构成《刑法》第307条规定的虚假诉讼行为遭受刑事处罚。

二来，即使限于技术问题，无法鉴定出形成时间，当另一方明确表示不同意或不知情时，法院进行认定时往往也会比较谨慎，若没有其他证据进行补强佐证，一般会遵循《民法典》婚姻家庭编**夫妻共同债务"共债共签"的原则进行处理**[2]，即没有另一方签字的借款协议，法院一般不会认定为借款，以杜绝"暗箱操作"的非诚信行为。如此也能敦促父母在出资购房时，对出资款的性质向子女配偶进行明确的说明，或者签署相关的协议，以避免日后纠纷。

实务细节：

1. 张男单方与父母签署的借条，李女不予认同时，应提供其他证据予以佐证出资款是借款。比如，张男与父母间、张男与李女间、张男父母与李女间的沟通记录，证据形式可为原始的微信、短信、电话录音、证人证言等，这些证据要足以证明当初父母购房出资时，张男或张男和李女有共同向父母举债的意思表示。

2. 实务中，也会发生李女主动自认是借款，或者同意返还出资款，并同意使用夫妻共同财产偿还。这主要是由于在夫妻双方离婚时，房价已经飙升，飙升的幅度已经远超张男父母的出资金额，偿还张男父母的出资款后，该房屋在分割时，就无需再考虑张男一方的贡献，张男也不可再依据出资贡献主张多分。李女经过计算后，认为返还出资款更为划算。例如，房屋购买时价值100万元，张男父母出资20万元。张男和李女离婚时，该房屋价值500万元。如果李女同意返还张男父母20万元，则等于该房屋实际值 480 万元，正常李女可以分得 240 万元。如果李女不同意返还 20 万元，并提出证据证明是赠与，则该房屋还是按照 500 万元的价值来分，若法院考虑张男一方的贡献，按照 6：4 的比例分割，则李女只能拿到 200 万元。由此可知，离婚不但是技术活，还得数学好。

关联问答：

① 父母资助买房，资助款是赠与子女吗？
② 没在借条上签字，就不算夫妻共同债务？

第八篇　恶意转移、损毁夫妻财产

离婚过程中，基于不恰当的动机和目的，夫妻一方常会存在侵害夫妻共同财产的行为，有时双方都会有此行为，只是程度轻重而已。本篇以独立章节介绍了侵害夫妻共同财产的手段有哪些，法律责任是什么，以及如何尽可能防止侵害行为的发生，同时还介绍了实务中处理损害财产案件时的一些细节问题。需要注意的是，损害财产要承担责任并非限定在离婚期间，应包括整个婚姻关系存续期间。

张男和李女结婚后，张男赚钱较多，担心离婚时要分割财产给李女，故在平时就有意识将收入另外存放。后被李女查出，李女认为是侵害夫妻财产的行为。

第168问 侵害夫妻财产的行为有哪些？

概要解答： 隐藏、转移、变卖财产等

法律明确规定了6种侵害夫妻财产的行为。张男将收入另外存放属于典型的隐藏行为。除此以外，张男若将自己银行卡上的钱无故转给其父母，是转移行为；擅自低价变卖昂贵的金银首饰，是变卖行为；故意将昂贵的玉器打坏，是毁损行为；肆意给网络主播打赏巨额财产，是挥霍行为。另外，若张男伪造债务希望使用夫妻财产偿还，也是侵害夫妻财产的行为。

专业解释：

按照《民法典》第1062条规定，夫妻双方对共同财产享有平等的处理权。不管何时，任何一方都不得实施侵害夫妻共同财产的行为，否则，在分割财产时应予少分或不分该部分财产。

《民法典》第1092条以列举的方式明确了隐藏、转移、变卖、毁损、挥霍及伪造债务6种侵害行为，并没有兜底性条款。因此，在实务中，只有当出现6种情形之一才属于侵害夫妻共同财产的行为，除此以外的其他情形，如一方与其父母伪造赠与协议以证明购房款来自父母的赠与，主张贡献较大，要求多分财产，一般不能类推适用《民法典》第1092条的情形。对6种侵害财产行为的具体含义和表现分析如下：

一、隐藏

隐藏财产是实务中较常见的行为，类似传说中的"小金库"。比如，张男将婚内所得的夫妻共同财产藏匿起来（如不入银行账户），使其处于暗处，致使李女不知道该财产的存在，也无处寻踪，从而在离婚时无法进行分割。

二、转移

转移财产是实务中最常见的行为,指财产本来在明处,双方都知道,或者都能查得出,但是一方以各种方式将财产私自转移至他人名下或他处,期待该财产在离婚时不被分割。比如,张男将银行大额钱款以现金方式取出另外存放,将车辆擅自过户到亲戚朋友名下,将购买的房产直接登记在"小三"名下,等等,以此造成不再是夫妻财产的假象。张男转移时不告诉李女,也不希望李女知道,甚至李女知道后还百般抵赖,巧立名目,虚构用途。

三、变卖

变卖财产,通俗地讲就是贱卖财产,是一种典型的"败家"行为。比如,张男超越家事代理权限,擅自低价出售房屋,低价出售汽车等都属于变卖行为。不过,如果张男是以合理价格出售,且出售款在离婚时也主动拿出分割,则不属于变卖行为,不存在多分少分的说法。实务中,变卖财产有时也是假变卖真转移,比如,张男擅自将房屋低价售卖给亲戚朋友就是假变卖,本质上属于恶意串通转移财产的行为,李女可以依法索要回房屋,并要求张男少分财产。同时,按照《民法典婚姻家庭编解释(一)》第28条规定,不管李女是否能够拿回房屋,**如果张男擅自处分房屋造成李女的经济损失,李女在离婚时可以要求张男赔偿**[①]。

四、毁损

毁损财产,也称破罐子破摔,一般很少发生,这是杀敌一千自损八百的做法。毁损一般表现为故意将财物打碎、暴力拆卸财物、涂抹名画等,使财产严重贬值,甚至消失。当然,毁损是故意为之,如果是不慎损坏价值不菲的财物,一般不属于毁损行为,不存在多分少分财产的说法。

五、挥霍

挥霍是《民法典》新增的损害财产形式。挥霍财产也是一种"败家"行为,是指不合理的高消费,或者任意购买极易贬值的财物。比如,张男一人超出日常习惯一顿饭吃掉上万元,或购买根本用不着的汽车,或给网络主播打赏高额礼物,或花费巨资玩网络游戏,甚至染上赌博、吸毒的恶习,等等。

六、伪造债务

伪造债务在以往司法实务中也较常见,是指夫妻一方与第三方恶意串通,伪造各种夫妻共同债务，以企图在离婚时使用共同财产偿还债务，达到变相多分财产的目的。伪造债务的手段多表现伪造（或倒签）借条、借款合同、欠条，但又无法提供银行流水佐证收到借款，或者把本不是借款的银行流水拿来佐证收到"借款"。

在《民法典》颁布前，相关法律规定不健全，甚至矛盾，导致司法实践中存在大量伪造夫妻共同债务侵害一方利益的现象，有些"债权人"甚至还提起了"周瑜打黄盖"式的虚假债务诉讼。《民法典》颁布后，**施行"共债共签"和"日常生活、共同经营所需"原则**[2]，相信伪造夫妻共同债务的现象会大幅减少。另外，司法机关也已加大了对伪造借条提起虚假诉讼的处罚力度，出台了《开展虚假诉讼整治意见》等一系列文件，情节严重的要依据《刑法》第307条追究虚假诉讼的刑事责任。

实务细节：

离婚时，如果担心相对方有可能实施转移、毁损、变卖等侵害财产的行为的，**可以依据《民法典婚姻家庭编解释（一）》第85条向法院申请财产保全**[3]。

关联问答：

① 单方卖房是否适用家事代理制度？
② 没在借条上签字，就不算夫妻共同债务？
③ 打离婚官司，可以查封对方名下财产吗？

> 张男和李女在诉讼离婚时，李女发现张男的银行账户上有多笔给其父母的大额转账。张男无法作出合理说明和解释，但认为这些钱不是离婚期间发生的，不属于转移财产。

第169问　侵害财产行为只限定在"离婚期间"吗？

概要解答：婚姻关系存续期间

张男对转给其父母的大额钱款不能作出合理的解释和说明，有恶意转移夫妻共同财产之嫌。对于夫妻共同财产，李女和张男都有平等的处理权，在未取得协商一致的情况下，张男转移大额钱款给其父母，对李女而言是一种侵权行为。若因该侵权行为不是在离婚期间，而不受惩罚，显然对李女是不公平的，夫妻对财产的平等处理权将成为摆设。

专业解释：

按照《民法典》第1092条的规定，如果夫妻一方擅自转移、变卖、挥霍，或者通过其他手段侵害共同财产，另一方可以在离婚时要求对方少分或不分该部分财产。

现实中，侵害夫妻共同财产行为表现最多的就是恶意转移财产。李女想要分割被张男转移的财产，基本前提是得要追查出哪些财产被转移了，而要追查财产，则要考虑追查的期限属不属于法律保护的期限范围。如果不属于法律保护的期限范围，即使查出转移财产，最多也只能正常分割这些财产，而不能要求张男少分或不分。

《婚姻法》（已失效）第47条是以"离婚时"作为保护的期限范围，即在准备离婚诉讼到正式离婚期间的侵害行为，才会被作为少分或者不分财产的依据。《民法典》颁布后，婚姻家庭编第1092条删除了《婚姻法》第47条的"离婚时"字样，这标志着今后无论是正常夫妻生活期间，还是离婚诉讼期间，只要李女有证据证明张男实施了转移、隐瞒、变卖等侵害夫妻财产的行为，李女均可在离婚时要求张男少分或不分被侵害的财产。

之所以不再以"离婚时"作为限定范围，这是因为：按照《民法典》第1062条规定，夫妻对共同财产享有平等处理权，这种平等处理权既表现为了家庭日常生活需要，各方有权决定、使用、处分夫妻财产（即家事代理权），也表现为处置夫妻重大财产时，夫妻双方应平等协商并取得一致意见。这种权利体现在整个婚姻期间，并不是双方要离婚才形成该权利。在婚内，任何一方未经对方同意，也非因日常生活所需，擅自处分夫妻共同财产，均属于对另一方财产权益的侵害，均应受到法律的制约，这种制约不因侵害的时间不同而被免除。

实务中，有些夫妻一方深知夫妻感情难以维系，在对方提出离婚时，故意采用"拖延战术"，假意和好，或者自己准备离婚，但不表露，生活一切照常，趁机"明修栈道，暗度陈仓"，私下大肆转移、变卖夫妻财产。该期间短则一年半载，长则数年。待一切OK后，再正式提出或者同意离婚。还有一些再婚夫妇，因受到"一婚的痛"，往往从再结婚开始就有了"防范"心理，不管是否要准备离婚，都会将再婚期间所得财产通过隐瞒、转移等方式进行"防范性"处理，凡此种种。

如果将保护期限定在"离婚时",很有可能在真正离婚分割财产时,一方名下的财产早已所剩无几。这不但会产生客观上的不公,恶意之人的财产分不到,善意之人的财产却要分,同时,法定的"夫妻共同财产制"也活脱脱变成了"夫妻约定财产制"。

注意要点:

《民法典》虽然不再将"离婚时"作为侵害财产行为的时间限定,但在诉讼离婚中,也并非一定需要从结婚那一天开始调查银行流水,查微信、支付宝记录等,这不但在操作上存在极大困难,也会浪费不必要的时间和诉讼资源。一般而言,如果夫妻已经分居,从双方分居时间往前推1年左右开始追查比较合适;如果没有分居,从谈到离婚开始往前推1年左右开始追查比较合适;如果对方有"外遇",则从有"外遇"或夫妻感情明显发生变化时追查比较合适;如果一方完全掌控家庭财产,离婚时所剩财产与其收入和日常生活不匹配,则可选择一个恰当的追查时间……总之,从何时开始追查,要根据具体情况合理确定。

> 张男和李女在诉讼离婚时,李女发现张男的银行账户上有多笔给其父母的大额转账。张男无法作出合理说明和解释。李女认为是恶意转移财产,张男应少分或不分财产。

第170问 侵害夫妻财产要少分或不分财产?

概要解答: 是的

按照《民法典》第1062条规定,在婚内,夫妻双方对共同财产都享有平等的处理权,在离婚时,双方对积累的共同财产也同样享有平等的分配权。然而,财产能够平等分配的基础是财产没有被侵害,如果一方在婚内实施了侵害夫妻财产权益的行为,导致离婚时可供分割的财产实际价值降低,如果没有惩罚性措施,"平等"将只是一句口号。

侵害夫妻共同财产权益的行为有隐藏、转移、变卖、毁损、挥霍共同财产,以及伪造夫妻共同债务。这些行为无一例外都是企图在离婚分割财产时,自己多拿财产,对方少拿财产,或者使对方可以分得的财产减损。上述行为不符合社会主义核心价值观,违背了《民法典》第7条要求的诚信原则,也严重侵犯了配偶的共同财产权。若是在离婚诉讼过程中实施上述行为,也是对司法权威的挑衅。针对这些行为,《民法典》第1092条明文规定了惩罚性措施,即在离婚时,少分或不分财产给损害方。

因此,一方发现另一方在婚内实施了侵害共同财产的行为,可以在离婚时,主张另一方少分或不分该部分财产。即使在离婚后发现另一方有侵害财产的行为,也可以依据《民法典婚姻家庭编解释(一)》第83条、第84条规定,自发现之日起3年内(注:此为诉讼时效,过期不候),向法院主张分割被侵害的财产,并主张侵害方少分或不分该部分财产。

注意要点:

1. 不分或少分的财产针对的不是夫妻全部的财产,而是被侵害的财产。比如,张男擅自转移房屋,那么李女只能针对该房屋要求张男少分或不分,而其他财产则按照夫妻财产分割原则进行正常分割。至于是应该少分,还是应该不分,目前尚无明确的法律规定,这需要法院根据案件的具体情况进行判定。实务中,不分的情况极少,少分的情况较多,且少分比例一般不超过被侵害财产的20%。

2. 侵害夫妻财产的行为不是婚姻过错行为,不能按照《民法典》第1091条,基于婚姻过错而要求侵害人进行赔偿,尤其是不能要求精神赔偿,只能在分割财产时,要求侵害方少分或不分该部分财产。

3. 按照《民法典》第1087条规定,人民法院分割夫妻共同财产时要照顾女方、无过错方。如果女方或无过错方实施了侵害财产行为,在对其少分、不分财产的同时,仍然要给予适当照顾,两者并不矛盾。

实务细节:

按照《民法典》第1066条规定,当婚内发生侵害夫妻共同财产行为时,**夫妻一方既可在离婚时要求分割财产,也可以在婚内要求分割财产**①。

关联问答:

① 不离婚,婚内可以分割夫妻财产吗?

李女和张男在诉讼离婚时，发现张男擅自转移了夫妻的共有房屋，便要求张男少分全部财产，而张男认为即使是少分财产，也只能就房屋部分少分，而不能全部财产都少分。

第171问 侵害财产，少分或不分的是夫妻全部财产吗？

概要解答： 只针对被侵害的财产部分

张男侵害夫妻财产，应少分或不分的财产仅针对被侵害的财产，而不针对其他夫妻财产。所有的财产，包括被侵害的财产，都是按照《民法典》第1087条所规定的夫妻财产分割原则进行分割，只不过对于被侵害的财产，还要按照少分或不分的规定进行分割。

当然，针对被侵害的财产进行少分、不分，并不是指一定要直接分割被侵害的财产。例如，已被张男毁损、挥霍或变卖的财产，直接分割这些财产毫无意义，因为这些财产本身已消失，或已不在张男名下。对于这些情况，一般是确定这些财产的价值，并将这些财产视为张男一方的分割所得财产，由张男根据这些财产的价值和李女应多分的规定，以其他的夫妻共同财产折抵作为李女的所得。

比如，夫妻共同财产原本是120万元，张男和李女一般是各得60万元。但其中20万元已被张男挥霍了。此时，将20万元视为张男个人分割所得，按照多分原则，假定李女对应被张男挥霍的钱款可以多分到30万元。故先从100万元的夫妻财产拿出30万元给李女，剩余70万元再由二人均等分割。

而对于被转移或隐藏的财产，如果财产尚在（或恢复到）夫妻一方名下，则按照少分、不分的规定进行直接分割即可；如果一方拒不交出，或者财产无法恢复到夫妻名下，不能进行直接分割，则可以参照毁损、挥霍或变卖财产的情形进行分割。

对于伪造债务，企图侵占（注：不需要实际侵占）另一方的财产，则法院可根据伪造的金额和情节，在分割其他夫妻财产时对伪造方进行少分、不分惩罚。

实务细节：

1. 在涉侵害夫妻财产的离婚案件中，应该要少分多少，目前尚无明确法律规定，由法院根据案件的具体情况进行酌情判定。

2. 张男将财产恶意转移给第三人，如果剩余夫妻财产足以折抵的话，李女可以不向第三人追要财产，而直接要求使用夫妻财产折抵。相反，如果剩余夫妻财产不足以折抵，且张男也没有个人钱款补偿，则应先向第三人主张返还财产，取得后再行直接分割。

3. 当夫妻财产不足以折抵应多分给李女财产，差额部分由张男以个人财产补偿李女。

> 离婚时，李女发现张男擅自出售了夫妻共有房屋，便以侵害财产为由要求张男少分财产，而张男认为自己也是权利人，出售是家事代理行为，不是恶意侵害财产。

第172问　单方卖房是否适用家事代理制度？

概要解答： 不适用

《民法典》中，家事代理制度涉及的条文有第1060条所规定的家事代理范围、限制和法律后果，还有第1064条因家事代理行为所产生的债务性质认定及法律后果。

家事代理制度是《民法典》新增的一项夫妻生活制度，与一般商业活动中的代理需要明确授权不同，一方在日常生活中，为了生活的常规需要与第三人发生的民事行为，如张男购买一瓶酒、一包烟等，不需要得到李女的同意，李女也不能以不知道、没同意为由，要求退货退钱。

但家事代理权的范围仅限于"日常家事"。所谓日常家事，是夫妻或家庭生活中常规且必须发生的各种事项，如购买衣物、食品、接受教育、赡养老人等。而房屋是家庭财产最主要的组成部分，同时还涉及夫妻各方的基本居住权。对于买卖、赠送房屋等行为，其虽有可能是生活所需，但并非是日常所需。换言之，买卖房屋属家庭重大事项，是重大的财产处分行为，对于一般家庭，不会经常发生，不属于"日常家事"。

因此，当张男以自己名义买卖、赠与、抵押夫妻共有房屋时，不能适用家事代理制度，夫妻双方应当共同协商、取得一致意见方可。如果张男超出家事代理范畴，擅自出售夫妻共同房屋，**另一方该如何主张权利，买房人是否需要返还房屋，可查阅本书相关问题解答**①。

注意要点：

家事代理权始于夫妻双方登记结婚之日，终于双方离婚、一方死亡或婚姻被撤销之时。同时，家事代理保护的是交易相对人的权益，与夫妻之间采用什么形式的财产制没有关系，即使夫妻实施财产 AA 制，也不影响家事代理的成立。

实务细节：

除了房屋以外，超出日常生活所需的大额夫妻财产处分行为，理论上也不适用家事代理制度。

关联问答：

① 一方擅自卖房，另一方是否可以追回？

> 离婚时，李女发现张男擅自出售了夫妻共有房屋，便要想将该房屋追回。但买房人认为李女不能主张要回房屋，因为张男是登记产权人，李女不是，且已经支付了钱款。

第 173 问　一方擅自卖房，另一方是否可以追回？

概要解答：看情况

张男和李女作为夫妻，对共同房屋享有平等处理的权利，张男自行卖房不属于家事代理行为，而属于无权处分行为。当然，即使张男无权出售了房屋，也不代表李女可以向购买人追回房屋。当买房人是善意购买，且支付了合理对价，房屋也已完成过户，则李女无法追回。反之，李女则可以追回房屋。

专业解释：

婚姻关系存续期间，基于各种原因，夫妻一方在未告知并征得另一方同意的情况下，擅自将夫妻共同房屋对外出售的情形常有发生。对此类问题的解决，往往涉及购买人权益和夫妻财产共有权益平衡的问题。由于目前房屋变更登记手续严格，一方将登记在双方名下或另一方名下的房屋擅自出售的情形已较少见，更多的是将登记在自己一人名下的夫妻共同房屋擅自变卖的情形，本解答将主要围绕此情形展开。

对于此类问题，法律既要保护夫妻共同财产的安全，也要保护第三人的市场交易安全，需要在二者之间取得平衡。因目前没有法律规定要求买房人在签订合同时必须对出售人婚姻状况尽审查义务，买房人基于《民法典》第209条所规定的物权登记公示原则，在不知房屋实际属于夫妻共同财产的情况下，可以按照法律规定与登记权人签订买卖合同。因此，按照《民法典婚姻家庭编解释（一）》第28条规定，在房屋买卖完成后，如果购买人同时满足以下3条件，法律则偏向保护买房人的财产权益，如果买房人不能同时满足3个条件，则法律偏向保护李女的夫妻共同财产权益。

条件之一：购买方已经办理了房产登记

需要注意的是，这里所说的已经办理了房产登记，是指已完成了相关的房屋登记手续，并已获得不动产登记。换句话说，即房屋已经易主，买房人实际已经为产权人。如果仅向房产登记部门递交了变更登记手续，则不能视为房屋已经易主，因为按照相关规定，在递交房屋变更手续后，如果李女可以证实卖房人产权登记簿登记不实，比如，登记在张男名下的房屋实际是张男、李女共同房屋，在变更登记完成前，买房人应当撤回登记申请。

条件之二：购买人支付了合理的价款

合理的价款，是指真实符合市价的有偿交易或等价互换行为，以排除不合理的低价和无偿转让等情形。当然，合同约定的房价是否合理，需要李女举证证明与市价相差悬殊（比如，低于市价30%以上），或者由法院根据生活经验行使自由裁量权确定。另外，需要特别强调的是，对价要已经实际支付。如果房屋已经办理完产证，但购房价款或贷款首付并未实际支付，或者仅支付了少量部分，或者约定数年，甚至是数十年支付完，则不能认定为支付了合理的价款。

条件之三：买房人是善意购买

按照《民法典》第311条规定，判断是否善意，主要是判断买房人是真买还是假买，是否是串通买房。这是一种心理活动，不能直接观察得出，实务中一般是通过外部客观标志来判断善意与否。比如，买房人明知张男有配偶或房屋是夫妻共同财产，却有意绕开李女只与张男签订合同，则就是明知不能买而买；再比如，房屋市价是1000万元，只花了500万元购买，则也是非善意购房。还有不看房、约定了户口迁出却不知道实际户口、虚假首付、现金交易等，都是有悖常理的行为。

买卖房屋是一项大宗交易，买房人从看房、签约、履约、登记产证等过程中应更加审慎和注意，此过程中，一切有悖常理的行为均容易被认定为恶意买房。换句话说，善意的买房人稍加审慎和注意就会知道，如果正常操作，这个房屋是无法完成买卖交易的，即使交易了也有可能被要回的。

上述3个条件，对于买房人而言，需要同时满足才能保住房屋，对于李女而言，只要买房人不能满足一项即可追回房屋。

即李女要主张追回房屋时，首先要依据《民法典》第214条、第216条看有没有办理房产登记，若没有办理房产登记，即可主张要回房屋；如果办理了房产登记，则看是否支付了合理的对价，如果对价不合理，则李女也可要求恢复房产登记；如果对价也合理，则最后要看买房人是否是善意购买。李女能否追回房屋，按照上述思路判断即可。

若买房人同时符合上述3个条件，则李女不能拿回房屋，只能依据《民法典》第597条在离婚时向张男主张擅自卖房造成的损失，比如，因另外买房造成的违约金、买房差价等。另外，除了要求赔偿损失外，李女还可以基于《民法典》第1092条之规定，在离婚时，要求张男少分或不分该部分财产。当然，特定情况下，李女还可以基于《民法典》1066条之规定，**在不离婚的情况下，提起分割财产请求**[①]。

注意要点：

1. 如果李女发现张男擅自卖房后，不但没有明确表态阻止，反而积极参与，甚至签署了同意卖房的协议，这属于《民法典》第1064条的事后追认行为，则不能适用本解答，擅自卖房变为双方共同卖房。如果反悔不卖，需要与张男共同承担违约责任。同样，如果李女在卖房前期参与了与买房人的协商过程，最后因各种原因没有签字，也没有明确表示不卖，按照《民法典》第 140 条沉默相关规定，以及基于夫妻特殊关系所形成的"概括授权原则"，李女一般也不能再要回房屋。

2. 一方擅自卖房的责任，并不局限于婚姻关系出现裂痕后，而是包括整个婚姻阶段。换句话说，只要在婚内擅自卖房，即属于无权处分行为，适用本解答。

3. 本解答中所涉及的房屋是指夫妻共同所有的房屋，不包括夫妻按份共有的房屋。如果一方占有房屋三分之二以上的份额，则按照《民法典》第 301 条之规定，出售该房屋时，一般不需要另一方的同意，属于有权处分。

4. 主张要回的房屋是指夫妻共同所有的房屋，即夫妻二人共同享有 100% 完整产权的房屋。如果房屋不是夫妻二人共同所有的房屋，而是家庭共同生活用房，则夫妻配偶一方不能依据本解答主张要回。

5. 特别需要提醒的是，离婚分割房屋后，房屋产权登记人需由张男变更为李女，李女应及时督促对方办理变更登记手续，以免夜长梦多。同样，离婚时未分割的房屋仅登记在张男名下，李女也应尽快在离婚后提起分割请求。

实务细节：

1. 如果买房人尚未办理产权登记，且李女也需要追回房屋，则应及时提起相应诉讼，同时向房产登记部门提出房产异议登记，以阻止交易的进行。此为重点。

2. 虽是擅自卖房，但没有低于市场价，一般不存在差价赔偿问题，离婚时可以扣除掉合理消耗后，直接分割剩余卖房款即可。

3. 李女以买房人非善意主张要回房屋，应承担相应举证责任。如果不能证明买房人恶意买房，则推定为买房人善意。

4. 现实中，还有婚内一方擅自抵押登记在自己名下的夫妻房屋，或者离婚后擅自出售未分割，或者未转移登记的夫妻房屋，亦可参照适用本条解答处理。

关联问答：

① 不离婚，婚内可以分割夫妻财产吗？

> 李女和张男在诉讼离婚时，经律师调查发现，张男的银行卡、支付宝、微信上有多笔大额支出，且未见回款。李女认为这些是张男在恶意转移财产。

第174问 银行卡、支付宝、微信上的大额支出是转移财产吗？

概要解答： 确定是否有合理用途

在《民法典》第1092条所规定的多种侵害夫妻财产的行为中，转移财产是最常见的形式，而转移财产行为中，又以转移银行卡、支付宝、微信等结算工具上的钱款为多发。然而，要知道是否有转移行为，则要有证据，而银行卡、支付宝、微信等交易流水就是最直接的证据。

夫妻日常生活中，通过银行卡、支付宝、微信等对外转账或取现并非都是恶意转移行为，这要根据具体的情况进行排除。比如，单位时间内转款、取现的金额较小，甚至有零有整；或者收款方是单位、学校、餐饮机构等；或者收款方虽是亲戚朋友，但可以明显排除是恶意转款；或者与第三方的转进转出基本持平，等等，这些都可以予以排除，不应作为被转移的财产而向法院主张分割。而对于单位时间内的多笔大额取现，或者一些向父母、兄弟姐妹目的不明的大额转账，或者其他有较大嫌疑无法排除的转账或取现，则应以表格的形式列出，向法院主张要求分割。

当然，对于列出的大额转账或取现记录，是否实际属于恶意转移财产行为，最终需要经过法院审理后才能认定。按照相关规定，另一方应对所列大额转账或取现的用途进行说明和解释，如果说明和解释相对合理，甚至可以提供相关的证据，则对应部分可被排除恶意转移嫌疑。

注意要点：

确定大额转账的起步标准是1000元，是1万元，还是10万元，需要根据各自家庭的收支情况进行合理确定，切记标准不能太低，否则会导致诉讼期限加长，还容易丢了西瓜捡了芝麻。说白了，就是如果什么都想主张，可能什么都主张不了。

实务细节：

1. 对银行账户，可以申请人民法院依职权调查，或者要求对方提供相应期限内的交易流水（注：申请书应载明卡号、开户银行，查询期限等明确信息）；对支付宝、微信等支付结算工具，则可以委托律师向法院申请调查令调取相应期间内的交易流水。

2. 根据《民事诉讼法》67条"谁主张谁举证"的审理原则，向法院申请查询银行流水应提供准确的银行账号信息，否则法院一般不予查询，故应通过多重渠道了解、收集相关信息。

> 李女向法院起诉离婚前，担心张男知道起诉后会转移财产，于是，向法院申请查封张男名下财产。但法院告知，反正转移都有记录，且要承担责任，不需要查封。

第175问 打离婚官司，可以查封对方名下财产吗？

概要解答： 可以

李女担心张男转移财产并不多余，现实中确实存在大量转移财产的行为，导致离婚时无法正常分割，或者离婚后无法执行。因此，李女起诉张男离婚，也可以有权申请法院查封保全张男名下的夫妻财产。当然，提出保全申请时，要提供需保全财产在何处的详细信息，同时要提供担保并支付保全费用。涉及房屋问题，李女可通过不动产异议登记进行行政"保全"。

专业解释：

在离婚诉讼时，很多夫妻一方，尤其是不掌控夫妻主要财产的一方，往往担心对方转移、隐匿夫妻共同财产，导致离婚时分不到多少财产。这种担心完全可以理解，并不多余。

人是"趋利"的，更何况是要离婚，彼此各奔东西时。虽然按照《民法典》第

1092条规定，一方转移、隐匿财产，另一方可以要求多分财产，但如果一方不履行生效的判决，自己名下的财产也已被恶意清空，将会使判决变成一纸空文，另一方无法实现自己的财产权益。转移、隐匿财产的行为在实务中并不鲜见，据统计，60%以上的离婚诉讼案件中，都存在一方或双方故意转移、隐匿财产的情况，只是程度不同而已。因此，在诉讼离婚的过程中，尤其是在准备起诉前，原告可以依据《民事诉讼法》第104条、《民法典婚姻家庭编解释（一）》第85条规定，申请人民法院查封、冻结对方名下的财产（法律上称之为"保全措施"），以确保判决生效后能够顺利执行。《民事诉讼法》第103条虽然规定法院在认为必要时可以主动进行保全，但实务中仍以当事人申请为主。

需要强调的是，只有通过诉讼的方式离婚，才可以申请法院保全财产，通过协议的方式离婚，无法申请法院保全财产。

《民事诉讼法》第106条规定的保全手段有冻结、查封、扣押等。对银行账户、股票、微信和支付宝等，一般是冻结账户，在申请保全的金额范围内，钱款只进不出。对房产、车辆等经登记的财产，一般是查封措施，即法院向相关登记部门发出保全通知，禁止办理有关房屋、车辆的过户、抵押手续，而被查封的房屋、车辆仍可以继续使用。扣押在离婚诉讼案件中较少发生，不过多介绍。

不过，申请财产保全需要担保，以及支付保全费。虽然查封的财产属于夫妻共同财产，但按照《民事诉讼法》第108条、《民诉法解释》第152条等相关规定，申请查封需要提供担保，以确保被保全人不因保全错误遭受的损失无法得到赔偿。申请人不提供担保的，法院会驳回申请。

担保的方式主要为实物担保和现金担保。实物担保，是自己或第三人名下的有证无抵押房产、土地为主；现金担保，需要提供申请保全金额30%左右的现金给到人民法院进行担保。在没有实物或现金可供担保的情况下，也可以委托专业的保险公司出具书面保函进行担保。保函担保的方式相对简单，但需支付一定的服务费，具体收费可以协商。

案件生效并执行结束后，法院会退还担保的实物或现金，但如果保全不当造成对方损失，则在扣减损失部分后予以退还。不过，实务中保全造成损失的比较鲜见。

另外，按照《诉讼费交纳办法》第14条规定，不管采用什么方式提供担保，都需要向人民法院缴纳最高5000元的保全费，该费用法院不予退还。

在准备起诉离婚前，如果情况紧急，急需保全，也可以申请诉前保全。法院审核后认为确有必要的，会在48个小时内作出保全裁定并立即执行。但是需要申请人提供相当于申请保全数额的全额担保，并要在 30 天内正式向法院提起离婚诉讼，否则法院解除保全。

实务细节：

1. 申请保全的前提是要提供被保全标的的线索信息，比如，保全银行卡，要提供银行卡具体账号和开户行；保全支付宝和微信，要提供支付宝、微信账号；保全房屋，要提供房屋的具体地址。如果不能提供完整、具体的信息线索，则法院一般不准予保全，法院也没有义务在诉讼过程中帮助调查这些信息。因此，在保全前要做好准备，注意搜集各类发票、银行卡、支付宝、微信账号等信息，必要的时候，可以委托律师协助。

2. 对登记在对方名下的夫妻共同房屋，可以不申请法院保全，而直接在起诉后，凭借法院的受理案件通知书向房地产登记部门申请不动产异议登记。这种异议登记媲美保全，且登记速度快、费用低，甚至没有费用。在起诉前，或者还未拿到法院受理案件通知书前也可以申请不动产异议登记，只不过需要在 15 天内提供法院受理案件通知书（以此为准），否则异议登记自动失效。

第九篇　离婚赔偿、补偿与帮助

为保障妇女、儿童的合法权益，实现男女实质上的平等，《民法典》婚姻家庭编第 1088 条、第 1090 条、第 1091 条确立了三大离婚救济制度，即离婚损害赔偿制度、离婚家务补偿制度、离婚经济帮助制度。夫妻离婚时，除分割共有财产外，符合条件时，还可依据救济制度依法主张权利。本编重点围绕三大离婚救济制度及相关问题展开分析。需要注意的是，虽然救济制度主要保障的是女方权益，但现实生活中，如若男方遇有类似情况，亦同样适用。

> 张男和李女结婚后，张男就经常家暴李女，并且还长期在外与异性同居。这让李女苦不堪言，鼓起勇气向法院提起离婚诉讼，同时要求张男进行离婚损害赔偿。

第176问　离婚损害赔偿，赔偿的是什么？

概要解答： 离婚是因婚姻过错导致

夫妻之间应该相互忠诚，相互关爱，如此才能维系婚姻的稳定。但张男实施家庭暴力，且有出轨、与他人同居行为，这些都是《民法典》明确禁止的婚姻过错行为，是法律的红线，任何人触碰都须承担相应的法律后果。而法律后果就是：若因这些婚姻过错行为而导致离婚，李女除可以要求适当多分财产外，还可以要求离婚过错损害赔偿，由张男赔偿其物质损失和精神损失。

专业解释：

《民法典》婚姻家庭编及司法解释规定了多项赔偿制度，比如：**婚姻无效或者被撤销**[1]、**擅自出售夫妻共同房屋**[2]、婚姻过错导致离婚、侵害夫妻共同财产等都涉及赔偿问题。其中**侵害夫妻财产是以多分少分财产**[3]的形式体现。本处只介绍《民法典》第1091条的离婚过错损害赔偿救济制度，其他情形下的赔偿纠纷可查阅本书相关问题解答。

首先，需要说明的是，夫妻因婚姻过错行为导致离婚，**只存在赔偿和依据《民法典》第1087条照顾无过错方分财产的说法，不存在"净身出户"的说法**[4]，即使张男和李女夫妻间签订了"再犯错，就净身出户"的保证书或忠诚协议之类的书面协议。

离婚过错损害赔偿制度是我国《民法典》婚姻家庭编三大离婚救济制度之一。现实中，导致夫妻感情破裂并离婚的一大因素就是婚姻过错（俗称"婚姻杀手"）。过错方的过错行为，本质意义上是侵害"配偶权"的侵权行为。我国虽没有直接规定"配偶权"，但相关法律条文中对于配偶间权利均已作明确规定，比如，《民法典》第1043条所规定的相互忠诚、相互关爱、相互扶养等。张男侵害夫妻配偶权，不论是重婚、与他人同居、家暴、虐待还是遗弃等，都是《民法典》第1042条明确禁止的行为，是法律的红线，任何人触碰都须承担相应的法律后果。实施上述行为造成配偶李女物质、精神损害，要承担赔偿责任。这是一种惩罚性措施，旨在弘扬社会正气，促进家庭文明和谐发展。

对哪些属于**婚姻过错行为，以及如何认定，可查阅本书相关问题的解答**[⑤]。本处不再赘述，仅针对离婚损害赔偿制度的适用条件展开分析如下：

适用条件一：离婚时才能主张

作为一项权利，非过错方李女只能在离婚时提出损害赔偿诉求。按照《民法典婚姻家庭编解释（一）》（下称《解释一》）第87条规定，只有在法院准予李女和张男离婚的情况下，才能适用离婚损害赔偿制度，双方在婚姻关系存续期间，或者法院判决不准予离婚，不管动机如何，李女都不能单独基于该救济制度提出赔偿请求。当然，如果李女婚内遭受了人身伤害，也可在不离婚的情况下，基于《民法典》侵权责任编，以及《审理人身损害赔偿案件适用法律解释》等规定主张权利。

适用条件二：离婚是因过错造成

离婚损害赔偿针对的是婚姻过错行为，而婚姻过错行为须是导致夫妻感情破裂并离婚的行为。也就是说，适用损害赔偿制度，必须是因过错方的主观过错导致的离婚。若张男虽有过错，但不是主观意愿；或者张男虽有过错，但并未离婚；或者虽离婚，但并非张男的过错所致，如此，李女不能要求张男赔偿损失。总之，只有有意过错是因，并造成离婚之果的情况，才能适用离婚损害赔偿制度。

适用条件三：只限夫妻一方主张

离婚损害赔偿制度针对的是在离婚时，给无过错方因过错方的过错造成离婚后果的一种损害救济。因此，按照《解释一》第87条规定，只能由夫妻一方享有救济权，另一方承担赔偿救济义务。其他人，如被虐待的子女不能基于该制度要求赔偿。同样，无过错方也不能基于该制度要求"第三者"赔偿。当然，**对于"第三者"获赠的财产是夫妻共同财产，无过错方可以依法要求其返还**[⑥]。

适用条件四：只限一方过错

离婚过错损害赔偿制度的目的，是对非过错方因遭受损害而给予的合法救济，同时让过错方受到应有的惩罚。如果双方都有过错，比如，李女与他人同居、张男实施家庭暴力；或者张男"包二奶"，李女也不甘示弱"出轨"等，因双方都是婚姻的过错方，故按照《解释一》第 90 条规定，不论过错大小，双方彼此都没有资格向对方提出损害赔偿要求，即使提出，人民法院也都不予支持。

适用条件五：确有损害结果

既然是赔偿，就得损害的结果。按照《民法典婚姻家庭编解释(一)》第 86 条规定，损害结果包括精神损害和物质损害。如果没有损害结果，即便存在过错，也无需赔偿。如在现实中，也会发生夫妻一方主动帮助另一方"猎艳"的荒唐事情，并乐此不疲。这种一方"猎艳"的行为虽是过错，但谈不上对另一方造成了损害结果。绝大部分情况下，因婚姻过错导致离婚，一般均会对非过错方造成一定的痛苦和精神压力，故对于精神损害赔偿，法院一般按照《民法典》第 1183 条、《民事侵权精神损害赔偿责任解释》第 5 条等相关规定，直接会基于过错行为而适当判决赔偿，只不过赔偿金额不会很高，一般是几万元的幅度。而对于物质损害赔偿，则需要一定的证据来证明财产损失的范围和金额，类似医疗费、康复费、营养费、残疾赔偿金等，实际损失多少赔偿多少。

注意要点：

1. 并不是只有在诉讼离婚中才能主张损害赔偿，在协议离婚中同样可以主张。按照《解释一》第 89 条规定，如果夫妻是因张男婚姻过错协议离婚，在协议离婚时没有对损害赔偿进行约定（既没有放弃，也没有主张），离婚后，李女可以单独向法院起诉主张赔偿。当然，离婚后李女主张损害赔偿，同样需要提供充分的张男婚姻过错及自己的损害结果的证据。

2. 与《民法典》第 1079 条相对应，第 1091 条（新增）也规定了一方有"其他重大过错"行为，也可以适用离婚损害赔偿制度。至于何为其他重大过错，而非一般的过错行为，尚无明确法律规定，将由人民法院在个案审理中具体认定。一般而言，其他重大的过错，在过错情节和伤害后果等方面应类同于重婚、家暴、虐待等过错行为。

实务细节：

1. 过错方要以其个人财产，或者分割到的财产进行赔偿，不能以夫妻共同财产进行赔偿，即不能先从夫妻共同财产中扣除赔偿的费用后，再分割剩余的夫妻共同财产。

2. 婚姻过错行为只限《民法典》第 1091 条规定的情形，若张男有《民法典》第 1092 条损害夫妻财产行为，如擅自卖房、转移财产、挥霍财产等，即使引发夫妻矛盾造成离婚，李女也不能基于离婚损害赔偿救济制度要求赔偿。

关联问答：

①除离婚外，哪些情形还会导致婚姻关系消灭？
②一方擅自卖房，另一方是否可以追回？
③侵害夫妻财产要少分或不分财产？
④"忠诚协议""净身出户协议"是否有效？
⑤哪些行为是婚姻过错行为？
⑥一方给"情人"的财产能要回吗？

> 张男曾家暴李女，也曾长期在外与异性同居。李女思想斗争几年后，向法院提起离婚诉讼，同时要求张男赔偿，张男认为已经超过诉讼时效了，不应支持李女要求。

第 177 问　主张过错损害赔偿，有没有诉讼时效？

概要解答： 有，一般为 3 年

已被废除的《婚姻法》及司法解释曾规定，请求过错损害赔偿受"1 年"的诉讼时效限制。《民法典》施行后，相关司法解释已删除"1 年"的时效规定。然而，这不代表行使离婚损害赔偿请求没有期限要求。一般而言，李女向张男要求损害赔偿请求时，依然要受到民事体现中诉讼时效限制，一般为 3 年。

专业解释：

《民法典》第 188 条所规定的"诉讼时效"是一个法律专用名词，简单地讲，就是权利人在权利遭受损害后，为防止"权利人躺在权利的温床上睡觉"，法律敦促权利人及时向法院提起诉讼而制定的期限。这个期限是法定的，不是当事人自己约定的。期满后，权利人起诉主张权利，相对人提出已过诉讼时效抗辩，权利人的权利将无法得到法律的保护（即丧失"胜诉权"）。在符合法律规定的条件下，诉讼时效也可以中止、中断或延长。

在婚姻家庭制度中，已被废除的《婚姻法》及司法解释多处曾涉及"1年"期限的诉讼时效规定，分别为申请确认婚姻无效，对离婚财产分割协议反悔，以及请求离婚过错损害赔偿。按照《婚姻法》及司法解释，行使上述权利，受到"1年期限"的限制，即超过1年，权利保护将受到影响。

《民法典》生效后，《民法典婚姻家庭编解释（一）》相关条文已删除上述"1年"的诉讼时效规定。其中，《民法典婚姻家庭编解释（一）》第88条、第89条是有关"诉讼离婚中的过错损害赔偿请求权"和"协议离婚后的过错损害赔偿请求权"相关规定，这两项规定中也已删除"1年期限"的规定。

不过，虽已删除"1年期限"的规定，但不代表依据《民法典》第1091条行使离婚损害赔偿没有期限要求。一般而言，过错方配偶在行使损害赔偿请求权时，依然要受到民事体系中诉讼时效（一般案件为3年）的限制，具体如下：

1. 协议离婚

按照《民法典婚姻家庭编解释（一）》第89条规定，如果协议离婚时没有提出，也没有放弃过错损害赔偿，李女要在登记离婚后3年内单独提出赔偿请求。3年起算时间点为领取离婚证之日。

2. 诉讼离婚

在涉因婚姻过错提起的诉讼离婚案件中，按照《民法典婚姻家庭编解释（一）》第88条规定，如果是非过错方李女作为原告起诉离婚，必须在诉讼离婚时一并提出赔偿请求，没有提出的视为放弃，诉权丧失，李女不得再离婚后再次提出。这点要特别注意。而如果过错方张男为原告起诉离婚，即李女为被告的情况，李女可以在离婚时提出，也可以在离婚后3年内单独提出。3年起算点为正式离婚日。

注意要点：

1. 不管是什么情况，当权利受到侵害超过20年才知道，为维护社会秩序的稳定，法律不再保护该权利。

2. 婚姻过错赔偿针对的是因婚姻过错导致离婚而产生的损害赔偿。李女作为原告，若非因张男婚姻过错提出离婚诉讼，诉讼中也未涉及婚姻过错问题，法院也非基于婚姻过错而准予双方离婚，在此情况下，李女在离婚后一般不能再提出婚姻过错损害赔偿。

实务细节：

特定条件下，夫妻一方可以在离婚后单独提出离婚过错损害赔偿，而离婚经济补偿和离婚困难帮助两项离婚救济请求只能在离婚时提出，要注意区别。

> 张男多次殴打李女，并与其他异性同居。李女提出离婚诉讼，要求分割财产，并认为张男是过错方，应少分财产，同时还应赔偿自己，张男认为两者不可同时要求。

第178问 过错方少分了财产，还需赔偿损失吗？

概要解答：二者是独立事项，不冲突

少分财产是夫妻财产的一种分割制度，而赔偿损失则是婚姻过错的一种救济制度，两者是两个不同的法律概念。前者是解决夫妻共同财产如何分割的问题，而后者是解决因婚姻过错导致离婚如何救济无过错方的问题。从财产对象上而言，财产分割针对的是夫妻共同财产本身，过错赔偿则针对的是过错方的个人财产，即以个人财产赔偿。

专业解释：

分割夫妻共同财产与婚姻过错损害赔偿两项制度虽有一定关联，但整体上是各自独立，互不为前提的制度。二者并非绝对排斥或相互否定，也并非是"或者……或者……"的关系，而是"不但……而且……"的关系。

在我国，夫妻离婚分割夫妻共同财产时，除均等分割原则外，还有多分、少分的制度。比如，按照《民法典》第1087条规定，分割时要照顾无过错方，要照顾女方；比如，按照《民法典》第1092条规定，一方侵害夫妻财产应给予少分或不分；另外，

一方对夫妻财产有个人资产、工龄的贡献,也可以适当多分[①],等等。

其中,当因婚姻过错导致离婚时,分割财产时要照顾无过错方。比如,张男存在婚姻过错而与李女离婚,不论其过错是否实际导致李女产生损失,李女都可基于分割夫妻共同财产照顾原则,要求多分财产。李女获得多分的财产属于照顾性质,并不具有赔偿性质。因此,如果没有实际损失,李女作为无过错方,享有被照顾而多分财产的权利,而如果有实际损失,李女还可基于《民法典》第1091条过错损害赔偿制度,同时享有要求张男赔偿精神损失和物质损失的权利。确定赔偿金额后,张男应以其个人财产或分得的夫妻财产据实赔偿。

对婚姻过错方,国家规定少分财产和赔偿损失两项并行制度的目的,是通过对无过错方财产利益的保护和对过错方的惩罚,以引导正确的社会风气,促进家庭的和睦发展,保障婚姻的自由。

另外,在法律上,离婚过错赔偿也是一项独立的诉讼请求权。只要符合规定,无过错方既可以要求多分财产,也可以同时独立要求过错方以个人财产承担赔偿责任。其实,离婚三大救济制度中,除离婚过错损害赔偿制度外,《民法典》第1088条规定的家务劳动补偿制度也是一项独立的请求权。如果女性承担了较多家庭义务,致使自我发展、自我实现的投入变少,基于法律规定,其不但可以在分割财产时要求倾斜照顾,还可以要求男方予以家务补偿;同时,如果男方有婚姻过错导致离婚,女方还可以要求男方另行进行过错损害赔偿。

关联问答:

① 离婚分割财产,会考虑个人贡献吗?

> 成年人的体面告别：解析188个离婚常见问题

> 张男和李女结婚后，因感情不和长期分居。后双方离婚，离婚时，李女提出张男要赔偿自己的青春损失，张男认为李女要求赔偿青春损失没有法律依据。

第179问 "青春损失赔偿费"可以有吗？

概要解答： 没有

很多同居男女或结婚夫妻，尤其是年龄相差较大的男女，年龄较小的女方在分手或离婚时，往往觉得自己付出较多，青春不再，进而要求对方支付"青春损失费"，以弥补自己的青春损失。

"青春损失费"是典型的民间称呼，在我国法律体系中，从未出现过"青春损失费"的规定。不管是男女同居分手，还是夫妻离婚，处理的只是积累的财产和子女抚养等问题。其中，夫妻离婚时，非婚姻过错方可以依据《民法典》第1091条要求离婚损害赔偿；付出家务劳动的一方可以依据《民法典》第1088条要求家务经济补偿；生活困难的一方可以依据《民法典》第1090条要求对方予以帮助。除此以外，不存在可以要求"青春损失费"的相关法律规定。一方以"青春损失"为由，要求法院进行赔偿或补偿，无法得到法院的支持。

那么，如果事先约定了"青春损失费"，是否能够获得法院的支持呢？

在同居关系中，尤其是婚外情同居的男女，在同居期间，有时会形成类似分手或不结婚就支付"青春损失费"的约定。一般而言，此类约定属于无效约定，除非已自愿履行完毕，否则一方可以反悔不给。

在婚姻关系中，夫妻离婚时约定了"青春损失费"，这种约定实质是一方对另一方的自愿补偿，如果没有违背社会伦理和公序良俗，一般可以认为是有效约定，应予履行。

实务细节：

除了"青春损失费"以外，还有"空床费""分手费"等五花八门的费用，因均没有法律依据，故实务中法院也都以不支持为主。

> 张男和李女结婚生育子女后，李女在家操持家务多年。后双方离婚，李女要求张男补偿自己的付出，张男不同意，认为自己工作也是付出，赚的钱李女也有份，不需补偿。

第 180 问 "全职太太"能要求经济补偿吗？

概要解答： 负担主要家务劳动即可主张

家务经济补偿是《民法典》婚姻家庭编三大离婚救济制度之一。

现实婚姻家庭中，夫妻分工越来越明确，"一方主内，一方主外"已成常态。他在外光鲜亮丽、事业有成，她在内蓬头垢面、洗衣做饭。离婚时，在外赚钱较多的张男不但不能以赚钱多为由要求多分财产，相反，按照《民法典》第1088条规定，还需要对在家操持家务，负担了较多家庭照顾义务的李女进行经济补偿。

这是因为：李女将全部或大部分时间和精力用于照顾老人、子女，以及操持家务劳动，为家庭的正常运转负担了较多的义务，也为张男的个人发展提供了更多的无形支持。然而，由于家务劳动的牵扯，致使李女自我发展、自我实现的时间被牺牲，最终导致离婚后难以快速适应社会并获得较好就业机会，经济地位降低。基于此，《民法典》婚姻家庭编明确规定了"家务经济补偿"制度，以尊重家务劳动的价值，保障"全职太太"或"家庭主妇"的合法权益，实现《民法典》第1041条男女在实质上的平等。

另外，**对于知识产权，在婚内获得的收益属于夫妻财产**[①]，而如果在婚内未获得收益，但一方埋头创作小说、搞发明创造时，另一方承担了更多的家庭义务，给予了创作方实际的支持和付出，这种情况下，人民法院在分割财产时，也可以根据具体的情况，给予一方适当的照顾补偿。

注意要点：

1. 家务经济补偿是一次性补偿，并且主要是在诉讼离婚中适用。协议离婚中，双方是否适用该制度，由双方自行自愿协商确定。
2. 家务经济补偿制度与夫妻之间实施何种财产模式无关。夫妻间不论是约定财产 AA 制，还是法定财产共同制，都同样适用。同时，家务经济补偿也是一项独立的诉讼请求权，它与离婚时如何分割夫妻共同财产没有关系。

3. 法院是否支持家务经济补偿，主要考虑的是李女是否比张男负担了更多的家庭义务，与李女是否有工作没有必然联系。当然，如果李女在离婚时已有工作，或者已较长时间不从事过多家务劳动，在经济补偿数额上可能会适当降低。

4. 家务经济补偿要以一方个人财产，或者一方分割到的夫妻财产进行补偿，而不是以夫妻共同财产进行补偿，即不能先从夫妻共同财产中扣除补偿的费用后，再分割剩余的共同财产。

5. 家务经济补偿与主内一方是否是婚姻过错方无关，即使该方是婚姻过错方，如重婚、婚外情，也不影响其在离婚时主张家务经济补偿。当然，按照《民法典》第 1087 条规定，分割夫妻共同财产时，应照顾无过错方，给予无过错方适当多分财产，同时根据无过错方请求，由过错方给予无过错方过错损害赔偿（《民法典》第 1091 条）。

6. 主张经济补偿的主体为承担更多家务劳动的夫妻一方。如果一方的父母帮带小孩，或者照料家务，该父母不能基于家务经济补偿的制度要求补偿。

实务细节：

1. "女主外，男主内"的家庭分工模式中，家庭"煮夫"也可以主张家务经济补偿。

2. 主张家务经济补偿时，应提供充分的证据。比如，能够反映照料老人、抚育子女、洗衣做饭、整理家务等为家庭利益而从事家务劳动的事实证据，以及从事家务劳动的时长、投入的精力、产生的家庭效益、另一方获得的职务和经验成长等影响补偿数额的证据。

3. 作为一项权利，负担较多家庭义务的一方，应在离婚时主动提出家务经济补偿诉求。若未主动提出，法院一般不会予以处理（即"不诉不理"原则）。且主张家务经济补偿，只能在离婚时提出。双方婚姻关系存续期间或离婚后，一般不能再行单独提出家务经济补偿的诉求。

4. 目前，家务经济补偿金额如何计算尚无明确法律规定，也很难量化。一般由双方协商，若协商不成，由人民法院根据具体的情况，考虑当地的经济水平、婚姻关系存续时长、家务劳动的时长、繁重程度、另一方的职业成长、各方的经济收入能力等进行合理确定。

关联问答：

① 知识产权是夫妻共同财产吗？

● 张男和李女结婚后，二人一直未能创造太多夫妻共同财产。离婚时，李女未能分割到什么财产，自己名下也没有存款、住房等，面临离婚后的实际困难。

第181问　离婚时生活困难，能否要求经济帮助？

概要解答： 可以要求，但条件严格

李女在离婚后将面临严重的生活困难，甚至是生存危机，在张男有条件的情况下，李女可以向张男提出要求，由张男给予帮助。帮助是多方面的，既可以是经济帮助，也可以是住房帮助，还可以是劳务帮助，等等。不过，张男是否需要提供帮助要看张男自身是否具备条件，以及李女离婚分到的财产加上自己名下的个人财产是否严重缺乏，是否无法满足当地的基本生活需求。

专业解释：

一般而言，夫妻间的权利义务始于结婚，终于离婚。离婚后，彼此之间就不再有《民法典》第1059条规定的相互扶助抚养的义务，只在子女抚养方面存在联系。现实中，由于各种原因，夫妻共同生活期间未创造太多财富，导致离婚时无太多的夫妻共同财产可供分割，一方在离婚后面临严重的生活困难，甚至是生存危机。这种情况在再婚夫妻中尤为突出，作者经历的案件中，再婚夫妻离婚时，一方往往有较多的个人财产，而另一方则是"两袖清风"，未能分到财产。在此情形下，《民法典》婚姻家庭编第1090条明确规定了"离婚经济帮助"的救济制度。

离婚经济帮助制度实质是将道德义务上升到法律层面。该制度规定，夫妻离婚时，有负担能力的一方要对生活困难一方给予适当帮助，以保障困难一方的基本生存权益不受损害。据此可知，离婚经济帮助制度与《民法典》第1088条规定的家务经济补偿制度有明显不同，离婚经济帮助针对的是离婚时生活困难的一方，具有帮助性

质，而家务经济补偿针对的是婚内承担了更多家庭劳动义务的一方，具有补偿性质。两项救济制度针对的对象和适用的条件不同，因此，夫妻一方在离婚时可以同时提出这两项救济请求。

不过，离婚经济帮助制度是兜底性救济制度，即夫妻离婚时，适用夫妻财产分割原则、各种经济补偿、赔偿制度后，李女离婚分得的财产，加上获得的赔偿款和补偿款，再加上李女原有的个人财产，还无法保障其基本的生存需要。在此情形下，才能考虑给予帮助。故法院在离婚案件中，处理涉及离婚经济帮助诉求时，一般都比较审慎和严格，并非以双方经济实力悬殊为标准，而是根据一般社会认知，判断出离婚后李女将陷入严重生活困难，且张男有负担能力时，才可以支持要求经济帮助的诉求。

一般情况下，如果李女在离婚时缺乏或丧失劳动能力，或者患有严重疾病，或者没有稳定住处等，同时，李女所分得的财产加上个人的财产也不足以用于生活、看病或租房，无法维持当地的基本生活水平，才有可能被认定为生活困难。相反，如果李女有稳定的工作收入，或者分割到的财产加上个人财产，能够维系当地的基本生活水平，可以基本覆盖医疗、住（租）房所需，则很难认定为生活困难。

需要强调的是，离婚经济帮助仅是暂时性措施，而不是无休无止的。一般而言，经济帮助是一次性帮助，一旦确定数额和给付方式后，不可再反复要求。换言之，离婚时确定多少就是多少，不可在离婚后索要更多。另外，如提供的是住房帮助，一般以2年为限。当期限届满或条件达成时，张男即不再承担经济帮助义务，即使李女生活还是比较困难。同时，在帮助期限内，如果李女因再婚或经济收入提高，能够满足基本的生活保障，帮助方也无需再承担经济帮助责任。

注意要点：

1. 经济帮助制度主要是在诉讼离婚中适用。协议离婚中，双方是否适用该制度，由双方自行协商确定。

2. 支持经济帮助的前提之一是另一方有负担能力，其能在保障自己生存的同时，也有"余粮"，可以向经济困难方提供住房、经济或物资上的帮助。如果另一方经济能力捉襟见肘，自身难保，则不能适用该制度。

3. 离婚经济帮助制度与夫妻之间实施何种财产模式无关，不论是约定财产AA制，还是法定财产共同制，都同样适用。同时，经济帮助制度也与困难一方是否为家庭生活负担了义务，以及与双方结婚时间长短无关。

4. 生活困难标准是客观标准，与需帮助方是否有婚姻过错行为无关。即使该方是婚姻过错方，如有重婚、婚外情的行为，也不影响其享有在离婚时因生活困难而要求对方给予帮助的权利。

实务细节：

1. 主张经济帮助时，应提供离婚时确实存在生活困难，且另一有负担能力的相关证据。

2. 需要经济帮助的李女应在诉讼中主动提出帮助诉求，若未主动提出，法院一般不会处理。而且，因经济帮助制度针对的是因离婚导致基本生存权益受损，故只能在离婚时提出。李女在婚姻关系存续期间或离婚后，不能再行单独提出经济帮助的诉求，即使离婚后突然出现生活严重困难的情形。

3. 目前，对于如何帮助尚无明确法律规定，也很难量化。一般由双方协商，若协商不成，则由法院根据具体的情况，综合困难方的年龄、劳动能力、面临的实际困难等进行综合安排，既可能是经济帮助，也可能是劳务帮助，还可能是住房帮助。若涉及住房帮助，可以根据《民法典》第366条规定，在房屋上设立居住权，以保障没有住处一方的居住生存权利。男女双方应当按照《民法典》第368条的规定，签订居住权合同并办理登记。

> 张男和李女结婚后，张男因出轨而与李女离婚。李女认为是张男背叛了自己，提成张男要养自己一辈子，每个月要给自己生活费。

第182问　离婚后，还有扶养对方的义务吗？

概要解答： 没有

这涉及离婚后，离婚男女之间是否还有《民法典》第1059条规定的相互扶养义务的问题。

相互扶养是合法夫妻间法定的义务。这种扶养既包括生活上的相互帮助、相互供养，也包括精神上的相互支持、相互慰藉，还包括身处危难时的相互救助、相互支援，等等。扶养义务的形成是基于配偶身份关系，男女双方从缔结婚姻关系，领取结婚证开始就共生了相互扶养的义务，并且在整个婚姻关系存续期间，不管双方是否共同生活、是否分居，以及是否准备离婚等，均一直存在该义务。

既然相互扶养是基于配偶身份关系形成的一种法定义务，那么，当张男和李女双方不再具有配偶身份关系时，该扶养义务即告终止。即使张男和李女离婚后仍然继续共同生活并居住一起，夫妻间的扶养义务也不自然顺延。

因此，正常情况下，张男和李女离婚后，夫妻间的权利义务消失，二人仅在子女抚养上存在联系，一方无权要求另一方继续履行扶养义务，要求对方给自己生活费。当然，如果李女在离婚时有重大疾病需要医治，而其个人和分得的财产又不足以覆盖医疗所需，导致生活无法得到有效的保障，在张男条件允许的情况下，可以在离婚时按照《民法典》第1090条规定要求张男予以适当的经济帮助。

> 结婚后，李女在家里养儿育女，照顾家务。张男生意失败，遂对李女不满，家暴李女，并出轨其他异性。离婚时，二人没有财产可供分割，李女面临离婚后生活困难。

第183问　三大离婚救济能否在离婚时一并提出？

概要解答： 可以

《民法典》婚姻家庭编对夫妻离婚的相关问题，已建立了较为完善的法律规范，不但制定了在夫妻双方协商不成情形下的均等分割财产原则，还在《民法典》第1087条设定了照顾子女、女方、无过错方的分割财产制度，明确了夫妻共同债务的认定和承担原则，同时，辅以《民法典》第1088条、第1090条、第1091条三大离婚救济制度，以此来平衡离婚男女双方的利益，使夫妻财产得以被公平合理的处置。

其中，离婚过错赔偿制度、离婚家务补偿制度、离婚经济帮助制度是我国婚姻领域的三大救济制度。婚姻过错赔偿制度针对的是因一方重大婚姻过错导致离婚的情形，离婚家务补偿制度针对的是一方在婚内负担了更多家务劳动的情形，离婚经济帮助针对的是一方在离婚时个人财产和分得的财产不能满足基本生存需要的情形。

因三大救济制度各自适用的情形和针对的对象不同,故理论上,在同一离婚案件中,一并提出赔偿、补偿、帮助三项诉求并不冲突。虽然一个离婚案件中,同时符合三项救济制度条件的并不多见,但不能排除同时适用的可能。极端案件中,女方结婚后一直在家操持家务,男方不但好逸恶劳,还对女方实施家庭暴力,双方因家庭暴力而离婚,离婚时,没有共同财产可供分割,女方也没有个人存款和住房。在此情形下,女方完全可以要求过错损害赔偿和家务补偿,在男方有"家底"的情况下,自然还可以同时要求男方给予经济帮助。

第十篇　涉外离婚

随着社会的发展、国际交流的频繁，涉外婚姻越来越多地出现在我们的生活当中。按照法律规定，不论是双方的国籍，还是婚姻缔结地，只要有一情形具有涉外因素，我们都可以定义为涉外婚姻。由于各国婚姻制度不同、国与国之间的司法独立等的原因，涉外离婚往往是涉外婚姻中最令人难以把握的。本篇将围绕涉外离婚中如何在中国大陆离婚、能否委托他人办理离婚、国外离婚判决能否被认可等问题展开讨论。

> 张男和李女均是中国公民，双方国外留学期间在当地结婚。毕业后，双方归国工作。因性格不合打算离婚，但双方均不愿前往结婚地国家办理离婚手续。

第184问 在国外结婚，能在国内离婚吗？

概要解答： 可以，但只能诉讼

若不是在中国民政部门登记的结婚，就也不能在中国民政部门申请登记离婚，只能在符合条件下，在中国法院提起离婚诉讼，以解除婚姻关系。一般而言，只要有一方还是中国户籍，就可以在我国法院起诉离婚，只是手续繁简而已。即便一方在外国法院已起诉离婚，我国法院都有权受理另一方的离婚请求。如果双方都加入了外国国籍，则我国法院一般不予受理。

专业解释：

不管什么情况，要在中国大陆的民政部门办理协议离婚，按照《婚姻登记条例》第12条规定，必须是在中国大陆（或驻外使领馆）办理结婚，领取结婚证，这是在我国办理协议离婚的基本要求。

张男和李女是在国外结婚，没有民政部门颁发的结婚证，也就无法在民政部门办理登记离婚手续，只能考虑向我国有管辖权的基层人民法院提起诉讼，以诉讼离婚的方式离婚。中国法院受不受理张男和李女的离婚诉讼，最主要看双方或一方有没有中国内地户籍。一般而言，在国外登记结婚，在中国内地基层人民法院起诉离婚，分为以下3种情形（条件）：

第一种：双方或一方是中国国籍，且中国国籍方定居国内

此种情形下，按照《民诉法解释》第15条规定，双方均可直接向有中国国籍方的户口所在地人民法院提起诉讼。这种情况相对比较容易理解。

第二种：双方或一方虽有中国国籍，但双方（或有中国国籍的一方）已定居国外

这就是常说的华侨。该情形下，按照《民诉法解释》第 14 条规定，原则上是由定居国法院处理婚姻关系。如果定居国法院以不处理非该国国民的婚姻关系为由，提出应由国籍所属国法院处理，则应向中国法院提供相应定居国不处理的证明（一般指定居国法院的书面裁定）。相关证明经翻译，并经公证、认证后，可以据此在中国国内，向一方户口所在地人基层人民法院提起离婚诉讼。

第三种：双方都不是中国国籍，没有中国大陆户籍

该情形下，中国法院一般都不予处理。特殊情况下，比如，一方居住中国国内超过 1 年，且双方都同意在中国法院处理，中国基础法院才有可能立案处理。这里需要注意的是，这仅是可能，并非绝对，是否立案处理由各地法院根据具体情况确定。

实务细节：

1. 需要将国外颁发的婚姻注册证书在所在国进行公证，在我国驻该国使领馆进行认证，以证明夫妻关系。

2. 在我国香港特别行政区、澳门特别行政区、台湾地区结婚后，需在中国大陆离婚，可参考本解答。

> 张男和李女在民政办局领证结婚后，就前往国外工作，并长期在国外定居。后双方准备回到中国办理离婚手续。

第 185 问　结婚后出国定居，可以回国离婚吗？

概要解答： 可以

张男和李女按照中国法律规定，在国内民政部门登记结婚后，因各种原因，一方或双方定居国外（即持有中国国籍的华侨）。双方因感情破裂，需要离婚，一般分为以下几种情况处理：

第一种：一方是华侨

张男定居国外，李女定居国内，张男一人是华侨。此种情况下，双方在对子女抚养、财产分割、债务承担达成一致意见后，可向中国大陆任——方户口所在地民政部门申请办理协议离婚手续。当然，办理协议离婚必须要双方亲自到现场办理，如果有一方不到现场办理，或者达不成离婚协议，则只能向户口所在地人民法院提起离婚诉讼。

第二种：双方是华侨

张男和李女都已定居国外，双方是华侨。此种情况下，按照《民诉法解释》第13条规定，原则上应当向定居国有关机关或法院提出离婚申请，由居住国有关部门办理。如果定居国法院以不处理非该国国民的婚姻关系为由，提出应由国籍所属国处理，则应向准备相应定居国不处理的证明（一般指定居国法院的书面裁定）。

相关证明经翻译，并经公证、认证后，可以据此在国内向一方户口所在办理协议离婚登记。同样，办理协议离婚必须要双方亲自现场办理，如果有一方不到现场办理，或者达不成离婚协议，则只能向结婚地或者国内最后居住地人民法院提起离婚诉讼。

> 张男和李女在民政办局领证结婚后，就前往国外工作，并且取得了该国国籍。后张男准备与李女离婚。

第186问 一方结婚后加入外籍，能在中国离婚吗？

概要解答： 可以

夫妻双方在我国国内（或我驻外领事馆）办理结婚登记，领取结婚证，因感情破裂需要离婚时，即使一方是外籍人士，不论结婚时已是外籍，还是结婚后加入外籍的外籍华人，但只要一方在中国大陆有常住户籍，按照《婚姻登记工作规范》第5条规定，就可在国内户籍所在地（省级）民政部门办理协议离婚手续，也可在户籍所在地人民法院提起离婚诉讼。

不过，我国民政部门办理协议手续是依据户口确定管辖权，因此，如果双方均已加入外国国籍，丧失中国国籍和常住户口，即使双方原是在中国大陆办理的结婚登记，一般也只能在国籍所属国相关机构办理离婚手续。特殊情况下，比如，加入外籍的李女居住我国国内超过1年，且双方都同意在中国法院处理，中国法院才有可能立案处理。是否立案处理由各地法院根据具体情况确定，并非绝对立案。

实务细节：

1. 一方是我国香港特别行政区、澳门特别行政区、台湾地区居民，以及华侨能否在中国大陆办理离婚登记，可参考本解答。

2. 涉外婚姻登记，不管是结婚还是离婚，均须到省级民政部门或者其确定的民政部门办理。

> 张男和李女是中国公民，双方留学毕业后，就在国外工作和生活，并在当地登记结婚。后因性格不合，经当地法院判决离婚，并分割了中国国内资产。

第187问　在国外办理的离婚手续，到国内认不认？

概要解答： 只认离婚

这涉及夫妻双方在国外离婚后，在中国能不能获得认可的问题。如果夫妻双方或夫妻一方是中国公民，具有中国国籍，即受中国法律约束。因此，不管张男和李女是在中国国内结婚，还是在其他国家或地区结婚，如果张男和李女是通过国外法院判决离婚，该类判决并不自然在我国发生效力。若需要在我国发生效力，应当向中国的中级人民法院申请承认认证，通过认证后，我国承认夫妻二人婚姻关系解除。

当然，按照《申请承认外国法院离婚判决程序规定》第2条规定，我国法院只对解除婚姻关系的事实进行承认认证，而不对国外判决书中涉及子女抚养、财产分割等问题进行认证。通俗地讲，也就是这些内容不管外国法院怎么判，均在我国境内不发生法律效力。子女抚养、财产分割等问题，均须在我国有管辖权的法院提起相应诉讼，由我国法院按照中国的法律规定进行认定和处理。

> 张男和李女在民政办局领证结婚后，就前往国外工作，长期与李女处于分居状态。后张男要准备与李女离婚，但因一些不可抗力的因素，张男无法回国办理离婚手续。

第188问 人在外国，能否委托他人代办离婚？

概要解答： 可以

张男和李女夫妻双方要在中国大陆办理离婚，但因张男人在国外，因故无法直接回国办理。在此情况下，因协议离婚需二人本人到场，故张男和李女不能在民政部门办理协议离婚手续，只能通过诉讼离婚的方式解除婚姻关系。按照《民事诉讼法》第65条规定，不能回国的张男可以办理授权委托书，委托国内直系亲属或律师作为代理人代为办理，并向人民法院提交书面意见，包括同意离婚或不同意离婚的书面意见，若要求离婚或同意离婚，还要出具经公证的有关财产的分割、子女抚养等书面处理意见等，由人民法院审理。当然，委托书和意见书均须经当地公证机关公证，并经我驻外使领馆认证。

实务细节：

1. 委托让人代理一般只适用于夫妻双方均是中国国籍，且是在国内办理的结婚登记。

2. 授权委托书、离婚意见书均系固定格式，一般我驻外使领馆有相关格式的文书。

3. 如果双方对离婚问题已经协商一致，在国内的李女向其所在地的法院提起离婚诉讼，可在诉状上写明已就离婚问题协商一致的事实，以求得法院及早开庭，迅速、快捷地解决离婚问题。

附 录

限于篇幅，本篇主要罗列了《民法典》婚姻家庭编（不含收养部分）与《民法典婚姻家庭编解释（一）》全文。本书涉及的其他法律、法规、司法解释、政策等，请另行查阅有关文件。

中华人民共和国民法典

（2020年5月28日第十三届全国人民代表大会第三次会议通过）

第五编　婚姻家庭

第一章　一般规定

第一千零四十条　本编调整因婚姻家庭产生的民事关系。

第一千零四十一条　婚姻家庭受国家保护。

实行婚姻自由、一夫一妻、男女平等的婚姻制度。

保护妇女、未成年人、老年人、残疾人的合法权益。

第一千零四十二条　禁止包办、买卖婚姻和其他干涉婚姻自由的行为。禁止借婚姻索取财物。

禁止重婚。禁止有配偶者与他人同居。

禁止家庭暴力。禁止家庭成员间的虐待和遗弃。

第一千零四十三条　家庭应当树立优良家风，弘扬家庭美德，重视家庭文明建设。

夫妻应当互相忠实，互相尊重，互相关爱；家庭成员应当敬老爱幼，互相帮助，维护平等、和睦、文明的婚姻家庭关系。

第一千零四十四条　收养应当遵循最有利于被收养人的原则，保障被收养人和收养人的合法权益。

禁止借收养名义买卖未成年人。

第一千零四十五条　亲属包括配偶、血亲和姻亲。

配偶、父母、子女、兄弟姐妹、祖父母、外祖父母、孙子女、外孙子女为近亲属。

配偶、父母、子女和其他共同生活的近亲属为家庭成员。

第二章　结婚

第一千零四十六条　结婚应当男女双方完全自愿，禁止任何一方对另一方加以强迫，禁止任何组织或者个人加以干涉。

第一千零四十七条　结婚年龄，男不得早于二十二周岁，女不得早于二十周岁。

第一千零四十八条　直系血亲或者三代以内的旁系血亲禁止结婚。

第一千零四十九条　要求结婚的男女双方应当亲自到婚姻登记机关申请结婚登记。符合本法规定的，予以登记，发给结婚证。完成结婚登记，即确立婚姻关系。未办理结婚登记的，应当补办登记。

第一千零五十条　登记结婚后，按照男女双方约定，女方可以成为男方家庭的成员，男方可以成为女方家庭的成员。

第一千零五十一条　有下列情形之一的，婚姻无效：

（一）重婚；

（二）有禁止结婚的亲属关系；

（三）未到法定婚龄。

第一千零五十二条　因胁迫结婚的，受胁迫的一方可以向人民法院请求撤销婚姻。

请求撤销婚姻的，应当自胁迫行为终止之日起一年内提出。

被非法限制人身自由的当事人请求撤销婚姻的，应当自恢复人身自由之日起一年内提出。

第一千零五十三条　一方患有重大疾病的，应当在结婚登记前如实告知另一方；不如实告知的，另一方可以向人民法院请求撤销婚姻。

请求撤销婚姻的，应当自知道或者应当知道撤销事由之日起一年内提出。

第一千零五十四条　无效的或者被撤销的婚姻自始没有法律约束力，当事人不具有夫妻的权利和义务。同居期间所得的财产，由当事人协议处理；协议不成的，由人民法院根据照顾无过错方的原则判决。对重婚导致的无效婚姻的财产处理，不得侵害合法婚姻当事人的财产权益。当事人所生的子女，适用本法关于父母子女的规定。

婚姻无效或者被撤销的，无过错方有权请求损害赔偿。

第三章　家庭关系

第一节　夫妻关系

第一千零五十五条　夫妻在婚姻家庭中地位平等。

第一千零五十六条 夫妻双方都有各自使用自己姓名的权利。

第一千零五十七条 夫妻双方都有参加生产、工作、学习和社会活动的自由，一方不得对另一方加以限制或者干涉。

第一千零五十八条 夫妻双方平等享有对未成年子女抚养、教育和保护的权利，共同承担对未成年子女抚养、教育和保护的义务。

第一千零五十九条 夫妻有相互扶养的义务。

需要扶养的一方，在另一方不履行扶养义务时，有要求其给付扶养费的权利。

第一千零六十条 夫妻一方因家庭日常生活需要而实施的民事法律行为，对夫妻双方发生效力，但是夫妻一方与相对人另有约定的除外。

夫妻之间对一方可以实施的民事法律行为范围的限制，不得对抗善意相对人。

第一千零六十一条 夫妻有相互继承遗产的权利。

第一千零六十二条 夫妻在婚姻关系存续期间所得的下列财产，为夫妻的共同财产，归夫妻共同所有：

（一）工资、奖金、劳务报酬；

（二）生产、经营、投资的收益；

（三）知识产权的收益；

（四）继承或者受赠的财产，但是本法第一千零六十三条第三项规定的除外；

（五）其他应当归共同所有的财产。

夫妻对共同财产，有平等的处理权。

第一千零六十三条 下列财产为夫妻一方的个人财产：

（一）一方的婚前财产；

（二）一方因受到人身损害获得的赔偿或者补偿；

（三）遗嘱或者赠与合同中确定只归一方的财产；

（四）一方专用的生活用品；

（五）其他应当归一方的财产。

第一千零六十四条 夫妻双方共同签名或者夫妻一方事后追认等共同意思表示所负的债务，以及夫妻一方在婚姻关系存续期间以个人名义为家庭日常生活需要所负的债务，属于夫妻共同债务。

夫妻一方在婚姻关系存续期间以个人名义超出家庭日常生活需要所负的债务，不属于夫妻共同债务；但是，债权人能够证明该债务用于夫妻共同生活、共同生产经营或者基于夫妻双方共同意思表示的除外。

第一千零六十五条 男女双方可以约定婚姻关系存续期间所得的财产以及婚前财产归各自所有、共同所有或者部分各自所有、部分共同所有。约定应当采用书面形式。没有约定或者约定不明确的，适用本法第一千零六十二条、第一千零六十三条的规定。

夫妻对婚姻关系存续期间所得的财产以及婚前财产的约定，对双方具有法律约束力。

夫妻对婚姻关系存续期间所得的财产约定归各自所有，夫或者妻一方对外所负的债务，相对人知道该约定的，以夫或者妻一方的个人财产清偿。

第一千零六十六条 婚姻关系存续期间，有下列情形之一的，夫妻一方可以向人民法院请求分割共同财产：

（一）一方有隐藏、转移、变卖、毁损、挥霍夫妻共同财产或者伪造夫妻共同债务等严重损害夫妻共同财产利益的行为；

（二）一方负有法定扶养义务的人患重大疾病需要医治，另一方不同意支付相关医疗费用。

第二节 父母子女关系和其他近亲属关系

第一千零六十七条 父母不履行抚养义务的，未成年子女或者不能独立生活的成年子女，有要求父母给付抚养费的权利。

成年子女不履行赡养义务的，缺乏劳动能力或者生活困难的父母，有要求成年子女给付赡养费的权利。

第一千零六十八条 父母有教育、保护未成年子女的权利和义务。未成年子女造成他人损害的，父母应当依法承担民事责任。

第一千零六十九条 子女应当尊重父母的婚姻权利，不得干涉父母离婚、再婚以及婚后的生活。子女对父母的赡养义务，不因父母的婚姻关系变化而终止。

第一千零七十条 父母和子女有相互继承遗产的权利。

第一千零七十一条 非婚生子女享有与婚生子女同等的权利，任何组织或者个人不得加以危害和歧视。

不直接抚养非婚生子女的生父或者生母，应当负担未成年子女或者不能独立生活的成年子女的抚养费。

第一千零七十二条 继父母与继子女间，不得虐待或者歧视。

继父或者继母和受其抚养教育的继子女间的权利义务关系，适用本法关于父母子女关系的规定。

第一千零七十三条 对亲子关系有异议且有正当理由的，父或者母可以向人民法院提起诉讼，请求确认或者否认亲子关系。

对亲子关系有异议且有正当理由的，成年子女可以向人民法院提起诉讼，请求确认亲子关系。

第一千零七十四条 有负担能力的祖父母、外祖父母，对于父母已经死亡或者父母无力抚养的未成年孙子女、外孙子女，有抚养的义务。

有负担能力的孙子女、外孙子女，对于子女已经死亡或者子女无力赡养的祖父母、外祖父母，有赡养的义务。

第一千零七十五条 有负担能力的兄、姐，对于父母已经死亡或者父母无力抚养的未成年弟、妹，有扶养的义务。

由兄、姐扶养长大的有负担能力的弟、妹，对于缺乏劳动能力又缺乏生活来源的兄、姐，有扶养的义务。

第四章 离婚

第一千零七十六条 夫妻双方自愿离婚的，应当签订书面离婚协议，并亲自到婚姻登记机关申请离婚登记。

离婚协议应当载明双方自愿离婚的意思表示和对子女抚养、财产以及债务处理等事项协商一致的意见。

第一千零七十七条 自婚姻登记机关收到离婚登记申请之日起三十日内，任何一方不愿意离婚的，可以向婚姻登记机关撤回离婚登记申请。

前款规定期限届满后三十日内，双方应当亲自到婚姻登记机关申请发给离婚证；未申请的，视为撤回离婚登记申请。

第一千零七十八条 婚姻登记机关查明双方确实是自愿离婚，并已经对子女抚养、财产以及债务处理等事项协商一致的，予以登记，发给离婚证。

第一千零七十九条 夫妻一方要求离婚的，可以由有关组织进行调解或者直接向人民法院提起离婚诉讼。

人民法院审理离婚案件，应当进行调解；如果感情确已破裂，调解无效的，应当准予离婚。

有下列情形之一，调解无效的，应当准予离婚：

（一）重婚或者与他人同居；

（二）实施家庭暴力或者虐待、遗弃家庭成员；

（三）有赌博、吸毒等恶习屡教不改；

（四）因感情不和分居满二年；

（五）其他导致夫妻感情破裂的情形。

一方被宣告失踪，另一方提起离婚诉讼的，应当准予离婚。

经人民法院判决不准离婚后，双方又分居满一年，一方再次提起离婚诉讼的，应当准予离婚。

第一千零八十条　完成离婚登记，或者离婚判决书、调解书生效，即解除婚姻关系。

第一千零八十一条　现役军人的配偶要求离婚，应当征得军人同意，但是军人一方有重大过错的除外。

第一千零八十二条　女方在怀孕期间、分娩后一年内或者终止妊娠后六个月内，男方不得提出离婚；但是，女方提出离婚或者人民法院认为确有必要受理男方离婚请求的除外。

第一千零八十三条　离婚后，男女双方自愿恢复婚姻关系的，应当到婚姻登记机关重新进行结婚登记。

第一千零八十四条　父母与子女间的关系，不因父母离婚而消除。离婚后，子女无论由父或者母直接抚养，仍是父母双方的子女。

离婚后，父母对于子女仍有抚养、教育、保护的权利和义务。

离婚后，不满两周岁的子女，以由母亲直接抚养为原则。已满两周岁的子女，父母双方对抚养问题协议不成的，由人民法院根据双方的具体情况，按照最有利于未成年子女的原则判决。子女已满八周岁的，应当尊重其真实意愿。

第一千零八十五条　离婚后，子女由一方直接抚养的，另一方应当负担部分或者全部抚养费。负担费用的多少和期限的长短，由双方协议；协议不成的，由人民法院判决。

前款规定的协议或者判决，不妨碍子女在必要时向父母任何一方提出超过协议或者判决原定数额的合理要求。

第一千零八十六条　离婚后，不直接抚养子女的父或者母，有探望子女的权利，另一方有协助的义务。

行使探望权利的方式、时间由当事人协议；协议不成的，由人民法院判决。

父或者母探望子女，不利于子女身心健康的，由人民法院依法中止探望；中止的事由消失后，应当恢复探望。

第一千零八十七条 离婚时，夫妻的共同财产由双方协议处理；协议不成的，由人民法院根据财产的具体情况，按照照顾子女、女方和无过错方权益的原则判决。

对夫或者妻在家庭土地承包经营中享有的权益等，应当依法予以保护。

第一千零八十八条 夫妻一方因抚育子女、照料老年人、协助另一方工作等负担较多义务的，离婚时有权向另一方请求补偿，另一方应当给予补偿。具体办法由双方协议；协议不成的，由人民法院判决。

第一千零八十九条 离婚时，夫妻共同债务应当共同偿还。共同财产不足清偿或者财产归各自所有的，由双方协议清偿；协议不成的，由人民法院判决。

第一千零九十条 离婚时，如果一方生活困难，有负担能力的另一方应当给予适当帮助。具体办法由双方协议；协议不成的，由人民法院判决。

第一千零九十一条 有下列情形之一，导致离婚的，无过错方有权请求损害赔偿：

（一）重婚；

（二）与他人同居；

（三）实施家庭暴力；

（四）虐待、遗弃家庭成员；

（五）有其他重大过错。

第一千零九十二条 夫妻一方隐藏、转移、变卖、毁损、挥霍夫妻共同财产，或者伪造夫妻共同债务企图侵占另一方财产的，在离婚分割夫妻共同财产时，对该方可以少分或者不分。离婚后，另一方发现有上述行为的，可以向人民法院提起诉讼，请求再次分割夫妻共同财产。

（未摘录第六章收养部分）

最高人民法院关于适用《民法典》婚姻家庭编的解释（一）

（2020年12月25日最高人民法院审判委员会第1825次会议通过，自2021年1月1日起施行）

为正确审理婚姻家庭纠纷案件，根据《中华人民共和国民法典》《中华人民共和国民事诉讼法》等相关法律规定，结合审判实践，制定本解释。

一、一般规定

第一条 持续性、经常性的家庭暴力，可以认定为民法典第一千零四十二条、第一千零七十九条、第一千零九十一条所称的"虐待"。

第二条 民法典第一千零四十二条、第一千零七十九条、第一千零九十一条规定的"与他人同居"的情形，是指有配偶者与婚外异性，不以夫妻名义，持续、稳定地共同居住。

第三条 当事人提起诉讼仅请求解除同居关系的，人民法院不予受理；已经受理的，裁定驳回起诉。

当事人因同居期间财产分割或者子女抚养纠纷提起诉讼的，人民法院应当受理。

第四条 当事人仅以民法典第一千零四十三条为依据提起诉讼的，人民法院不予受理；已经受理的，裁定驳回起诉。

第五条 当事人请求返还按照习俗给付的彩礼的，如果查明属于以下情形，人民法院应当予以支持：

（一）双方未办理结婚登记手续；

（二）双方办理结婚登记手续但确未共同生活；

（三）婚前给付并导致给付人生活困难。

适用前款第二项、第三项的规定，应当以双方离婚为条件。

二、结婚

第六条 男女双方依据民法典第一千零四十九条规定补办结婚登记的,婚姻关系的效力从双方均符合民法典所规定的结婚的实质要件时起算。

第七条 未依据民法典第一千零四十九条规定办理结婚登记而以夫妻名义共同生活的男女,提起诉讼要求离婚的,应当区别对待:

(一)1994年2月1日民政部《婚姻登记管理条例》公布实施以前,男女双方已经符合结婚实质要件的,按事实婚姻处理。

(二)1994年2月1日民政部《婚姻登记管理条例》公布实施以后,男女双方符合结婚实质要件的,人民法院应当告知其补办结婚登记。未补办结婚登记的,依据本解释第三条规定处理。

第八条 未依据民法典第一千零四十九条规定办理结婚登记而以夫妻名义共同生活的男女,一方死亡,另一方以配偶身份主张享有继承权的,依据本解释第七条的原则处理。

第九条 有权依据民法典第一千零五十一条规定向人民法院就已办理结婚登记的婚姻请求确认婚姻无效的主体,包括婚姻当事人及利害关系人。其中,利害关系人包括:

(一)以重婚为由的,为当事人的近亲属及基层组织;

(二)以未到法定婚龄为由的,为未到法定婚龄者的近亲属;

(三)以有禁止结婚的亲属关系为由的,为当事人的近亲属。

第十条 当事人依据民法典第一千零五十一条规定向人民法院请求确认婚姻无效,法定的无效婚姻情形在提起诉讼时已经消失的,人民法院不予支持。

第十一条 人民法院受理请求确认婚姻无效案件后,原告申请撤诉的,不予准许。对婚姻效力的审理不适用调解,应当依法作出判决。

涉及财产分割和子女抚养的,可以调解。调解达成协议的,另行制作调解书;未达成调解协议的,应当一并作出判决。

第十二条 人民法院受理离婚案件后,经审理确属无效婚姻的,应当将婚姻无效的情形告知当事人,并依法作出确认婚姻无效的判决。

第十三条 人民法院就同一婚姻关系分别受理了离婚和请求确认婚姻无效案件的,对于离婚案件的审理,应当待请求确认婚姻无效案件作出判决后进行。

第十四条 夫妻一方或者双方死亡后,生存一方或者利害关系人依据民法典第一千零五十一条的规定请求确认婚姻无效的,人民法院应当受理。

第十五条　利害关系人依据民法典第一千零五十一条的规定，请求人民法院确认婚姻无效的，利害关系人为原告，婚姻关系当事人双方为被告。

夫妻一方死亡的，生存一方为被告。

第十六条　人民法院审理重婚导致的无效婚姻案件时，涉及财产处理的，应当准许合法婚姻当事人作为有独立请求权的第三人参加诉讼。

第十七条　当事人以民法典第一千零五十一条规定的三种无效婚姻以外的情形请求确认婚姻无效的，人民法院应当判决驳回当事人的诉讼请求。

当事人以结婚登记程序存在瑕疵为由提起民事诉讼，主张撤销结婚登记的，告知其可以依法申请行政复议或者提起行政诉讼。

第十八条　行为人以给另一方当事人或者其近亲属的生命、身体、健康、名誉、财产等方面造成损害为要挟，迫使另一方当事人违背真实意愿结婚的，可以认定为民法典第一千零五十二条所称的"胁迫"。

因受胁迫而请求撤销婚姻的，只能是受胁迫一方的婚姻关系当事人本人。

第十九条　民法典第一千零五十二条规定的"一年"，不适用诉讼时效中止、中断或者延长的规定。

受胁迫或者被非法限制人身自由的当事人请求撤销婚姻的，不适用民法典第一百五十二条第二款的规定。

第二十条　民法典第一千零五十四条所规定的"自始没有法律约束力"，是指无效婚姻或者可撤销婚姻在依法被确认无效或者被撤销时，才确定该婚姻自始不受法律保护。

第二十一条　人民法院根据当事人的请求，依法确认婚姻无效或者撤销婚姻的，应当收缴双方的结婚证书并将生效的判决书寄送当地婚姻登记管理机关。

第二十二条　被确认无效或者被撤销的婚姻，当事人同居期间所得的财产，除有证据证明为当事人一方所有的以外，按共同共有处理。

三、夫妻关系

第二十三条　夫以妻擅自中止妊娠侵犯其生育权为由请求损害赔偿的，人民法院不予支持；夫妻双方因是否生育发生纠纷，致使感情确已破裂，一方请求离婚的，人民法院经调解无效，应依照民法典第一千零七十九条第三款第五项的规定处理。

第二十四条　民法典第一千零六十二条第一款第三项规定的"知识产权的收益"，是指婚姻关系存续期间，实际取得或者已经明确可以取得的财产性收益。

第二十五条 婚姻关系存续期间，下列财产属于民法典第一千零六十二条规定的"其他应当归共同所有的财产"：

（一）一方以个人财产投资取得的收益；

（二）男女双方实际取得或者应当取得的住房补贴、住房公积金；

（三）男女双方实际取得或者应当取得的基本养老金、破产安置补偿费。

第二十六条 夫妻一方个人财产在婚后产生的收益，除孳息和自然增值外，应认定为夫妻共同财产。

第二十七条 由一方婚前承租、婚后用共同财产购买的房屋，登记在一方名下的，应当认定为夫妻共同财产。

第二十八条 一方未经另一方同意出售夫妻共同所有的房屋，第三人善意购买、支付合理对价并已办理不动产登记，另一方主张追回该房屋的，人民法院不予支持。

夫妻一方擅自处分共同所有的房屋造成另一方损失，离婚时另一方请求赔偿损失的，人民法院应予支持。

第二十九条 当事人结婚前，父母为双方购置房屋出资的，该出资应当认定为对自己子女个人的赠与，但父母明确表示赠与双方的除外。

当事人结婚后，父母为双方购置房屋出资的，依照约定处理；没有约定或者约定不明确的，按照民法典第一千零六十二条第一款第四项规定的原则处理。

第三十条 军人的伤亡保险金、伤残补助金、医药生活补助费属于个人财产。

第三十一条 民法典第一千零六十三条规定为夫妻一方的个人财产，不因婚姻关系的延续而转化为夫妻共同财产。但当事人另有约定的除外。

第三十二条 婚前或者婚姻关系存续期间，当事人约定将一方所有的房产赠与另一方或者共有，赠与方在赠与房产变更登记之前撤销赠与，另一方请求判令继续履行的，人民法院可以按照民法典第六百五十八条的规定处理。

第三十三条 债权人就一方婚前所负个人债务向债务人的配偶主张权利的，人民法院不予支持。但债权人能够证明所负债务用于婚后家庭共同生活的除外。

第三十四条 夫妻一方与第三人串通，虚构债务，第三人主张该债务为夫妻共同债务的，人民法院不予支持。

夫妻一方在从事赌博、吸毒等违法犯罪活动中所负债务，第三人主张该债务为夫妻共同债务的，人民法院不予支持。

第三十五条 当事人的离婚协议或者人民法院生效判决、裁定、调解书已经对夫妻财产分割问题作出处理的，债权人仍有权就夫妻共同债务向男女双方主张权利。

一方就夫妻共同债务承担清偿责任后，主张由另一方按照离婚协议或者人民法院的法律文书承担相应债务的，人民法院应予支持。

第三十六条 夫或者妻一方死亡的，生存一方应当对婚姻关系存续期间的夫妻共同债务承担清偿责任。

第三十七条 民法典第一千零六十五条第三款所称"相对人知道该约定的"，夫妻一方对此负有举证责任。

第三十八条 婚姻关系存续期间，除民法典第一千零六十六条规定情形以外，夫妻一方请求分割共同财产的，人民法院不予支持。

四、父母子女关系

第三十九条 父或者母向人民法院起诉请求否认亲子关系，并已提供必要证据予以证明，另一方没有相反证据又拒绝做亲子鉴定的，人民法院可以认定否认亲子关系一方的主张成立。

父或者母以及成年子女起诉请求确认亲子关系，并提供必要证据予以证明，另一方没有相反证据又拒绝做亲子鉴定的，人民法院可以认定确认亲子关系一方的主张成立。

第四十条 婚姻关系存续期间，夫妻双方一致同意进行人工授精，所生子女应视为婚生子女，父母子女间的权利义务关系适用民法典的有关规定。

第四十一条 尚在校接受高中及其以下学历教育，或者丧失、部分丧失劳动能力等非因主观原因而无法维持正常生活的成年子女，可以认定为民法典第一千零六十七条规定的"不能独立生活的成年子女"。

第四十二条 民法典第一千零六十七条所称"抚养费"，包括子女生活费、教育费、医疗费等费用。

第四十三条 婚姻关系存续期间，父母双方或者一方拒不履行抚养子女义务，未成年子女或者不能独立生活的成年子女请求支付抚养费的，人民法院应予支持。

第四十四条 离婚案件涉及未成年子女抚养的，对不满两周岁的子女，按照民法典第一千零八十四条第三款规定的原则处理。母亲有下列情形之一，父亲请求直接抚养的，人民法院应予支持：

（一）患有久治不愈的传染性疾病或者其他严重疾病，子女不宜与其共同生活；

（二）有抚养条件不尽抚养义务，而父亲要求子女随其生活；

（三）因其他原因，子女确不宜随母亲生活。

第四十五条 父母双方协议不满两周岁子女由父亲直接抚养，并对子女健康成长无不利影响的，人民法院应予支持。

第四十六条 对已满两周岁的未成年子女，父母均要求直接抚养，一方有下列情形之一的，可予优先考虑：

（一）已做绝育手术或者因其他原因丧失生育能力；

（二）子女随其生活时间较长，改变生活环境对子女健康成长明显不利；

（三）无其他子女，而另一方有其他子女；

（四）子女随其生活，对子女成长有利，而另一方患有久治不愈的传染性疾病或者其他严重疾病，或者有其他不利于子女身心健康的情形，不宜与子女共同生活。

第四十七条 父母抚养子女的条件基本相同，双方均要求直接抚养子女，但子女单独随祖父母或者外祖父母共同生活多年，且祖父母或者外祖父母要求并且有能力帮助子女照顾孙子女或者外孙子女的，可以作为父或者母直接抚养子女的优先条件予以考虑。

第四十八条 在有利于保护子女利益的前提下，父母双方协议轮流直接抚养子女的，人民法院应予支持。

第四十九条 抚养费的数额，可以根据子女的实际需要、父母双方的负担能力和当地的实际生活水平确定。

有固定收入的，抚养费一般可以按其月总收入的百分之二十至三十的比例给付。负担两个以上子女抚养费的，比例可以适当提高，但一般不得超过月总收入的百分之五十。

无固定收入的，抚养费的数额可以依据当年总收入或者同行业平均收入，参照上述比例确定。

有特殊情况的，可以适当提高或者降低上述比例。

第五十条 抚养费应当定期给付，有条件的可以一次性给付。

第五十一条 父母一方无经济收入或者下落不明的，可以用其财物折抵抚养费。

第五十二条 父母双方可以协议由一方直接抚养子女并由直接抚养方负担子女全部抚养费。但是，直接抚养方的抚养能力明显不能保障子女所需费用，影响子女健康成长的，人民法院不予支持。

第五十三条 抚养费的给付期限，一般至子女十八周岁为止。

十六周岁以上不满十八周岁，以其劳动收入为主要生活来源，并能维持当地一般生活水平的，父母可以停止给付抚养费。

第五十四条　生父与继母离婚或者生母与继父离婚时，对曾受其抚养教育的继子女，继父或者继母不同意继续抚养的，仍应由生父或者生母抚养。

第五十五条　离婚后，父母一方要求变更子女抚养关系的，或者子女要求增加抚养费的，应当另行提起诉讼。

第五十六条　具有下列情形之一，父母一方要求变更子女抚养关系的，人民法院应予支持：

（一）与子女共同生活的一方因患严重疾病或者因伤残无力继续抚养子女；

（二）与子女共同生活的一方不尽抚养义务或有虐待子女行为，或者其与子女共同生活对子女身心健康确有不利影响；

（三）已满八周岁的子女，愿随另一方生活，该方又有抚养能力；

（四）有其他正当理由需要变更。

第五十七条　父母双方协议变更子女抚养关系的，人民法院应予支持。

第五十八条　具有下列情形之一，子女要求有负担能力的父或者母增加抚养费的，人民法院应予支持：

（一）原定抚养费数额不足以维持当地实际生活水平；

（二）因子女患病、上学，实际需要已超过原定数额；

（三）有其他正当理由应当增加。

第五十九条　父母不得因子女变更姓氏而拒付子女抚养费。父或者母擅自将子女姓氏改为继母或继父姓氏而引起纠纷的，应当责令恢复原姓氏。

第六十条　在离婚诉讼期间，双方均拒绝抚养子女的，可以先行裁定暂由一方抚养。

第六十一条　对拒不履行或者妨害他人履行生效判决、裁定、调解书中有关子女抚养义务的当事人或者其他人，人民法院可依照民事诉讼法第一百一十一条的规定采取强制措施。

五、离婚

第六十二条　无民事行为能力人的配偶有民法典第三十六条第一款规定行为，其他有监护资格的人可以要求撤销其监护资格，并依法指定新的监护人；变更后的监护人代理无民事行为能力一方提起离婚诉讼的，人民法院应予受理。

第六十三条　人民法院审理离婚案件，符合民法典第一千零七十九条第三款规定"应当准予离婚"情形的，不应当因当事人有过错而判决不准离婚。

第六十四条　民法典第一千零八十一条所称的"军人一方有重大过错",可以依据民法典第一千零七十九条第三款前三项规定及军人有其他重大过错导致夫妻感情破裂的情形予以判断。

第六十五条　人民法院作出的生效的离婚判决中未涉及探望权,当事人就探望权问题单独提起诉讼的,人民法院应予受理。

第六十六条　当事人在履行生效判决、裁定或者调解书的过程中,一方请求中止探望的,人民法院在征询双方当事人意见后,认为需要中止探望的,依法作出裁定;中止探望的情形消失后,人民法院应当根据当事人的请求书面通知其恢复探望。

第六十七条　未成年子女、直接抚养子女的父或者母以及其他对未成年子女负担抚养、教育、保护义务的法定监护人,有权向人民法院提出中止探望的请求。

第六十八条　对于拒不协助另一方行使探望权的有关个人或者组织,可以由人民法院依法采取拘留、罚款等强制措施,但是不能对子女的人身、探望行为进行强制执行。

第六十九条　当事人达成的以协议离婚或者到人民法院调解离婚为条件的财产以及债务处理协议,如果双方离婚未成,一方在离婚诉讼中反悔的,人民法院应当认定该财产以及债务处理协议没有生效,并根据实际情况依照民法典第一千零八十七条和第一千零八十九条的规定判决。

当事人依照民法典第一千零七十六条签订的离婚协议中关于财产以及债务处理的条款,对男女双方具有法律约束力。登记离婚后当事人因履行上述协议发生纠纷提起诉讼的,人民法院应当受理。

第七十条　夫妻双方协议离婚后就财产分割问题反悔,请求撤销财产分割协议的,人民法院应当受理。

人民法院审理后,未发现订立财产分割协议时存在欺诈、胁迫等情形的,应当依法驳回当事人的诉讼请求。

第七十一条　人民法院审理离婚案件,涉及分割发放到军人名下的复员费、自主择业费等一次性费用的,以夫妻婚姻关系存续年限乘以年平均值,所得数额为夫妻共同财产。

前款所称年平均值,是指将发放到军人名下的上述费用总额按具体年限均分得出的数额。其具体年限为人均寿命七十岁与军人入伍时实际年龄的差额。

第七十二条　夫妻双方分割共同财产中的股票、债券、投资基金份额等有价证券以及未上市股份有限公司股份时,协商不成或者按市价分配有困难的,人民法院可以根据数量按比例分配。

第七十三条　人民法院审理离婚案件，涉及分割夫妻共同财产中以一方名义在有限责任公司的出资额，另一方不是该公司股东的，按以下情形分别处理：

（一）夫妻双方协商一致将出资额部分或者全部转让给该股东的配偶，其他股东过半数同意，并且其他股东均明确表示放弃优先购买权的，该股东的配偶可以成为该公司股东；

（二）夫妻双方就出资额转让份额和转让价格等事项协商一致后，其他股东半数以上不同意转让，但愿意以同等条件购买该出资额的，人民法院可以对转让出资所得财产进行分割。其他股东半数以上不同意转让，也不愿意以同等条件购买该出资额的，视为其同意转让，该股东的配偶可以成为该公司股东。

用于证明前款规定的股东同意的证据，可以是股东会议材料，也可以是当事人通过其他合法途径取得的股东的书面声明材料。

第七十四条　人民法院审理离婚案件，涉及分割夫妻共同财产中以一方名义在合伙企业中的出资，另一方不是该企业合伙人的，当夫妻双方协商一致，将其合伙企业中的财产份额全部或者部分转让给对方时，按以下情形分别处理

（一）其他合伙人一致同意的，该配偶依法取得合伙人地位；

（二）其他合伙人不同意转让，在同等条件下行使优先购买权的，可以对转让所得的财产进行分割；

（三）其他合伙人不同意转让，也不行使优先购买权，但同意该合伙人退伙或者削减部分财产份额的，可以对结算后的财产进行分割；

（四）其他合伙人既不同意转让，也不行使优先购买权，又不同意该合伙人退伙或者削减部分财产份额的，视为全体合伙人同意转让，该配偶依法取得合伙人地位。

第七十五条　夫妻以一方名义投资设立个人独资企业的，人民法院分割夫妻在该个人独资企业中的共同财产时，应当按照以下情形分别处理：

（一）一方主张经营该企业的，对企业资产进行评估后，由取得企业资产所有权一方给予另一方相应的补偿；

（二）双方均主张经营该企业的，在双方竞价基础上，由取得企业资产所有权的一方给予另一方相应的补偿；

（三）双方均不愿意经营该企业的，按照《中华人民共和国个人独资企业法》等有关规定办理。

第七十六条　双方对夫妻共同财产中的房屋价值及归属无法达成协议时，人民

法院按以下情形分别处理：

（一）双方均主张房屋所有权并且同意竞价取得的，应当准许；

（二）一方主张房屋所有权的，由评估机构按市场价格对房屋作出评估，取得房屋所有权的一方应当给予另一方相应的补偿；

（三）双方均不主张房屋所有权的，根据当事人的申请拍卖、变卖房屋，就所得价款进行分割。

第七十七条　离婚时双方对尚未取得所有权或者尚未取得完全所有权的房屋有争议且协商不成的，人民法院不宜判决房屋所有权的归属，应当根据实际情况判决由当事人使用。

当事人就前款规定的房屋取得完全所有权后，有争议的，可以另行向人民法院提起诉讼。

第七十八条　夫妻一方婚前签订不动产买卖合同，以个人财产支付首付款并在银行贷款，婚后用夫妻共同财产还贷，不动产登记于首付款支付方名下的，离婚时该不动产由双方协议处理。

依前款规定不能达成协议的，人民法院可以判决该不动产归登记一方，尚未归还的贷款为不动产登记一方的个人债务。双方婚后共同还贷支付的款项及其相对应财产增值部分，离婚时应根据民法典第一千零八十七条第一款规定的原则，由不动产登记一方对另一方进行补偿。

第七十九条　婚姻关系存续期间，双方用夫妻共同财产出资购买以一方父母名义参加房改的房屋，登记在一方父母名下，离婚时另一方主张按照夫妻共同财产对该房屋进行分割的，人民法院不予支持。购买该房屋时的出资，可以作为债权处理。

第八十条　离婚时夫妻一方尚未退休、不符合领取基本养老金条件，另一方请求按照夫妻共同财产分割基本养老金的，人民法院不予支持；婚后以夫妻共同财产缴纳基本养老保险费，离婚时一方主张将养老金账户中婚姻关系存续期间个人实际缴纳部分及利息作为夫妻共同财产分割的，人民法院应予支持。

第八十一条　婚姻关系存续期间，夫妻一方作为继承人依法可以继承的遗产，在继承人之间尚未实际分割，起诉离婚时另一方请求分割的，人民法院应当告知当事人在继承人之间实际分割遗产后另行起诉。

第八十二条　夫妻之间订立借款协议，以夫妻共同财产出借给一方从事个人经营活动或者用于其他个人事务的，应视为双方约定处分夫妻共同财产的行为，离婚时可以按照借款协议的约定处理。

第八十三条 离婚后,一方以尚有夫妻共同财产未处理为由向人民法院起诉请求分割的,经审查该财产确属离婚时未涉及的夫妻共同财产,人民法院应当依法予以分割。

第八十四条 当事人依据民法典第一千零九十二条的规定向人民法院提起诉讼,请求再次分割夫妻共同财产的诉讼时效期间为三年,从当事人发现之日起计算。

第八十五条 夫妻一方申请对配偶的个人财产或者夫妻共同财产采取保全措施的,人民法院可以在采取保全措施可能造成损失的范围内,根据实际情况,确定合理的财产担保数额。

第八十六条 民法典第一千零九十一条规定的"损害赔偿",包括物质损害赔偿和精神损害赔偿。涉及精神损害赔偿的,适用《最高人民法院关于确定民事侵权精神损害赔偿责任若干问题的解释》的有关规定。

第八十七条 承担民法典第一千零九十一条规定的损害赔偿责任的主体,为离婚诉讼当事人中无过错方的配偶。

人民法院判决不准离婚的案件,对于当事人基于民法典第一千零九十一条提出的损害赔偿请求,不予支持。

在婚姻关系存续期间,当事人不起诉离婚而单独依据民法典第一千零九十一条提起损害赔偿请求的,人民法院不予受理。

第八十八条 人民法院受理离婚案件时,应当将民法典第一千零九十一条等规定中当事人的有关权利义务,书面告知当事人。在适用民法典第一千零九十一条时,应当区分以下不同情况:

(一)符合民法典第一千零九十一条规定的无过错方作为原告基于该条规定向人民法院提起损害赔偿请求的,必须在离婚诉讼的同时提出。

(二)符合民法典第一千零九十一条规定的无过错方作为被告的离婚诉讼案件,如果被告不同意离婚也不基于该条规定提起损害赔偿请求的,可以就此单独提起诉讼。

(三)无过错方作为被告的离婚诉讼案件,一审时被告未基于民法典第一千零九十一条规定提出损害赔偿请求,二审期间提出的,人民法院应当进行调解;调解不成的,告知当事人另行起诉。双方当事人同意由第二审人民法院一并审理的,第二审人民法院可以一并裁判。

第八十九条 当事人在婚姻登记机关办理离婚登记手续后,以民法典第一千零九十一条规定为由向人民法院提出损害赔偿请求的,人民法院应当受理。但当事人在协议离婚时已经明确表示放弃该项请求的，人民法院不予支持。

第九十条 夫妻双方均有民法典第一千零九十一条规定的过错情形，一方或者双方向对方提出离婚损害赔偿请求的，人民法院不予支持。

六、附则

第九十一条 本解释自 2021 年 1 月 1 日起施行。

后 记

本书只涉及《民法典》婚姻家庭编中与离婚有关问题,不包括收养部分。

2021年1月1日《民法典》正式施行后,一直想结合《民法典》的规定和自己的办案经验,对夫妻离婚的各类法律问题进行系统地梳理。但因工作繁忙,始终未能静下心来写作。直到2021年6月才开始着手准备本书的撰写。经过半年多的时间,本书终得完稿。

本书以问答形式,对夫妻离婚时涉及的绝大部分法律问题进行了分析和阐述。为确保写作质量,本书在写作过程中,作者查阅了大量的法律规定和司法案例,力求每个问题的答案和解释都能做到准确、客观,并符合法律规定。

结婚是一件幸福的事情,男女双方有的只是感情,往往凭借感性就能完成结婚。而离婚则是一件相对痛苦的过程,夫妻双方感情消耗殆尽后,剩下的只有生育的子女和创造的财富。子女和财产等事项在离婚时如何处理,更多是靠理性、靠法律,只有这样,夫妻二人的婚姻才能离得公平公正,才能在离婚后不产生新的矛盾。

然而,对夫妻而言,离婚是低频得不能再低频的事件。在离婚问题上面,绝大多数夫妻可以讲是毫无经验可言,更别说还涉及纷繁复杂的法律问题。这就需要一本问题高度提炼,分类相对清晰,答案相对简明,表述相对通俗的离婚指导用书,以适合离婚夫妻阅读。本书正是基于这样的需求创作完成。

与其他专业用书不同的是,本书以张男和李女为人物原型,逐项通过简短案例,勾勒争议焦点,并给出简明答案。同时,为能便于理解,本书对问题的答案给出了专业解释,分析背后的原因和立法的目的。该部分专业解释,可以作为夫妻各方在协议离婚或诉讼离婚时主张自我权益的依据。另外,本书还对部分问题的注意事项作出了提醒,并给出了实务操作细节和法律依据。

作者相信，本书所列离婚问题，能够解决大多数离婚案件所面临的问题。不管是从事婚姻家事案件处理的专业人士，还是非专业的离婚男女，都可通过本书有所收获。当然，本书更希望尚在婚姻当中的夫妻，永远用不上此书，永远家庭和睦，一生平安。如果确实需要离婚用到本书的，通过本书以弥补法律上的空白，让婚姻离得干净，离得公平，离得合理，也是本书撰写之目的。

本书中大部分问题都是作者在实务中碰到的问题，虽经作者反复斟酌，论证，但局限于撰写时间和认知，本书书写中难免考虑不周，有所疏漏，望读者能够批评指正，不足之处日后将择机改进。

钱元春

2022 年 1 月